国家出版基金项目
NATIONAL PUBLICATION FOUNDATION

"十三五"国家重点图书出版规划项目

档案里的
中国海军历史

马骏杰　著

山东画报出版社
济南

图书在版编目（CIP）数据

档案里的中国海军历史/马骏杰著.—济南：山东画报
出版社，2023.12
（中国近代海军史研究丛书/刘震，张军勇主编）
ISBN 978-7-5474-3169-6

Ⅰ.①档… Ⅱ.①马… Ⅲ.①海军－军事史－史料－中
国－近代 Ⅳ.①E295

中国国家版本馆CIP数据核字(2023)第223224号

DANG'AN LI DE ZHONGGUO HAIJUN LISHI
档案里的中国海军历史
马骏杰　著

责任编辑　怀志霄
装帧设计　Pallaksch

主管单位　山东出版传媒股份有限公司
出版发行　山东画报出版社
　　　社　　址　济南市市中区舜耕路517号　邮编 250003
　　　电　　话　总编室（0531）82098472
　　　　　　　　市场部（0531）82098479
　　　网　　址　http://www.hbcbs.com.cn
　　　电子信箱　hbcb@sdpress.com.cn
印　　刷　山东临沂新华印刷物流集团有限责任公司
规　　格　976毫米×1360毫米　1/32
　　　　　　　16.75印张　282幅图　548千字
版　　次　2023年12月第1版
印　　次　2023年12月第1次印刷
书　　号　ISBN 978-7-5474-3169-6
定　　价　128.00元

如有印装质量问题，请与出版社总编室联系更换。

目　录

晚清海军篇

中国海军史上的百年疑案

方伯谦是晚清北洋海军的重要将领之一，黄海海战后被清政府以"临阵脱逃"的罪名正法，从而引发了争讼一百多年的"方伯谦案"。然而，这一案件在如此长的时间里从来没有像今天这样受到社会的关注。近年来，人们开始尝试以多元化的思维方式对待历史案件，于是，"方伯谦案"得到了方氏后裔、史学界人士、海军界人士的共同参与，从而迅速改变了原有的面貌，演化成一桩涉及多个方面、多个领域，闻名全国的历史疑案。

方伯谦画像。方伯谦，字益堂，福建闽县人，生于1854年

"方伯谦案"发人深思，值得回味。让我们深入档案之中，看看"方伯谦案"的演变轨迹和涉及的方方面面。

方伯谦命殒黄金山下

1894年9月17日，这是一个令人心焦的日子。这一天爆发了空前规模的中日黄海大战。在波涛汹涌的鸭绿江口大东沟海面上，中日双方十几艘铁甲战舰展开了一场前所未有的厮杀。

战斗打响于当日下午1点50分，当激烈的战斗进行到下午3点30分左右的时候，北洋舰队的"济远"号巡洋舰突然掉转船头，向西南方向开去。管带方伯谦不知在何种心态的驱使下，毅然脱离舰队，放弃战斗，驶离战场。

中日双方交战的舰影被远远地抛在了后面，炮声也渐渐地消失了。午夜2点多钟，"济远"舰驶进了宁静的旅顺港。方伯谦匆忙下船，奔向基地，向有关人士汇报战场的情况。

　　天亮后，结束战斗的北洋舰队的残存舰只在提督丁汝昌的率领下，也返回了旅顺基地。

　　这场海战对北洋海军来说无疑是失败的。中国方面有4艘巡洋舰葬身海底，日舰却一艘未沉，黄海制海权由此落入日军之手。远在天津的北洋大臣李鸿章心急如焚，他不知道如何向朝廷交代，如何向全国民众交代。他等待着丁汝昌向他汇报海战的详细情况。

　　丁汝昌在海战中从舰桥跌落甲板受了重伤，他忍着伤痛给李鸿章发了第一封电报，描述了海战的情况。在谈到方伯谦和他的"济远"舰时，只淡淡地提了一句："济远亦回旅。"[1]随后他住进了医院，舰队的指挥权暂时交由旗舰"定远"号管带刘步蟾负责。

　　听到"济远"舰先回的消息，李鸿章十分恼怒，他看了丁汝昌的来电后，特意回电询问："此战甚恶，何以方伯谦先回？"[2]刘步蟾接电后，连续拟定了两份电报，发给李鸿章，将方伯谦离开战场的行为作了定性。电报中说："济远首先逃避，将队伍牵乱，广甲随逃，若不严行参办，将来无以儆效尤而期振作。"又说："济远先被敌船截在阵外，及见致远沉没，首先驶逃，广甲继退……扬威舱内亦被弹炸，又为济远当腰触裂，驶至浅水而沉……"[3]很显然，根据电报的内容，方伯谦脱离战场行为的性质是"临阵脱逃"，造成的后果是"将队伍牵乱""将'扬威'舰撞沉"。

　　李鸿章在极度愤懑中看了刘步蟾的电报，没有对其中所说的内容产生丝毫怀疑，他本着特殊时期从重从快处置的想法，开始为方伯谦定罪量刑。按照常理，给方伯谦定罪量刑的依据首先应是《北洋海军章程》，因为这一法规是北洋海军一切行为的规范。然而，在《北洋海军章程》中，并没有海战场

---

　　〔1〕顾廷龙、叶亚廉主编：《李鸿章全集》（二）电稿二，上海人民出版社1986年11月版，第1003页。

　　〔2〕同上，第1003页。

　　〔3〕同上，第1022页。

上"临阵脱逃"的处罚规定。晚清时期的法规建设存在着种种漏洞，同时，还正处于由古代向近代转型的时期，在法律的执行上必然存在新老法规交替使用的情况，既然新法规中没有相应的规定，李鸿章自然把目光投向了先辈遗留下来的"老法规"上。他先翻阅了《北洋海军章程》，看到了这样一句话："其余不法等事，由提督等援引《会典》所载雍正元年钦定《军规四十条》参酌办理。"既然如此，他又找来了《清会典》，查阅了《军规四十条》，从中看到了"临阵脱逃"，"就地正法"[1]的字样，于是问题得到了解决。他立即给总理衙门上了奏折，说："致远击沉后，该管带方伯谦即先逃走，实属临阵退缩，应请旨将该副将即行正法，以肃军纪。"[2]两天后，皇帝降下御旨，同意李鸿章的奏请。

呜呼，援引一部160年以前的陆军法规，而为近代化海军的将领治罪，这不能不说是晚清时期军事法规建设混乱状况的一次暴露。

再说方伯谦，回到旅顺后即遭到了北洋海军的羁押，直到此时，他才有时间冷静思考自己的所作所为。

方伯谦是中国近代海军第一批被派往欧洲深造的留学生，对西方的海军法规十分熟悉，回国后，他是北洋舰队三名参加《北洋海军章程》起草工作的军官之一，也是北洋舰队中唯一一位参加了两次海战的管带，无论从理论上还是实践上，都对海战规则有充分的认识和理解。在黄海海战中，经过一个多小时的激战，他的"济远"舰毁损严重，受伤数十处，炮械毁损最为严重，已经不堪使用；人员伤亡也比较严重，有7人阵亡[3]，13人受伤。他或许认为，在这种情况下脱离战场，按照西方的海军法规的规定是无罪的。《北洋海军章程》是仿照西方海军法规制订的，理应有同样的原则。所以，在羁押期间，方伯谦并不担心自己会背负多么严重的罪名，认为只要朝廷对"济远"舰进行一次认真的查验，很快就会真相大白。

然而，方伯谦的想法大错特错了，清政府并没有对"济远"舰进行认真的

[1]《清会典》(影印本)，中华书局1991年4月版，第448—449页。
[2]顾廷龙、叶亚廉主编：《李鸿章全集》(二)电稿二，上海人民出版社1986年11月版，第1022页。
[3]同上，第1001页。

英国皇家海军学院1877级毕业生合影。其中中国留学生有严复、叶祖珪、方伯谦、萨镇冰、林永升、何心川等六人，第二排右二为方伯谦

查验，"临阵脱逃"的罪名在书面上的运作中已经铁定了，"立即正法"的判决即将生效。

1894年9月24日凌晨，天刚刚放亮，方伯谦在睡梦中被人推醒，负责行刑的人员不由他辩解，即将他架出房门，拉到旅顺黄金山下的刑场上。时辰一到，号炮响起，刽子手手起刀落，42岁的方伯谦随即人头落地。

这是一次没有经过任何审判程序的执行，它不仅未能将这一案件就此了结，而且引发了一场出人意料的、争论一百多年的疑案。

方俪祥与电影《甲午风云》

1985年深秋的一天，一架客机徐徐降落在福州机场。舷梯上走下一位年逾花甲的老人，她乌黑的头发，清瘦的面庞，目光灼灼生辉，步履稳健而轻盈。她就是从美国远道而来的方伯谦的侄孙女方俪祥女士。

方伯谦的祖籍在福建省闽县（今福州市），他有兄弟四人，自己排行为长。他的二弟方仲恒有一子，名叫方莹，后来官至国民政府中央海军第二舰队司令和海军上海基地司令，解放前夕拒绝跟随国民党逃往台湾，加入了人民海军。方莹的二女儿方俪祥在解放前嫁给了国民党海军的一名军官，1949年跟随丈夫去了台湾，1982年移居美国。

方俪祥此次回到故里，要办两件事情。一是祭奠父母；二是为伯公方伯谦讨一个公道。

说到第二件事情，还要从1982年谈起。刚到美国时，方俪祥听朋友说，祖国大陆在60年代拍摄了一部故事片叫《甲午风云》，里面有关于她伯公方伯谦的一些描述，这些描述与她心目中伯公的形象很不相符。于是，她想方设法买了一盘《甲午风云》的录像带。看了这部影片后，她大为震惊。她没有想到，影片中的伯公竟然是

方俪祥女士（照片选自《中国近现代史上的海军世家》）

一副可耻的嘴脸，这不禁使他想起了童年的一件往事。读初中时，有一次，她跟随担任国民党海军上海基地司令的父亲到上海海军联欢社玩，看见墙壁上挂着一件血迹斑斑的黑色军衣，她问父亲这是谁的军衣，为什么要挂在这里？父亲告诉她说："这是你伯公的军衣，被刘步蟾杀害时穿的，血滴军衣，挂在这里作纪念。"〔1〕父亲的话经常在她的耳边回响。在她心目中，伯公是一个英勇善战的海军军官，在甲午年两次海战中都表现得十分出色，他的死是朝廷中有人陷害的结果。

看完影片，她沉思良久，这究竟是怎样一回事？她暗暗下决心，一定要弄清事情的来龙去脉，为伯公讨一个公道。于是，这位过去不知历史研究为何物的家庭妇女，在她的后半生，竟与历史研究发生了密切的关系。

在福州作了短暂停留之后，方俪祥赶赴北京，向有关部门反映了她的想法，要求停止播放《甲午风云》，在文学作品中改变方伯谦的形象。回到儿子工作的伦敦后，她又给中国人民革命军事博物馆写信，说明情况，谓正史不同于电影，电影是娱乐大众的，正史必须符合历史事实，要求该馆改变陈列说明。博物馆方面回信说："……关于甲午战争的各个方面，国内正在进行深入细致的研究，我们将以审慎的态度，实事求是地进行陈列。关于对方伯谦先生的评价问

---

〔1〕方俪祥：《为我伯公方伯谦鸣冤》，《日本研究》1988年第2期。

题，我们也将同样持审慎的态度，欢迎多多提供有关史料和文物。"[1]

1985年10月，方俪祥从伦敦回到美国，在纽约买了中国历史博物馆、中央电化教育馆、北京电化教育录像中心联合制作的历史教学片"历史讲座"，其内容包括鸦片战争、中法战争、中日战争、戊戌维新、义和团运动、辛亥革命等。录像配以图片和文字，极具感染力。但当谈及中日甲午海战时，其中的解说词依然是邓世昌壮烈牺牲，方伯谦贪生怕死，这令方俪祥难以接受，于是，她提笔给联合制作单位写信，说明她要回国寻找资料，证明她的伯公不是贪生怕死的人，是被李鸿章、丁汝昌和刘步蟾三人陷害的，是一桩冤案。

方俪祥以为，通过这样一些工作，她为伯公讨回公道的愿望就会实现。然而，她对"方伯谦案"的历史发展过程并不了解，对中国人心目中方伯谦形象的形成原因更缺乏认识，她为方伯谦"冤案""昭雪"所做的工作，仅仅是万里长征的第一步，遥远而艰难的路途还在后面。

"方伯谦案"由来已久

方伯谦被清政府以"逃军之将"正法后，处于强烈爱国热情和民族情绪中的广大民众无不拍手称快，人们根本就没有也不想去分析"方伯谦案"中有没有疑问存在。因此，一百多年来，方伯谦的丑恶嘴脸在公众心目中留下了根深蒂固的印象。

在史学界，多数人以官方资料为准，把丁汝昌、李鸿章的奏报和光绪皇帝的御旨作为主要依据，坚持方伯谦贪生怕死、临阵退缩，理应斩首的观点，从而造成大量的教科书、通俗读物、博物馆陈列说明和有关影视片都把方伯谦的死认定为"罪有应得"。李鸿章的幕僚姚锡光在成书于1897年的《东方兵事纪略》中指出："济远见致远沉，大惧，转舵将逃……济远既逃，广甲随之……"[2]台湾学者包遵彭在《中国海军史》一书中指出："济远见致远沉，大惧，转舵逃向旅顺，广甲随之……"[3]大陆著名学者戚其章在《北洋舰队》一

---

〔1〕方俪祥：《为我伯公方伯谦鸣冤》，《日本研究》1988年第2期。
〔2〕中国史学会主编：中国近代史资料丛刊《中日战争》（一），上海人民出版社1957年9月版，第67页。
〔3〕包遵彭著：《中国海军史》（下册），台湾"中华书局"1970年5月版，第959页。

书中说得更加绘声绘色："济远管带方伯谦看到致远沉没，却吓得大惊失色，方伯谦本是一个贪生怕死的胆小鬼，在丰岛海战中曾做过可耻的逃兵。……既见致远中弹炸沉，北洋舰队处境危殆，他竟置他舰于不顾，转舵逃跑。"[1]这些观点影响深远。

1962年，长春电影制片厂拍摄了电影《甲午风云》，这部在1983年获得葡萄牙第12届菲格腊达福兹国际电影节评委奖的著名影片，用爱国主义的笔法歌颂了民族英雄邓世昌，无情鞭挞了民族败类方伯谦，使这两个性格鲜明的历史人物家喻户晓。20世纪90年代初拍摄的电视连续剧《北洋水师》虽然在对方伯谦的人物塑造方面进行了有益的探索，使方伯谦摆脱了反面人物的程式化，但仍然把他作为民族的败类来描写。许然评价说："在近年所拍历史题材的电视剧中，《北》(《北洋水师》)剧可算佼佼者。……缺憾的是，《北》剧对于方伯谦的形象塑造，仍然带着某种沉重的偏见。""在整部电视剧中，方伯谦仍然是作为'逃兵'形象被钉在历史的耻辱柱上。""剧作者设定了方伯谦的悲剧是性格使然……方伯谦总是扮演着那种见利则前，不利则退，狐假虎威，势大则气壮如牛，势弱则噤若寒蝉的角色。于是，一个察言观色，欺软怕硬，精灵善变的懦夫形象便呼之欲出。""剧作者给方伯谦设定这样一种性格，最终是为了表现方伯谦在战争中的行为作铺垫。丰岛战役那场戏中，方伯谦的懦弱性格得到了彻底的暴露……在黄海战役中……再次'临阵逃跑'……也就成了自然的事。"[2]

这一切一切都使人们相信，方伯谦的死是"罪有应得"，不可能存在什么冤情。

然而，"方伯谦案"的定罪量刑以及执行的过程，毕竟存在着太明显的问题，一些志在探求真相的人们不能不去思考这些问题。所以在方伯谦被杀的第二年，就有人以"冤海述闻客"的署名撰写了《冤海述闻》一书。书中明确指出："济远中炮弹数十处，后炮座因放炮不停，炮针及螺丁俱震动溃裂，致炮不能旋转。前大炮放至数十余出，炮盘熔化，钢饼钢环坏不堪用，全船各处通

〔1〕戚其章著：《北洋舰队》，山东人民出版社1981年8月版，第115页。
〔2〕许然：《沉重的历史成见——谈电视剧〈北洋水师〉中的方伯谦形象》，《福建论坛》1993年第1期。

"济远"舰帮带大副何广成所撰
《冤海述闻》

语管亦被击坏。二副守备杨建洛、学生把总王宗墀阵亡，在船死者七人，伤者十余人，力敌不支。初敌分四船截击经远、济远，迫经远沉，遂并力击济远。我军督船，弃而不援，偕镇远战而东。济远被倭四船截断在西，且船中炮械全坏，无可战，只得保船西驶。倭船，于牙山之役，恐我诱敌，不敢穷追，不然，亦齑粉矣。"[1]说明方伯谦是在"济远"舰已基本丧失作战能力的情况下，为保存战舰而退出战斗的，从而认定"方伯谦案"是一桩冤案。书的作者慑于清政府的"威严"，未敢署上真实的姓名，据史学家考证，这位作者是"济远"舰帮带大副何广成，他随"济远"舰亲历黄海海战，对方伯谦离开战场的情况有一定的发言权，他的鸣冤不能不引起人们的关注。

"济远"舰上的洋员哈富门也描述了自己的亲身经历："此见吾所能梦想中最猛烈之战争，方管带勇敢而能干指挥济远作战。舰上已阵亡七八人，吾侪尽力所及持续快速炮击，直至下午二三时，其时舰上员弁受伤惨重，必须离开战场。我们舰尾十五生克虏伯大炮被击坏，舰首两炮钢环齿轮被击毁，致不能再运用，事实上济远已无可战，方管带乃决定退离战场……我们抵旅顺较其余舰队早五六小时。我从来未料那些谓方管带系逃谣言，能得以支持。方氏指挥济远作战一直至战无可战。"[2]

清政府垮台以后，海军界和史学界对过去一些不能涉猎的问题开始发表不同的见解。海军人士池仲佑在1917年至1918年成书的《海军大事记》中有"方伯谦被谗以逃军军前正法，军中冤之"的描述。20世纪30年代初，广东籍海军

〔1〕中国史学会主编：中国近代资料丛刊《中日战争》(六)，上海人民出版社1957年9月版，第88—89页。
〔2〕转引自王宜林编著：《中国近现代史上的"海军世家"》，知识出版社2007年4月版，第204页。

人士方念祖在《黄海潮报》上著文为方伯谦辩白。随后，清华大学历史系教授张荫麟发表了《甲午中国海军战绩考》一文，认为方伯谦被杀是刘步蟾陷害所致。这些不同的声音，多少使人们对"方伯谦案"感到了一些扑朔迷离。但这些声音毕竟是少数微弱之音，难以将"方伯谦案"颠倒过来。在以后的许多年中，由于战争的原因，对"方伯谦案"的探讨时断时续，丝毫形不成气候。

建国后，对"方伯谦案"率先进行研究并提出不同观点的是张荫麟的学生赵捷民。1953年，这位敢于直言的史学工作者继承老师的观点，撰写了《中日甲午战争济远舰先逃与方伯谦问题》一文，发表在《新史学通讯》第8期上，他说："我们应该肯定济远舰是勇敢地打过敌人的……至于方伯谦个人问题还是小事。但可以看到清朝统治阶级的丑恶面孔。""也许有的同志认为我所根据的材料有些不算正史，恐怕不可靠。但是我们今天的史学工作者与旧时代不同，是应该实事求是的。可是在所谓野史笔记更当能发现很正确的史实。所以我们对于济远舰及方伯谦的问题，是可根据这些材料提出问题的。"这些观点未能引起人们的注意。"文化大革命"中，由于众所周知的原因，大陆史学界对"方伯谦案"的研究处于完全中止的状态，失去理智的狂热更使"方伯谦案"成为一桩不可动摇的如山铁案。

粉碎"四人帮"以后，大陆学术界出现了一个百花齐放、百家争鸣的大好局面，人们的思想空前的解放，各种学术研究又逐渐地恢复起来。在史学界，由于打破了"文革"期间对人物评价的框框，"方伯谦案"又被那些孜孜不倦地追求真理的人们重新提了出来，并引起了更多人的兴趣。随后连续发表了数篇为方伯谦辩白的文章，如赵文润的《为甲午海战中的方伯谦辩冤》[1]、季平子的《丰岛海战》[2]、徐彻的《方伯谦被杀一案考析》[3]等等，这些文章都认为：甲午海战后，李鸿章、丁汝昌等人在全国人民的压力下，为推卸战争责任而捏造罪名，将方伯谦作为替罪之羊，因而"方伯谦案"是一桩冤案。美国纽约州立大学亚洲系教授唐德刚也撰文指出："济远归来如系'临阵脱逃'，则其管带方伯谦其后之被'正法'实罪有应得。然该舰如系'力竭撤退'，则在那军中失去

---

〔1〕赵文润：《为甲午海战中的方伯谦辩冤》，《中学历史教学参考》1980年第2期。
〔2〕季平子：《丰岛海战》，《历史研究》1980年第4期。
〔3〕徐彻：《方伯谦被杀一案考析》，《辽宁师范学院学报》1981年第3期。

陈列于山东威海刘公岛甲午战争博物馆中的"济远"舰前主炮

指挥，请命无由的情况之下，全舰而归，理应嘉奖呢。""总之，方管带之死，军中哀之，洋员亦不服，敌军主帅亦感惊异。盖伯谦在丰岛之役，以一船敌三舰，表现至为优异也；大东沟之战，济远发炮过多，炮盘为之熔化。而方氏终遭'军前正法'者，显似李老总或小皇帝一怒使然。伯谦之死，是军中无法，未经过'公平审判'也。人主红笔一勾，小臣人头落地。中古干法也。以中古帝王办法，打现代国际战争，宜其全军尽没也。在下落笔后万言，未开一枪，私衷所于阐明者，旨在斯呼？！"[1]

上述学者的热烈讨论，形成了建国后研究"方伯谦案"的第一个高潮。但遗憾的是，他们没有新发现的史料作为依据，改变不了"方伯谦案"的现状。而其所主要依赖的重要史料《冤海述闻》，又为戚其章等学者严厉指摘，大大动摇了"昭雪派"（姑且将主张为"方伯谦案""平反昭雪"的人们称之为"昭雪派"）的史料基础。戚其章说："《冤海述闻》不足为方伯谦翻案之据……其一，张冠李戴，颠倒事实……济远悬白旗和日本海军旗而逃，这本是确凿无疑的事实，但到了冤海述闻客的笔下，却张冠李戴，颠倒为日舰吉野升白旗龙旗而逃。其二，捕风捉影，无中生有……（方伯谦谎称日提督毙、吉野沉）冤海述闻客明知此事真相，却仍然抓住'风闻'……无中生有地坐实'歼其提督'。其三，添枝加叶，极力美化……'方管带（与沈寿昌）并肩立，脑血尚沾其衣也'一语只不过是用来美化方伯谦罢了。首先，无论方伯谦本人给李鸿章的电报还是他向丁汝昌所作的报告，都没有提到这一情况。其次，《冤海述闻》所述仅是孤证。相反，更多的材料却说明当时方伯谦不是在望台上指挥，而是躲

---

〔1〕唐德刚：《甲午战争百年祭》，《传记文学》（台湾）第二十六卷第四期。

在舱里。其四，含沙射影、混淆视听……'方伯谦之被杀，乃丁汝昌、刘步蟾等人挟嫌陷害。'这纯系含沙射影，以混淆视听，从而掩盖事实的真相。"[1] 从而动摇了为方伯谦"昭雪"的重要理论依据。

这一复杂的过程对于方俪祥这样一个家庭妇女来说，是不可能了解的，当她的第一次请求石沉大海以后，她才隐约感到，这是一条漫漫长路。但这位倔强的老人，怀着对未曾谋面的亲人的特殊感情，决意要沿着这条路走下去。她的行动感动了不少人，有人为她出主意说："要解决'方伯谦案'问题，必须依靠史学界，只要史学界大多数人认可，'冤案'昭雪即可大功告成。"话虽这样说，但要让史学界的大多数人接受"昭雪派"的观点，谈何容易！方俪祥抱定"有志者事竟成"这一古训，决心涉猎史学这个陌生的领域，让伯公的"冤魂"早日得到安息。

艰难的"昭雪"之路

1986年9月，方俪祥独自一人第二次回到家乡，这次回来，她的目的十分明确，就是要为"冤案""昭雪"作资料上的准备。她跑遍了北京、南昌、郑州、福州等地，大量搜集资料。无论是史家专著还是通俗读物，无论是报章杂志还是影视作品，只要涉及"方伯谦案"，她都广泛收集。回美国时，她的行李箱里塞满了这些资料。回到家中，她一改往日的生活习惯，潜心研究起这些资料来。功夫不负有心人，在半年多的时间里，她基本上弄清了"方伯谦案"的来龙去脉和史学界的各种观点，并从中找出了许多需要解决的问题。

1987年5月，方俪祥第三次回国，她带着一些反复思考过的问题，遍访史学名家，一个个疑团解开后，心中不免有豁然开朗之感。在专家的指导下，她开始接触原始资料。在短短的时间里，她翻阅了中国近代史资料丛刊《中日战争》七册，做了大量的笔记和摘录，使她的研究向前迈进了一大步。回美国后，她拿起笔，写了平生第一篇研究性文章：《为我伯公方伯谦鸣冤》。这篇既充满感情，又不乏理论思辨的文章，很快就发表在国内的《日本研究》杂志上，引起人们的极大关注。文章结尾说："伯公方伯谦是一位尽职的军人，曾

---

[1] 戚其章：《方伯谦被杀是一桩冤案吗？》，《历史研究》1981年第6期。

留学英国，学习海军，回国后在战场上努力杀敌，报效国家。……不幸的是被嫉功妒能的刘步蟾诬害，又被李鸿章利用，作了他们的替罪羊，成了他们的冤死鬼。""希望中国的历史学家，重新检讨甲午海战，实事求是，给济远舰管带方伯谦一个公正的评价。"

也就在这篇文章发表的当年，福州传来了一个石破天惊的消息：福建师范大学历史系的有关人员在该校图书馆的馆藏中，发现了一则具有重要价值的史料——《卢氏甲午前后杂记》，这本小册子是甲午海战期间充任"广甲"巡洋舰管轮的卢毓英的手稿。卢毓英是福建人，早年参加海军，亲历黄海海战。他在手稿中认定，在海战中首先逃跑的是"广甲"舰，而不是"济远"舰，"济远"舰是在完全丧失了作战能力的情况下撤离战场的。这份史料被收入《方伯谦问题研讨集》时，编者为其加了"编者按"，说明了这份史料的来龙去脉及其重要价值："此手稿系为亲历中日甲午海战者所撰，有极高之史料价值。当年，由福建师范大学图书馆馆长金云铭教授发现收集纳入馆藏时，因未及查考作者真名与身份，金馆长遂冠以《卢氏甲午前后杂记》之名。后承该校历史系专事海军史研究，且卓有成就之陈贞寿教授对是稿详加研究考证，确认此手稿为当年广甲舰管轮卢毓英亲笔所撰。卢为当年亲历战火者，其记述情况甚详，是不可多得之甲午海战原始资料。此稿为作者记事手稿，可谓不存在为亲者讳之嫌，其中记叙了牙山、大东沟之战始末，可以明证济远英勇善战、广甲先逃、济远的确战至炮毁无以应敌方退出战斗等问题，且为方伯谦被杀呼冤，足证方'被谗以逃军，军前正法，军中冤之'之语不谬，这也是海军界人士与方氏族裔数代不懈为方伯谦鸣冤之原因所在。"

这一史料对"昭雪派"来说，无疑是一则有力的证据。福建师范大学历史系教授陈贞寿等人对这一史料进行了细致的研究，写成了《"方伯谦案"新探》一文，在"方伯谦案"的一些关键问题上取得了突破性的进展。文章最后指出："黄海大战中，由于丁汝昌的指挥失误，北洋舰队损失极其惨重。为了逃避舆论的谴责和朝廷的惩处，李鸿章和丁汝昌等便以方伯谦为替罪羊，制造了方伯谦冤案。我们认为，应该为方伯谦昭雪，还历史本来面目。"[1]

---

〔1〕陈贞寿、黄国盛、谢必震：《"方伯谦案"新探》，《福建师范大学学报》1988年第2期。

方俪祥得知这一消息十分欣喜，她感到为方伯谦"冤案""昭雪"的时机基本成熟，开始酝酿与福建学术界联合举办一次学术讨论会，以对"方伯谦案"作出最后的定论。

1991年9月14日，"甲午海战中之方伯谦问题研讨会"在福州市市府招待所会议室隆重举行。这次会议是福建社科院历史所、福建师范大学历史系、福州市史志编委会、福州市历史学会、福建福马老海军联谊会等八个单位联合发起的，有国内史学界知名专家北京师范大学历史系教授龚书铎、上海师范大学历史系教授季平子以及方氏后裔等一百余人参加，70岁高龄的方俪祥从美国休斯敦赶来出席会议。历史学家李侃、人民大学历史系教授郑昌淦、辽宁大学历史系教授孙克复、四川大学历史系教授赵清、山东社会科学院研究员戚其章等专家学者分别发来贺电贺函表示祝贺。会议本着"还历史本来面目"的宗旨，试图为"方伯谦案"作最后的定论。在会议讨论时，方俪祥发言指出："我很荣幸地回国参加这个会议，看了许多论文。离开大陆40年了，不了解'评价'的含义。这些年我一想到我伯公方伯谦被安上'临阵脱逃'的罪名，遗臭万年，便寝不安席，食不甘味。为此，我不断地收集资料，向国内外专家学者请教。希望通过研究能给我伯公以公允的'评价'。"

1991年9月14日，"甲午海战中之方伯谦问题研讨会"在福州市市府招待所会议室隆重举行（林伟功　摄）

由于这次会议的与会者大多属于"昭雪派"，会上基本上形成了一边倒的局面，在学术气氛中夹杂着不少情感的气息，发表的具有代表性的文章有：《论陷害方伯谦的三项罪名全部出于捏造》《三论方伯谦冤案问题》《方伯谦被杀案考析》《关于"方伯谦冤案"》《方伯谦是被陷害致死》《甲午战败的替罪羔羊——论方伯谦之死》《济远撞坏扬威之辨析》《济远"先逃"考析》等等。这些文章试图推翻方伯谦"临阵脱逃"的罪名和由此引起的两个严重后果——"将'扬威'舰撞沉"和"将队伍牵乱"，证明"方伯谦案"是一桩冤案。

上海师范大学历史系教授季平子认为，"关于方伯谦是否逃跑的问题，如果军舰还有战斗力而离开战场，那就是逃跑；而军舰已失去战斗力，那就不是逃跑。现在我们有新的证据了。最早是哈富门说方的济远舰炮坏了，不能打了，所以回来。据新发现的《卢氏甲午前后杂记》载，济远舰是被打坏了，广甲逃离战场搁浅后，身为广甲管轮的卢氏，搭乘济远舰回到旅顺，他看见济远大炮全被打坏了。既然是失去战斗能力撤退了，那就不算逃跑。实际上广甲更先跑，但这个问题已经不重要了，因为方已不存在逃跑的问题。"[1]北京师范大学历史系教授龚书铎认为，"说济远舰牵乱队伍，实际上是不存在的。因为队伍乱得比较早，主要是由于指挥失误，包括后来旗舰信桅被日舰打落造成的。所以不存在济远离阵导致队伍牵乱的问题……另外说济远逃跑中撞沉扬威，从研究结果看，这也不是事实。""现在主要一个问题是方伯谦到底是不是逃跑？济远舰到底是撤离战场还是逃跑？为什么先撤走？新发现的《卢氏甲午前后杂记》非常有价值，但也有一点疑问……两处讲到济远舰……两个地方都用了'逃'字……为什么卢毓英用了两个'逃'字，这一点我有疑问……'逃'字有点贬义。"[2]

还有的学者认为，"济远"撞"扬威"的故事，既不是历史事实，也不是来自其他将士的小道消息，而是丁汝昌头脑中杜撰出来的。同时，我们从丁氏编造这个故事中也可以窥见方伯谦被杀真相之一斑。

大量的论述尽管不乏推论之词，但使"方伯谦案"在人们的头脑中越来越

〔1〕《中日甲午海战中方伯谦问题研讨集》，知识出版社1993年7月版，第598页。
〔2〕同上，第610页。

清晰，这对研究此案大为有利，同时也改变了一些人的看法，特别是影响了史学界以外的人们对于方伯谦的认识，实属难能可贵。著名电影导演、电视连续剧《北洋水师》导演冯小宁让我们看到了讨论"方伯谦案"的意义所在。他说：

"我决不想介入史学争论，只是想把北洋水师的人物（也包括方伯谦），尽可能塑造成比较好的人，以完成主题的表现……

"关于方伯谦……本着参照双方意见的原则，运用艺术感染力，达到使观众情感参与进入的方法，试映后，广大观众都认为方伯谦不是坏人，而为他感到'挺冤的'。我做到这一步已是非常吃力的了，因为国家正式出版的甲午战争史书中，几乎全是将他作为叛徒处理的。

"在丰岛海战中，我特地加了他决定用诈降之计击伤吉野的情节。

"黄海海战中，我特意加了他的济远舰重伤，前炮打坏，他命令用后主炮继续作战的情节，企图用无言的镜头感染力，解释济远舰转向退出是迫不得已的……广大观众对这点均无问题，都没有造成方伯谦'逃跑'的印象。

"尤其是他的死上，我调动一切能用的办法，造成观众的伤感……

"从《甲午风云》到《北洋水师》，从戚其章老先生的诸多著作到改革开放后史学界的活跃和百家争鸣，我想历史总是一步步在向前走的，一代人完不成的事，后代人再去做，总是一步步接近真理的……但总的是观众留下一个都是悲剧英雄的印象……可悲可叹可惜，小青年头一次知道'原来方伯谦不是叛徒呀'！《北洋水师》已经起到了在我们这一代和下几代人心中，改变《甲午风云》在方伯谦问题上带来的不正确印象的作用。"[1]

就连戚其章也说："进入80年代后，情况有了变化，最近几年，肯定方伯谦的势头更趋猛烈……这场讨论是有益的，使双方的意见部分地接近，从而能够更全面地认识方伯谦其人。方伯谦是中国近代最早的海军人才之一，具有爱国之心，这是没有问题的……"[2]这说明，"方伯谦案"的大讨论推动了史学界的思想解放。

然而，会议上的这种状况并没有使各主办方和方俪祥高兴起来，因为他们

---

〔1〕冯小宁1992年5月13日信函。
〔2〕戚其章：《全面评价方伯谦》，《历史教学》1991年第2期。

17

清楚地知道，以山东省社会科学院历史所研究员、中日甲午战争研究专家戚其章为代表的反对翻案的人们没有与会，会议的权威性将大打折扣，会上所作出的结论，也未必是恰如其分的，更未必是人们能够完全接受的。

果然不出所料，三年以后的1994年，在山东威海举行的"甲午战争100周年国际学术讨论会"，完全是另一种气氛。这次会议是山东省委有关部门和山东社会科学院等组织发起的，方俪祥获悉后，向组织会议的有关方面说明了自己的身份，提出参加讨论会的要求。很快她获得了邀请。9月7日，75岁的方俪祥出现在大会的开幕式上。

这次会议上有关方伯谦问题的论文有四篇，涉及的问题有"济远舰是否重伤""济远舰是否'先逃'""有没有西战场""日本第一游击队追赶的是否济远"等，但纵观这些文章，既没有引用新的史料，也没有新的观点，其说服力也就可想而知了。从会议的总体情况看，在涉及"方伯谦案"时，反对翻案的人占压倒的多数，他们认为，研究历史要本着实事求是的科学态度，抛开个人的感情因素，为历史人物作出客观公正的评价。尽管"方伯谦案"在执行的过程中，存在着许多失误，但这些失误在行将灭亡的晚清社会出现是不可避免的。仅靠现有资料，还不足以推翻清政府对方伯谦"临阵脱逃"之罪的认定，在"昭雪派"的论证过程中，还存在着许多的推论，这些推论不能作为为方伯谦翻案的依据，在新的相关历史资料发现之前为方伯谦翻案，不是研究历史的科学态度。

这种气氛对从美国远道而来的方俪祥来说，无疑是残酷的。在每一个场合都可以听到她几近哭诉的声音，事到如今，感情的确超越了其他的一切。人们在反感这种感情的同时，也被她那种锲而不舍的精神所打动，每一个接触过她的人，都怀着一种无奈的心情。正如台湾的《近代中国史研究通讯》报道的那样："方伯谦的侄孙女方俪祥女士为其伯公（即伯祖父）伸冤。对整个大会而言，这只是一项插曲。因为在大会的议程中，并没有这样一个节目。但它不但与大会的史事有关，而且在一项学术会议中，一位与会者为其先人伸冤，也是很少见的。""济远舰管带方伯谦，因于黄海海战中先行逃回，被即行正法。但方氏家属和若干故旧，多年来一直有人出来为其鸣冤。……这次举办甲午战争一百周年国际学术会议，方俪祥女士以七十余高龄，健康情况亦并非甚佳的情况下，不远万里迢迢，从美国赶来参加，一篇《甲午战争中的海战》还不够（因为那是在分组会议中发表，她希望在全体会议中再表示），大会又安排她在闭幕前专题报告一场中，让她说几句话。当她发言时，不惜反复重叠，申述她伯公的冤枉，坚持让大家接受她的意见，对此事加以平反。对于如此高龄的一位老太太，如

方俪祥女士在甲午战争一百周年国际学术讨论会上发言（照片选自《中国近现代史上的海军世家》）

此恳切的呼吁，大家自然深受感动。惟历史是历史，个人感情是个人感情，在没有充分的证据之前，是无能为力的。"[1]

真理究竟在谁一方？方伯谦案究竟是不是一桩冤案？事件发展到此依然无法得出结论，方俪祥怀着郁闷的心情回到了美国。

"方伯谦案"引发诉讼

如果说史学研究中的争论是再正常不过的事情，那么接下来所发生的事情，已经脱离了学术研究的轨道，走向了歧途，这完全出乎方俪祥以及关注"方伯谦案"的人们之所料。

1996年10月5日，福州市鼓楼区政府决定，将福州市安泰河朱紫坊48号定为"方伯谦故居"，列入区级文物保护单位。1997年2月4日，福州市人大常委会正式颁布施行了《福州市历史文化名城保护条例》，在这个条例中，把方伯谦故居列为福州市重点文物保护单位。4月22日，原华东军区海军司令员兼政治委员、原国务委员兼国防部长张爱萍将军为方伯谦故居挥毫题词"方伯谦故居"和"海军世家"。5月20日，张爱萍在北京接见了方俪祥女士及其女儿王福申，并对方莹将军表示深切的缅怀。

---

[1] 吕实强：《甲午战争一百周年国际学术讨论会》，《近代中国史研究通讯》（台湾）第十九期。

由著名海军将领张爱萍题写的"海军世家""方伯谦故居"

1997年9月25日，福州市鼓楼区人民政府、福州市文物管理委员会办公室、福州市文物管理局等单位，在朱紫坊48号举行了隆重的"方伯谦故居""海军世家"揭匾仪式，海军工程学院原政委邓培代表张爱萍上将来榕揭匾并致辞，中国军事科学院原政委、第八届全国人大常委会常委张序三、海军指挥学院原院长李鼎文以及海军各院校、福州军区、海军司令部、海军福建基地、南昌陆军学院等单位代表多人参加，到会贵宾中将军在10名以上，可见其盛况。对方俪祥等人来说，这本是一个宣传为方伯谦"冤案""昭雪"的有利时机，张爱萍题写的匾额为方伯谦故居增辉不少。但他们没有想到，一场不必要的麻烦也随之而至。原因是在举行悬匾仪式的同时，他们还在福州西湖宾馆举行了《甲午海将方伯谦》一书的首发式，恰恰是这本书，引起了一场不该打的官司。

《甲午海将方伯谦》一书是1997年8月由海潮出版社出版的一部方伯谦的传记作品，在这部作品中，作者王宜林（原海军学院研究员、离休干部）对方伯谦在丰岛海战和黄海海战中的表现作了全面的肯定，试图为"方伯谦案"作最后的定论，致使有些媒体作了"甲午海战沉冤今日昭雪"的报道。然而，由于作者并不是历史研究者（作者自己坦言，他不是历史研究者，也不是文学创作者，仅

位于福州市安泰河朱紫坊48号的"方伯谦故居"

凭借对中日甲午海战和方伯谦冤案的探讨，翻阅、采用国内外现有的史料，以半年多时间和粗糙之笔进行写作而完成此书），为这样一个重大的历史事件作定论，自然会引起各方的激烈反应。此时的方俪祥女士，完全没有考虑到此书发行后会造成什么样的后果，只想在她有生之年看到一个圆满的结局。

1997年11月22日，对中国近代海军史素有研究的姜鸣、刘申宁两位学者，在《文汇读书周报》上发表了一篇针对《甲午海将方伯谦》一书的批评文章，指责该书在证据不充分、问题尚未讨论清楚的时候，匆匆作出政治结论，而这些结论采用的解释和推理方式又在很大程度上偏离了史料和事实，并严厉地指出："将（方伯谦）这样一个历史人物打扮成民族魂，作为中华民族在外来侵略面前宁死不屈的象征，这是对爱国精神和民族魂的亵渎。"

一石激起千冲浪，姜、刘文章发表后，在书界引起强烈反响。1997年12月3日，《中华读书报》刊登了《冤乎？方伯谦研究又起波澜》的长文，对方伯谦研究作了评析；12月5日，《南方周末》刊登了题为《方伯谦是民族英雄？》的一组采访，表明了对方伯谦问题的看法和倾向；随后，《人民日报》发表了《方伯谦为何成焦点》的综述文章，希望学术界在此类问题上能够少一点炒作，多一点学术气氛。1998年1月17日，合肥《新安晚报》刊登了专题介绍，披露了方伯谦后裔资助影响方伯谦问题研究的材料……

面对这种情形，《甲午海将方伯谦》的作者王宜林忍无可忍，一纸诉状将姜鸣、刘申宁以及《文汇读书周报》社告上了法庭。

1998年7月16日，上海市第二中级人民法院知识产权庭对此案进行了审理，成为中国第一例由历史疑案引发的诉讼案件。1998年12月12日，《文汇读书周报》以一个整版的篇幅，刊登了该报记者周伯军的文章《一篇书评引来的一场官司》，对这一案件进行了全面的介绍。文章指出，"今年二月，王宜林即向法院提起诉讼。他在诉状中称：姜、刘的文章别有用心地歪曲事实，诽谤中伤，企图全面否定和诋毁《甲午海将方伯谦》的史学价值，并对原告进行人身攻击，已构成著作使用权、获得报酬权和作者名誉权的侵害。文章污蔑原告'嘲讽历史，愚弄当世'等等，违背了学术研究求同存异的批评原则，是极端错误的。《文汇读书周报》发表这种误导广大读者并导致侵权行为的文章，造成严重的后果和既定事实。它使原告包销的2800册书在进入市场两个月中发生滞销和退货，直接损害了原告的著作使用权、获得报酬权和名誉权，使原告健康受损住院云云。"文章还介绍说，另据王宜林在起诉状及庭审中称，《甲午海将方伯谦》原来打算和方伯谦侄孙女方俪祥女士合作撰写，后方俪祥因病放弃，该书系方俪祥出资6000美元，由海潮出版社按委托协议出版6000册，方俪祥包销3000册，除赠送亲友、学者200册外，所余2800册归作者在售书款中解决稿酬和有关经费。而据国家新闻出版署有关规定，出版社不得以任何名义要求或接受作者个人出钱资助出书；不得要求或接受供稿单位或个人包销图书；不得以图书抵充稿费。又规定：超出协作出书范围和协作对象，放弃对协作出版的图书的编辑、校对、印刷、发行等各个环节职责的，均按"买卖书号"查处。这样看来，《甲午海将方伯谦》一书的出版就是不合法的。既然书的出版都不合法，其他的问题也就没有了争论的必要了。最终，此案以王宜林的撤诉而告结束[1]。

这场诉讼，由于"昭雪派"的操之过急，不但没有加快方伯谦"冤案""昭雪"的进程，反而使"昭雪"的工作陷入了十分尴尬的境地，这是方俪祥做梦也没有想到的。在以后的几年中，史学界明显表现出对"方伯谦案"的淡漠和反感，有关史学研究者指出，新时期史学所取得的成果固然令人欣慰，但也应该看到，某些不健康的因素对当前的史学界造成了不良影响。譬如，在研究和评价历史人物方面，既有一些历史人物的后裔通过各种手段影响史学界，要求对他们的先人尤其是被传统史学或当代史学定性为有这样那样问题的历史人物作出新的肯定的评价；又有一些地方在乡土观念的影响下，有意无意地扮演了对当地的历史人物一概予以吹捧的角色，这种由亲情和乡情所催发的愿望是可以理解的，但历史研究并非一道"皆大欢喜"的大菜，可以随意添加人情的佐料。任何私心杂念，都是史学研究的大忌。这些不健康的因素是很不利于我们对历史人物作出正确评价的。

2007年4月，知识出版社继《中日甲午海战中方伯谦问题研讨集》之后，再次推出了王宜林先生的作品《中国近现代史上的海军世家》一书，书中以大量的篇幅继续着"方伯谦案"的讨论。笔者翻阅着这本印刷精美的图书，心中

---

〔1〕周伯军：《一篇书评引来的一场官司》，《文汇读书周报》1998年12月12日。

可谓五味杂陈。出版社这次就谨慎得多，首先在出版说明中指出："方伯谦之死，是应得，还是冤案，已经争论了一百多年，至今仍无定论。虽然本书编著者及《序》的作者持'冤案'之说，但我们出版此书，初衷却在两点：其一，为这一课题的深入研究提供一套资料；其二，介绍中国近现代史上的'海军世家'。不管方伯谦之死作何定论，都不足以影响方氏'海军世家'的称谓。"笔者深以为然。

笔者掩卷沉思，改革开放后的几十年中，对"方伯谦案"的争论来势如此凶猛，究竟原因何在？或许学者刘申宁的分析可为我们打开一扇进一步了解此案的窗户。他说，看看当年这些北洋海军的故旧，他们都是方伯谦的同学或战友，在那次失败的战争中和方伯谦一样扮演了或逃跑或投降的角色，不同的是他们没有被清廷正法，而且在开复后地位迅速上升，一个个成了中国海军中耀眼的明星。这其中又以逃跑的蔡廷幹、吴敬荣和递送降书的程璧光尤为引人注目。蔡廷幹在威海之战中率鱼雷艇逃跑，其瓦解军心的作用更甚于方伯谦，民国后竟然混上了海军部军法司司长，由一个逃兵来执掌海军军法，真是莫大的讽刺；吴敬荣在黄海海战和威海之战中两次逃跑，最后又投降日军，开复后仍能继续任海军舰艇管带；程璧光在黄海海战中也与方伯谦同时逃离战场，只是未返旅顺，又重新归队，后来在威海之战中成为北洋海军向日军递送降书和参与谈判的代表，开复后升迁迅速，民国时期更两度出任海军总长。随着这些原北洋海军将领地位的不断升迁，他们在甲午战争中那些不愉快的往事便无人提起，世人看到的只是他们那显赫的地位和耀眼的光彩。与这些北洋海军故旧形成巨大反差的是，方伯谦不仅失去了再次崛起的机遇，而且被永远钉在那场海战的耻辱柱上。作为方伯谦的战友和部属，作为他的同学和同乡，作为方氏家族及其后裔，眼看这一系列的变化和巨大的反差，能不产生想法，发出由衷的感慨吗！

其实在甲午战争中，清军的临阵脱逃是个十分普遍的问题。早在中日双方正式宣战之前，朝野攻击李鸿章等人最严厉的话语便是"畏葸不前"和"胆小怯战"。如果说李鸿章的不轻易言战还有外交方面的某些考虑，那么叶志超等清军将领的临阵脱逃则是无可饶恕的怯战。怯战和溃逃看上去似乎是个人的勇气和品质问题，但作为当时一个普遍性的问题，其实它更是那个时代、那种军事制度不可能克服的诸多弊端所产生的必然结果。

人是有感情的动物，又是在各种比较和衡量中认识是非曲直的。不论当时处置方伯谦的"同罪异罚"，还是后来海军将领地位变化发生的巨大反差，了解这一历史发展过程的人们，都会对方伯谦投以怜悯和同情的目光。方伯谦的"冤"在他独自一人做了那个时代北洋海军诸多弊端的牺牲品。这正是百年来为方伯谦鸣冤叫屈者不绝的深层原因。[1]

不过，笔者可以推断，回想近二十年在为方伯谦"冤案""昭雪"道路上的风风雨雨，方俪祥女士一定不会后悔，因为她看到了在一些大、中、小学教材，博物馆陈列说明以及影视作品中，已经回避了对"方伯谦案"的评价。更主要的是，方俪祥的努力在史学界掀起了一场以什么样的态度对待历史研究的大讨论，使历史学家们进一步认清了自己的神圣责任，从而推动了历史学术的发展。也许，这样的结果，其价值远远超出为方伯谦"冤案""昭雪"的本身，从这一角度讲，方俪祥女士是成功者，也是胜利者。

---

〔1〕刘申宁：《论方伯谦问题》，《近代史研究》2000年第3期。

电影《甲午风云》的虚构与真实

20世纪60年代，长春电影制片厂拍摄了一部以甲午海战为题材的历史影片《甲午风云》，这部优秀的电影作品生动地展现了甲午战争中丰岛海战和黄海海战波澜壮阔的历史场景，塑造了邓世昌、林永生、王国成等一系列英雄形象，鞭挞了晚清政府的软弱与腐败，在中国大地上掀起了一轮又一轮的爱国热潮。

然而，《甲午风云》毕竟是一部产生于特定时代的文学作品，它带有深深的时代烙印，当我们今天走出民族情感的圈子，从史学的角度重新审视它的时候就会发现，《甲午风云》所描述的情节远不如真实的甲午海战那样扑朔迷离、错综复杂，《甲午风云》所引出的若干历史疑问值得我们去思考和研究。

方伯谦有无挂白旗投降

在《甲午风云》塑造的众多反派人物中，最为突出的是北洋舰队"济远"舰管带方伯谦，影片中，此人投机钻营，贪图富贵，在丰岛海战中不仅不战而逃，而且在日舰追击过程中，还亲手挂起白旗向日军投降，白旗是由炮手王国成扯下来扔进大海的。回营后他谎报战功，掩盖罪行。在黄海海战中，他故伎重演，临阵脱逃，枪杀爱国士兵，被愤怒的水手杀死，是一个万夫所指的"民族败类"。

关于方伯谦的死，事实历来很清楚，他不是被爱国士兵所杀，而是战后被清政府就地正法，影片中的被杀情节纯属虚构。至于他是否是"民族败类"，其死是否是"罪有应得"，史学界目前尚有争论，这里暂且不表。这里要说的是，在丰岛海战中，方伯谦究竟有没有下令悬挂白旗，如果挂了，是"诈降"

还是"投降"?

对于悬挂白旗"诈降"一说，方伯谦本人从来没有承认过，1894年7月25日的《济远航海日志》是这样描述日舰追击情形的："[倭督船]赶到，在我船之右。我船后台开四炮，皆中其要处，击伤倭船，并击死倭提督并员弁数十人，彼知难以抵御，故挂我国龙旗而奔。"在这里，方伯谦并未提及悬挂白旗的问题，反而说日舰挂了龙旗。7月30日，北洋水师提督丁汝昌向北洋大臣李鸿章汇报战况时说："迫敌以一船横截广乙，济只剩十五生一炮，猛击命中，敌二船始折回，而吉野督船尾后连追不止。济停炮诈敌，彼驶近拟捡我船，济即猝发后炮，一弹毁其将台，二弹毁其船头，三弹中其船中，黑烟冒起，吉野乃移逃，四弹炮力已不及矣。"[1]也没有提到悬挂白旗的问题。8月11日，军机处在奉光绪皇帝谕旨给李鸿章的电报中称："行军纪律赏罚为先，畏葸者不可姑容，奋勇者亦须奖励，即如管驾方伯谦，于牙山接仗时，鏖战甚久，炮伤敌船，尚属得力，着李鸿章传旨嘉奖。"[2]更是对悬挂白旗只字未提。

在官方的记载中的确找不到方伯谦悬挂白旗的证据。难道方伯谦真的没有悬挂白旗吗？

我们看看另一类记载。晚清军事家姚锡光在《东方兵事纪略》中描述："济远之奔，倭吉野追其急。吉野为新式快船，每四刻能行二十三海里，势将及。管带方伯谦乃树白旗，继又树日本旗；倭追如故。时有水手王姓者甚怒，而力素弱，问'何人助我运子'？又有一水手挺身愿助，乃将十五生特尾炮连发四出，第一出中倭船舵楼，第二炮亦中，第三炮走线，第四炮中其要害，船头立时低俯。"[3]在姚锡光看来，方伯谦不仅悬挂了白旗，还悬挂了日本旗。

曾亲历丰岛海战的北洋水师"广甲"舰管轮卢毓英，在战后亲笔书写了《卢氏甲午前后杂记》，他是在充分肯定方伯谦海战中表现的前提下描述丰岛海战的。他说：丰岛海战中，"济远"舰"军孤势危，其间不能容发，管带方

---

〔1〕中国史学会主编：中国近代史资料丛刊《中日战争》（四），上海人民出版社1957年9月版，第266—267页。

〔2〕顾廷龙、叶亚廉主编：《李鸿章全集》（二）电稿二，上海人民出版社1986年11月版，第872页。

〔3〕中国史学会主编：中国近代史资料丛刊《中日战争》（一），上海人民出版社1957年9月版，第65页。

1890年停泊于旅顺港中的"济远"舰

"济远"舰后主炮

伯谦传令悬白旗，又令司机者轮开快进。按万国公法，海军战败悬白旗者，即示敌人以输服之意，即行停轮，以待敌船查封炮械之后，随过敌船听敌安置。倭见济远白旗已悬，知已输服，乃令停炮下锚，方欲过船如法安置，济远后炮忽发，击中倭舰战坪，又连发数弹分击三艘均中其要害，比倭舰起锚来追，而济远去已远矣。"[1]明确指出方伯谦"传令悬白旗"。

辑录当时西方报章的《中东战纪本末》中的记载是："西友之与海战者，自旅顺口赍书云：……至管带济远铁舰之方伯谦，即七月间护送高升运船至牙山，途遇日舰，匿铁甲最厚舱中，继遭日炮毁其舵，竟高悬白旗，下悬日旗，逃回旅顺口者也。"[2]这里也同时指出方伯谦悬挂白旗和日本旗的问题。

在丰岛海战中参加追击"济远"舰的日舰"浪速"号舰长东乡平八郎在日记中也证实："我舰更加紧追击济远号，到了离三千多码时发射船首的大炮。济远号至此举起了日本海军旗，上加白旗，表示投降。"[3]

显而易见，众多资料指向一个事实，那就是方伯谦不仅悬挂了白旗，而且还悬挂了日本旗。

那么，历代史学家和史学工作者是如何看待上述记载的呢？从现有研究成果来看，绝大多数人认为方伯谦悬挂白旗是事实，例如清华大学历史系教授张荫麟在上世纪30年代发表了《甲午中国海军战绩考》一文，引用资料说，"济远逃时，曾树白旗，高升乘客目击者多人，其报告不谋而合，决不能诳。"[4]持此种观点的人颇多，时至今日，此观点依然很盛行。

还有一种颇具戏剧性的描述，出自对方伯谦问题十分关注并极力主张为方伯谦"冤案"进行"昭雪"的王宜林先生笔下，他在所著的《甲午海将方伯谦》一书中绘声绘色地说：当"济远"舰指挥塔突然被"吉野"舰4.7英寸大炮所击中贯穿，粉碎了塔内设施并击中官兵数名后，"方伯谦登上指挥台对

〔1〕卢毓英：《卢氏甲午前后杂记》，《中日甲午海战中方伯谦问题研讨集》，知识出版社1993年7月版，第546页。
〔2〕中国史学会主编：中国近代史资料丛刊《中日战争》(一)，上海人民出版社1957年9月版，第168页。
〔3〕中国史学会主编：中国近代史资料丛刊《中日战争》(六)，上海人民出版社1957年9月版，第32—33页。
〔4〕张荫麟：《甲午中国海军战绩考》，《中日甲午海战中方伯谦问题研讨集》，知识出版社1993年7月版，第294页。

管旗代理头目说：我要与日舰血战到底，航速、炮火均不如日舰，前主炮不能发射，炮弹已打光，后主炮尚可射击，炮弹只有4发。因此只能采取兵不厌诈、诱敌受骗，此外别无良策……我现用白旗哄骗倭寇行缓兵计，让它中我圈套，以利于我保舰制敌，安全返航……""管旗代理头目遵照方伯谦的布置，到住舱取来一白布床单，遂悬挂'白旗'以示'降意'。日浪速号舰长东乡平八郎信以为真，遂下令停止航行，并停止射击。""这时，济远舰继续全速西驶，与浪速舰相距3000米左右。日舰又以前主炮射击，方伯谦又施展诡计，令管旗兵升起一面日本海军旗，但仍未减速，继续西驶，借以迷惑东乡平八郎舰长。"[1]显然这种说法是在认可方伯谦悬挂白旗观点的前提下的进一步演绎。

由此可见，在丰岛海战中，方伯谦下令悬挂白旗和日本海军旗是确凿无疑的事实，关键问题是如何为方伯谦悬挂白旗的行为定性，是"投降"，还是"诈降"？

在改革开放前的那个特定的历史时期，主流的观点毫无疑义地是"投降"，这也是可以理解的。所以，《甲午风云》采用此说不足为怪。改革开放以后，随着史学研究领域的思想解放，人们重新梳理思路，不断挖掘史料，进行更加深入的研究，越来越倾向于"诈降说"。也许，研究甲午战争的著名专家戚其章先生的观点具有代表性，他说："方伯谦是中国近代最早的海军人才之一，具有爱国之心，这是没有问题的。在丰岛海战中，他所率济远官兵以弱抵强，鏖战一个多小时，并击伤了吉野，应该予以肯定。济远在力竭西驶时虽挂了白旗和日本海军旗，然并未停驶，且兵不厌诈，不应过于苛求。"[2]这无疑是实事求是的态度。上世纪90年代初，电视剧《北洋水师》在中央电视台播映，其中方伯谦悬挂白旗的情节有了与《甲午风云》完全不同的性质，编剧冯小宁坦称："在丰岛海战中，我特地加了他（方伯谦）决定用诈降之计击伤吉野的情节。"[3]这说明，方伯谦悬挂白旗"诈降说"得到了比较广泛的认同。

既然"济远"挂白旗和日本旗是"兵不厌诈"，那方伯谦为何不将如此大事记录在案呢？丁汝昌、李鸿章以及清廷为何也只字不提呢？

---

〔1〕王宜林著：《甲午海将方伯谦》，海潮出版社1997年8月版，第106—107页。
〔2〕戚其章：《全面评价方伯谦》，《历史教学》1991年第2期。
〔3〕冯小宁1992年5月13日信函。

笔者认为，这是中华民族千百年来形成的价值观使然。"兵不厌诈"作为一种战术手段历来被古今中外的军事家所推崇，在我国，其成功范例比比皆是，"诈降"也屡见不鲜。不过，在海上遭到追击的紧要时刻，通过悬挂白旗和敌方旗帜来"诈降"，却是极为罕见的。因为在中国的军事传统中，军人无不以树白旗投降为奇耻大辱，即使是"诈降"也不会轻易采纳此法，更何况是有争议的"诈降"。因此，无论是方伯谦本人，还是丁汝昌、李鸿章以及朝廷，都回避了这一敏感的情节。

刘步蟾为何首先开炮

　　《甲午风云》有这样一个情节，黄海海战开战时，当双方舰队展开了战斗队形之后，日本联合舰队司令伊东佑亨首先命令"吉野"舰："瞄准旗舰，开炮！"也就是说，日本舰队打响了黄海海战的第一炮。其实不然，大量史料记载，黄海海战的第一炮是北洋舰队右翼总兵兼"定远"舰管带刘步蟾指挥炮手首先打响的。

　　黄海海战开始之前，中日双方摆好阵形，相向而行。当相距至5300米时，"定远"舰管带刘步蟾指挥炮手用右舷主炮突然先发一炮，炮弹掠过天空，从日舰"吉野"舰上方飞过，在其右舷数十米处爆炸。在日舰上观察，"定远舰上一片寂静。一名军官登上前樯桅楼，用六分仪测量距离，不停地挥动手中的小旗，报告所测之距离。炮手则不断降低照尺。当时敌我相距大约四哩，距离速度减至六千公尺、五千八百公尺……五千六百公尺、五千五百公尺，此刻只有五千四百公尺了。……突然如迅雷轰鸣，白烟蔽海，一炮飞来落于我先锋舰吉野舷侧。此为定远右侧露炮塔放出之黄海海战第一炮"[1]。从客观结果上看，这一炮对整个海战并未产生有利的影响，相反却在一刹那间增加了北洋舰队官兵的紧张情绪。刘步蟾究竟为什么要先发一炮，实在是令人费解，连当时的日本人也认为"两国舰队之涂色既各异，自是万不致误，而所为若是，深可怪矣。"对于这一问题，目前史学界有两种截然不同的观点：一种观点认为，刘步蟾在远距离上盲目发炮，是临阵畏葸的表现；另一种观点认为，刘步蟾先发

---

　　[1]（日）川崎三郎著：《日清战史》，东京博文馆1897年版，第58页。

一炮，目的是争取主动，先发制敌。笔者认为，这两种观点都值得商榷之处。

北洋海军右翼总兵兼"定远"舰管带刘步蟾

关于刘步蟾是否是"临阵畏葸"的问题，很多史料证明，刘步蟾在海战中没有临阵畏葸，而是临危不惧，冲锋在前。丁汝昌负伤后，他代为督战，指挥"定远"全舰官兵"一面救火，一面抵敌"[1]，越战越勇。由于他在海战中的表现出色，北洋大臣李鸿章在《奏请优恤大东沟海军阵亡各员折》中给予了充分肯定，说刘步蟾由于临阵畏葸而先发一炮显然与事实不符。

关于刘步蟾是否是"争取主动，先发制敌"的问题，史料有这样的记载，在黄海海战之前，北洋水师提督丁汝昌曾召集全体将领研究作战方案，大家一致认为，如果遇到日舰，要首先开炮，争取主动，先发制敌。会后，丁汝昌将这一决定报告给李鸿章，可李鸿章并未同意。尽管如此，但争取主动、先发制敌的战术思想毫无疑问地已在刘步蟾的思想中形成，可以肯定地说，刘步蟾先发一炮具有"争取主动，先发制敌"的意图。

一般情况下，要实现争取主动、先发制敌的战术意图，必须实施突然的行动，打击到敌人的要害，对于海战来说，就是要在有效的射程之内，击中敌人主要舰只的主要部位。那么，刘步蟾的做法又是怎样的呢?

大炮的射程一般分为最大射程和有效射程。所谓最大射程是指炮弹所能达到的最远水平距离;所谓有效射程是指炮弹保持一定命中率的水平距离，两者既有区别又有联系。充分了解和运用这一原理，是实现作战意图的重要基础。据当时史料记载，"定远"舰主炮"可及十八里，若打十里内极准"。[2]就是说，"定远"舰主炮的最大射程是18里，有效射程约在10里。北洋海军弁兵在谈话

〔1〕中国史学会主编:中国近代史资料丛刊《中日战争》(四)，上海人民出版社1957年9月版，第278页。

〔2〕中国史学会主编:中国近代史资料丛刊《中日战争》(五)，上海人民出版社1957年9月版，第29页。

北洋海军旗舰"定远"号

中也谈到,"约相距十里左右,炮弹力量既足,且命中无虚发者"。[1]刘步蟾发炮时中日双方舰队相距5300米,显然是在最大射程之内而在有效射程之外,所以射击的结果是,炮弹飞过了"吉野"舰顶,在离舰数十米的地方爆炸,并未达到"争取主动"和"先发制敌"的目的。

既然刘步蟾要实现"争取主动,先发制敌"的战术意图,那么他为什么要在有效射程之外开炮呢?人们在很多年中都百思不得其解,因为论责任,刘步蟾身居北洋水师右翼总兵兼旗舰"定远"舰管带的高位,在战前的行动中尽职尽责,多次得到朝廷的嘉勉;论能力,刘步蟾为中国近代第一批赴欧海军留学生,"学习驾驶、枪炮诸术,勤勉精进,试迭冠曹隅",[2]留学英国三年,成绩颇为优异,是出色的驾驶人才,李鸿章三次检阅北洋舰队,刘指挥的射击从未出现过偏差;论海况,海战时晴空万里,海上波澜不惊,可"望见地平线上如柱之薄烟",稍后,"南望不仅可见烟氛,且可见烟氛所从发出之战舰一串"。[3]说明海上能见度良好。那么,究竟在刘步蟾身上发生了什么?

笔者通过对历史资料的综合研判,得出了这样一个结论:刘步蟾在有效射程之外开炮,是他临战心理素质不好,思维能力发生障碍,导致判断失误的结果。

---

〔1〕戚其章著:《北洋舰队》,山东人民出版社1981年8月版,第105页。

〔2〕张侠等编:《清末海军史料》(上),海洋出版社1982年5月版,第371页。

〔3〕中国史学会主编:中国近代史资料丛刊《中日战争》(六),上海人民出版社1957年9月版,第45页。

军事心理学认为，军人的心理从平时状态迅速转入战斗状态，需要具有较强的心理适应性，要具备这一心理品质，军人必须在平时从事接近于实战的演练和战斗活动，从而获得战斗条件下克服心理负荷的经验。刘步蟾"系学生出身，西法尚能讲求，平日操练是其所长，而未经战阵"，从现有资料看，包括刘步蟾在内的北洋水师官兵，从未进行过心理训练，其心理素质普遍薄弱，海战中的若干事实可以说明这一点。对于刘步蟾这样一个高级将领来说，心理素质的要求理应更高。从当日11时30分北洋水师确认对方是日本舰队开始，到12时50分"定远"舰打响第一炮为止，在长达1小时20分钟的接敌过程中，刘步蟾的注意力高度集中地指向日本舰队，从而导致了从未经历过战斗的他，思维能力出现失调，造成其听视觉功能的紊乱，思维过程发生不合理的简化，思维的正确性和准确性降低，最终使他作出了错误的距离判断，而在有效射程之外先发一炮。这说明，刘步蟾还不完全具备一个高级指挥官应该具备的心理素质。

邓世昌是否接替指挥

《甲午风云》的成功之处还在于它塑造了完美的英雄人物——"致远"舰管带邓世昌，在邓世昌身上，我们看到了中华民族英勇不屈的民族精神。为了塑造好这个人物，电影颇下了一番功夫，在情节设计上，将北洋舰队若干将领的英勇壮举集中于邓世昌一身，这是文学作品的常用手法，是完全可以理解的。电影中设置了这样的情节：黄海海战打响之初，日舰"吉野"号的大炮击中了北洋水师"定远"舰的桅杆，提督旗也顺势而倒。邓世昌见状，立即下令："命令'经远''济远'向我靠拢，把帅旗挂起来！"日舰"吉野"舰长见到"致远"舰上的号令，立即向联合舰队司令伊东佑亨报告："邓世昌代替了旗舰指挥！"这一情节，体现了邓世昌在战场上的机智、果断和责任意识。然而遗憾的是，这一情节真实性并不为大多数史学家所认同。

"致远"舰管带邓世昌

黄海海战开始后数分钟之内，北洋水师旗舰"定远"号的大炮就震塌了舰桥，丁汝昌跌

北洋海军"致远"舰

落甲板受伤，不久，信号装置也被日舰击毁，"定远"舰失去了指挥能力，无法发挥旗舰的作用。从现有资料看，战前丁汝昌并没有就此种情况的出现作出预测，因而也就没有事先确定接替指挥的人选。按照《北洋海军章程》的规定："提督在何海口，该口北洋兵船概听提督一人之令，总兵不得与提督平行。其中军、左、右翼及鱼雷艇、练、运各船管带官，皆不得自出号令。""提督他往，则听左翼总兵一人之令；如左翼总兵他往，则听右翼总兵一人之令；右翼总兵他往，则听副将之令；同为副将，则听资深副将之令；不分中军、左、右翼，以次第推。"[1]不过，这些规定均是对北洋舰队平时行为的规范，并不适应战时需要，无助于确定战时特殊情况下指挥权的归属。在这种情况下，邓世昌是否敢于突破平时"皆不得自出号令"的规定接替指挥？

据"镇远"舰帮带洋员马吉芬在《鸭绿江外的海战》中回忆："战斗一开始，各舰的信号索就几乎全被打掉或烧毁。镇远的信号索也大部不见踪影。"[2]

---

〔1〕《中国兵书集成》(影印本)，第48册，解放军出版社、辽沈书社1993年5月版，第620页。

〔2〕戚其章主编：中国近代资料丛刊续编《中日战争》第七册，中华书局1993年12月版，第284页。

这说明"镇远"舰也失去了指挥能力。接下来就应该是"致远"舰管带邓世昌了。据"来远"舰水手谷玉霖回忆:"定远舰旗杆中弹断落,致远舰长邓世昌以为丁军门阵亡,当即升起提督旗来振奋全军。日舰炮火随即集中于致远,舰身和舱面多次中弹,损伤很重。""来远"舰水手陈学海也回忆:"致远船主邓半吊子(按:指邓世昌)真是好样的,他见定远上的提督旗被打落,全军失去指挥,队形乱了,就自动挂起统领的督旗。"在他们看来,邓世昌接替指挥是千真万确的事实。实际上,《甲午风云》安排的邓世昌接替指挥的情节,在很大程度上是来源于上述各方回忆。

可是,大多数学者认为,上述各方的回忆并不可信,原因有三:一是在现存的档案资料中,找不到邓世昌接替指挥的记载,如此重要的海战,如此重要的行动,如果没有记载,就难以确定它是真实存在的;二是有人考证过,"来远"舰水手的回忆错漏百出,有道听途说之嫌,因而降低了可信度;三是在长达数小时的海战中,北洋舰队始终处于各自为战的混乱状态,并没有统一指挥的迹象。据日方记载:"本队已通过敌阵,逐渐转向敌军右方,逼向敌军背后。而这时敌舰已乱,不复存在阵形。"[1]人们由此断定,邓世昌在旗舰失去指挥能力后,并没有担当起指挥责任,《甲午风云》中的描述并不准确。

学者们在经过研究之后得出的结论是,在旗舰失去指挥能力后,北洋舰队是没有统一指挥的,直到海战接近尾声时,"靖远"舰管带叶祖珪才在该舰帮带大副刘冠雄的提示下冒着违反军令的风险代升提督旗收队,而此时对指挥作战已经没有意义了,邓世昌接替指挥的情节纯属虚构。

---

〔1〕戚其章主编:中国近代资料丛刊续编《中日战争》第七册,中华书局1993年12月版,第223页。

《北洋海军章程》探秘

众所周知，北洋海军正式成军于1888年，其鲜明标志是《北洋海军章程》（以下简称《章程》）的颁行。这一标志性的文件，使北洋海军的一切行为有了依据和规范，进而使其成为一支正规的近代化海军。显然，《章程》在北洋海军的创建与发展过程中意义重大。然而遗憾的是，在1895年北洋海军全军覆没的同时，这部章程也完成了它的历史使命，退出了历史舞台，它仅仅存续了六年多时间。那么，这部法规从何而来？它与北洋海军的成败有何关系？在研究北洋海军兴衰的过程中，人们往往忽略了对这些问题的深究。现在，就让我们揭开这部法规的神秘面纱，对上述问题一探究竟。

光绪十四年天津石印
《北洋海军章程》封面

《北洋海军章程》稿本

中西结合的"混血儿"

以海军建设为中心的中国近代海防建设起始于洋务运动,这场运动是在中国原有的海防建设基础上,大量引进西方国家的先进技术和装备而逐渐展开的。因而近代海军法规建设必然走上一条从承袭旧制到逐渐吸收西方海军法规因素的道路,《章程》的制定,就是洋务派在这条道路上取得的阶段性成果。

在近代海防建设开始之初,承袭旧制是近代海军法规建设的主流,其原因在于,此时的海防建设新旧两种成分并存,倡导近代海军建设的洋务派对近代海军法规的建设并不熟悉,对西方海军法规也缺乏了解,同时,创设近代海军的物质条件相对薄弱,特别是体现近代化海军主要特征的铁甲快船购造迟缓,导致了洋务派中一些人观念更新缓慢,存在因循守旧意识。在海军法规建设中,对洋务派影响最大的当数长江水师的章程。长江水师是曾国藩在湘军水师的基础上于1866年筹建完成的一支旧式水师,建成之后,曾国藩主持制定了"长江水师永远章程"[1],这里要注意的是这"永远"二字,它的基本意思是试图将这支水师和这支水师的章程作为一成不变的范例,用曾国藩自己的话说就是"今已奏定章程,著为令典,不敢谓立法之尽善而无弊,所愿数十年后督抚提镇随时损益,遇事详求。翼将才辈出,历久常新,此则臣等所祷祀以求者也"。[2]然而,长江水师无论是装备还是体制,都仍然属于古代水师的范畴,并无近代海军的特征。就训练而言,按照章程规定,直到1873年,长江水师兵弁还在认真训练弓箭,而不讲求新式枪炮的使用,因而皇帝在上谕中严厉指出:"水师所用本以施舵放炮为优劣,何得藉口演习弓箭,致开陆居之渐。所有长江水师及江苏新改之外海、内洋、内河水师,均着专习枪炮,毋得再习弓箭。"[3]也就是说,曾国藩的行为连皇帝也看不下去了。然而,就是这样一支水师的章程,却被人长期奉为一成不变的"令典"。

1875年2月,两江总督李宗羲在视察长江水师时,发现"防务已松",但在处理的过程中还是认为"一切处分仍照旧章办理"[4]。1876年10月,兵部右

---

〔1〕《曾文正公全集·年谱》卷十。

〔2〕《曾文正公全集·年谱》卷十一。

〔3〕中国史学会主编:中国近代史资料丛刊《洋务运动》(二),上海人民出版社1961年4月版,第321页。

〔4〕(清)朱寿朋编:《光绪朝东华录》(一),中华书局1958年12月版,第13页。

侍郎彭玉麟又阅巡长江水师，发现了一些问题，尽管心里十分着急，但在给清廷的奏折中还是说："查前两江督臣曾国藩原定章程，水师以使船为第一要义，考缺升补，以荡桨迟速定其优劣，近来营哨官未能寻绎此义，往往于更换勇粮时以陆营充补，以致荡桨一事技艺生疏，即使演炮有准，已失使船之本义。"[1] 在加强近代海军建设、制造和购进铁甲快船已成为洋务派多数人共识的情况下，彭玉麟仍认为"原定章程"中"以荡桨迟速定其优劣"是海军建设的"第一要义"，不能不说他的海军近代化意识淡薄。1880年，内阁学士梅启照意识到了长江水师装备的陈旧，在筹议海防的奏折中提出了"长江水师添拨中号轮船"的建议，以弥补难以"御外患"的"不足"[2]，但其中也没有提到对长江水师章程的修订。甚至连张之洞这样的洋务派大员，在处理具体问题时，也表现出了对旧制的留恋。1885年7月，他在广东创设广安水军时，建议这支水军"营制饷章，俱照长江水师规制。间有不便，稍加变通。"[3] 尽管这支水军是用于内河防务的，但此时初建也应符合近代化建设的需要。这说明，由于物质基础、守旧观念等原因，旧式水师章程已经阻碍了近代海防建设的发展，承袭旧制不可能走出一条近代化海军建设道路。

随着近代海防建设的深入，洋务派渐渐感到，章程制定中的因循守旧将给海军近代化进程带来严重阻碍，开始注意到对西方海军法规内容的吸收，同时，加紧对旧式水师的改造。对这一问题最早认识的是李鸿章，他从1871年开始就主张改造北洋三省的旧式水师，之后用了10年时间完成了改造。1881年，李鸿章的幕僚薛福成拟定了一个《北洋海防水师章程》，其条款吸收了西方海军章程的部分内容，如在培养人才条款中，明确指出："泰西各国造将练兵以及百工技艺，无不出于学校。武备一院，选聪颖子弟读书十数年，再令入伍习练，虽王子之贵，皆视为急务，历练既深，又多学问，故能将才辈出。其操练步伐，驾船用器，皆有一定程度，非读书精熟加以阅历，不能罄其秘要。"主张"拟由北洋设一水师学堂，照闽厂章程稍加变通，广为造就，将来管驾铁甲及碰快各船之才既可日出不穷，而司军火、司帆缆、司机器以及舵手管事等

〔1〕（清）朱寿朋编：《光绪朝东华录》（一），中华书局1958年12月版，第297页。
〔2〕张侠等编：《清末海军史料》（上），海洋出版社1982年5月版，第20页。
〔3〕苑书义等主编：《张之洞全集》第一册，河北人民出版社1998年8月版，第320页。

人，均须取给于学堂与练船之中。"[1]1885年，李鸿章也指出："自开办水师以来，迄无一定准则，任各省历任疆吏意为变易，操法号令参差不齐，南北洋大臣亦无统辖画一之权，遂至师船徒供转运之差，管驾渐染逢迎之习，耗费不赀，终无实效。"建议按照西国成例，建立海部或海防衙门，使海防建设"有行久之章程，有一定之调度"[2]，引起各疆吏的讨论。1886年，由于海军经费紧缺，清廷准备"将不能海战之船酌量裁撤停驶，抽出款项以补兵轮饷需之不足。"李鸿章对此以西方海军章程之例表示反对："西国水师定章，战舰之外必另有运饷械、练水手、通文报之船，诚以战舰专为冲锋破敌，不可无他船以供其用。""现将北洋大小各船通盘细算，实属无可裁撤。"[3]1888年5月，清政府在英德订购的"致远""靖远""经远""来远"四艘巡洋舰来华，李鸿章这时作出了更加明确的表示：在正式章程颁布之前要"面饬丁汝昌、琅维里加紧训练，参酌英水师定章办法，期有实济"[4]。

在《章程》制定时，李鸿章还专门从北洋舰队中抽调了刘步蟾、林泰曾、方伯谦等对"西国事务""稍明晰"[5]的海军将领，参加《章程》的议定，刘步蟾还是《章程》的执笔人。这表明洋务派对吸收西方海军章程的重视。

1888年10月，《章程》正式颁发实行。从内容来看，《章程》指明仿照或吸收西方国家海军章程内容的地方有十几处。例如，对北洋海军舰船编制的规定，是"参稽欧洲各国水师之制"[6]；对"兵丁加赏"的规定，是"按英国章程"，"略仿其法"[7]；对"国旗"的规定，"按西洋各国"，"将兵船国旗改为长方式，照旧黄色，中画清色飞龙"。[8]等等。但这里要特别指出的是，《章程》的制定绝非如一些论者所说，是完全对西方海军章程的照搬、照抄，《章

---

〔1〕张侠等编：《清末海军史料》（上），海洋出版社1982年5月版，第29—30页。

〔2〕中国史学会主编：中国近代史资料丛刊《洋务运动》（二），上海人民出版社1961年4月版，第570—571页。

〔3〕中国史学会主编：中国近代史资料丛刊《洋务运动》（三），上海人民出版社1961年4月版，第315、316页。

〔4〕同上，第58页。

〔5〕戚俊杰、王记华编：《丁汝昌集》，山东大学出版社1997年8月版，第94页。

〔6〕中国史学会主编：中国近代史资料丛刊《洋务运动》（三），上海人民出版社1961年4月版，第196页。

〔7〕张侠等编：《清末海军史料》（下），海洋出版社1982年5月版，第493页。

〔8〕张侠等编：《清末海军史料》（上），海洋出版社1982年5月版，第504页。

程》的某些方面仍然有对旧制的沿袭。如"行船公费"一项,《章程》规定仍照"前船政大臣沈葆桢奏定章程"实行[1];"阵亡病故恤银"一项,《章程》规定"应查照前南洋大臣左宗棠奏定章程"办理[2]等等。另外,还有一些内容是根据北洋海军的实际情况作出的规定。正如李鸿章总结的那样:"所拟章程大半采用英章,其力量未到之处或参仿德国初式,或仍遵中国旧例。"这就说明《章程》是一部以吸收西方海军章程为主,同时又保留了部分传统旧制的海军章程,其性质属近代化法规。

内容庞杂而不严密

与以往所颁章程不同,《章程》自身构成了相对完整的法规体系。一支近代化海军的建设涉及各个方面,包括组织、兵役、人员、管理、战争、教育、训练、奖惩、后勤等等,它必须有一个由多部法规构成的相对完整的法规体系加以规范。自进入近代以来,中国的海军在设置上仍沿袭了旧制,沿海各地所创设的海军,均归各地督抚节制,没有形成全国的统一,海军章程一般都是由各地督抚根据各自的具体情况加以制定。由于各省海军规模大小不同,体制各异,近代化程度不一样,所担负的任务也有差别,因而在制定章程时,造成种类多、随意性大、互不联系、不成体系的状况。从现有资料看,在《章程》制定之前,督抚们筹议和提出的,包括实行和未实行的海军法规有《轮船章程六条》《经费章程》《保护船只章程》《水师补缺章程》《雷营章程》《轮船薪粮章程》《驻防口岸调防章程》《海洋水师章程》《轮船出洋训练章程》《轮船营规》《北洋海防水师章程》《预筹防范章程》等等,从总体上看,这些法规都或多或少存在着某些缺陷:有的章程只规定某一个方面,本身不成体系,与本支海军的其他规章相联系,也形不成系统;有的章程尽管本身内容较为全面,规范的范围也比较广,但原则性的条款多,缺乏实际操作性,仍然不能单独地规范一支海军的行为;也有的章程由于各支海军的不同利益,对同一事项作出的规定不同;还有的章程内容不细,对一些重要事项没有明确规定等等。例如闽局轮船的《训练

---

[1] 张侠等编:《清末海军史料》(上),海洋出版社1982年5月版,第493页。
[2] 同上,第495页。

章程》，"分操向无定期，合操亦无定法，举各船散布海口，养而不教"，张佩伦无奈，只好"在闽认真考察，酌定分操、合操章程"[1]作为补充。

总之，这一时期的海军法规状况如翰林院侍讲学士何如璋所说："中土自筹办水师以来，各省陆续购制计有大小轮船四十余号"，但"章程不一"。[2]针对这种状况，李鸿章等人在制定《章程》时，颇费了一番苦心，他们为克服上述弊端，综合了中外海军各种法规的内容，力争做到将庞杂的条款，经过梳理，纳入一部章程中。指名吸收的外国法规中就有《英国教习章程》、英德两国的《海军饷章》以及各国海军募兵办法等多部章程的内容，同时，在许多方面也保留了部分中国章程的内容，这样，自身就形成了一个相对完整的体系，可以说是集各种海军法规内容于一身，这在中国近代军事法规建设中还是第一次。

首先，《章程》的内容较为系统，包括船制、官制、升擢、事故、考校、俸饷、恤赏、工需杂费、仪制、钤制、军规、简阅、武备、水师后路各局等14部分，涉及编制体制、军费薪俸、教育训练、后勤供给、日常管理等方面，涵盖了北洋海防的大部分内容。同时，它又注意到了各个方面的相互联系与衔接。例如，就一部海军章程而言，严格说来，"水师后路各局"的内容并不属于海军的范围，应有专门章程另行规定。但为了双方的协调与统一，《章程》还是把它纳入北洋海军体系当中。

其次，《章程》内容详略不一，有些内容规定得较为详细，具有较强的可操作性。例如，对练勇学堂学生所学课程以及考试内容的规定，都极为详细，这就使北洋海军在处理一些具体事项上有法可依。

疏漏导致战时执法混乱

《章程》是在中国近代海防建设的探索过程中形成的，因而它又不免存在着某些疏漏，在它刚刚被制定完成时奕譞就说："海军系属初创，臣等此次所拟章程，本无成例可循"，"至章程内容有未备及临时应行变通者，由臣等随

---

〔1〕中国史学会主编：中国近代史资料丛刊《洋务运动》（二），上海人民出版社1961年4月版，第550、551页。
〔2〕同上，第532页。

时酌拟具奏。"[1]从《章程》的内容来看，疏漏主要集中在对北洋海军战时的规定方面，这就大大影响了北洋海军的作战行动，特别是对黄海海战的影响，产生了极为严重的后果。因为黄海海战是北洋海军成军后经历的一场最大规模的海战，也是决定中日甲午战争胜败的关键一战，它是在中日双方力量相当的情况下爆发的，是对北洋海军包括《章程》在内的全面建设的一次严峻考验。这场海战，充分体现了法规建设在近代化海军建设中的重要地位。

第一，《章程》对海战中的统一指挥问题缺乏全面而明确的规定。

一支近代化的舰队，其装备、编制、任务的复杂性和多样性，特别要求其行动的统一性。就海战而言，舰队的战略任务、战术意图、战斗行动都是通过各舰的协调一致的动作来实现，因而各国海军法规无不把"统一指挥"作为主要内容加以规定。

黄海海战正式打响数分钟后，北洋海军旗舰"定远"舰的信号装置即被日舰炮火摧毁，丁汝昌也从舰桥跌下负伤。"定远"舰的信号装置是提督丁汝昌发号施令、指挥舰队进退行止的唯一工具，信号装置被摧毁，等于中断了丁汝昌的命令，意味着全队将失去了统一指挥。一般说来，在这种情况下，舰队应由提督以外的最高指挥官接替指挥。但事实是除丁汝昌以外的其他管带，都没有作出相应的反应，因而使整个舰队在长达五个多小时的作战中，陷入了各自为战的混乱状态中。直到海战接近尾声时，"靖远"舰管带叶祖珪才在帮带大副刘冠雄的提示下代升督旗收队，但为时已晚。

为什么会出现这种情况？史学界普遍认为，此时的各舰管带，特别是左翼总兵兼"镇远"舰管带林泰曾，应该具有总体作战意识，主动担负起统一指挥的责任。但实际上林泰曾等管带并没有这样做，而是听任各舰继续处于无序状态，这说明了林泰曾等管带战术意识相当薄弱。

笔者认为，这一看法未免有些简单化，仅用战术意识来解释林泰曾等管带的行为是不够的。首先，从现有资料看，丁汝昌在战前没有预见到战争中可能出现信号装置被毁这一情况，也没有事先安排好接替指挥的人员，这是事

---

〔1〕中国史学会主编：中国近代史资料丛刊《洋务运动》（三），上海人民出版社1961年4月版，第65页。

黄海海战战场

实。其次，《章程》中有这样两条明确的规定：第一，"提督在何海口，该口北洋兵船概听提督一人之令，总兵不得与提督平行。其中军、左、右翼及鱼雷艇、练、运各船管带官，皆不得自出号令"。第二，"提督他往，则听左翼总兵一人之令；如左翼总兵他往，则听右翼总兵一人之令；右翼总兵他往，则听副将之令；同为副将，则听资深副将之令；不分中军、左、右翼，以次第推"。[1] 林泰曾等管带是中国近代海军教育兴起后造就的第一批具有近代海军意识的管带，是经过长期专门训练的海军专门人才，他们懂得战场上执行命令的重要性，也十分了解作为北洋海军最高规范《章程》的内容，林本人还参加过《章程》的起草工作，因而他们对上述两条规定自然熟记于心。在"定远"舰信号装置被毁之时，丁汝昌尽管负了伤，但仍具有指挥能力，也没有离舰"他往"，更何况各管带此时并不知道丁汝昌已经负伤，面对《章程》"皆不得自出号令"的规定，他们只能指挥自己的军舰，尽力抗敌。这并不能说明他们战术意识的强弱，只能说明他们在战时执行《章程》的自觉性。至于叶祖珪在海战结束前的挂旗收队，纯粹是冒着违反《章程》规定危险做出的无奈行动，因

---

〔1〕张侠等编：《清末海军史料》(下)，海洋出版社1982年5月版，第499页。

而在海战后并没有得到清政府及李鸿章的特别奖赏。

"定远"舰信号装置被击毁,对海战产生了至关重要的影响。海战中,由于失去统一指挥,北洋舰队在总体上始终处于被动的地位。相比之下,"日船兵法节制皆精严"[1],掌握着海战的主动权,这是造成北洋舰队在黄海海战中失败的重要原因之一。如果说丁汝昌在这个问题上有重大失误的话,那么《章程》的制定者则应负主要责任,他们在制定《章程》时,只考虑到提督在位与不在位时的舰队指挥权问题,完全忽视了对提督在位而无法行使指挥权这种特殊情况的规定,造成信号装置被毁后,舰队无人督率的局面。

第二,《章程》对海战中作战舰船退出战斗的问题没有详实而明确的规定。

在海战中,往往会出现因为某种原因作战舰船退出战斗的行为,由于这一行为对海战有一定影响,所以,西方海军章程作了严格的规定:"凡船伤重而不能战,强迫归伍,非沉于海,即掠于敌,故能系船而归者,主帅不加之罪也。"[2]这一规定对舰船退出战斗的"罪"与"非罪"作了界定:凡满足"伤重而不能战",为避免"沉于海"或"掠于敌"的结局而"系船而归"这个条件者即为"非罪",不具备这个条件的显然就为有"罪"。然而《章程》却没有这方面的规定,这就是说,对作战舰船退出战斗的条件、时机、退出后的处置、不同情况的定性等,在《章程》中均找不到相应的规定,这就使舰队在实战中缺少了处理这一问题的依据。

黄海海战进行到下午3点左右,管带方伯谦率领的"济远"舰首先退出战场开往旅顺方向,在次日凌晨到达旅顺基地;随后,管带吴敬荣率领的"广甲"舰也退出战斗,在大连海面的三山岛附近搁浅,几天后为避免被日本舰队所俘,而将其炸沉。由于《章程》的规定不明,对上述两舰行为的定性和处理就发生了严重的问题,以至于为后人留下了无法排解的难题。

首先,方伯谦和吴敬荣的行为属于什么性质,难以判断。当时,丁汝昌、刘步蟾等人认为,方伯谦和吴敬荣的行为属"临阵退缩",理应严加惩处。李

---

〔1〕顾廷龙、叶亚廉主编:《李鸿章全集》(二)电稿二,上海人民出版社1986年11月版,第1004页。

〔2〕戚其章主编:中国近代资料丛刊续编《中日战争》第六册,中华书局1993年12月版,第61页。

鸿章也持同样看法[1]，并以此影响了光绪皇帝。这种认识是丁汝昌、刘步蟾、李鸿章等人根据历史上军规的相关内容以及中国传统的道德价值尺度所树立的标准，缺乏明确的法律依据，难以令人完全信服。对方伯谦来说，因为《章程》对战舰驶离战场的行为没有明确定性和处罚标准，制定《章程》的参照物——西方海军法规又对丧失作战能力的舰船退出战斗有非罪的规定，他率舰退出战斗的行为，从主观上难以认定其是否有罪，关键是看客观上军舰是否真正失去了作战能力。对吴敬荣来说也是如此。从档案记载来看，"济远"舰的情况是：船头进水，炮械大多被炸倾倒，已经不堪任战；"广甲"舰的情况是：受弹不多，仍有作战能力[2]。按照两舰的实际情况判断，同时按照西方法规的规定，"济远"舰管带方伯谦当为"无罪"，而"广甲"舰管带吴敬荣当为"有罪"。可实际情况是，方伯谦不仅被判定有罪，而且是必杀之罪。

其次，方伯谦和吴敬荣应该如何处置，界限不清。光绪的谕旨是这样裁定的："济远管带副将方伯谦首先逃走，致将船伍牵乱，实属临阵退缩，着即行正法。广甲管带守备吴敬荣，随济远退至中途搁礁，着革职留营，以观后效。"[3]这一裁定同样没有法律依据。由于《章程》对军规的具体规定很不全面，因而制定者加进了这样一句话："其余不法等事，由提督等援引《会典》所载雍正元年钦定《军规四十条》参酌办理。"[4]但《清会典》中的《军规四十条》是针对陆军的行为制定的[5]，近代化的海军"援引"160多年前的旧式陆军的规定，显然难以找到相适应的条款，也不可能作为处置的绝对依据。正因为如此，增加了处置中的随意性，出现了同罪不同罚的现象。如前所说，"济远"舰与"广甲"舰退出战斗的情况并不相同，理应区别对待，退一步说，即使情况相同，也应同罪同罚，但事实上是方伯谦被处以极刑，而吴敬荣却"革职留营，以观后效"。两种处罚结果相差甚远。

---

〔1〕顾廷龙、叶亚廉主编：《李鸿章全集》(二)电稿二，上海人民出版社1986年11月版，第1022页。

〔2〕卢毓英：《卢氏甲午前后杂记》，《中日甲午海战中方伯谦问题研讨集》，知识出版社1993年7月版，第549页。

〔3〕顾廷龙、叶亚廉主编：《李鸿章全集》(二)电稿二，上海人民出版社1986年11月版，第1029页。

〔4〕张侠等编：《清末海军史料》(下)，海洋出版社1982年5月版，第501页。

〔5〕《清会典》(影印本)，中华书局1991年4月版，第448—449页。

再次，对方伯谦应该怎样执行，程序不明。《章程》中有这样的条款："凡管带违犯军令，由提督秉公酌拟呈报北洋大臣核办。"[1]但对于极刑的执行程序，《章程》同样没有具体规定，致使方伯谦从被定罪到被执行，仅有两天时间，他没有被调查和自主申辩的机会，就连最起码的审判也没有，这不能不说是《章程》的疏漏造成的执法上的混乱。

至于《章程》的其他疏漏，还可略述一二，限于篇幅不一一列举。

由此可见，《章程》还不是一部十分完备的海军法规，在它制定的第二年就有人提出："泰西各国，莫不以互相师法，争强竞胜。今海军为中国创办之始，规画宜详。若能由出使大臣将各国海军向来成法及现办章程，赶紧翻译成书，以备采择，未始非创办之一助也。"[2]暗示了《章程》的不完备性。也有人在战后检讨黄海海战时说："海军章程，须仿照英国水师定章行办，稍为破除忌讳。盖英国水师已立多年，其中利弊业经考究，故章程无微不至，诚足采用也。"[3]从侧面表示了对《章程》的不满。

没有得到应有的遵行

任何一种法律规范，一经制定并颁发实行，都有一个付诸实施的问题，《章程》也不例外。《章程》的内容虽然还存在着一些疏漏，但它毕竟是中国近代海军向规范化迈出的重要一步，理应得到遵行。如果它能在北洋海军中得到彻底的贯彻执行，那么也必然会大大提高北洋海军的战斗力。然而遗憾的是，《章程》颁布以后并没有得到很好的遵守，笔者在此试列举三个主要例证加以分析说明。

第一个例证，《章程》规定："参稽欧洲各国水师之制，战舰犹嫌其少，运船太单，测量、探信各船皆未备，似尚未足云成军。""拟俟库款稍充，再添大快船一艘，浅水快船四艘，鱼雷快船二艘，庶战舰可敷用。另添鱼雷艇六艘，练船一艘，运船一艘，军火船一艘，测量船一艘，信船一艘，合之原有者，共

---

〔1〕张侠等编：《清末海军史料》(下)，海洋出版社1982年5月版，第499页。

〔2〕中国史学会主编：中国近代史资料丛刊《洋务运动》(三)，上海人民出版社1961年4月版，第122页。

〔3〕陈旭麓等主编：盛宣怀档案资料选辑之三《甲午中日战争》(下册)，上海人民出版社1982年9月版，第404页。

得战舰十六艘,雷艇十二艘,守船六艘,练运等船八艘,共大小四十三艘。以之防守辽渤,救援他处,庶足以壮声威而资调遣。"[1]可谓是一个长远发展北洋海军的规划。如果这一规划得以实现,必将大大遏制日本的侵略企图。

然而,这个规划从制定那天起,就是一纸空文。从1888年北洋海军成军到1894年中日战争爆发的六年中,北洋海军未曾添得一舰一炮,《章程》既是北洋海军成军的标志,也是北洋海军停止发展的标志。其实,造成这种状况的原因,并非完全是库款不充,而是没有把库款用于海军建设。

从1888年三四月份开始,清政府将大规模修建颐和园的工程公开化,大量筹集资金,其中海防经费是该项工程挪用最多、时间最长的一笔款项。"查颐和园自开工以来,每岁暂由海军内腾挪三十万拨给工程处应用,复将各省督抚任筹海军巨款二百六十万陆续解津发存生息,所得息银专归工用。"[2]除此之外,1889年至甲午战前共收海防新捐200万两,也都流入园工[3]。到1891年,户部甚至作出规定,南北洋两年内停购外洋船炮。

巨额经费的挪用严重影响了北洋海防的建设。"定远"舰管带刘步蟾向丁汝昌力陈:日本海军实力已超过中国,北洋海军添船换炮刻不容缓。甲午战争前夕,"济远"舰管带方伯谦又直接上书李鸿章,内称:"倭之敢轻我中国者以我海军战舰无多,且皆旧式,不及其新式快船快炮之利。倘我添行速率之船多艘,并各船上多添快炮,则彼自闻而震慑。"[4]但均未引起李鸿章的重视。那么,李鸿章为什么会接受他经营多年的北洋海军就此停顿这一现实呢?一方面,对于朝廷疯狂挪用海军经费的行为,并不是李鸿章一人所能左右的,另一方面,1891年他在校阅北洋海军后发现,"综核海军战备,尚能日异月新,目前限于饷力,未能扩充,但就渤海门户而论,已有深固不摇之势"。[5]依前所述,《章程》对北洋海军实力的要求,是达到"防守辽渤,救援他处"的目的,

---

[1] 中国史学会主编:中国近代史资料丛刊《洋务运动》(三),上海人民出版社1961年4月版,第196页。

[2] 同上,第141页。

[3] 邹兆琦:《慈禧挪用海军费造颐和园史实考证》,《学术月刊》1984年第5期。

[4] 孔广德辑:《普天忠愤集》,卷五,光绪二十一年石印本,第25页。

[5] 中国史学会主编:中国近代史资料丛刊《洋务运动》(三),上海人民出版社1961年4月版,第146页。

在李鸿章看来，此时的北洋海军已经使渤海门户"深固不摇"了，显然是达到了《章程》所要达到的目的，北洋海军的实力停留在这个水平上，也是李鸿章勉强可以接受的。

与中国海军建设形成鲜明对照的是日本对海军的大肆扩充。两次侵朝企图被挫败后，日本天皇于1887年发布谕令，拨出相当于皇室经费十分之一的内帑30万元充作造舰费用，日本的华族和富豪也因此竞相为海军捐款达百余万元。1893年，日本天皇又决定在以后的六年间，每年拨内帑30万元，并要求国务大臣、枢密顾问官及贵众两院议长每月从薪俸中拿出十分之一，两院议员则主动献出薪俸的四分之一，全部用作造舰经费。在这种情况下，李鸿章于1894年再次校阅北洋海军时，心情变得沉重起来，他说："日本蕞尔小邦，亦能节省经费，岁添巨舰。中国自十四年北洋海军开办以后，迄今未添一船，仅能就现有大小二十余艘勤加训练，窃虑后难为继。"[1]果然如李鸿章所担心，海军舰船的停止更新，对海战产生了直接的影响。首先，舰船的航速已远逊于日本舰队，在黄海海战中，日舰依靠其新式军舰，"变动至灵，转瞬一阵，我军变换阵势尚未完竣，已被其所围"。[2]西方报纸也认为："中国之败，盖败于速率之不逮日舰也。"[3]其次，舰船装备远落后于日舰。当时，世界各国的舰炮制造日新月异，快炮越来越被人们所重视。中国的舰炮比日本落后了大约10年，从射速上看，仅是日舰的五分之一，"我开巨炮一，敌可施快炮五；如不命中，受敌已多"[4]。从命中率来看，黄海海战中"一分钟间，支那（中国）舰队发弹三十二零八，而命中者得三零二八；日本舰队发弹一百九十三零三，命中者得二十八零九云。"[5]从而可见海军的停止发展与失败之间，有着必然的联系。

第二个例证，《章程》规定："总兵以下各官，皆终年住船，不建衙，不建公馆。"[6]本来，这一规定是针对当时晚清官场那种追名逐利、贪图安逸的腐

---

〔1〕张侠等编：《清末海军史料》（上），海洋出版社1982年5月版，第283页。

〔2〕陈旭麓等主编：盛宣怀档案资料选辑之三《甲午中日战争》（下册），上海人民出版社1982年9月版，第401页。

〔3〕《中东战记本末》卷四，第33页。

〔4〕陈旭麓等主编：盛宣怀档案资料选辑之三《甲午中日战争》（下册），上海人民出版社1982年9月版，第398页。

〔5〕张侠等编：《清末海军史料》（下），海洋出版社1982年5月版，第884页。

〔6〕同上，第473页。

位于刘公岛的丁汝昌寓所

败风气作出的，但是，由于北洋海军根植于封建社会的土壤之中，必然要受到封建毒素的侵蚀，使这一规定始终没有被遵行。

北洋海军的将领们兴建私宅，在《章程》颁行之前就已开始。以方伯谦为例，1881年他奉调北洋海军，当年即"移眷来大沽住"，1883年五六月间，他又"移家眷住烟台"，一住就是一年半。1884年11月，"家眷回闽"。到1887年四五月间，又"移眷住烟台"，同年六七月间，在威海盖私房。1888年五六月间，又在威海盖福州式住房，同年九十月间，在烟台正式建私房一处。1890年12月，他又在上海"租老闸钱江里四楼四底房作公馆"。另外，他还在刘公岛建了寓所，并因购地建房与丁汝昌发生矛盾，"方所构之屋多系南式，人争侨之，丁所构之屋均系北式，赁之者少，故复衔方"。[1]这样，仅他一人在各地或租或建住处达四五处之多，供他和妻妾居住。由此可以推断，其他管带恐怕也不能免俗。这不仅是海军军官携妻带妾建房陆居的利弊问题，关键是他们动摇了法规的严肃性，由此产生了极为严重的后果。他们"自左右翼总兵以下，争挈眷陆居，军士去船以嬉。每北洋封冻，海军岁例巡南洋，率淫赌于香港、上海"[2]，总查琅威理在位时，风气曾一度有所好转，但琅威理辞职后，"渐放渐松，将士纷纷移眷，晚间住岸者，一船有半"[3]。时人注意到："海军军官生活大都奢侈浮华，嫖赌是平常事。刘公岛上（北洋海军基地）赌馆、烟馆林立，妓院有七十多家。"[4]这种腐败的风气，严重地侵蚀了北洋海军将领的意志，

〔1〕卢毓英：《卢氏甲午前后杂记》，《中日甲午海战中方伯谦问题研讨集》，知识出版社1993年7月版，第545页。

〔2〕中国史学会主编：中国近代史资料丛刊《中日战争》(一)，上海人民出版社1957年9月版，第63页。

〔3〕陈旭麓等主编：盛宣怀档案资料选辑之三《甲午中日战争》(下册)，上海人民出版社1982年9月版，第399页。

〔4〕戚其章主编：中国近代资料丛刊续编《中日战争》第六册，中华书局1993年12月版，第22页。

使他们不能以健康的心态对待战争。黄海海战后，他们的斗志日渐消失，整日"驰逐于酒阵歌场，红飞绿舞"之中[1]，对以后的作战产生了极为不利的影响。

第三个例证，《章程》规定：各舰月有"行船公费银"数百两，用于购置"水线以上船舱内外应用各色洋漆、油斤、纸张、棉纱、砂布"等以保养船械，例由管带领银包办[2]。但有些管带只知领银，不按规定用于保养船械，将款项侵吞，致使一些船械"应换不换，应油不油，故其船身各件易坏，而后膛炮机亦至生锈"[3]。这种状况对海战的影响是极其严重的，"镇远"舰枪炮官曹嘉祥和守备饶鸣衢在黄海海战后揭发："'致''靖'两船，请换截堵水门之橡皮，年久破烂，而不能修整，故该船中炮不多时，立即沉没。"[4]足见在平日里《章程》的某些条款形同虚设。

除此之外，还有经费使用、后勤供应等方面都存在着严重违反《章程》的现象，恕不赘言。

综上所述，《章程》是中国近代第一部较为完整的海军章程，它的制定，体现了中国海军由古代向近代转型的历史特点，它无疑对中国近代海防的建设起到了积极的推动作用。然而，它本身的疏漏以及各权力层对它的蔑视，造成了极为严重的后果，这是我们今天在海军法规建设中需要吸取的历史教训。

〔1〕卢毓英：《卢氏甲午前后杂记》，《中日甲午海战中方伯谦问题研讨集》，知识出版社1993年7月版，第552页。

〔2〕张侠等编：《清末海军史料》（下），海洋出版社1982年5月版，第493页。

〔3〕夏东元编：《郑观应集》（上册），上海人民出版社1982年9月版，第880页。

〔4〕陈旭麓等主编：盛宣怀档案资料选辑之三《甲午中日战争》（下册），上海人民出版社1982年9月版，第401页。

北洋舰队援旅的是是非非

中日黄海海战，使日军夺取了黄海的制海权，日本大本营感到，此时是发动辽东半岛战役的绝好时机，一旦战役获胜，夺取了旅顺和大连，第二年开春便可与中国军队展开直隶平原决战，彻底打败大清国。于是，在黄海海战后的第四天，日本大本营就开始组建登陆部队，10月24日，日军在辽东半岛的花园口登陆，战役随即打响。作战的结果是，日军占领了辽东半岛的战略要地旅顺，使渤海门户洞开，加速了中国失败的进程。

史学界在研究这段历史的时候发现了一个明显的问题：从1894年9月21日日军组建登陆部队，到11月22日旅顺陷落，期间长达两个月，特别是日军在花园口的登陆，整整持续了近半个月之久。在这么长的时间里，中国军队为什么任日军从容完成作战准备，并发起进攻？北洋舰队为什么没有对旅顺实施有效的援救？这一系列问题的答案，依然需要深入到档案中去寻找。

北洋舰队援旅的条件

旅顺位于辽东半岛南侧，史书记载，其地自金州斜伸入海，形如卷心荷叶卧波[1]，是控制渤海海峡的锁钥，尤其是北洋海军的重要战略基地。

黄海海战之后，日本大本营为在来年进行直隶平原决战，决定按照其冬季作战计划，首先实施辽东半岛的登陆战役，夺取旅顺和大连。1894年10月24

---

[1] 中国史学会主编：中国近代史资料丛刊《中日战争》（一），上海人民出版社1957年9月版，第34页。

位于旅顺口的北洋海军基地

日，日第二军在陆军大将大山岩司令官的率领下，自朝鲜大同江口出发，由日本联合舰队护送至辽东半岛的花园口开始登陆。11月6日，登陆日军攻陷旅、大后路重镇金州。第二天，日陆海军协同进占大连，旅顺危在旦夕。

根据旅顺的地理位置和日军陆海协同进攻旅顺的作战特点，中国军队要守住旅顺，必须实施有效的陆海协同。因此，研究者一致认为，北洋舰队无论如何都应该通过全力援救，实现陆海协同，从而保住旅顺。然而，问题并非这样简单，评价北洋舰队援旅不仅要看应该不应该，更要分析可能不可能。

协同是在统一的计划下，双方根据各自的作战特点、作战实力以及作战中的实际情况，通过主动配合、相互支援，达到共同的战略、战役和战斗目的的协调一致的行动。协同是通过双方的共同努力来实现的。因此，北洋舰队对旅顺能不能实施有效的援救，要看陆海军双方有没有实施协同的条件。对此，我们可以进行以下分析：

陆军方面

协同通常以对全局起着决定性作用、执行主要任务的兵力为主，其他兵力为辅来组织实施。众所周知，日本夺取旅顺的企图主要是通过陆路的进攻来实现的。从这个意义上讲，旅顺能否守住，主要是看陆上清军能否进行有效的抵抗和反击。这一作战特点，是由黄海海战后北洋舰队已经失去黄海制海权所决定的。也就是说，北洋舰队已不再对日军的海上运兵构成威胁——对此还将在后面详细讨论。在这种情况下，北洋舰队全力援旅只能通过辅助性的活动，给陆军的抵抗和反击造成一定的有利条件，不可能改变金旅战役的主体形势。金旅战役的特点和北洋舰队的实力，决定了在旅顺保卫战中陆海协同的主要方面在于陆军。

辽东战役爆发时，驻扎在金旅一带的清军有33营，13000多人。而且，大连湾经营多年，装备有当时世界最新式的大炮；旅顺修建16年，用了几千万两银子，设有海岸炮台13座，陆路炮台9座，组成了严密的炮台群，军用物资储存丰富，号称"北洋精华"。由此可见，从旅（顺）大（连）驻扎军队的数量以及岸上设施来看，旅顺具有某些坚守的条件。正像有人分析的那样："旅顺为天险之地，又有以西法筑造之坚固大炮台，而其粮饷军火且足支二三年之用，倘使华兵能慎防台后窜扰之路，则虽有百日舰断不敢自蹈死地也。"[1]

据此，有些学者认为，如果丁汝昌在援旅问题上采取积极主动的态度，使北洋舰队以岸上炮台为依托，陆海协同，守住旅顺是完全可以做到的，从而把旅顺失陷的责任归罪于丁汝昌的消极援旅。笔者认为，这是忽视了北洋舰队的作战实力以及陆海军双方在协同中的地位而得出的不符合实际的结论。能否最终守住旅顺，仅看以上的条件是远远不够的，更重要的还要看协同中居于主导地位的陆上清军在整个辽东半岛战役中的作战士气、主动配合精神等因素。

自中日开战以来，清军尽管也作了一些顽强的抵抗，但总的说来士气是低落的，特别是黄海海战以后，清军的作战士气更是每况愈下。在奉天战场，清军一路溃逃，战略要地相继失守。日军发动辽东战役，在花园口登陆长达12天，但金州、大连清军却坚持各守营盘，不赴前敌。仅率千余清军在金州抗敌的总兵徐邦道曾亲自向大连的赵怀业请援以主动出击貔子窝日军，竟遭到拒绝。赵甚至对请战的部下说："我奉中堂（指李鸿章）令守炮台，不与后路战事；汝辈欲往鼻（貔）子窝拒敌，须请令方可。"[2]金州危急之时，总兵赵怀业仍然坐视不问，负责增援的总兵程之伟也率部逗留复州一带按兵不前。结果，

---

〔1〕中国史学会主编：中国近代史资料丛刊《中日战争》（一），上海人民出版社1957年9月版，第178页。

〔2〕同上，第27页。

徐邦道所部在外无援兵，副都统连顺弃金州城逃走的情况下，终因寡不敌众而溃败。金州失陷后，清军的士气几乎到了崩溃的程度。11月7日日陆海军夹攻大连时，赵怀业早于前一天逃匿，兵勇溃散，日军不战而取大连，并缴获清军遗弃的大炮120多门和炮弹246万余发。大连的失守，使惊惶的清军更"如满地散钱"，难以"串成大枝"[1]。防守旅顺诸将更是"不亟以全力守南关岭扼旅顺咽喉，乃舣渔舟海曲作逃计，而各以粮台饷银移烟台"，"营务处龚照玙以金州陷，旅顺陆道绝，大惧，逃渡烟台，赴天津；鸿章斥之，复旋旅顺。自照玙之逃，旅顺军民滋皇惑，船坞工匠群抢库银，分党道掠，旅顺大扰"。[2]驻扎旅顺的"水雷营弁张起龙断电线，携箱先遁，水旱雷兵亦遁，故各口共伏水旱雷六百余具，迄倭至未尝发一响"[3]。这时的战斗力已不能以人数的多寡来衡量，物质条件的效能也已不能得到有效地发挥。

总之，在辽东战役中，陆上清军"非望风而逃，即闻风先溃；间或有一二敢战者，又每一蹶不可复振"，"无论如何激励亦不能当人节制之师"[4]。这样的士气，这样的协同精神，就谈不上与海军主动配合，相互支援，也就不能实现有效的陆海协同。

此外，清政府没有严密、有力的统一指挥，也是造成陆海协同难以实现的因素之一。在战争中，尽管清政府也考虑到了如何使用陆军和海军，在战略上也进行了某些调整，但在具体战役指挥上是软弱无力的，没有及时下达权威性的命令，使清军"虽大兵云集然皆不相统属"[5]，各有孤军作战之感，从而给陆海协同带来了严重的障碍。鉴于上述情况，当时有人对陆军取胜失去信心，大呼"海军不出，断无转机"[6]。那么，海军的出击能否改变金旅战役的形势呢？

---

〔1〕中国史学会主编：中国近代史资料丛刊《中日战争》（五），上海人民出版社1957年9月版，第26页。

〔2〕中国史学会主编：中国近代史资料丛刊《中日战争》（一），上海人民出版社1957年9月版，第39页。

〔3〕同上，第155页。

〔4〕中国史学会主编：中国近代史资料丛刊《中日战争》（五），上海人民出版社1957年9月版，第218页。

〔5〕同上，第171页。

〔6〕陈旭麓等主编：盛宣怀档案资料选辑之三《甲午中日战争》（下册），上海人民出版社1982年9月版，第263页。

海军方面

在日军发动辽东半岛战役期间，北洋舰队要全力援救旅顺，实现陆海协同，主要是利用以下的时机和方式：其一是与日本舰队进行海上决战，争取控制海上交通线；其二是袭击花园口登陆日军；其三是护送运兵船增援旅顺；其四是坚守旅顺港。但是，如果冷静地分析一下当时的客观形势和条件，就会得出这样的结论：北洋舰队无论利用哪一种时机和方式援救旅顺，都无法获得成功。

第一种援旅方式：与日本舰队进行海上决战。

黄海海战以后，如果北洋舰队能够通过与日本舰队进行决战，夺取黄海制海权，毫无疑问，日军根本不可能实施辽东半岛的登陆战役。然而，海上决战的实质是海军实力的较量，而北洋舰队恰恰已经没有这样的实力了。在黄海海战中，北洋舰队损失了"致远""经远""超勇""扬威""广甲"五艘巡洋舰，大型铁甲舰"定远""镇远"和巡洋舰"来远""济远""平远"均受重伤，其余各舰也程度不同受伤，力量较海战前大大削弱。损失的五艘巡洋舰已经永远丧失了战斗力，而受伤的"镇远、定远凡受三百余弹"，"各伤千余处"，"来远毁及半，余诸舰亦各创甚"。[1]"须添工匠二百名"[2]才能按时修复。而督办修舰事宜的龚照玙等人对坚守旅顺缺乏信心，主要精力没有放在赶修船只上，竟以"工贵"为由，将部分从唐山矿修、铁路等局选派来的虎钳匠、锅匠、铜匠等，在很短时间内撤回，致使本来就缺乏工匠的旅顺"船坞修工均不上紧，非得傅相（李鸿章）严行派人督催，海军不能计日出海"。[3]直到大连湾已失守的11月9日，"定远起碇机尚未配妥，来远工程只修一半"。显然，北洋舰队自黄海海战后至日军发动辽东半岛战役期间，"已不能军"。与北洋舰队相比，日本联合舰队仅有五艘军舰受伤，其中三艘为主力战舰。而日本有"千余工匠"，修复很快。经过修理仅五天便恢复了战斗力及航海力。9月末，主力战舰"吉野"也修复归队。为了协助陆军实施登陆辽东半岛的作战计划，日本重

---

〔1〕中国史学会主编：中国近代史资料丛刊《中日战争》（一），上海人民出版社1957年9月版，第68页。

〔2〕陈旭麓等主编：盛宣怀档案资料选辑之三《甲午中日战争》（下册），上海人民出版社1982年9月版，第222页。

〔3〕同上，第262页。

新调整编组了联合舰队，将第一游击队并入主队，改"桥立"为旗舰以代"松岛"，补充巡洋舰"八重山"及附属舰数艘。这样，在仅仅半个月的时间里，日本舰队就已基本恢复到黄海海战前的实力水平。

在黄海海战中，北洋舰队在与日本舰队实力基本相当的情况下，尚且惨遭失败，何况现在双方实力相差如此悬殊，再奢谈决战和争夺制海权，对北洋舰队来说，实在是强其所难。

第二种援旅方式：袭击花园口登陆日军。

10月24日，日军开始在花园口登陆，历时12天。有研究者认为："北洋舰队如能抓住这个有利战机，对正在登陆的日军实施猛烈突击，必然使其受到重大伤亡，从而使日军难以实现其由侧后进攻旅顺的战略方针。即使发起较为简单、较易组织实施的袭扰战，击毁其运送辎重、器材的船只，也可以大大削弱日军的整体作战能力，为陆上清军的作战行动创造有利条件。"[1] 这种想法听起来似乎很有道理，但客观地分析一下当时的具体情况，同样是不现实的。

花园口登陆前，日军第二军的运输船和日本联合舰队在渔隐洞锚地集结，整装待发。运输船和兵舰的数量，日本方面记载"运输舰与舰队各舰合计有六十余艘"[2]，其中运输船有"三十余艘"，兵舰当在三十艘左右。

10月23日，日本舰队本队及第一、第二、第三、第四游击队启碇先行，首先到达花园口附近，第二军第一批运输船继之。根据伊东右亨的命令，本队及第一、第二游击队除"秋津洲""浪速"二舰外，皆停泊于远海，以防备北洋舰队的袭击；第三、第四游击队停泊于靠近花园口的海面，以掩护陆军登陆；"八重山""筑紫""大岛""鸟海""西京丸""相模丸"六舰官兵则协助陆军登陆。第三、第四游击队舰只数量，据中国方面侦察有十四艘，另外还有数艘鱼雷艇。由此可见，为掩护第二军的顺利登陆，日本舰队倾巢出动，远近海相互配合，形成了较为严密的防御网络。不仅如此，"在掩护陆军登陆的同时，舰队还不断对旅顺、大连、威海卫等地进行侦察，以压制敌人（指北洋舰队）"。[3] "秋津洲""浪速"二舰便专门完成这一任务。在这种情况下，北洋舰

〔1〕吕良海：《丁汝昌甲午年援旅问题探讨》，《近代史研究》1989年第3期。
〔2〕张侠等编：《清末海军史料》（下），海洋出版社1982年5月版，第864页。
〔3〕同上，第864页。

大批日军在花园口登陆

队仅靠六艘尚未完全修复的战舰对日军"实施猛烈突击",是不可想象的。至于说在日军登陆期间发动"袭扰战",无疑会给日军造成一定的麻烦,但同时也必须看到,北洋舰队的舰艇航速普遍低于日本舰队,机动能力很差,且不说很难袭扰成功,即使袭扰偶然得逞,也很难安全撤离战场。因此,用这种自杀性攻击,同样不可能"大大削弱日军的整体作战能力"。

第三种援旅方式:护送运兵船增援旅顺。

11月6日,日军攻陷金州,切断了清军陆上增援旅顺之路。随即,由北洋舰队护送运兵船增援旅顺的问题也被紧迫地提到议事日程。

11月7日,日本海陆军兵不血刃轻取大连。此后,日本舰队集结于大连湾,以严密的机动监视从海上压制旅顺。"旅口每日有兵船三两只游弋",寻找北洋舰队的踪迹。14日,"大连湾有日本兵船十六只,雷艇十余只,出海游巡旅顺洋面"。15日,"羊头洼及黄金山口外,有倭大船雷艇各两只,来往梭游"。[1]当时,日本舰队受伤的主力战舰"松岛""比睿"已修复归队,实力又得到进一步加强。面对这样的不利态势和与日本舰队日益拉大的实力差距,北洋舰队接送运兵船从日本眼皮底下增援旅顺,显然是凶多吉少。

远离战场的清廷对旅顺的详细情况并不了解,在旅顺危急的形势下,多次催促李鸿章派北洋舰队护送运兵船增援旅顺。11月8日,清廷电告李鸿章:"章高元八营,仍着催令设法东渡。此时津防虽亟,而旅顺门户尤要,李鸿章仍应移缓就急,酌抽数营,力图援救,不得以无营可拨竟置不顾也。"[2]而在这之前,李鸿章就得到情报:"连日倭快轮、雷艇时来旅口窥伺。""商轮畏阻,不敢冒险运兵。"[3]因此,他在9日给清廷回电称:"轮船民船皆难冒险运旅。"但清廷仍不甘心,又提出了"以马吉芬统带铁舰,护送章高元八营赴旅"的建议,并旨谕李鸿章"面询汉纳根,妥筹办理"。不久又催令:"旅顺援兵仍着设法运送,不得来往冒险漠视不救也。"李鸿章经过考虑和分析,仍然坚持自己的看法:"倭踞大连湾,距旅海口甚近,游弋虽小队,而快船雷艇调遣极速,我铁舰尚可相敌,若挟运兵船往,恐为高升之续,弁兵亦不敢冒此大险。"[4]

护送运兵船增援旅顺的方法不可取,清廷的命令也同样不能忽视。11月10日,李鸿章与汉纳根会晤,试图寻找一种圆满的解决办法。李鸿章认为:尽管洋员马吉芬"胆气尚好",但"目下情势尚未敢任战舰护兵之役"。从而否定了让马吉芬统带兵舰护送运兵船援旅的办法。汉纳根指出:"海军六船只定、镇可恃,倭既据金、湾,其快船、雷艇必聚大连湾海澳,时在旅口游弋。我舰挟运船往旅,必有大战,以寡敌众,定、镇难保,运船必毁。定、镇若失,后

〔1〕中国史学会主编:中国近代史资料丛刊《中日战争》(三),上海人民出版社1957年9月版,第207、208页。

〔2〕同上,第220页。

〔3〕同上,第195页。

〔4〕中国史学会主编:中国近代史资料丛刊《中日战争》(五),上海人民出版社1957年9月版,第23页。

难复振，力劝勿轻一掷，仍回威海与炮台依护为妥。"[1]但援旅的办法仍然没有找到。12日，李鸿章与汉纳根、丁汝昌再次商量援旅之事，汉纳根强调：旅顺"山径险阻，现有二十一营分守前后，可以暂支，即冒险添兵往助，似无大益。惟金州北路一军往攻，是以牵制敌势。但敌众我寡，难期制胜。章高元八营请由登州乘轮至营口前进会合宋军，气力较厚。旅口倭船游弋，运船断不可往"。在这里，他提出的章高元八营"由登州乘轮至营口前进会合宋军"，再由陆路增援旅顺的办法，马上得到了李鸿章和丁汝昌的赞同。李鸿章立即报告清廷：章高元八营"改赴营口，为宋庆、刘盛休等后继，雇用商轮，分起运往，如此调度，较与全局有裨"。[2]实际上，这种办法纯系应付清廷的无奈之举。金州已失，从营口增援旅顺，显然是缓不济急。李鸿章和丁汝昌对此都是非常清楚的。而清廷听说旅顺"可以暂支"，同时又拿不出更好的办法，只好同意了李鸿章等人的建议。结果，由海路直接增援旅顺未能实施，这是当时日益恶化的战争形势所导致的必然结果。

第四种援旅方式：坚守旅顺港。

对于如何解救旅顺危急，有些学者提出坚守旅顺港的问题。有一种意见认为，旅顺口陷落是"由于战场主帅丁汝昌从考虑地理缺陷出发而放弃军港"[3]导致的。言外之意，北洋舰队只要坚守旅顺港，旅顺就能得以保全。这种观点显然不能成立。首先，旅顺既是濒海的军港，也是接陆的重镇，在日军已经登陆抄袭后路的形势下，旅顺能否保全主要取决于陆上清军的作战情况。关于这一点，前面已经分析过。从日军的作战计划中也可以得到证明。日第二军参谋部认为："旅顺坚垒，正面攻之，恐不能奏功，宜先选定其根据之地，而后冲其背后，以出敌不意也。"[4]其次，旅顺港有两个明显的地理缺陷：一是港内水浅，澳域狭隘。旅顺口"内澳约周十四里"，水域面积比较狭隘。澳之东岸是由淤沙卵石构成的浅滩，后"建大船坞，为海军根本。澳之西岸，有一沙舌

〔1〕中国史学会主编：中国近代史资料丛刊《中日战争》（三），上海人民出版社1957年9月版，第197—198页。

〔2〕同上，第203页。

〔3〕刘志坚：《论李鸿章经营旅顺口的错误及对中日甲午战争的消极影响》，《甲午海战与中国近代海军》，中国社会科学出版社1990年9月版，第325页。

〔4〕（日）桥本海关：《清日战争实记》第8卷，第275页。

典籍中记载的旅顺港内的"沙舌"

斜伸自南而北，插入澳内，将澳分为内外两塘"[1]，可见水是较浅的。李鸿章在建旅顺港之初曾说：旅顺口"惟口狭底淤，非大加开浚不能展轮下碇。前已购造挖海接泥各船，勤加疏治，其挖出淤泥，必须轮船拖带出海远卸，方免口内阻塞"。[2]1880年，清政府开始疏浚口门、船澳，挑挖船澳土方，断断续续进行了近十年，结果水深也仅仅"二丈以外"，而"定远""镇远"两艘7000吨级铁甲舰吃水已达2丈，要进出港必须候潮而动，给作战带来极大的不便。

二是港口狭窄，易被敌封锁。"旅顺口门最狭，宽仅九丈，由船坞石堤横量至老虎尾炮台径十一丈七尺"，难容两舰同时进出，并且口门"久经淤浅"，虽"近年用导海机器船挖淤浚深"，但舰队仍"必候潮出口，非时不能转动"[3]，如果被日舰封锁，港内的船只只能束手待毙。11月20日，"日本以水雷船数号在旅顺口外施放水雷，烟雾涨天，冀眩华军之目"[4]，实际上已经封锁了旅顺口。

〔1〕中国史学会主编：中国近代史资料丛刊《中日战争》(一)，上海人民出版社1957年9月版，第35页。

〔2〕中国史学会主编：中国近代史资料丛刊《洋务运动》(三)，上海人民出版社1961年4月版，第63页。

〔3〕同上，第320页。

〔4〕中国史学会主编：中国近代史资料丛刊《中日战争》(一)，上海人民出版社1957年9月版，第179页。

由此可见，旅顺港的地理缺陷是客观存在的，正如丁汝昌分析的那样："旅顺后路警急。各船在口内，水道狭隘，不能展动为力，有损无益。""旅顺口窄港狭"，军舰必须"假潮出口，非时不能动转，临阵不能放炮，既难依辅炮台，又实无益陆路"。如果北洋舰队退守港内，很容易被日本舰队封死，而一旦日军后路抄袭成功，北洋舰队就等于陷入了绝境。

以上是笔者对北洋舰队援旅问题的分析，通过分析发现，北洋舰队的四种援旅方式都难以获得成功，也就是说，北洋舰队不具备援旅的条件。不过，仅仅以此来判断丁汝昌在援旅问题上的是非功过是不够的，还必须分析掌握着北洋舰队具体指挥权的丁汝昌对于上述问题的认识。如果他主观上没有认识到北洋舰队援旅的不可行性，作为一名军人，作为北洋舰队的最高指挥员，不积极援旅，仍然是不可原谅的。

丁汝昌、李鸿章进退两难

黄海海战刚刚结束时，丁汝昌对陆海协同抗敌是抱有信心的，对旅顺的坚守也充满了希望，但他的希望很快又破灭了。其中原因我们通过档案中的一段记载便可了解。北洋舰队返回旅顺后，"丁汝昌与龚照玙等诸营员议，谓旅顺险要，实为海军巢穴。必得生力军坚守后路，以抵日军，而后炮台可保；炮台可保，而后舰队进占退守之机，乃有所据。应请陆营驻扎后路，预备拒敌。龚照玙等相顾骇愕莫敢发言，丁汝昌再议自守后路，请龚照玙等督守炮台，亦游移未决。于是丁汝昌告龚照玙，吾与若死守旅顺，不分畛域亦可。嗣闻龚照玙与陆军统领程允和会饮，席次不知所之。丁汝昌以情电告李鸿章，知旅顺不可恃也。"[1]从这段描述来看，通过与陆军将领的会晤，丁汝昌真正了解了陆军的抵抗能力和决心，感到陆海协同抗敌很难实现，初步形成了他在援旅问题上的消极态度。因此，在金州失陷以前，他主要强调陆上清军的作战是解决旅顺危急的关键。他认为，唯有"速调劲旅"，"扼金州北道"，"拦腰截击"来犯之敌，并联络大连守军，"合谋同剿"[2]，才能阻止日军的大举进攻。金州失陷后，他

---

〔1〕张侠等编：《清末海军史料》（下），海洋出版社1982年5月版，第324页。

〔2〕顾廷龙、叶亚廉主编：《李鸿章全集》（三）电稿三，上海人民出版社1987年4月版，第121页。

日军占领下的旅顺港

又断言，"关内无重兵出援，旅亦万难久支"，强调了清军陆上作战对坚守旅顺的决定作用。随着战局的发展，陆上形势始终没有转机，陆军取胜的希望越来越小，海军也始终没有战机可抓，丁汝昌的消极态度也就逐渐明确起来。

与丁汝昌不同，李鸿章对于陆军的情况并没有作认真细致的分析和研究。陆军将领们在电报中的那些"尽力堵剿""鼓舞奋发""临阵奋勇"一类的夸耀之辞，对遥控指挥的李鸿章的认识和决策都产生了很大的影响。在金州失陷以前，他始终对陆军的作战充满希望，对坚守旅顺抱有信心，因此也就主张北洋舰队全力援救旅顺。他认为北洋舰队尽管遭到重创，但"尚有定远、镇远两铁甲舰，辅以快船、蚊雷各艇，与陆路炮台声势相倚，各口守台弁勇均系训练有素，合以新募各营扼要填扎"。在这种认识的支配下，他对防守的态度还是比较积极的。

10月9日，当李鸿章获悉日军要在大连湾（实际在花园口）登陆的消息后，便指示丁汝昌：兵船"须往来旅、湾之间，俾彼大队运船稍有牵制"。在维修船只期间，李鸿章还指示丁汝昌"应择其可用者，常派出口外，靠山巡查，略张声势。雷艇应往小平岛及附近旅口各处梭巡，切勿违误"，并且指出，目的并不是为了"与彼寻战"，而是为了"使彼知我船尚能行驶，其运兵船或不敢放胆横行"。"用兵虚虚实实,汝等当善体此意"[1]。但丁汝昌以"各船伤重且多,星夜加工修理,都未完备"[2]为理由,拒绝"派出口外"。船只的维修工作于10月6日暂告一段落,18日丁汝昌才率"定远""镇远"等六舰驶出旅顺口,但没有按李鸿章的指示"靠山巡查,略张声势",而是径直驶向威海。

随着战局的发展,陆军的步步败退,李鸿章开始隐约感到了陆军并没有像各将领宣称得那样英勇善战,战阵也不像先前认为得那样得力,心里产生了一丝丝忧虑。但他仍然认为多数将士"临阵奋勇,人尚精明",对作战前景抱有希望。10月28日,他得知大批日军运兵船正向大孤山一带开进时,又一次命令丁汝昌"酌带数船驰往游巡,探明贼踪,以壮陆军声援"[3]。在李鸿章的催促下,丁汝昌率舰又重返旅顺。时正逢日军在花园口登陆,丁汝昌得知日本舰队就在登陆地点,"我力过单,前去吃亏",率舰只在大连湾游弋了一番,便重新"回旅顺赶配定、镇起锚机"[4],以避开与日本舰队的正面接触。

11月3日,李鸿章命令丁汝昌,如日军"水陆来逼,兵船应驶出口,依傍炮台外,互相攻击,使彼运船不得登岸"[5]。但丁汝昌对中日双方海军力量的对比,以及主动与日本海军拼战可能造成的恶果都是心中有数的,面对清廷和李鸿章的多次催促,他反复强调"定、镇起碰机器,铸铁工太大,是以尚未修妥;勉强行驶,起锚须三点钟之久。来远因伤重匠少,只修一半"。[6]意思非常明确,北洋舰队整体作战能力相当差,如出海与日本舰队拼战,将不堪一击。另外,对于丁汝昌来说,还有一个难以启齿的问题,就是自黄海海战后"我海军将士胆愈慑",作战士气低落。这实际上也是北洋舰队在遭受重大打击后,对再与日本舰队进行决战丧失信心的表现。

不久,金州岌岌可危,李鸿章终于认识到了"各军无人督率,号令不齐"将导致的最终结果,固守旅顺的信心开始动摇,并决计保全北洋舰队。这时,李

---

[1] 顾廷龙、叶亚廉主编:《李鸿章全集》(三)电稿三,上海人民出版社1987年4月版,第16页。
[2] 同上,第49页。
[3] 同上,第88页。
[4] 同上,第102页。
[5] 同上,第118页。
[6] 同上,第138页。

鸿章对援旅问题的认识与丁汝昌开始趋于一致。在这以后，李鸿章的态度发生了明显的变化。11月6日，他在给丁汝昌的电报中说："旅本水师口岸，若船坞有失，船断不可全毁。口外有无敌船，须探明再定进止，汝自妥酌，勿得张皇胆怯，致干大戾。"[1]同一天，清廷电谕李鸿章："现在贼逼金州，旅防万分危急。其登陆处在皮（貔）子窝，必有贼舰湾泊，俾往来接济。"因此应命令"丁汝昌、刘步蟾等，统帅海军各舰，前往游弋截击，阻其后路"。[2]李鸿章却以北洋舰队"力量凤单，未便轻进，致有损失"为借口，对清廷的谕旨进行抵制。

11月6日，金州失陷，日军开始分路进攻大连，战局急剧变化，丁汝昌感到北洋舰队在旅顺已难以立足。但是，面对对战场具体情况不甚了解的清廷的援旅保旅命令，丁汝昌不能过多地强调陆军的作用和责任，只能从海军的角度，通过对旅顺口的地理环境的分析，来强调坚守旅顺港的不可行性。他认为："水师在旅亦有三难：一、湾有失，敌必扑旅后路，我师船在口内，不能施展，无以为力；二、敌船来攻，口门窄小，不能整队而出，且定、镇必须俟潮，若过急，冲出不易；三、口外寄泊敌艇过多，夜间来攻，我船又少快炮，实难防备。"[3]因此，丁汝昌请求撤离旅顺。李鸿章为避免不战而逃的嫌疑，没有同意丁汝昌的请求。但当丁汝昌得知大连战事失利时，便未等向李鸿章请示就率舰队"暗渡威海"。他在给李鸿章的电报中解释道："惟旅口陆路有急，各船不能展动为力，有损无益。而赶将紧要工程在威厂设法修理。"对于丁汝昌的做法，李鸿章采取了默认的态度。

11月8日，清廷在给李鸿章的电报中提出了派北洋舰队护送运兵船增援旅顺的问题，丁汝昌、李鸿章与汉纳根在大沽进行了会晤，汉纳根否定了派北洋舰队送运兵船往旅的做法，李鸿章表示同意，丁汝昌也认为"若令护送运兵船，适以资敌"，与汉纳根"意见相同"。会晤的最终结果，一方面企图说服清廷允许兵舰"仍回威海与炮台依护"[4]，另一方面决定在清廷同意舰队回威海

---

〔1〕顾廷龙、叶亚廉主编：《李鸿章全集》（三）电稿三，上海人民出版社1987年4月版，第129页。

〔2〕同上，第132页。

〔3〕同上，第129页。

〔4〕同上，第144页。

之前，丁汝昌仍然率舰"由沽赴旅口外巡檄，遇敌即击，相机进退"。[1]

11月12日，丁汝昌率舰离开大沽，第二天到达旅顺口外，随即上岸晤旅各守将，了解敌情，得知日军"雷艇太多，六船不能在旅外久泊，夜间恐至失事"[2]，便于当晚离开旅顺，次日到达威海。此后，直至旅顺失陷，丁汝昌再也没有率舰返回旅顺。

以上事实表明，丁汝昌和李鸿章在援旅的问题上一开始都抱有积极的态度，但随着战局的发展，当他们充分认识到战争的客观形势时，便先后改变了态度，由积极变为消极。可见，他们消极援旅的出发点是为了保存海军实力，避免不必要的牺牲，以便更有力地投入到战争中。

日军的作战计划表明，其最终目的是要在直隶平原实施决战，以迫使清政府投降。要实现这一作战目的，首先必须歼灭北洋舰队，扫清在渤海湾登陆的障碍。因此，北洋舰队一旦被日军全歼，实际上也就意味着中国在甲午战争中的失败。从这个意义上讲，消极援旅对保存北洋舰队实力，干扰日军的战略计划，起到了积极的作用。

---

〔1〕顾廷龙、叶亚廉主编：《李鸿章全集》（三）电稿三，上海人民出版社1987年4月版，第152—153页。

〔2〕同上，第162页。

甲午战争前后的姚锡光

　　姚锡光是晚清时期颇有建树的军事家，在中日甲午战争前后，他辅佐过朝廷大员李鸿章、李秉衡、张之洞等人，多次考察、研究京津一带的海防设施，参与了一些重要的军事活动，发表了一些颇有见地的军事论述。他提出的陆海协同、持久战等战略战术思想，在朝廷中许多人的认识水平之上，有些甚至足以影响甲午战争的进程。可遗憾的是，由于李鸿章顽固地坚持消极的防御战略，没有采纳姚锡光的正确意见，致使姚锡光的军事思想没有在中日甲午战争中发挥应有的作用，从而逐渐被人们忽视和淡忘。笔者在这里通过对历史档案的挖掘，旨在展示姚锡光当年的那些精辟见解，以利于我们今天对甲午战争失败原因的认识和对经验教训的总结。

甲午战前的正确主张

　　姚锡光，字石泉，江苏省镇江市丹徒区东乡滨江人，生于1857年。1885年考取拔贡，次年，经北洋大臣李鸿章奏请充任北洋武备学堂教习。1888年考中举人，1889年任内阁中书，此后入李鸿章幕，从此开始军事生涯。

　　姚锡光涉足军事的年代，正是中法战争硝烟散尽，中日战争烽火即起的时期，清政府经过中法战争失败的阵痛之后，开始注意加强军事建设，特别是把海防建设提到了重要的地位。1888年建成了中国第一支近代化海军——北洋海军，使中国在中法战争后的海防建设达到了高峰。然而，与中国一海之隔，在19世纪末迅速崛起的日本，早有对外扩张的野心，它在19世纪70年代就制定了旨在称霸世界的"大陆政策"。在这个政策中，日本把一衣带水的中国作为它侵略扩张的主要目标。

此时的姚锡光，虽然没有认清中国军事建设的本质，但他审时度势，对中外政治、军事、地理等问题开始了全面的考察。他多次实地调查天津的海防情形。经过几年的努力，到甲午战争前夕，已掌握了丰富的中外政治、军事、地理等知识，用他自己的话说，已对"东西诸国之强弱，其兵轮战卒之良楛；及其国之山川、道里、风俗、政令粗知崖略"。[1]通过研究，他深感中国军事建设与他国相比存在着相当的差距。于是，他开始从细微之处入手，探讨学习西方军事的方法。1893年，他在给李鸿章的《北洋军防利器用法未竟说帖》中指出："自泰西诸国称雄海上，其制造之新奇，军火之便利，有出神入化之思"，而北洋各军，虽为天下劲旅，但"其间运用之道尚有未尽合成法者"。于是提出了"炮说、炮表宜分译""表尺、水银尺宜精审""各军用枪宜一律""击刺之法宜并练"[2]等四条主张。从这些主张中可以看出，尽管姚锡光没有从国防建设的高度去审视中国军队发展的现状，但他已经深入军事领域，注重从细微之处入手，研究军事。后来，他在分析日本侵略朝鲜的原因时指出："方今国家全盛，日本竟扰朝鲜。诚以中国久事包荒，不欲以细微与外人挈长较短，而戒心既启，遂以窥我藩属，瞰我边疆。"[3]其研究军事的目的，正是"欲以细微与外人挈长较短"，其爱国之心由此可见一斑。

上书力陈对日作战方略

1894年中日战争爆发以后，是姚锡光军事思想的发展时期，在这一时期，他形成了许多重要的战略和战术思想。

1894年春，朝鲜爆发了"东学党"起义，朝鲜政府请求清政府派兵增援，日本政府认为发动侵略战争的时机已到，便密切注视着事态的发展，伺机出兵朝鲜，寻找发动战争的借口。在战争一触即发之际，姚锡光分析了战争形势，

〔1〕中国史学会主编：中国近代史资料丛刊《中日战争》（五），上海人民出版社1957年9月版，第233页。
〔2〕中国史学会主编：中国近代史资料丛刊《洋务运动》（三），上海人民出版社1961年4月版，第636—638页。
〔3〕中国史学会主编：中国近代史资料丛刊《中日战争》（五），上海人民出版社1957年9月版，第233页。

67

认为要解决朝鲜问题，要么发重兵于朝鲜，争取战争的主动权；要么一兵不发，避免给日本留下发动战争的口实。5月，他密谒李鸿章，指出，东渡重兵，掌握主动为上策。他建议立即以北洋舰队全军，护送驻扎在天津小站的盛军万余人东渡朝鲜，占据从平壤到仁川的所有海口，遏制日本的侵略企图。他说："我不发兵则已，苟东渡必发重兵，辅以大枝海军，扼其汉城及海口之孔道，示日人以形胜，彼自慑于我之先声而不敢遽动。如是乃有迥翔之地，转可以和平成议，不致终出于战。"[1]同时又说，一兵不发，不失为中策。但是，如果以少量兵力东渡，不但"无济于朝鲜"，而且会给日本发动战争留下口实，这是下策。实际上，日本此时正一方面准备派重兵占领朝鲜的战略要地，一方面采取各种手段劝诱中国出兵，制造战争借口。由此可见，姚锡光对中日双方战略形势的分析，是符合客观实际的。然而，李鸿章却面对日本政府"别无他意"的虚假表态，错过了进行军事部署的大好时机，把宝贵的时间浪费在毫无效果的外交努力上，并作出了日本不会干预的错误判断，将姚锡光的建议置之不理，于6月上旬派北洋舰队的"济远""扬威"二舰及淮军1500人前往朝鲜。由于兵力少，无法分兵占据各战略要地，仅集中于牙山一处。6月下旬增至2500人。而日本在清军入朝后，迅速派出8艘军舰、4000多人入朝，占领了汉城、仁川等战略要地，到6月下旬，兵力增至1万余人，使清军处于腹背受敌的不利境地，迫使清政府不得不从海路增援牙山，导致了丰岛海战的失败。

面对清军入朝后的形势，姚锡光再次上书李鸿章，陈述自己的战略设想。他认为，在日本已占领朝鲜西海岸战略要地，掌握主动权的情况下，清军应完全放弃由海路增援朝鲜的办法，这是因为"中国长技在陆而不在海。自创办海军以来，虽加意训练，渐收成效，特海上角逐尚难确有把握。且日人由对马岛渡海，半日即达釜山，而我军非再宿不达仁川口，是海道固日近而我远"。特别是日军由釜山至仁川一带，水陆皆有布置，即使"我军东渡尚可登岸，恐战局既开以后，我轮舶不能抵埠，斯海外孤军无继，在在堪虞，且日后军火钱粮何以接济"？因此，"不如自陆道济师，分道由高丽门历平安、黄海两道

---

〔1〕中国史学会主编：中国近代史资料丛刊《中日战争》（五），上海人民出版社1957年9月版，第235—236页。

李鸿章派出的赴朝军队

抵其京畿北境，即与我前已东渡叶提督牙山一军声势联络，是弃短用长，反客为主，转觉计出万全也"。至于增援朝鲜的道路，他提出有三条：一是"由山海关五百里至高丽们，又百二十里至九连城渡鸭绿江，历朝境义州，九百余里至汉京"；二是"由大连湾之东北隅大东沟登岸，亦百二十里至九连城，较出山海关近五百里"；三是"循大东沟南折入朝鲜大同江口水道，直至其平壤旧京"。姚锡光认为，从这三条道路入朝，可以扼守平壤城，而"平壤城为朝鲜北道要害"，"实为朝鲜全境之中权，乃图朝必争之地"。扼住平壤，"北可济奉省之转输，南可壮汉京之胆而寒日人之心"，对日本来说，"汉京之把持，海口之梗塞，皆同虚设"。[1] 姚锡光站在整个战局的高度，分析了入朝作战的战略和战术问题，这些思想的确在李鸿章等人之上。后来战争发展的实践证明，日军调动了充足的兵力，花费近两个月的时间来作平壤战役的准备，甚至在平壤战役准备期间，其海军暂时放弃了与北洋海军争夺黄海制海权，全力投入战役准备，目的就是为了占领平壤，打通通往中国的道路。可见平壤在整个陆上作战中的重要地位，也足见姚锡光的分析抓住了战争的要害问题。

---

〔1〕中国史学会主编：中国近代史资料丛刊《中日战争》（五），上海人民出版社1957年9月版，第234页。

在筹划战争的战略战术问题时，姚锡光还注意到了一个关系到战争胜负的关键问题——陆海协同问题。陆海协同作战，是近代海军产生后被普遍运用于近代化战争中的作战形式，它是在统一的计划下，陆军和海军根据各自的作战特点、作战实力以及作战中的实际情况，通过主动配合，相互支援，来达到共同的战略、战役和战斗目的的一种协调一致的作战行动，它是军事战略的一大进步。在中日甲午战争中，根据中、朝、日三国的地理环境和中日两国的作战特点，可以断定，无论是中国还是日本，其作战的方式必然是陆海协同作战。

姚锡光的陆海协同的作战方略早在1887年已开始酝酿。当时，中日双方的矛盾趋于表面化，日本国内反华、仇华情绪日益高涨，朝野的军国主义思想急剧膨胀，日本参谋本部制定了《讨伐清国策》，计划在五年之内完成对华的作战准备。日本国内从上到下笼罩在一片扩军备战的气氛中。中国越来越面临着来自日本的战争威胁。在这种情况下，姚锡光预感到中日之间的战争不可避免，便两次上书李鸿章，提出了陆海协同经略朝鲜的战略设想。他说：对于朝鲜，"先人有夺人志，我诚先据形便，他国轮舶之师必不敢卒然登岸；而我北洋海防既固，兵轮铁舰既充，则又不难援之于外。夫我兵轮之至朝鲜，以海里远近言，恒不能如日本之捷。然果有铁道由奉以达朝，则我之援朝，投袂立至，日本由恒不能如我之捷。彼登岸不得，逍遥海上，方虑我兵轮之蹑其后且掎其虚也。如此，则主客之势殊。犄角之形成。故曰，以东三省为根本，北洋为声援也"。[1]在这里，姚锡光提出了一个陆海协同，共同防卫朝鲜的战略设想。从这个战略设想中可以看到，他规定了陆军的作战任务是在战争即将爆发时，通过一条"由奉以达朝"的铁路，迅速渡过鸭绿江占领朝鲜的各战略要地；海军的作战任务则是配合陆军行动，游弋于海上，威胁进攻朝鲜之敌的背后，使其不能登岸，从而确保朝鲜的安全。很明显，在这里姚锡光是把陆军作为协同的主要方面来确保"东三省"这个"根本"，把海军作为辅助的方面，发挥"声援"的作用。尽管姚锡光此时无法认识到海军如何才能发挥"声援"的作用，更不知道海军必须通过争夺制海权，才能发挥"声援"作用，但他对

---

〔1〕中国史学会主编：中国近代史资料丛刊《中日战争》（二），上海人民出版社1957年9月版，第356页。

陆海军在协同作战中的主次地位的认识，是符合中日战争特点的。

清军入朝后，姚锡光对陆海协同问题作了进一步的阐述。他指出："我军宜以陆路为正兵，海军为奇兵；陆路为战兵，海道为游兵。"在作战中，海军不必在战役上直接发动对朝鲜西海岸日军的进攻，而是要"于朝鲜外海游弋以取远势，截日朝海道往来之路，阻其归途，扰其接济，斯渡朝之倭人势将狼顾"。适当的时候，可与日海军"足资一战"，同时，"我南洋兵舰可迭出以扰彼长崎等岛，使之备多力分，必撤朝鲜之师以自救"。[1] 只有这样，才能有力地配合陆军的防御作战。

姚锡光认为，陆海协同作战之所以能够发挥作用，还与日本在战争中的不利条件有关。他指出："日人性情嚣动，宜持久以老其师。近二十年来，日人无日不讲富强，而实无日不形空匮，国债孔棘"，"颇患银荒"。"钞票不能行于境外，驻朝既久，势必不支。我陆师若由陆道入朝，扼其腹地，据险自固，不与浪战，以老彼师，乘间出奇，攻其不备，而外海水师多方以误之，使疲于奔命，不及半载，彼将形见势绌，内外交困，百计罗掘，祸难将兴，以彼外强中干，势将内溃"。[2] 在这里，姚锡光尽管低估了日军的作战实力，高估了清军的作战实力，但他阐发的"持久战"的思想，是符合中日两国实际情况的。笔者认为，如果他的这一思想得到实施，必将改变中日甲午战争进程和结果。

对于姚锡光的建议和主张，李鸿章并没有给以足够的重视，因为这些思想明显与他的保守的、消极的防御战略相违背。尽管在从陆路增援朝鲜的问题上，李鸿章与姚锡光的看法基本一致，并于7月中旬雇用招商局轮船将总兵卫汝贵盛军马步6000余人，宋庆所部提督马玉昆毅军2000余人，分批由海道到大东沟登岸，但李鸿章是在避免北洋舰队与日本舰队进行海上决战的前提下作出的决策，与姚锡光的海上游击战、扰袭战、适当时机与敌决战的战略战术思想，是完全不同的两回事。

1894年7月26日，日军发动了对驻朝南部清军的进攻，双方激战于成欢。前一天，因增援驻朝清军而欲返回威海的"济远"舰和"广乙"舰，和运载

---

〔1〕中国史学会主编：中国近代史资料丛刊《中日战争》（五），上海人民出版社1957年9月版，第234页。

〔2〕同上，第235页。

1000余名陆军官兵及大批武器、粮饷的"高升"号与"操江"号行至朝鲜西海岸丰岛海面时，遭到日本舰队的突然袭击，爆发了丰岛海战，清陆海军损失严重。海战后，日本海军进一步控制了朝鲜西海岸的战略要地，并切断了中国直达朝鲜西海岸的海上通道。而李鸿章并未从朝鲜战场和丰岛海战的失利中总结出教训来，仍然坚持着"保存舰队实力，威慑敌人，从而守住北洋海口"的消极防御战略，致使北洋舰队在丰岛海战后先后四次出海，均避敌而行，未驶出大同江口以南水域。

9月17日，北洋舰队在没有充分准备的情况下，在大东沟海面与日本舰队遭遇。这次，日本舰队是在协助陆军完成进攻平壤的战争准备后，为争夺制海权而来的，其攻势猖狂。北洋舰队则是在完成护送陆军在大东沟登陆的任务后与日本舰队突然遭遇，被迫迎击。结果，北洋舰队损失惨重，丧失了黄海的制海权。

建议不被采纳辞归故里

两次海战的失败，完全暴露了李鸿章消极海防战略的严重后果。制海权的丧失，直接影响了朝鲜战场，日军解除了来自后方海上的威胁，9月16日占领平壤。为了实现输送陆军主力至渤海湾登陆，在直隶平原与中国军队进行决战，迫使清政府投降的作战计划，日军兵分两路发起对中国的进攻。一路由朝鲜渡过鸭绿江，连续攻占了安东、九连城、岫岩、鞍山、海城等地；一路由辽东半岛的花园口登陆，占领了复州、金州、大连、旅顺。到12月下旬，中国的渤海门户已洞开，京畿岌岌可危。

面对日益严峻的形势，姚锡光表示了许多的无奈，但他没有丧失信心，仍然在思考着如何在以后的战争中扭转战局，保证京畿的安全。

正当辽东半岛战事激烈的时候，清政府将大部分兵力调往辽东前线，造成了京津一带防御的薄弱，特别是北京的门户天津，兵力非常空虚。11月，姚锡光又一次考察了天津的防务，他看到从芦台到蒲河口相距三百余里，"其间未设一兵，未置一防，目睹情形，空虚最甚"。从北塘到洋河口，再到秦皇岛，有许多地方"虽有防兵，力俱单薄，一旦有警，坚壁自守尚难支拄，何堪恃相援应"？回府后，他忧心忡忡，先后于11月和12月两次上书北洋幕府及李鸿章，指出天津战略地位的重要。他说："查畿辅海面，北起榆关，南抵山东，边境袤延几及千里，而以天津为中权股肱之郡，实为京师管钥之区"，"而东征主客各军，刍粟之飞挽，军火子药之转输，将士之番休，以及朝命之下宣，南北之筦毂，皆以天津为命脉"。而如今"沿海六百余里，其间惟北塘口、洋河口、秦王岛数处设有防兵，力俱单薄；外此则空虚辽旷，防不胜防"。实为"腹心之患，根本之忧"，他呼吁，应"筹一大枝游击之师，或归并旧部，或另募新军，统以智勇之将，足成万人，俾克自当一面"。只有这样，京津门户才能"始得完固"[1]姚锡光还对洋河口的布防、金山嘴的炮台设置等问题提出了许多具体的建议。然而，李鸿章等人却对此置若罔闻。

正当京畿岌岌可危之际，日本战时大本营改变了作战计划，放弃了由渤海湾登陆的企图。他们认为，黄海海战后尽管日军控制了黄海制海权，但北洋海军的残存舰只对日军进攻直隶仍构成威胁；再则，时值隆冬，渤海湾封冻，日军登陆困难，应放弃原计划，先消灭北洋舰队，遂转向了对山东的进攻。姚锡光叹息道："幸敌之不来，非我之有恃而无恐也。"如果日军"舰队翼陆军从关内登岸，绝非是时畿辅防营所能禁遏，则根本之拨，何堪设想"？[2]话语中包含了许多无奈之情。

山东战役爆发后，战局对中国更加不利，姚锡光眼见李鸿章等人"偃蹇弥甚，视若固然"[3]，心中十分失望和愤懑。他联想到多次上书的失败，自己的正确主张得不到采纳和实施，深感心寒。于是，他决计离开北洋幕府，去寻找适合自己的位置，以便使自己的努力，产生对战争有利的影响。1895年初，他来到了在山东战场上指挥抗敌的山东

《东方兵事纪略》

〔1〕中国史学会主编：中国近代史资料丛刊《中日战争》(五)，上海人民出版社1957年9月版，第238—239页。

〔2〕同上，第240—241页。

〔3〕同上，第246页。

巡抚李秉衡幕下，充任前敌行营文案，兼帮办营务处。此时，山东的清军在日军的水陆进攻之下节节败退。姚锡光初到山东，即对山东的军事情况进行了认真的考察，并向李秉衡提出了"求将才、选军锋、习利器、操散队、练捷足、练工队"等六条练兵主张，以解燃眉之急。但不久，荣成、文登、宁海相继失陷，威海卫落入日军之手，北洋舰队全军覆没，姚锡光的军事主张再次变成一纸空文。

1895年4月17日，中日双方签订了丧权辱国的《马关条约》，标志着清政府在甲午战争中的彻底失败。姚锡光异常悲愤，毅然辞归故里。为向国人揭示甲午战败的原因，让国人勿忘甲午战败之耻，他利用几年时间，写成了《东方兵事纪略》一书，书中不仅保存了许多珍贵的历史资料，而且对负有战败责任的李鸿章等人给予了无情的抨击。他说："今中东一役乃封疆之吏，将帅之臣，内无整军经武之谋，外无致命遂志之节"，"乃致天子忧勤，临朝太息"。他著此书的目的，就是要人们"明可耻之事，求雪耻之道，昭示国人生爱国之心"。[1]此书计六卷十篇，1897年在武昌出版。

协助筹划长江防务

姚锡光在避居故里期间，始终处在甲午战败的愤懑中，他渴望着中国军事的复兴。1895年8月，避居故里仅仅几个月的姚锡光，按捺不住急切的心情，前往南京拜访洋务派人物、两江总督张之洞，再次寻求参与军事的机会。时逢张之洞积极着手筹划长江下游沿江防务，他对姚锡光的到来非常高兴，委任姚锡光以督抚幕僚，并两次派他偕同聘请来华的德国军事专家巡视沿江炮台。由于姚锡光目睹了甲午战争失败的过程，对军事防御的重要性有更加深刻的认识，因而对长江防务的筹划十分认真。他不迷信外国军事专家，敢于提出自己的见解。巡视江防后，他主持绘制了《吴淞与白茅沙截段图》《江阴口截段图》《镇江圌山关截段图》，对长江要隘及炮台形势作了必要的描绘。对炮台之坚脆，炮位之良楛，以及子弹药库之建置，都作了扼要的说明。他还建议张之洞开办炮兵学堂，培养炮兵人才。同时，他写成了《长江炮台刍议》一

---

〔1〕《丹徒文史资料》1990年第5辑，第25页。

书，指出："现有圌山关炮台等如不加以改革，势必形同虚设，无一可恃。"他认为要加强沿江防务，必须因地制宜，增设高位炮台，加置新式快炮。因为，"江防以快炮为利器，盖新式后膛炮至速亦须五分钟发一炮……而洋人中等快兵轮，每点钟不过能击三炮，敌舰受炮不多，必无以制其死命，惟快炮每分钟能击十炮以外，非此断难得力，似各台皆宜增置大小快炮数尊，方便截击"。[1] 张之洞欣然接受了姚锡光的建议，于1896年新购外洋四十余磅子快枪炮。1898年，张之洞又奏准添置圌山关快炮台五座，分别建造

《长江炮台刍议》

在大矶头、二矶头、五峰山、龟山头等山头，均为四十五磅子阿姆斯特朗后膛炮。这些炮可以四面旋击，射程达15华里。1898年以后，在姚锡光的建议下，张之洞又在焦山、象山之巅建造了快炮台，在象山以南的合山山顶建造了一组四座快炮台。

在筹划长江沿岸防务的过程中，姚锡光作出了重要贡献。

拟定复兴海军计划

甲午战后，中国出现了日益严重的民族危机，西方资本主义国家掀起了瓜分中国的狂潮。重振中国的军事，是摆在清政府面前的一个迫切问题。战后不久，朝廷中就有人提出重振海军的主张。由于战后的中国，无论在政治上、经济上、军事上，都处在内外交困之中，海军复兴的计划步履维艰。直到20世纪初，复兴海军才被正式提到议事日程。

1901年，兵部改为陆军部，姚锡光调升为陆军部左丞、右侍郎。1907年，姚锡光被清政府提调到陆军部练兵处，草拟海军复兴计划，这对姚锡光来说，无疑又是一次施展军事才华的机会。在过去的几年中，他始终没有中断对各国海军及其海防思想的考察，特别是他用西方的制海权理论，来探讨中国海军在

---

[1]《丹徒文史资料》1990年第5辑，第26页。

甲午战争中失败的原因。他说："方今天下，一海权争兢剧烈之场耳。古称有海防而无海战，今寰球既达，不能长驱远海，既无能控扼近洋。我之威海卫，西班牙之菲猎宾，俄之旅顺其明征也。"[1]姚锡光就是带着对西方海权思想的认识和理解，以及对甲午战败的认真总结，开始拟定海军复兴计划的。从5月开始，姚锡光先后编制完成了《拟就现有兵轮暂编江海经制舰队说帖》《拟兴办海军经费五千万两作十年计划说帖》《拟兴办海军经费一万二千万两作十二年计划说帖》等三个说帖，在这些说帖中，他充分阐发了复兴海军的主张。

在第一个说帖里，姚锡光指出："我国海疆袤延七省，苟无海军控制，则海权坐失。"于是，他提出了一个复兴海军的急就方案，建议将外海、长江现有堪用兵舰及鱼雷艇、练船、运船、浅水兵轮共28艘编为巡洋、巡江两支经制舰队，并具体规定了两支舰队屯驻和巡哨的区划。他说，这两支舰队尽管"舰力寡薄"，但"为复兴海军基础"。他特别强调，在现有力量下，"巡洋舰队巡历所至，皆属本国附近外海。俟舰队渐增、水道渐熟以后，再行推展，北踰日本海，东抵太平洋，南及南洋各岛，西历印度洋而上，以此巡历，俾资习练，并壮声威"。[2]这是一个建立一支远洋型舰队的长远而宏伟的计划，其中已经包含了明确的控制制海权的思想。

在第二个说帖里，他提出第一个分年复兴海军方案。方案分三项内容：一是分期增置兵舰；二是修建军港、厂、坞；三是造育海军人才。在第一项中，他计划用10年时间，分期建成一支拥有兵舰16艘，鱼雷艇12艘的舰队。在第二项中他指出："海军须有根据地以为容泊之所，自以选择军港为第一义，军港既定，则船厂、船坞、重炮厂、药弹厂皆为海军命脉所系，皆应与军港相附丽，其一应修筑建置，当与舰队之增设同时并举。"[3]并提出具体实施的方法和步骤。在第三项中，他特别强调了培养海军人才的紧迫性。他说："舰队既增，军港既设，不有人焉以肩其任，是赍寇也。则育才为急。造才之方，设教于本国，遣学于外国，分途并进，浸淫既久，而人才出焉。"[4]他制定了设立

〔1〕张侠等编：《清末海军史料》(下)，海洋出版社1982年5月版，第798页。
〔2〕同上，第804页。
〔3〕同上，第810页。
〔4〕同上，第812页。

各类海军学堂、研究所、学兵营、演习处以及派遣海军留学生的计划。在以上三项中，他计划筹集白银5000万两。

在第三个说帖里，他提出了第二个分年复兴海军方案，建议以12年为期，筹集1.2亿两白银，分期购舰、建港、培养人才。这一计划比前两个计划更加长远。

然而，姚锡光在制定这三个计划时，并没有意识到实施这些计划与当时的政治、经济、军事等方面的关系，当清政府明确地否定了这些计划时，他才开始认真思考这些计划的可行性。经过分析，他意识到，在当时的国际国内环境中，要实施这些计划是有相当难度的，原因在于西方列强的有意遏制和清政府对复兴海军的错误认识。他说，西方列强"巧为其辞，勖我购浅水兵船为海军根本，使我财力浅销于无用之地，而远洋可无中国只轮，于海权存亡，实无能系其毫末"。而清政府"苦筹款之艰"，把西方列强之说当作"节财之法"，以为此法能使"兵舰可成，海疆可固"，于是，"不得不循其说以济旦夕之需，乃隐堕其术中而不自觉"。从而使复兴海军的计划成为一纸空谈。这些看法表明了姚锡光已经认识到了中国海防建设发展的最大障碍来自西方列强的压迫，也隐约感到了晚清没落的统治对海防建设发展的制约。

面对海军复兴的尴尬局面，姚锡光抱着最后一点希望，缩短了海军建设的期限，于7月草拟了前三年计划，即《拟暂行海军章程》，计划用三年的时间，筹银1720万两，建立一支拥有巡洋舰7艘、潜水炮舰21艘的海疆巡防舰队。显然，这一计划较之前三个方案有很大的退步。即使如此，也没有得到清政府的认可。至此，姚锡光复兴海军的愿望彻底破灭了，在失望中，他发出了"中国海疆万里，至乃求十万吨军舰而不得，其能无流涕长太息耶！"的感叹。

姚锡光一系列复兴海军的主张贯穿了一个重要思想，就是海军要守住内海，必须胜任外洋作战。这是他吸收西方海权思想的重要成果。尽管此时海权思想已在西方国家中风靡了几十年，谈论海权已经不是一件新鲜事情，但在晚清时期的社会环境中，姚锡光对海权的认识能有如此的高度，也属难能可贵了。

1907年7月，陆军部改定编制，撤销了练兵处，姚锡光自此离开，再也没有参与海军政事。之后，他改治蒙古各部、考察边防等职。辛亥革命后，他被国民政府继续任用，但连年的国内战争，无法再一次给他提供参与军事与振兴国防建设的机会，也就基本终止了他参与军事的生涯。

纵观姚锡光在甲午战争前后阐发的军事思想及其参与的军事活动，我们可以得出以下的结论：第一，任何一种能够正确指导战争进程的战略战术思想，既要遵循一般的战争规律，更要符合具体的战争特点。姚锡光在甲午战争之前的军事思想尽管还不十分成熟，但它是姚氏吸收西方军事理论研究中国军事状况的重要成果。他在甲午战争初期阐发的战略战术思想，是在认真研究了中日战争的特点后逐步形成的，是符合战争规律的积极防御思想，如果这些思想能够得到实施，必将对甲午战争的进程和结果产生重要影响。第二，一种战略战术思想能否付诸实际，与一定的政治、经济、文化环境密切相关。姚锡光的军事思想是在晚清腐朽的政治、落后的经济，以及以李鸿章为首的军事决策集团，对西方先进的军事理论毫无所知，积极推行消极保守的战略思想的背景下提出来的，不可能得到贯彻和执行，这既是姚锡光无法施展军事才华的原因所在，也是中国在甲午战争中失败的主要原因。

李鸿章军事威慑思想的得与失

李鸿章30岁涉足军事，在实践中形成了丰富的军事思想。由于这些思想并不系统，也没有形成完整的体系，故我们不能称李鸿章为军事家。但是，深入梳理李鸿章的军事思想，我们会发现许多有价值的东西，它们都对晚清军事产生过重大影响。李鸿章的海军威慑思想，就是其中之一。

以往对李鸿章军事思想的研究，往往忽视了其中的军事威慑思想，特别是海军威慑思想，偶尔有人涉及此类思想的研究，也很不全面，很难为其确立恰当的历史地位。笔者在研究中发现，李鸿章的军事威慑思想在其军事思想中占有十分突出的地位，它不仅丰富了李鸿章军事思想的内容，而且通过李鸿章的决策地位，直接推动了北洋海军的建设、发展及其运用，从而成为影响北洋海军成败的关键因素。全面梳理李鸿章的军事威慑思想，不仅能更加清晰地认识北洋海军在甲午海战中失败的原因，而且对今天中国海军的建设也具有重要的启迪作用。

发展分为不同阶段

李鸿章的军事威慑思想，是在他筹划军事的过程中逐渐产生、发展、形成的，经历了漫长的过程，这一过程大致可分为四个阶段：

第一个阶段，是李鸿章初涉军事时，在与太平军、捻军的作战中，频频使用较为简单的战术威慑手段，逐渐获得对军事威慑认识的阶段，也就是萌芽阶段。

咸丰三年（1853），李鸿章回籍筹办团练，开始接触军事，当年便率军与

79

太平军作战。从此，他在战争实践中留心考究战争思想，并加以应用。咸丰十一年（1861），李鸿章得到曾国藩的赏识，曾认为"李某才大心细，劲气内敛，堪膺重任；且淮南风气刚劲，欲另立一军，以为中原平寇之用"[1]，便命令李鸿章创办淮军。同治元年（1862）三月，李鸿章率八千淮军赴上海与太平军作战。大量历史档案显示，李鸿章在这一时期的作战中，非常重视己方"势"的营造和"威"的利用，重视敌方"势"的影响。例如他在五月初九日的奏折中说：淋天福、刘玉林、方有才率领的太平军万余人，"既已势蹙，回心自可因机利导。臣叠饬潘鼎新等胁以兵威，晓以大义"[2]，促使太平军投降。当他获悉太平军四五千人"摇旗呐喊，势极凶悍"，而"西兵为贼众所慑"[3]时，十分不满，屡次指示所部，趁太平军迟疑、气馁、败退之机，乘"威势"攻城克镇。在此后的作战中，这种想法和做法，屡屡见诸资料记载，特别是他对敌我双方"势"的分析十分精到。例如同治三年（1864）七月十六日，他向皇帝陈明，太平军"以广德、四安、安吉各处分众踞守，犄角势成"，为应对这一态势，他调兵遣将，苦心谋划，终致各部"势已联络"，"互为声援"[4]奠定获胜基础。

上述表明，李鸿章此时已经具有了比较强烈的威慑意识。首先，他认为"惟军事以得人心为本"[5]，明确地意识到心理因素对于战争的意义，而军事威慑是一种心理战，"威"和"势"是通过激励或削弱战争双方士气来影响战争的；其次，军事威慑是敌对双方互相作用的过程，己方的威慑可"寒贼胆而振军威"[6]，敌方的威慑也可"掣我兵势"[7]。因此他主张当敌方势强时，避其势头，选择防御，再寻机削其势；当己方势强时，"乘势蹙之"[8]。再次，他认为，

〔1〕（清）李书春著：《清李文忠公鸿章年谱》，台湾商务印书馆1978年4月版，第15—16页。
〔2〕张明林主编：《李鸿章全集》第一卷，西苑出版社2011年3月版，第30页。
〔3〕同上，第31页。
〔4〕（清）章洪钧、吴汝纶编：《李肃毅伯（鸿章）奏议》（影印本）卷二，台湾文海出版社1968年版，第275—276页。
〔5〕（清）章洪钧、吴汝纶编：《李肃毅伯（鸿章）奏议》（影印本）卷一，台湾文海出版社1968年版，第21页。
〔6〕张明林主编：《李鸿章全集》第一卷，西苑出版社2011年3月版，第91页。
〔7〕同上，第111页。
〔8〕（清）章洪钧、吴汝纶编：《李肃毅伯（鸿章）奏议》（影印本）卷一，台湾文海出版社1968年版，第177页。

李鸿章的淮军

作战中"气势尚为联络"[1]"黑暗中喊声震天"[2]等都是军事威慑的主要方法和手段。这些思想毫无疑问是受到了中国传统军事威慑思想的影响。

第二个阶段，是洋务运动开始以后，李鸿章通过强调炮台建设和海军建设中"势"的营造，逐渐实现由战术威慑向战略威慑转化的阶段，也就是逐渐丰富、发展的阶段。

同治九年（1870）八月，李鸿章奉朝廷之命，由湖广总督调任直隶总督，十月，兼任北洋通商事务大臣，开始直接筹办海防事宜。上任不久，他就发现，外国兵船威胁京津门户，"大沽海口南北炮台，最为扼要，而守兵过单，守具亦未精备"，建议"拨营分驻，修筑炮台，以壮声势"[3]，意在通过加强炮台建设，营造中国不惜一战的氛围，使外国兵船不敢轻举妄动。然而，炮台建设仅仅是海防建设的一个方面，而且是偏重防御的方面，李鸿章不可能把目光仅限于此，他的关注点还在比炮台更具机动性的舰船上。同治十一年（1872）九月，

〔1〕张明林主编：《李鸿章全集》第一卷，西苑出版社2011年3月版，第76页。
〔2〕同上，第98页。
〔3〕中国史学会主编：中国近代史资料丛刊《洋务运动》（一），上海人民出版社1961年4月版，第25页。

直隶总督李鸿章。摄于1871年

当他感受到列强军舰对京津门户的威胁时，呼吁："天津为京师门户，各国官商往来辐辏，英法俄美皆常有兵船驻泊，我亦须有轮船可供调遣，稍壮声威。"[1]无论是炮台还是舰船，其单独的作用都是有限的，如果把两者密切结合起来，其威势远远超过两者简单的相加，李鸿章对这一点是十分清楚的。在随后的海防建设主张中，他强调炮台和舰船的密切配合所产生的威慑作用。同治十三年（1874）三月，发生日本侵台事件，朝野为之震动，由此在督抚中引发了第一次海防大讨论，李鸿章积极主张加强海防建设，其目的之一，便是通过建设较为稳固的海防产生威慑作用。他在《筹议海防折》中，明确地强调了强固海防的威慑作用。他说：日本兴兵台湾后，朝廷"屡饬各疆臣严密筹防，调兵集船，购利器筑炮台，一时并举，虽未即有把握，而虚声究已稍壮。该酋外怵公论，内慑兵威，乃渐帖耳就款，于国体民情尚无窒碍，未必非在事诸臣挽救之力"。[2]在他看来，日本能够接受《北京专条》的条款，与中国沿海遥相呼应的海防建设构成的威慑是分不开的。事实上，日本在中国的反应面前，的确没有获胜的把握，进一步扩大战争不是它最好的选择。尽管最终的结果是中国付出了沉重的代价，但日本的撤兵，依然为李鸿章强化他的军事威慑思想提供了实际依据。

随着中国海防危势进一步加剧，李鸿章对水陆相互配合所产生的威慑作用越来越重视。光绪五年（1879）十月，他在奏折中说："令总税务司赫德在英厂

〔1〕中国史学会主编：中国近代史资料丛刊《洋务运动》（二），上海人民出版社1961年4月版，第318页。

〔2〕中国史学会主编：中国近代史资料丛刊《洋务运动》（一），上海人民出版社1961年4月版，第41页。

先后订购大炮、蚊子船八只，水陆相依，稍壮声势。"[1]除此之外，他还主张南北洋海防的遥相呼应，就所订购舰船，"其隶南洋者由沈葆桢会商调度，隶北洋者由臣会商调度，庶众擎易举，声势相联，必于海防全局有裨"。[2]这当中包含着李鸿章的战略威慑思想。

这一阶段，李鸿章的军事威慑思想，首先是在西方列强军事威慑的压力下，强调以威慑对威慑，防守海口。李鸿章认为，在中国"江海各口，门户洞开，已为我与敌人公共之地。……值此时局，似觉防无可防"的情况下，"洋人论势不论理，彼以兵势相压，我第欲以笔舌胜之，此必不得之数也"[3]；其次是在西方列强军事威慑来源于单一的舰队威慑的情况下，主张中国的军事威慑，不仅可以通过舰船的运用来实现，而且还可以充分发挥炮台的作用，特别是可以通过炮台与舰船相配合产生的威力来实现，这是西方列强所不具备的条件，试图建立起己方对敌威慑的优势；再次是军事威慑思想已经逐步形成了战略和战术两个层面，其目光不是局限于防守京津门户，而是放在整个中国沿海的防卫上。

第三个阶段，是重点筹办北洋海军以后，李鸿章把军事威慑的重点放在运用海军威慑上，逐渐形成"无事时扬威海上，有警时仍可收进海口，以守为战"[4]的海军威慑思想的阶段，也就是成熟的阶段。

李鸿章自奉命筹办北洋海防以来，注重谋划建设一支近代化的海军，经过几年的认真思考和精心实践，北洋海军于光绪元年（1875）逐渐开始建设，李鸿章在从外国订购小型兵船的同时，于当年十一月"筹办铁甲兵船"[5]，此后，又派员出国考察、聘请洋员、建立学校、招揽人才、订购铁甲舰等。经过几年的努力，到光绪七年（1881），李鸿章完成了对旧式水师的改造，正式步入建设近代化海军的轨道。

随着北洋海军近代化的推进，李鸿章已经不再满足于舰船与炮台相配合形

〔1〕中国史学会主编：中国近代史资料丛刊《洋务运动》（二），上海人民出版社1961年4月版，第421页。

〔2〕同上，第424页。

〔3〕中国史学会主编：中国近代史资料丛刊《洋务运动》（一），上海人民出版社1961年4月版，第41页。

〔4〕中国史学会主编：中国近代史资料丛刊《洋务运动》（五），上海人民出版社1961年4月版，第122页。

〔5〕（清）李书春著：《清李文忠公鸿章年谱》，台湾商务印书馆1978年4月版，第28页。

成的威慑了，而是要依托基地和陆上防御力量，突出发挥海军舰队更大的威慑作用。就在从英国订购的"镇北""镇南""镇东""镇西"四艘炮艇到华后不久，李鸿章就"督饬道员许钤身、提督丁汝昌会督管带各员，认真操练，并令时常出洋赴东、奉交界之大连湾与沿海口岸驻泊梭巡，以壮声威"。[1] 然而，几艘炮艇所形成的"声威"是极其有限的，李鸿章显然不能满意，而订购铁甲舰需要三年以上的时间，他难以等待，于是便向朝廷建议，"今英国既肯转售，其柏尔来一船，俟订定后汇给现银，即可来华。奥利恩一船，须迟一年后交付。值此多事之秋，得两船先后来华，稍张声势，较之定造须三年之久者，缓急悬殊，尚觉合算"。这两艘军舰"合之原有蚊碰及各兵轮船，练成一军，无论何处有警，不分畛域，遣令援应，庶几声威较壮，海防稍有端倪，大局不无裨益"。"庶水师之规模渐扩，藉可御外侮而壮声援"。[2] 既表露了他急切的心情，又体现了他海军威慑是海防建设重要组成部分、御外侮与壮声援相辅相成的基本观点。随着从英德所购铁甲舰不断成军，李鸿章的心情越来越好，因为这与他设定的目标越来越近了。特别是当"致远""靖远""经远""来远"四艘崭新的巡洋舰成军时，他确信："该四船精坚迅利，与定远、镇远等铁甲船相辅而行，可为海洋稍壮声势。"[3] 他指示丁汝昌率领舰队赴日访问，以显示海军实力。

光绪十四年（1888），《北洋海军章程》颁行，标志着北洋海军正式成军。在这部经过李鸿章严格审定和首肯的北洋海军法规中，明确地写着：未来的北洋海军"以之防守辽渤，救援他处，庶足以壮声威而资调遣"。[4] 这说明，李鸿章的海军威慑思想已经以法律的形式固化下来，成为北洋海军运用的指导思想。

这一阶段，李鸿章的军事威慑思想，从着重强调水陆相依形成威慑，到突出强调海军舰队形成威慑，其重点的转移是十分明显的，而其内容本身，也是自他军事威慑思想形成以来最全面的。

〔1〕中国史学会主编：中国近代史资料丛刊《洋务运动》（二），上海人民出版社1961年4月版，第423页。
〔2〕同上，第441、442页。
〔3〕中国史学会主编：中国近代史资料丛刊《洋务运动》（三），上海人民出版社1961年4月版，第55页。
〔4〕同上，第197页。

李鸿章从英国订购的巡洋舰"靖远"号

　　第四个阶段，是李鸿章的军事威慑实践在甲午战争中遭到彻底失败，从而使他的军事威慑思想在战争前后发生了明显的变化，经历了从"壮声威"到"保实力"的演变，也就是自相矛盾的阶段。

　　早在光绪八年（1882）六月，朝鲜发生内乱，日本跃跃欲试，企图干预。李鸿章察觉局势不妙，即令马建忠、丁汝昌"带兵船速往，少作声势，帮同朝鲜君臣弹压，缉拿魁首"[1]，意在帮助朝鲜平乱和慑止日本插手。光绪十年（1884），朝鲜再次发生内乱，这次是日本趁中法战争之机有意挑起的。在处理朝鲜问题时，李鸿章依然主张"派兵东渡，以资镇慑"。[2]马建忠也认为李鸿章的做法是"壮声援而示牵掣"。[3]如果说上述行动是李鸿章在北洋海军实力优于日本海军的前提下，对海军威慑充满信心的一种表现的话，那么10年以后，随着中日海军实力对比发生的变化，这种表现逐渐在消失。光绪二十年（1894）春，朝鲜全罗道爆发东学党农民起义，由此引发了中日之间在朝鲜问题上的政治、军事较量，李鸿章依然试图通过军事威慑增加与日本较量的筹码，多次派遣丁汝昌率舰赴朝，但并未达到预期目的。随着朝鲜上空中日战争阴云越来越

────────────

〔1〕中国史学会主编：中国近代史资料丛刊《中日战争》（二），上海人民出版社1957年9月版，第1页。

〔2〕同上，第100页。

〔3〕同上，第207页。

1886年6月，李鸿章（右）、善庆（左）陪同醇亲王奕譞检阅北洋海军

1889年在烟台芝罘举行的南北洋水师16艘军舰的会操

浓，李鸿章在是否继续实施威慑的问题上陷入了徘徊之中，屡次默认丁汝昌的避战行为。相反，日本海军频频造势，对北洋海军官兵构成了极大威慑。此时，朝廷上下对海军的避战行为质疑声四起，"倭人之练海军亦不过二十年，何以此次出兵，北洋即不敢与之较？"[1] 的质问声不绝于耳。而李鸿章开始强调北洋海军与日本海军的实力差距。他说："自光绪十四年后，并未添购一船，操演虽勤，战舰过少。"[2] 他意识到，要对日本海军构成威慑已经十分困难，作战更无取胜把握。

光绪二十年（1894）六月，日本不宣而战，挑起丰岛海战。八月，中日双方海军又爆发了黄海海战。两次海战，北洋海军损失惨重，元气大伤，而日本海军军势旺盛。北洋海军的威慑力不仅渐渐消亡，而且还面临着日本海军的强大威慑，舰队的生死存亡面临着严峻考验。此时，李鸿章已经陷入了深深的矛盾之中，残存的威慑意识依然促使他作最后的努力。黄海海战以后，他在朝廷的催促之下，命令丁汝昌率舰队出海巡弋，给日本海军构成威胁，他依然

---

〔1〕中国史学会主编：中国近代史资料丛刊《中日战争》（二），上海人民出版社1957年9月版，第606页。

〔2〕同上，第584页。

认为，只要北洋海军显示其存在，日军进攻京津就存有顾虑，这在客观上确实收到了一定的效果。日方曾承认："旅顺既失，华舰匿迹于威海卫湾，虽无欲出之势，然不能视为蔑如也。日本海军图犯北直隶海湾，尤切后顾之忧，故虽在满洲之陆军，已预定侵犯京师之计，仍必先攻威海，以灭华舰，然后海路大通。"[1]但是，李鸿章始终没有以最后的决战扭转海上不利局面的想法，其威慑也只能是短暂的。当日本海军将北洋舰队的残余舰只紧紧围困于威海港的时候，李鸿章的军事威慑也就走到了尽头。

包含现代威慑思想要素

李鸿章经过长达四十多年的思考和实践逐渐积累起来的军事威慑思想，尽管没有最终形成完备的理论体系，但其内容是十分丰富的，包含了现代威慑思想的最主要因素。

第一，强调"势"的营造。军事威慑是指以声威和威势迫使敌方畏服，不敢贸然发动战争或在战争中处于不利地位，从而达到避免战争或在战争中造成有利态势的军事手段。其中的声威是指声誉和威望，强调军事影响力的程度和广泛性，它通过战争或非战争手段，树立己方英勇善战和所向无敌的形象，在敌我双方乃至第三方中，形成较为持久的声誉和威望，从而对其产生心理作用，达到阻止或遏制战争的目的。威势是指威力和气势，强调军事震撼力的程度和广泛性，它通过战争和非战争手段，为己方营造威严气势和为敌方营造恐怖氛围，从而达到阻止或遏制战争的目的。声威和威势既有区别，又有联系。声威较之威势的影响更加广泛和持久，威势较之声威的影响更直接，更有力度。威势的影响大多作用于战争发生之前或战争过程中，而声威的影响不仅作用于战争发生之前和战争过程中，而且还作用于战争结束之后。声威可为威势发挥作用提供良好的前提，威势可进一步提高声威的影响力度和传播广度。

由此可见，军事威慑离开了"声威"和"威势"，就失去了存在的前提。那个时代的李鸿章，不可能辨清"声威"和"威势"两者之间的区别与联系，

---

〔1〕戚其章主编：中国近代资料丛刊续编《中日战争》第六册，中华书局1993年12月版，第75页。

他把"声威"和"威势"统称为"声威""威""声势"等，但他对"威"和"势"与军事威慑关系，认识得却十分清楚。

在早年的作战中，李鸿章以"威"和"势"震撼敌军，振奋部下的精神。在创建北洋海军之前，李鸿章就注意到了作为京畿门户的天津的战略地位，他在谈论天津各海口的防御时强调，防守海口，必须使各种因素巧妙配合，"海口炮台，但求土木兴筑均宜，不在兵数过多。而后路数百里间，必须重兵坚垒巨炮相望，节节布置联络，乃可自立不败之地，而争胜于人"。[1]也就是说，海口的防御要达到人和炮台的恰当配合。在创建北洋海军期间，李鸿章以海军"威""势"为核心，兼顾"巨炮鱼雷筑台设栈"，认为"逐岁经营，威势可期大振"[2]。在甲午海战爆发前夕，李鸿章关注的依然是海军的"威""势"问题，他频繁命令丁汝昌赴朝鲜沿海显示实力，以"威""势"遏制日本。即使北洋海军在黄海海战遭受了沉重打击，李鸿章依然没有忘记令丁汝昌"师船速修，择其可用者，常派出口外，靠山巡查，略张声势"。[3]可以说，制造"威""势"是李鸿章军事威慑思想最显著的外在表现形式。

第二，军事威慑必须具有一定的实力支撑。尽管在特定的情况下，军事威慑可以短暂地脱离军事实力而发挥效能，通过虚构或扩大实力制造"声威"和"威势"，但从一般意义上讲，军事威慑必须以一定的军事实力为基础，才能产生持久的威慑效果，李鸿章对此十分清楚。筹办洋务之初，他就关乎国防实力的筹饷、练兵、制器三项的欠缺带来的后果谈了自己的看法，他说："皆吾之内不足。内不足而张皇于外，以之虚喝敌人，尚不失为兵机，以之欺蒙圣主，必至贻误国事。"[4]他的意思很明确，即使中国军队在筹饷、练兵、制器三方面做得不够好，也可以"张皇于外"，对敌人形成"虚喝"，这是用兵的玄机，但对内必须保持清醒的认识，否则会"贻误国事"。这说明李鸿章已

〔1〕中国史学会主编：中国近代史资料丛刊《洋务运动》（二），上海人民出版社1961年4月版，第286页。

〔2〕张明林主编：《李鸿章全集》第二卷，西苑出版社2011年3月版，第649页。

〔3〕中国史学会主编：中国近代史资料丛刊《中日战争》（四），上海人民出版社1957年9月版，第284页。

〔4〕中国史学会主编：中国近代史资料丛刊《洋务运动》（二），上海人民出版社1961年4月版，第284—285页。

经认识到"虚喝"不是长久之计，从长远看，威慑的形成必须建立在坚实的实力基础之上。经办北洋海军以后，他的认识更加深刻："自古两国相持，或乘藉胜势专以虚声相恫喝，或隐修实政转恐密议之彰闻。务虚者声扬而实不副，终有自绌之时，务实者实至而声自远，必有可期之效。"[1] 鲜明地指出了"威""势"和实力之间的关系，这便是李鸿章主张"海防百年可不用，一日不可无备"[2] 的根本原因。因而，在几十年的实践中，他始终致力于以海防实力建设为基础的"威""势"的营造。同时，他还把实力、威势与目标紧密联系起来。他指出："从来御外之道必能战而后能守，能守而后能和，无论用刚用柔，要当豫修武备确有可以自立之基，然后以战则胜，以守则固，以和则久。……夫以中国风气较迟，地广民众，为各国所环伺。即使俄与日本暂弭衅端，而滨海万余里必宜练得力水师为建威销萌之策，揆之事势，固难再缓。"[3] 阐明海军威慑的基础在于练就得力的舰队，而威慑的目的则是由"固守"而"久和"，从而把威慑作为实现御侮目的的关键环节，成为北洋海军建设的重要推动力。

第三，"声威"和"威势"要通过一定的渠道传达给威慑对象，才能发挥作用。军事威慑的要素之一，是向敌方传达"声威"和"威势"以及使用武力的决心，而传达的方式却是多种多样的，需要根据实际情况而定。洋务运动兴起以后的晚清时期，中国经历了近三十年的和平时期，无论是政治、经济，还是军事、外交，都有复苏的迹象，这就为传达"声威"和"威势"提供了更多、更方便的方式和渠道。

李鸿章尽管没有使用武力的决心，在大多数情况下他似乎也没有传达使用武力决心的意识，但对于"声威"和"威势"的传播，他是绞尽脑汁的。首先，他主张通过舰艇出访，彰显北洋海军的实力。自北洋海军创办以来，在李鸿章的首肯之下，北洋舰队曾三次赴日，其中前两次给日本造成的震慑最大。第一次发生于光绪十二年（1886）春，李鸿章命令丁汝昌及总查琅威理率

---

〔1〕中国史学会主编：中国近代史资料丛刊《洋务运动》（二），上海人民出版社1961年4月版，第527页。

〔2〕中国史学会主编：中国近代史资料丛刊《洋务运动》（一），上海人民出版社1961年4月版，第268页。

〔3〕中国史学会主编：中国近代史资料丛刊《洋务运动》（二），上海人民出版社1961年4月版，第494页。

领"定远""镇远""济远""威远""超勇""扬威"六舰赴朝鲜元山显示实力，接着又赴海参崴迎接执行中俄国界划定任务的吴大澂回国。之后，丁汝昌率领除"超勇""扬威"以外的四舰，赴日本长崎补充煤炭以及修理舰船。可意想不到的是，在长崎发生了北洋舰队水兵与日本警察相互殴斗的事件，即长崎事件。此次赴日及长崎事件的发生对北洋海军声威的损害，以及对日本国民的刺激出乎许多人的意料之外，也是李鸿章没有想到的。他首先关注的是此事件对北洋海军军威的影响，当他得知"西洋报讯我军在崎上岸滋事损威，实由约束不严"[1]时，十分恼火，一方面痛恨日本人的狡诈，另一方面也恨丁汝昌管带不利，他严饬丁汝昌："此案关系紧要，汝等既在崎闹出坏样，若不如期带全证往致输，定行参办。"[2]足见李鸿章对北洋海军声威的重视。在日方史料记载中有这样的描述：长崎事件发生后不久，李鸿章在与日本驻天津领事波多野承五郎的谈话中说："今发动战争并非一难事，停泊于贵国之我军舰船体枪炮皆坚，轻易地就能开战。"[3]在处理长崎事件的过程中，李鸿章还说："今不击日本更待何时。"[4]似乎是在反复传达中国使用武力的决心。笔者认为，这样的记载并不可信，因为这与李鸿章对海军威慑的一贯认识相去甚远。但无论如何，北洋舰队赴日对日本国民的威慑作用却是实际存在的。日方认为，李鸿章"向日本炫耀像'定远''镇远'这种当时东亚稀有的得意战舰，就是为了达成慑服日本的目的"[5]。就在长崎事件处理的过程中，北洋海军又有四艘军舰赴朝巡弋，日本得此消息后，反应十分强烈，认为"若贵国军舰新旧合计有八艘停泊（于我国），则人心必定更趋惊骇"，甚至推测可能会爆发战争，因而惊恐不已。[6]因此有人认为，"由于北洋舰队停泊日本港口一事本身，就已经对日造成了一种威胁，诱发其产生对北洋舰队人员的敌对情绪。而当时北洋舰队官兵与日本官民之间心理状态差异悬殊，由此而造成种种误解，这是事件发生的最

---

〔1〕顾廷龙、叶亚廉主编：《李鸿章全集》（一）电稿一，上海人民出版社1985年6月版，第707页。

〔2〕同上，第713页。

〔3〕（日）外务省编纂：《日本外交文书》，第1册，1963年版，第453页。

〔4〕同上，第464页。

〔5〕同上，第464页。

〔6〕《秘书类纂10·兵政关系资料（长崎港清舰水兵喧斗事件）》，原书房1970年版，第154页。

根本原因。"[1]

北洋舰队第二次赴日发生于光绪十七年（1891）六月，在日本政府的邀请下，李鸿章命令丁汝昌率领"定远""镇远""致远""靖远""经远""来远"六艘主力战舰前往日本。访日期间，丁汝昌等人除了考察日本各军港、镇守府、造船所以外，还与日本皇族、政府官员进行了交流。尽管中日双方均表示出友好的态度，但日本官方和民间均有人表示不同的看法，他们认为，阵容威严的北洋舰队遍访日本各主要港口，是针对日本的示威行动。日本外务次长林董后来回忆说："（明治）二十四年七月，看到丁汝昌所率的舰队驶入横滨港，吾国人就因其壮大的外观而感到极其恐惧。"[2]也有日本外交官认为，"李鸿章向日本显示大清海军的实力，以之来慑服日本的设想似遂得实现"[3]。而《朝野新闻》的报道，则代表了普通日本百姓的感受："眺望清朝舰队，总计六艘舳舻停泊于横滨港之中心，亦足以壮清国之威。"[4]

上述两次赴日，使李鸿章的海军威慑思想得到了充分的实践，也取得了预期的效果，借用日本海军大尉小笠原长生的话说，明治二十年，丁汝昌第一次率领北洋舰队巡航日本沿海，"明治二十四年他再次率领定远、镇远等舰前来日本，在外国人以及日本人面前，显示中国海军真正拥有不亚于西洋各国海军的威力和训练"[5]。

除了访问日本，北洋海军还奉李鸿章之命访问南洋，宣慰侨胞，三次抵达新加坡。每次到达，除了引起华侨的极大兴奋外，美、德、意、西、日等国驻新加坡领事均积极与丁汝昌及各舰管带交流，他们多数对北洋海军的实力表示惊讶。当地的《叻报》曾报道说："盖十年前中国与今日之中国大有不同。若再阅十年二十年必可与各大国争雄于天下也。中国情形，先如睡而后如醒，整军经武，昼夜不遑，而其存心非欲结怨于人，抑或食人土地也。不过欲以自强起见，保护吾民耳。"[6]

---

[1] 冯青著：《中国近代海军与日本》，吉林大学出版社 2008 年 12 月版，第 26 页。
[2]（日）林董著：《林董回忆录》，平凡社 1970 年版，第 259 页。
[3]（日）外务省编纂：《日本外交文书》，第 1 册，1963 年版，第 469—470 页。
[4]《朝野新闻》1891 年 7 月 15 日。
[5] 戚其章主编：中国近代资料丛刊续编《中日战争》第七册，中华书局 1996 年 9 月版，第 267 页。
[6]《叻报》1887 年 11 月 18 日。

其次，校阅北洋海军是李鸿章传达"声威"和"威势"的另一种方式。自光绪十一年（1885）海军衙门成立，至光绪二十年（1894）甲午战争爆发，北洋海军共举行校阅三次，李鸿章都亲自参加，尤以第一次最为中外人士所瞩目。光绪十二年（1886）四月，第一次校阅举行，历时十多天，总理海军大臣醇亲王奕譞亲自主持，视察了兵营、船厂、炮台、水陆师学堂等，观看了南北洋海军的海上布阵、打靶等项目，其声势浩大、军威隆重之状，为清季海军建军史上所罕见。英法海军人员观看了大阅盛况，赞不绝口。事后，外电也进行了报道。第二校阅于光绪十七年（1891）四月举行，李鸿章看到，"北洋各舰沿途分行布阵，奇正相生，进止有节。夜以鱼舰六艇试演泰西袭营阵法，兵舰整备御敌，攻守并极灵敏，颇具西法之妙"。夜间合操，"水师全军，万炮齐发，无稍参差，西人纵观，亦皆称羡"[1]，足以显示北洋海军的"威""势"。第三次校阅于光绪二十年（1894）四月举行，李鸿章亲自校阅了海军操阵、演雷、打靶及考验各学堂，尽管他想到"西洋各国以舟师纵横海上，船式日异月新"，英、法、俄各铁甲舰"规制均极精坚，而英尤胜。即日本蕞尔小邦，犹能节省经费，岁添巨舰，中国自十四年北洋海军开办以后，迄今未添一船，仅能就现有大小二十余艘，勤加训练，窃虑后难为继"，因此而忧心忡忡，但当他看到"北洋各舰及广东三船沿途行驶操演船阵，整齐变化，雁行鱼贯，操纵自如"，鱼雷艇"试演袭营阵法，攻守多方，备极奇奥"，各舰"演放鱼雷，均能命中破的"，而"英、法、俄、日本各国均以兵船来观，称为节制精严"[2]时，心里也增添了很多安慰，因为校阅达到了造"势"目的。

另外，李鸿章还利用舰队会操、海上巡弋、防卫藩邦、海外履任等方式，传达北洋海军的"声威"和"威势"。

第四，适时转换威慑目标。军事威慑的目标不是一成不变的，它需要根据国际国内形势的变化、国家军事战略的转变等因素不断作出调整。晚清时期的中国，国际环境十分复杂，西方列强的蚕食鲸吞，使中国陷入四面楚歌的境

〔1〕中国史学会主编：中国近代史资料丛刊《洋务运动》（三），上海人民出版社1961年4月版，第144—145页。
〔2〕同上，第192—193页。

地，正所谓"强邻环逼，藩属倾危"[1]。尽管此时的中国谈不上完整的国家战略和军事战略，但准确地辨别最主要的敌人，是暂时摆脱困境的关键所在。李鸿章军事威慑思想中所体现的威慑目标的转换，表明李鸿章具有敏锐的眼光，其对目标的准确把握，也为军事威慑指明了正确的方向。

洋务运动兴起之初，中国海防建设所针对的，是来自整个西方列强的威胁，李鸿章看得明白，"今则东南海疆万余里，各国通商传教，来往自如，麕集京师及各省腹地，阳托和好之名，阴怀吞噬之计，一国生事，诸国构煽，实为数千年来未有之变局"。[2]因此，他筹划海防建设的目标，是防止所有列强对中国各海口威胁。然而，随着各国实力的彼此消长以及利益关系的变化，俄、日两国对中国的威胁逐渐凸现出来，俄国不仅侵吞了中国北方大片领土，而且"对于满洲方面俨然认之为侵略的势力范围。便是朝鲜，它也已认定是在远东发展的最良终点"[3]；日本的野心更大，同治十三年（1874）侵略台湾，光绪五年（1879）吞并琉球，其威胁自不待言。侵台事件发生时，李鸿章就断言："中日之搆乱，恐将从此开始。"[4]光绪六年（1880）十二月，李鸿章在奏折中表明："今之所以谋创水师不遗余力者，大半为制驭日本起见。"[5]因此，在筹办海防和购置铁甲舰时，李鸿章主要把俄国，特别是日本作为防范对象加以重视。光绪十二年（1886），当李鸿章获悉俄国舰船觊觎朝鲜永兴湾，日本积极插手朝鲜问题时，立刻命令丁汝昌和琅威理，率舰队"由元山驶巡永兴，聊作声势"[6]以牵制俄国，威慑日本。

自光绪二十年（1894）朝鲜爆发东学党起义以后，在处理朝鲜问题的过程中，李鸿章深感日本挑起战争的可能性增大，便迅速将日本作为头等假想敌，其威慑方向也自然而然地高度集中于日本。

〔1〕张明林主编：《李鸿章全集》第二卷，西苑出版社2011年3月版，第665页。
〔2〕中国史学会主编：中国近代史资料丛刊《洋务运动》（一），上海人民出版社1961年4月版，第41—42页。
〔3〕何汉文著：《中俄外交史》，中华书局1935年版，第141页。
〔4〕《李文忠公奏稿》卷二十三，第28页。
〔5〕中国史学会主编：中国近代史资料丛刊《洋务运动》（二），上海人民出版社1961年4月版，第498页。
〔6〕顾廷龙、叶亚廉主编：《李鸿章全集》（一）电稿一，上海人民出版社1985年6月版，第689页。

由此可见，李鸿章军事威慑的目标是随着实际情况不断变化的，而威慑目标的适时转移，使北洋海军有限的威慑力得以集中发挥。

推动北洋海军建设

当军事弱国与军事强国已经拉开巨大实力差距的时候，威慑不失为军事弱国暂时摆脱困境的有效手段。在晚清时期，当西方列强跃跃欲试要将中国彻底瓜分的时候，李鸿章的军事威慑思想必然会发挥一定的作用。一方面，它极大地推动了北洋海军的建设，另一方面，它对北洋海军的军事行动产生了决定性的影响。这两个方面导致的必然结果便是甲午战争的推迟爆发。

首先，李鸿章从战略高度出发，主张中国沿海防御力量连接成"势"，从而推动了三洋海军的建设。在同治十三年（1874）掀起的海防大讨论中，朝廷收到了江苏巡抚丁日昌拟定的《海洋水师章程》六条，其中提出了建设北、东、南三洋海军的构想，李鸿章对这一构想十分赞同，他从战略防御的高度出发，在《筹议海防折》中讨论了海防布局："自奉天至广东，沿海袤延万里，口岸林立，若必处处宿以重兵，所费浩繁，力既不给，势必大溃。惟有分别缓急，择优为紧要之处，如直隶之大沽、北塘、山海关一带，系京畿门户，是为最要。江苏、吴淞至江阴一带，系长江门户，是为次要。盖京畿为天下根本，长江为财赋奥区，但能守此最要、次要地方，其余各省海口边境略为布置，即有挫失，于大局尚无甚碍。"同时，从战术的角度讨论了现有轮船的布置，他的意见是："至拟设兵船数目，如丁日昌所称，北、东、南三洋各设大兵轮船六号，根拨轮船十号，合共四十八号，自属不可再少。除将中国已造成二十号抵用外，尚短二十八号。窃谓北、东、南三洋须各有铁甲大船二号，北洋宜分驻烟台、旅顺口一带；东洋宜分驻长江外口；南洋宜分驻厦门、虎门，皆水深数丈，可以停泊。一处有事，六船联络，专为洋面游击之师，而以余船附丽之，声势较壮。"[1]很显然，在上述部署中，包含了他的威慑意图。在现实中，李鸿章以其特殊的地位和声望，对分区组建海军的海防格局的形成产生了决定性的影响。随后，三洋海军建设被提到议事日程。尽管后来由于经费原因，三

---

〔1〕张侠等编：《清末海军史料》（上），海洋出版社1982年5月版，第108页。

洋海军没有同时发展起来，但推动了北洋一军的快速发展。

其次，李鸿章从军事威慑的基础——实力出发，极力主张拥有铁甲舰，从而将北洋海军打造成了一支在亚洲实力领先的近代化海军。铁甲舰是近代化海军的主要标志之一，也是海军舰队战斗力构成的主要因素。创建北洋海军之初，李鸿章就认识到了铁甲舰的重要性，并将铁甲舰与海军威慑紧紧联系在一起。光绪五年（1879）十月，他在奏折中强调："夫军事未有不能战而能守者，况南北滨海数千里，口岸丛杂，势不能处处设防，非购置铁甲等船练成数军决胜海上，不足臻以战为守之妙。""中国即不为穷兵海外之计，但期战守可恃，藩篱可固，亦必有铁甲船数只游奕大洋，始足以遮护南北各口，而建威销萌，为国家立不拔之基。"[1]从而准确地阐明了铁甲舰与海军威慑之间的关系。随后，他又以日本海军近期行动为例，说明铁甲舰的实际作用，强调中国海军拥有铁甲舰的紧迫性："近来日本有铁甲三艘，遂敢藐视中国，耀武海滨，至有台湾之役、琉球之废。""若机会一失，中国永无购铁甲之日，即永无自强之日，殊属可惜。"[2]敦促朝廷抓住时机，购进铁甲舰。在争取拥有铁甲舰的同时，李鸿章还强调新式舰船的重要性，在他看来，最先进的技术，也是对敌形成威慑的重要因素。他说："各国铁舰之式，日出日新，与其价廉而得已旧之船，临事难操全胜，不若价昂而求最新之式，先声已足夺人。"[3]

然而，要筹建一支近代化的海军，所需经费之巨，是当时的清政府难以承受的，早在光绪元年（1875）六月，李鸿章就意识到了这一点，当时他联合朝廷和地方大员，说服清政府，将粤海关等四成洋税及江海关四成内二成暨江、浙等省厘金白银400万两，分拨南北洋，作为海防专款，并"拟先就北洋创设水师一军，俟力渐充，就一化三。当此开办之际，自应先其所急，用资集事，以后逐渐经营"。[4]后来南洋大臣沈葆桢顾全大局，认为海防经费分之则为力薄，外海水师宜先自北洋创办，俟北洋练成后，再练他洋，主张将南洋之海防经费200万两统解北洋，于是，400万两宝贵的经费全归北洋，使北洋海军建设迅速起步，并

〔1〕中国史学会主编：中国近代史资料丛刊《洋务运动》（二），上海人民出版社1961年4月版，第421页。

〔2〕同上，第440、441页。

〔3〕同上，第510页。

〔4〕张侠等编：《清末海军史料》（下），海洋出版社1982年5月版，第617页。

取得成效。然而，随着建设的深入，所耗经费愈来愈巨，沈葆桢、丁日昌等地方大员以经费支绌为由，建议铁甲舰缓建，但李鸿章不以为然，再次强调："中国购办铁甲船之议已阅数年，只以经费支绌，迄未就绪。近来日本有铁甲三艘，遂敢藐视中土，至有台湾之役、琉球之废。俄国因伊犁改约一事，迭据电报，添派兵船多只来华，内有大铁甲二船，吨数甚重，被甲甚厚，无非挟彼之所有，以凌我之所无，意殊叵测。铁甲若非利器，英人何至忽允忽翻，恪弗肯售？今欲整备海防，力图自强，非有铁甲船数只，认真操练，不足以控制重洋，建威销萌，断无惜费中止之理。"[1]为克服经费不足，李鸿章想方设法，极力说服朝廷和地方督抚，希望能按时如数拨解经费。可是，长期以来，地方督抚因财政困难，对北洋海防建设积极性不高，本该拨归海军的经费，始终未能如数到账，即使到账的经费，也常常被朝廷挪作他用，海军建设的艰难程度由此可见一斑。然而，李鸿章始终没有放弃努力，他常以日本吞并琉球、威胁京津门户为借口，强调铁甲舰的重要性，敦促朝廷和地方大员积极筹集资金。每到此时，朝廷便给予相当的重视。例如光绪十五年（1889）正月，为完成北洋海军的后续造舰计划，朝廷下令，"着两江各省凑集巨款，分年交李鸿章，存储生息，专为海军之用"[2]。

在李鸿章的不懈努力下，北洋海军成军时，共拥有舰艇25艘，其中铁甲舰7艘，其实力已雄居亚洲首位。

再次，通过各种方式显示海军实力，在一定程度上遏制了日本的军事行动，使甲午战争得以推迟发生。同治十三年（1874），日本以微弱的海军兵力侵略台湾，福建船政以优势之舰船协同陆军赴台布防，遏制了日本的侵台行动。尽管最终清政府以沉重代价换取日本撤军，但日本的图谋终究没有达到。日本撤军的原因主要是"痛感军舰之不足，并非全因对中国交涉"[3]。这一事件使李鸿章看到了优势海军对抑制日本侵略意图的重要作用，于是就有了海防大讨论中他建设海军更加积极的主张。光绪八年（1882），朝鲜发生"壬午之变"，日本决定出兵朝鲜进行干预，清政府获悉后，作出了积极反应，责成李鸿章和两广总

〔1〕中国史学会主编：中国近代史资料丛刊《洋务运动》（二），上海人民出版社1961年4月版，第454页。
〔2〕（清）李书春著：《清李文忠公鸿章年谱》，台湾商务印书馆1978年4月版，第36页。
〔3〕戚其章主编：中国近代资料丛刊续编《中日战争》第六册，中华书局1993年12月版，第39页。

督张树声办理，李鸿章命令丁汝昌、马建忠率"威远""超勇""扬威"三舰赴朝，遏制日本的行动。"丁提督等到时，日船提督先遣使通诚，升炮为礼，彼此拜候。察其情形，尚不敢公然与中国生衅；目前乱党亦未必能合于日。此时全在我兵先声夺人，为建威销萌之计。"[1]光绪十年（1884），朝鲜又发生了"甲申之变"，清政府又派出袁世凯率兵入朝，协助平息政变，李鸿章再次令丁汝昌率"超勇""扬威""威远"赴朝显示实力，日本依然未敢轻举妄动。事后，日本国内的"激进派"主张立即同中国开战，而"缓进派"则认为，日本海军的实力还弱于中国海军，仓促开战无取胜把握，主张准备三五年后，再对华宣战，日本政府采纳了后者的意见。"定远""镇远"等大型铁甲舰来华后，中日海军之间的实力差距进一步拉大，日本对中国铁甲舰更是畏之如虎，轻言战争的论调暂时偃旗息鼓，取而代之的是疯狂扩军备战的呼声。由此可见，中国海军的发展及其实力的显示，是日本推迟发动战争的主要原因。

然而，仅仅过了10年，中日海军的实力对比便发生了质的变化，到甲午战争爆发前夕，日本海军已有各种类型军舰31艘，鱼雷艇24艘，实力已超过了北洋海军。在此种情况下，光绪二十年（1894）朝鲜爆发了东学党起义，为日本发动侵略战争提供了绝佳机会，日本以帮助朝鲜镇压起义为借口，将海陆军同时开赴朝鲜，决意要挑起战争。李鸿章试图继续采用海军威慑的手段，遏制日本的图谋，但这次已今非昔比，实力的变化使北洋海军的出没不仅未能慑住日本，反而被日本海军所震慑，日本"大张战势，乘叶志超、丁汝昌等之惺怯无能，肆其螳斧以恫喝"[2]，使丁汝昌坐卧不宁，屡屡不顾李鸿章的命令，"托言未遇倭船，疾驰而返，畏死偷生，闻风先遁"[3]，使北洋海军已经大大削弱的威慑力，彻底荡然无存，战争的爆发也就不可避免。

负有战败直接责任

李鸿章的军事威慑思想虽然对北洋海军的建设及运用产生了积极作用，但

---

[1]中国史学会主编：中国近代史资料丛刊《中日战争》（二），上海人民出版社1957年9月版，第220页。

[2]戚其章主编：中国近代资料丛刊续编《中日战争》第一册，中华书局1989年3月版，第101页。

[3]同上，第55页。

是，由于这一思想的种种缺陷，也给北洋海军的最后失败注入了必然的因素。

第一，在李鸿章的军事威慑思想中，军事威慑是与消极防御紧密结合在一起的，这就大大削弱了威慑力。军事威慑的最大特点在于它的主动性和进攻性，消极防御最大的弱点在于它的被动性，这两种战略战术手段存在着不可调和的矛盾。李鸿章试图把军事威慑纳入他的消极防御战略中，不可避免地抑制和削弱了军事威慑效能。在经营炮台和初创北洋海军时期，他主张水陆配合形成威慑，是为了防止列强侵我海口；他主张购造舰船也不是为了与日军决胜海上。筹办洋务之初他就说："目前固须力保和局，即将来器精防固，亦不宜自我开衅。"[1]后来，他说得更加明确："我之造船本无驰骋域外之意，不过以守疆土、保和局而已。"[2]所以，当北洋海军力量渐强之时，一方面，他要向假想敌传达海军强大的信号，使其不敢轻举妄动；另一方面，在舰队受到威胁时，又害怕实力受到损害，没有决战决心，因而畏首畏尾。例如，在甲午战争爆发前夕，李鸿章为增加处理朝鲜问题的筹码，要求北洋舰队不断出现于朝鲜沿海，同时他又明确指示丁汝昌，要"相机进退，能保全坚船为妥"[3]。由此可见，"无事时扬威海上，有警时仍可收进海口，以守为战"是李鸿章军事威慑思想与消极防御思想密切结合的集中概括。这就失去了军事威慑在战争条件下的主动性、进攻性和突然性，压抑了己方的作战士气和取胜信心，助长了敌方的士气和信心，加速了北洋海军官兵战斗意志的溃散，违背了心理战的基本规律，大大削弱了威慑效果，使北洋海军丧失了战争的主动权，始终处于被动挨打的地位。

这里应当指出的是，尽管李鸿章的军事威慑思想受制于其消极防御思想，但与丁汝昌的消极避战主张有着本质的区别。丁汝昌在甲午海战爆发前的很长一段时间里，始终错误地理解李鸿章既要"造势"，又要"保船"的意图，采取单纯避战的做法，不仅使李鸿章的威慑意图难以实现，而且助长了日本海军的嚣张气焰，遭到朝廷上下一致谴责是理所当然的。当时，李鸿章曾对他提出

---

〔1〕中国史学会主编：中国近代史资料丛刊《洋务运动》(一)，上海人民出版社1961年4月版，第42页。

〔2〕中国史学会主编：中国近代史资料丛刊《洋务运动》(五)，上海人民出版社1961年4月版，第122页。

〔3〕中国史学会主编：中国近代史资料丛刊《中日战争》(四)，上海人民出版社1957年9月版，第265页。

严厉的质问："人皆谓我海军弱，汝自问不弱否？"〔1〕表明李鸿章极不赞同他的做法，这是我们在研究李鸿章军事威慑思想时需要注意的。

第二，军事威慑是制造"威"和"势"的艺术，是"示虚"与"显实"的统一，虚虚实实是军事威慑中"威"和"势"的最高境界，它能使威慑对象感到神秘莫测，难以琢磨和把握威慑者的真实实力。然而，要达到这样的效果绝非易事，必须准确地把握"示虚"与"显实"的度，何时"示虚"，示到何种程度，何时"显实"，显到何种程度，需要根据实际情况灵活而准确地把握。过于示虚，"势"不充分；过于显实，"势"将削弱。在北洋海军初创时期，李鸿章对于此道是有所掌握的。他曾指出："若北洋水师成军，核计岁饷亦不过百余万两，如用以扼守旅顺、烟台海面较狭之处，岛屿深隐之间，出没不测，既不遽与敌船交仗，彼虑我断其接济，截其归路，未必无徘徊瞻顾之心。是此项水师果能以全力经营，将来可渐拓远岛为藩篱，化门户为堂奥，北洋三省皆在捍卫之中，其布势之远，奚啻十倍陆军？"〔2〕这即是既"示虚"又"显实"，无疑是符合军事威慑规律的。英国海军中将克鲁姆后来在分析北洋海军在甲午战争中应采取的策略时也指出：北洋海军应"效法英国海军中将特阿林敦，对来袭敌人的优势舰队，保持荷英联合舰队的战略，将其兵力集中于中国港内谨慎对待……即想要入侵中国的日本舰队，对中国舰队的虚实莫测，使其经常怀有后顾之忧，不能看破中国舰队深谋何在。只要中国舰队存在，日本舰队就会虑而惧之，不敢向中国本土登陆"。〔3〕说的也是虚实结合的问题。然而，李鸿章在具体贯彻这一思想的时候却出了问题。在北洋海军建设刚刚起步之时，李鸿章的海上威慑还时常表现出谨慎的一面，可是，当北洋海军力量迅速增强以后，他有些忘乎所以，过于展现北洋海军的真实实力。比较典型的例子就是北洋舰队的两次访日，过早并过多地将北洋海军的实力暴露于日本人的目光之下。如前所述，北洋舰队两次访日确实达到了威慑的目的，但李鸿章忽视了

---

〔1〕中国史学会主编：中国近代史资料丛刊《中日战争》（四），上海人民出版社1957年9月版，第260页。

〔2〕中国史学会主编：中国近代史资料丛刊《洋务运动》（二），上海人民出版社1961年4月版，第499页。

〔3〕戚其章主编：中国近代资料丛刊续编《中日战争》第七册，中华书局1996年9月版，第326页。

"示虚"与"显实"的关系，丁汝昌更没有这样的意识，不仅将北洋舰队的主力战舰置于日本人的众目睽睽之下，而且还主动邀请日本各界人士参观，向日方暴露了军舰的自身性能、武器装备以及北洋海军官兵的素质、纪律、生活状况等有关舰队的各方面情况。特别是第二、第三次访日之际，在旗舰"定远"号上数次大张宴席，招待众多日本官民，让该舰的内部构造、船舱设计、武器装备等毫无保留地对外开放，日本的海军军人就利用此机会尽情观察了舰内的各种装置，连角落也不放过，把握到该舰战时指挥上的重要情报[1]，使得舰队毫无"示虚"可言。这就给北洋海军未来的作战造成了极大的被动。

　　第三，军事威慑要达到遏制战争或争取主动的目的，必须具有持续性，而要达成持续性，必须具备两个前提条件：一是长期保持对于威慑目标的实力优势；二是在威慑失效时，通过实战效应延续威慑力。这些威慑理论，对非军事家李鸿章来说，显然是有点高深和难以把握，从而导致了他的军事威慑思想存在着明显的缺陷。首先，李鸿章没有强调和造就北洋海军对日本海军的长期实力优势。诚然，北洋海军的发展与否，并非李鸿章一人所能左右，但北洋海军成军以后，李鸿章表现出来的建设海军的热情，大不如北洋海军初创时期。光绪十七年（1891）四月，他在校阅北洋海军时甚至兴奋地说："综核海军战备尚能日异月新，目前限于饷力，未能扩充，但就渤海门户而论，已有深固不摇之势。"[2]而此时恰是日本政府紧锣密鼓地研究讨论扩建军舰计划的时候。特别是当北洋海军三次访日刺激起日本国民的恐惧感和敌忾心之后，李鸿章丝毫没有意识到由此带来的后果为何，更没有应对措施。等到光绪二十年（1894）四月，他再一次校阅北洋海军发出"窃虑后难为继"的感叹时，已为时晚矣。

　　其次，李鸿章在威慑失效时，没有实战意识和决心，从而使苦心经营建立起来的海军威慑前功尽弃。甲午战争爆发前夕，日本海军的综合实力已经与北洋海军相当，某些指标已超过北洋海军，此时，北洋海军的威慑力已大大削弱。在朝鲜问题上，北洋海军仅靠威慑已无法阻止日本的军事行动。丁汝昌所采取的应对措施就是避战。李鸿章尽管反对单纯的避战，但他也没有通过实战保持

〔1〕冯青著：《中国近代海军与日本》，吉林大学出版社2008年12月版，第46—47页。
〔2〕中国史学会主编：中国近代史资料丛刊《洋务运动》（三），上海人民出版社1961年4月版，第146页。

威慑力的意图，处于既不放弃威慑，又不轻易交战的矛盾之中。丰岛海战既是日本挑起战争的行动，又是试探北洋海军反应之举，如果北洋海军此时能够充分准备，主动寻找战机，给予日本海军以当头一击，日方势必要重新考虑战争步骤，北洋海军的威慑力也将得以延续。然而实际情况是，丁汝昌带着简单的复仇之心，而非远虑的战略目的，寻敌决战。李鸿章则反对这样做，干脆将北洋海军的行动范围限定于"自成山角灯塔到鸭绿江口一线"[1]以内，这样就使日方清楚地看到，"虽频频对敌挑战，而敌舰则深潜渤海湾内，只影不见"[2]，从而彻底摸清了李鸿章的底线，北洋海军的威慑力也就丧失殆尽了。黄海海战以后，丁汝昌故伎重演，继续在朝廷上下的指责中坚守着避战的"方针"，李鸿章却不死心，依然命令丁汝昌在黄海海域显示其存在，用残存的威慑力干扰着日本登陆渤海湾的计划，但已是最后的回光返照，日军牢牢把握着李鸿章不敢实战的底牌，从容完成了一切部署，只等在威海卫宰割这支毫无威慑力的北洋海军。

第四，李鸿章在筹划军事威慑的同时，完全没有意识到反威慑的存在，使北洋海军的威慑力在日本海军的频频造势中被抵消。所谓反威慑是指当遭遇敌方军事威慑时，为避免威慑给己方造成的心理损害而采取的各种应对手段，它是由威慑衍生的对立物，同时又是统一体。威慑和反威慑是一个事物的两个方面，它们相互依存、相互矛盾、相互作用，是依附于战争实践中的有机整体。反威慑的实质，就是通过削减威慑的声威和威势使威慑失效，或降低威慑效力，避免或降低给威慑对象造成的心理损害，使之达不到威慑目的。在李鸿章的军事威慑思想中，找不到反威慑的内容，显然，他并不清楚反威慑为何物。因此，当日本海军为赶超北洋海军几十年不遗余力，逐渐建立起实力优势，特别是在丰岛海战和黄海海战中两次打败北洋海军时，其对北洋海军的威慑已经建立起来。丰岛海战以后，"倭人扬言，整备四十艘侵扰北洋"，尽管此为"恫喝之词"[3]，然李鸿章显然对日军的调动心存恐惧，他抱怨说："牙山军覆，

---

〔1〕戚其章主编：中国近代资料丛刊续编《中日战争》第七册，中华书局1996年9月版，第272页。

〔2〕同上，第249页。

〔3〕陈旭麓等主编：盛宣怀档案资料选辑之三《甲午中日战争》（上册），上海人民出版社1982年9月版，第133页。

何堪海军复被摧折？"[1]而此时，日本抓住时机，不断散布信息，突出其欲购舰艇增强实力，准备实施鱼雷艇攻击等威力，给北洋海军施加心理压力。黄海海战后，日本政府所称"今帝国旭旗所向，攻无不取，战无不胜，水陆风靡，敌国震慑"[2]，虽有狂妄、骄横之意，但也包含实情。1895年3月，德国出版的《柏林府海事通览》中有一文，谓《论日清战争》，作者评论说："据我德意志帝国军舰的报告，现在清舰全部集中于威海卫港内，日本军舰则于大连湾附近，悠然进行空炮演习。日军真可谓洞察敌人心理。我想即使清国最后获得胜利，也完全丧失了主动战斗的勇气，连和敌人相遇都感到恐惧。"[3]面对此种情况，李鸿章并没有做出积极反应，依然按照自己的思路，从事着微不足道的威慑实践，其结果，使北洋海军最终成为日本海军海上威慑的牺牲品。

总之，军事威慑思想在李鸿章的军事思想中占有突出的地位，它的产生，是中国在19世纪中叶沦为半殖民地半封建社会过程中，力图军事自强的前提下，由李鸿章长期思考并从事军事实践的结果，对北洋海军的产生、发展、运用乃至最终失败，都产生了直接的，甚至是决定性的影响。李鸿章军事威慑思想及其在海军建设、海上作战中的运用表明，第一，在敌强我弱的战略格局中，军事威慑无论是在战略上，还是战术上，都具有十分重要的意义，它不仅能够指导和促进军事实力的提升，而且还会影响战争的进程及结局，如果能够根据战争特点，把握军事威慑的规律，构建完整的军事理论体系，必能抑制战争的发生或在战争中取得主动地位；第二，军事威慑是心理战的战法之一，蕴含着科学的原理，体现了战争的辩证法，必须加以全面认识、完整把握和灵活运用，并根据实际情况不断丰富其内容，决不能断章取义，一劳永逸，否则不仅不能达到威慑目的，反而会招致更加严重的后果。

---

〔1〕中国史学会主编：中国近代史资料丛刊《中日战争》(三)，上海人民出版社1957年9月版，第23页。

〔2〕戚其章主编：中国近代资料丛刊续编《中日战争》第七册，中华书局1996年9月版，第126页。

〔3〕同上，第393页。

民国海军篇

百年"中山"舰

　　每当在泛黄的海军档案中看到"中山"舰的名字，都会被激起联翩的浮想，这艘从当年服役到而今矗立于博物馆整整跨越了一个世纪的百年名舰，给我们留下的值得回味的东西太多太多。这不仅因为它经历了"护国战争""护法战争""孙中山广州蒙难""中山舰事件""武汉保卫战"等一个又一个历史大事件，还因为它正以一种无法言尽的方式，续写着难以承接的历史。让我们再一次捡起一带名舰留下的话题，沿着长江滚滚的涛流，回溯它不平凡的航迹。

非凡航迹

　　"中山"舰，原名"永丰"，1925年因纪念刚刚去世的孙中山而改名。

　　甲午战后，晚清政府为重振海军，决定外购一批舰船，建立新的舰队。1909年10月至1910年1月，清政府派出海军大臣载洵、萨镇冰等赴欧洲考察海军，订购了一批舰船。1910年8月至11月，他们又赴美日考察海军，在美国订购了一艘巡洋舰，命名为"飞鸿"，在日本订购了两艘炮舰，命名为"永丰"和"永翔"。"永丰"舰由长崎三菱造船厂建造，"永翔"舰由川崎造船厂建造，造价均为68万日元。

　　"永丰"舰长65.8米，宽8.8米，吃水2.4米，排水量844吨，航速13节。舰上配有各式炮8门，重机枪2挺。该舰于1910年12月13日安放龙骨，1912年6月5日下水，1913年1月9日建成移交。来华时清政府早已倒台，北京政府将其编入海军第一舰队，舰长为林霆亮。

　　1913年3月，孙中山发动反对袁世凯独裁统治的"二次革命"，驻泊上海

"永丰"舰停泊于广州省河

的海军第一舰队有意参加讨袁，但袁世凯早有准备，急调第一舰队驻防烟台，由袁的亲信刘冠雄控制。8月，刘冠雄率第一舰队参加了会攻南京、上海等地讨袁军的行动。

1916年3月23日，林霆亮因病去职，海军部以"舞凤"舰舰长周宗潆接掌"永丰"舰，是为该舰第二任舰长。这年6月，袁世凯在全国人民的唾骂声中死去，黎元洪继任大总统，实操大权的国务总理段祺瑞拒绝恢复被袁世凯废除的《临时约法》和解散的国会，反袁力量遂发起护国战争。在这次战争中，海军揭竿而起，宣布独立，从而迫使段祺瑞宣布恢复《临时约法》和召开国会。海军见目的已达，便取消独立。

1917年4月25日，海军舰艇部队人事再作调整，魏子浩接替周宗潆出任"永丰"舰第三任舰长。这年6月，孙中山在上海发起护法运动，海军总长程璧光积极响应，亲率第一舰队的"海圻""飞鹰""永丰""舞凤""同安"五舰南下护法，并于8月在广州成立由11艘军舰组成的"护法舰队"。广州军政府成立后，孙中山担任了陆军大元帅，程璧光出任海军部总长，林葆怿出任海军总司令。护法舰队奉命参加了讨伐广东将军龙济光、桂系军阀莫荣新及闽督李厚基的作战。然而，军政府内部矛盾重重，海军内部也出现派系纷争。1918年2月26日，程璧光在广州海珠码头遇刺身亡，海军中占有优势的闽籍官兵排挤非闽籍官兵。1920年5月，舰队人事进行调整，福建人毛仲芳接掌"永丰"舰，是为该舰第四任舰长。

1922年4月27日，在孙中山的支持下，山东人、广东鱼雷局局长温树德和广东人、长洲要塞司令陈策指挥非闽籍官兵发动夺舰事件，将1100名闽籍官兵驱逐，各舰舰长遂重新任命。"永丰"舰第五任舰长由广东人冯肇宪担任。

改组后的护法舰队本想支持孙中山完成北伐，不料，一心想做"广东王"的粤军总司令陈炯明于1922年6月16日凌晨突然发动叛乱，炮击总统府，发出逼迫孙中山下野的通电。危难之时，孙中山在支持者的保护下登上"楚豫"舰。17日晨，孙中山亲率"楚豫""永丰"等七舰驶入省河，炮击岸上叛军。由于广州卫戍总司令魏邦平没有按计划配合海军行动，致使炮击难以奏效，反被叛军炮火遏制。孙中山只得率舰折返黄埔，并于当天移驻"永丰"舰，此后坐镇"永丰"舰孤守待援、指挥作战长达五十余日。在等待北伐军回粤平叛的日子里，形势日益恶化，在陈炯明的拉拢和收买下，部分海军军官发生动摇，温树德于7月8日擅自率"海圻""海琛""肇和"三艘巡洋舰驶离黄埔，使舰队力量大大削弱。次日，叛军攻陷长洲要塞，泊于黄埔的各舰陷入绝境。孙中山率舰驶离黄埔，避入外国租界控制下的白鹅潭。航行途中，各舰与叛军发生激战，"永丰"舰中弹6发，牺牲2人，伤十余人。

孙中山移泊白鹅潭后，处境依然危险，陈炯明因顾虑外国人干涉不敢下令炮击军舰，竟试图采取施放水雷的手段谋害孙中山。8月9日，孙中山获悉北伐军回师受阻，在舰坚守已无意义，决定离开广东，遂于当日下午乘英舰"摩汉"号前往香港，转赴上海。"永丰"舰舰长冯肇宪、"楚豫"舰舰长招桂章、"同安"舰舰长欧阳琳等离舰随孙中山而去，"永丰"等四舰被温树德接收，温以常光球为"永丰"舰第六任舰长。

1923年初，孙中山布置两路大军讨伐陈炯明。2月1日，重返广州的欧阳琳等率敢死队在黄埔强行夺取"永丰"舰，并驶往汕头，与"肇和""楚豫"两舰会合，组织临时舰队。此时，温树德见陈炯明败局已定，连忙向孙中山悔过。2月21日，孙中山回到广州，就任陆海军大元帅。3月12日，他任命欧阳琳为"永丰"舰第七任舰长。3月21日，孙中山登上"永翔"舰，发表了长达两小时的演说，指出："海军护法南下，中经几许变化，均能拥护护法政府，服从命令，殊堪嘉尚。……此次虽幸重莅广州，但护法事业尚未完全告成，以后望诸将士贯彻初衷，努力干去，则本大元帅之所厚望焉！"[1]然而，温树德的悔过并非真心，他暗地里依然与北洋军阀接触，接洽北归事宜，并假借孙中山之命，强行接管"肇和""楚豫"两舰。孙中山有所察觉，便于5月31日免去温树德舰队司令职务，将舰队由大元帅直接统辖。但是，温树德依然暗中控制着舰队，终于12月18日率"海圻"等七舰北上青岛，重新投入北洋军阀怀抱。

"永丰"舰官兵在温树德预谋北归的过程中，早就察觉温树德的阴谋。1923年4月25日，"永丰"舰由广东汕头驶抵福建厦门，独立游弋于厦门一带海面。8月，北洋军阀海军"海容""应瑞"两舰进攻厦门，"永丰"舰利用日轮掩护脱险，离开厦门回广东，8月11日驶抵虎门，12日驶抵白鹅潭，13日进入省河大元帅府前河面，14日上午10时30分，孙中山登上"永丰"舰，发表了讲话。他说："永丰舰前由广州赴汕，再由汕赴厦，始终为护法起见。今复坚持正义，由厦回广州，历多次险阻，曾不改其初志，实堪称美。故此后深冀各官佐继续贯彻其主张。"[2]此后，"永丰"舰继续留在广州，成为孙中山从事革命的得力助手。

1924年11月13日，孙中山为北上与冯玉祥共商国是，携夫人宋庆龄再次登上"永丰"舰，乘坐该舰视察黄埔军校，并赴香港。

1925年3月12日，孙中山在北京逝世。噩耗传来，举国哀悼。3月20日，桂军总顾问雷在汉致函国民党中央党部和中央执行委员会，建议将与孙中山有不解之缘的"永丰"舰改名为"中山"舰，该建议获得批准。4月13日，"永丰"舰官兵发出通电，将军舰改称"中山"号。通电称：

慨自神奸盗国，变乱相乘，我大元帅孙公于民国六年率领舰队南来，开西南护法之局，其所以制止军阀之横暴、卖国之阴谋，消除帝国主义之

---

〔1〕《孙中山集外集补编》，上海人民出版社1994年7月版，第320页。
〔2〕《大元帅嘉奖永丰舰官佐》，《民国日报》（广州）1923年8月15日。

108

1923年，孙中山再次登上"永丰"舰

吞食者，其效至巨，迨十一年夏间，陈炯明乱作，我大元帅移节永丰，督率各舰与贼众相持者历五十五日，盖北伐军一日在战阵中即帅座一日不忍须与［史］离去，虽历尽人间所有之艰难险阻，亦无以减轻为国担负责任之恒心，其毕生勇敢奋勇之精神，实足以透［彻］底表现矣！

南下海军既为军阀所买，凉凉［洋洋］北去，岿然存者惟我此永丰一舰。而陈逆之变，与我大元帅相依为命以迄今日者，亦惟我永丰一舰，永丰追随帅座有年，从患难最深，各将士思念不置，用敢更名"中山"，长留纪念，以期与各将士交相淬励，继中山未竟之志，事中山未竟之事。它［他］时岁远年湮，人人皆知本舰为中山奋斗最烈之舰，即知中山之精神不死，主义犹存之概，披沥陈词，伏希亮察，除呈大本营立案外，特电奉闻。

永丰军舰舰长欧阳琳暨全体官佐士兵同叩。[1]

----

[1]《永丰军舰改名中山军舰》，《民国日报》(广州)1925年4月14日。

当天，在"永丰"舰上举行了隆重的改名典礼。礼堂设在"永丰"舰后甲板，其中央安放孙中山遗像，周围环绕鲜花和黑白纱布，并以万国国旗覆盖于上。舰首涂国民党青天白日旗一面。中午12时，典礼正式开始，奏乐、行礼毕，先由"中山"舰舰长欧阳琳宣布改名原因，然后由参加典礼的军政要人胡汉民、伍朝枢、廖仲恺等发表演说，最后宣布典礼结束。

1925年7月1日，广州陆海军大元帅大本营改组为中华民国国民政府，8月1日，在国民政府军事委员会下设海军局，统辖广东省所有舰艇及江海防务，局长由苏联顾问斯米诺夫担任，欧阳琳任参谋厅长兼"中山"舰舰长。1926年2月，斯米诺夫因事回国，海军局长一职由欧阳琳代理。也就是在这时候，发生了著名的"中山舰事件"。

曾在"永丰"舰上随侍孙中山并得到孙中山充分信任的蒋介石，此时担任国民政府军事委员会委员、中央军事政治学校（原黄埔陆军军官学校）校长兼广州卫戍司令等职务，尽管权力很大，但受到苏联顾问和汪精卫的制约，特别是对中国共产党极为不满，一直伺机打击共产党在国民革命军中的力量。于是，他利用国民党右翼军官、广东海军学校副校长欧阳格等人，策动反共事件。

欧阳格早就对海军局局长一职垂涎欲滴，他采用恐吓手段，将软弱胆小的欧阳琳逼走，可没想到，代理海军局局长、参谋厅长兼"中山"舰舰长的职位却落到了海军局政治部主任、共产党人李之龙的身上（李之龙为"中山"舰第八任舰长），这使欧阳格十分恼怒。不过，李之龙因兼职太多，很快辞去"中山"舰舰长职务，由该舰副舰长章臣桐代理，自己专事海军局局长之职，这让迫切想当海军局局长的欧阳格更加痛恨。

1926年3月18日6时许，中央军事政治学校交通股股长兼军校驻省城办事处主任欧阳钟（欧阳格之侄）声称奉蒋介石校长面谕，命海军局派两艘军舰赴黄埔听候调遣。但他并没有将命令面授李之龙，而是通过其他人转达，因为此时李正陪同考察广州、参观"中山"舰的苏联代表团。李之龙获悉命令后，立即下令调派"宝璧""中山"两舰赴黄埔，两舰于19日先后启航，当日上午9时抵达黄埔。可当李之龙向蒋介石请示此事时，蒋介石声称并未下过调舰赴黄埔的命令，同意将"中山"舰调回广州。当日下午，"中山"舰返回广州。20日凌晨，蒋介石突然宣布广州城戒严，任命欧阳格为海军临时总指挥，并下令逮捕李之龙，占领"中山"舰。同时派兵包围省港罢工委员会和苏联顾问团住所，扣押国民革命军第一军和中央军事政治学校中的共产党员。这便是"中山舰事件"，它是蒋介石一手策划的削弱共产党的一个阴谋。

"中山舰事件"后，蒋介石为掩饰真相，声称是一个"误会"，释放了李之龙，并将欧阳格免职。可是，他的削弱苏联顾问的作用和中国共产党的力量之目的已经达到。

4月14日，蒋介石委任潘文治为海军局代理局长，章臣桐为广东海军学校副校长，吴嵎为"中山"舰舰长，是为该舰第九任舰长。

1927年4月，蒋介石在南京另立国民政府。12日，他发动了"四一二"反革命政变，"中山"舰协助国民党在广州逮捕和杀害了大批共产党人。此后，"中山"舰一直留在广东，卷入了广东各派军阀的混战。在此期间，邹振兰接任"中山"舰第十任舰长。1929年3月，蒋桂战争爆发，4月，国民政府将广东海军改组为海军第四舰队，任命陈策为舰队司令，舒宗鎏为副司令，协助蒋介石讨伐桂系。在讨桂战争中，由于舒宗鎏和其他军官反对这场战争，"中山"舰表现消极，并公开宣布反对陈策，陈策遂将"中山"舰加以控制，任命陈涤为"中山"舰第十一任舰长。

被编入第四舰队的"中山"舰在此后的几年中，卷入到蒋介石与各派反蒋势力的斗争中。1932年6月21日，在陈济棠武力威胁下，"中山"舰突然避入香港，离开了广东这块征战了15年的是非之地。

进入香港的"中山"舰在港督的强令下卸除武装，北上福建海面。南京政府海军部闻讯，先后派遣"楚泰""江元"两舰前往迎接，并传部令饬其开往厦门。7月3日，"中山"舰随两舰驶抵厦门，24日驶入吴淞口，编入海军第一舰队，正式成为中央海军的一员。由于连年征战，"中山"舰舰况很差，多处机件损坏，遂进入江南造船所大修。在维修期间，海军部命罗致通出任"中山"舰第十二任舰长。

大修完毕的"中山"舰，从1932年10月至抗战爆发，别无选择地奔忙于内战的战场上，先后参与了"剿共"、清剿海盗、镇压"福建政府"等军事行动。抗战爆发前，海军部令罗致通接长"大同"舰，萨师俊接长"中山"舰，成为"中山"舰第十三任舰长。

逃过一劫

1938年10月下旬，日军沿大别山麓南下部队与沿长江两岸西进部队在汉口以北地区会合，夺占了武汉外围所有中国军队防守阵地，武汉保卫战到了最后关头。

武汉保卫战激烈进行之时，中国海军在利用马当、湖口、九江、田家镇、葛店等要塞雷区、炮台及阵地节节抗敌的同时，还将"永绩""中山""江元""江贞""楚观""楚谦""楚同""民生"八艘军舰派往金口、新堤、岳阳、长沙等地，以固后方。这些舰艇除了担负武汉防御任务以外，还承担军事委员会的运输工作。1938年7月20日，日机27架分三队空袭岳阳，转以舰队为目标，大肆轰炸。鉴于舰艇过于集中，遇敌机轰炸容易造成更大损失，海军总司令部于当日决定将各舰疏散，"中山"舰奉命于次日离开岳阳，改驻新堤。

10月5日，"中山"舰由岳阳开往武汉外围，担任金口至新堤一带沿江警戒，以保证武汉军民物资的安全转移，期间也往返于岳阳、湘阴等地从事布雷工作。"中山"舰上的武备，在抗战爆发前，舰首装有阿姆斯特朗4.7英寸后膛炮1门，舰尾装有阿姆斯特朗3英寸后膛炮1门，两舷装有阿姆斯特朗3磅快炮4门，后望台装有苏罗通20毫米高射炮1门，驾驶台装有马克沁20毫米机关炮1门，79重机枪2挺。抗战爆发后，由于各炮队需要舰炮，"中山"舰和其他舰艇一样，需要卸下口径较大的舰炮安装于炮台，所以在下关江面卸下了两舷的3磅快炮和舰首4.7英寸炮。后又在舰首安装了瑞士制瓯立肯20毫米机关炮，两舷安装了37毫米机关炮和捷克式机关枪等，但防空力量依然不强。另外，"中山"舰还装备有大小舢板3艘。

1938年10月20日，"中山""江元"等舰泊在七里山前的江面，遭遇日机疯狂轰炸。激烈的战斗持续了大约两个小时，"中山"舰在日机的轰炸中，烟筒被弹片打成蜂窝状，千疮百孔，无线电天线被击断坠落，好在没有炸弹直接命中，并不影响航行。"中山"舰在此战中逃过一劫。

次日，"中山"舰在请示海军总司令部同意后，驶往湘阴救治伤员。

悲壮沉没

1938年10月24日，武汉陷落。日军为扫清武汉周围中国军队的抵抗力量，疏通长江航线，特别是为避免中国海军在武汉上游敷布水雷，不断派出飞机对金口以上，城陵矶以下实施搜索和轰炸。在金口执行布雷及其他任务的"中山"舰与敌展开了一场殊死战斗。

金口因位于金水河与长江交汇口而得名，地处水陆交通枢纽位置，两岸槐山与大军山夹江对峙，地势险要，是武汉西面的重要门户。10月24日凌晨，武汉上空响起空袭警报，"中山"舰舰长萨师俊立即进行战斗部署。上午9时，有一架日机出现于金口上空，盘旋侦察并用机枪朝江面扫射，不久离去。11时，9架日机再次出现，分两个小队盘旋于"中山"舰上空，5分钟后离开。由于这批飞机飞行高度超出"中山"舰高射炮射程，故该舰未予射击。但萨师俊已经感到空战在所难免，下令提前造饭，并起锚在江面上缓慢巡弋。下午15时15分，日机6架成一字鱼贯阵呼啸而来，开始向"中山"舰轮流投弹，"中山"舰一面以蛇行规避日机的空袭，一面以全舰火力集中射击，拉开了这场海空血战的序幕。由于舰上高射炮等武器十分陈旧，加之日机又是采用高速急降法俯冲投弹，故对空射击难以奏效。不过，日机的首轮攻击是在高空投弹，准确性也很低，炸弹全部落入江中。第二轮攻击，日机采用平飞轰炸，也未命中，只有少数弹片飞溅在舰首甲板及驾驶台上。

日机见"中山"舰采用蛇行规避，屡次投弹均无法命中，便改变战术，从舰首方向轮番俯冲投弹，并用机枪扫射。"中山"舰舰首瓯立肯炮在不停发射过程中出现故障，对俯冲敌机失去火力对抗，驾驶台2门机关炮火力不足，而舰尾炮虽然火力较猛，然因舰桅妨碍，对来自舰首的俯冲敌机射击困难，效果不大，未能使敌机遭到重创，只有一架敌机被炮火击中，轻伤逃走。相反，"中山"舰遭日机轮番俯冲轰炸及扫射后，舰尾左舷首先中弹，舵机即转动不灵。舰首也多处中弹，驾驶台损失惨重。萨师俊屹立于驾驶台上，镇定自若，任凭弹片在周围横飞，沉着指挥战斗。不料，一块弹片击中萨师俊，使其瞬间倒地，日机新一轮的扫射又至，驾驶台上的代理航海员魏行健奋不顾身，扑在萨师俊身上，以己之躯遮挡舰长身体，其舍己为人精神成为战场上令人感动的一幕。

此时，"中山"舰锅炉舱也被炸伤，进水迅猛，抢塞无效，不到3分钟，水深已达四尺有余，副长吕叔奋下舱巡视，发现炉火被淹灭，锅炉停汽，已失去动力，舰体逐渐向左舷倾斜二三十度并向下游漂流。已受重伤的萨师俊此时又被日机机枪打断双腿，偎坐在驾驶台上，坚守岗位。他神智尚清，以超人的毅力，依然不断发施命令。他一面敦嘱官兵努力杀敌，一面饬将该舰设法搁浅，以期保全舰体。无奈，机件已被炸坏，不能活动，且水龙头等设备大半被炸，灌救工作无法展开，各官兵在舰长激励下，往返于浓烟烈火之中，拼命抢救，誓死抗敌，可谓前仆后继。在舰首抢修瓯立肯炮的上士王兆祥，以及部分信号兵、炮兵等均壮烈牺牲。所幸舰尾炮及后瞭望台的苏罗通机关炮及两艇机枪尚能继续射击，使日机不敢过度低飞炸射。魏行健见萨师俊伤势严重，舰体即将沉没，便轻声询问他是否放下舰上唯一救生工具——舢板，以将受伤的舰长及官兵送岸急救，萨师俊同意了。当魏行健与见习官康健乐二人将萨师俊扶起时，听到萨师俊以微弱的声音说："我这里痛，不要摸我，你们先将受伤官兵救上舢板好了。"等将所有受伤官兵救上舢板后，他们又准备将萨师俊扶上舢板，但萨师俊又说："诸人尽可离舰就医，惟我身任舰长，职责所在，应与舰共存亡，万难离此一步。"[1]此时，萨师俊已伤重不能自主，魏行健等人强行将其抬上舢板。

当两艘舢板刚刚离开半浮半沉的"中山"舰时，日机忽然又俯冲下来，对着舢板上受伤的官兵扫射，舢板上的萨师俊胸部被洞穿，当即壮烈牺牲。其他受伤官兵共16人也全部饮弹身亡。日机见目的已经达到，便匆匆飞去了。

舢板上的受伤官兵遇难后，江面上除了倾斜的"中山"舰外，别无其他船只，而"中山"舰舰体已向左倾斜40度，炮位周围堆积的沙包与官兵们用棉被捆扎的包袋散落在左舷甲板上，副长吕叔奋代理舰长行使职责，下令弃船。

金口血战从15点15分打响至16点30分"中山"舰沉没，历时1小时15分，"中山"舰牺牲官兵共计25名，他们是：军官：萨师俊、魏行健（湖南衡阳人，代理航海员，时年28岁）、周福增（浙江常山人，航海见习生，时年22岁）、陈智海（浙江杭州人，航海见习生，时年22岁）、黄孝春（福建连江人，轮机军士长，时年48岁）；士兵：王兆祥（福建闽侯人，枪炮上士，年龄

---

〔1〕黄恭威：《中山舰萨舰长师俊事略及抗战殉难之经过》，《海军抗战事迹汇编》，海军总司令部编译处1941年12月版，第255页。

不详）、吴仙水（浙江黄岩人，帆缆下士，时年32岁）、刘则茂（福建闽侯人，帆缆下士，时年39岁）、林寿祺（福建闽侯人，簿记下士，时年33岁）、陈恒善（福建闽侯人，簿记下士，时年47岁）、陈利惠（福建闽侯人，一等兵，时年30岁）、林逸资（福建闽侯人，一等兵，时年36岁）、郭奇珊（福建闽侯人，一等轮机兵，时年27岁）、张培成（浙江诸暨人，一等轮机兵，时年27岁）、李麒（福建闽侯人，一等信号兵，时年26岁）、洪幼官（福建连江人，二等兵，时年27岁）、陈永孝（福建闽侯人，二等兵，时年25岁）、张育京（福建闽侯人，二等信号兵，时年25岁）、江钊官（福建闽侯人，三等兵，时年25岁）、严文焕（福建闽侯人，三等兵，时年23岁）、李炳麟（福建闽侯人，三等信号兵，时年24岁）、陈有中（列兵，其他不详）、李有富（列兵，其他不详）、陈有利（列兵，其他不详）、黄珠官（列兵，其他不详）。

泣然归宿

"中山"舰官兵在抗日战争中的英勇表现震惊了全世界。然而建国以后，由于种种原因，它作为文物曾一度淡出人们的视野。上世纪50年代，沿江一些城市的打捞队曾经在其沉没的地方——金口下游、大军山附近长江主航道南侧进行过探摸，发现舰体破损较严重。在那"火红的年代"里，江苏省靖江打捞队还制订过打捞计划，不过不是作为重要文物进行打捞，而是为了捞取铜铁和其他物资[1]，但上述行动均没有付诸实施。改革开放以后，中国人民再次记起"中山"舰及其官兵为中华民族的独立与解放立下的功勋，中华民族的子孙也更加惦念这艘名舰在水下的安危。终于，在"中山"舰沉没48年后，人们在种种愿望驱动下，开始酝酿一个将在国内外产生重大影响的行动——打捞"中山"舰。

1986年5月，湖北省文物部门率先提出打捞"中山"舰的动议，紧接着，江苏省文化厅和广东省向国家有关部门提出了打捞"中山"舰的要求，从而形成了三省争夺打捞权的局面。1988年3月25日，国家文物局下达《关于打捞中山舰请示的批复》，对各省争捞"中山"舰进行裁决，批复指出："中山舰是

---

[1] 周崇发：《"中山"舰重见天日纪实》，《湖北文史》2003年第1期，第54页。

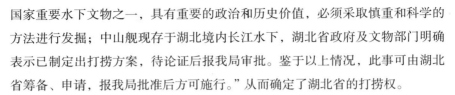

国家重要水下文物之一，具有重要的政治和历史价值，必须采取慎重和科学的方法进行发掘；中山舰现存于湖北境内长江水下，湖北省政府及文物部门明确表示已制定出打捞方案，待论证后报我局审批。鉴于以上情况，此事可由湖北省筹备、申请，报我局批准后方可施行。"从而确定了湖北省的打捞权。

1988年5月，湖北省邀请南海舰队38618部队在金口水域对"中山"舰的位置进行了首次探摸。由于水下作业时间较短，经验不足，这次探摸除了打捞到部分炮弹、舷窗玻璃、启动变阻器等少数几件物品外，最大的收获是找到了一艘沉舰，不过这艘舰是否是"中山"舰，暂时无法断定。

1994年3月，海军北海舰队某防救船大队潜水分队进行了第二次水下探摸，这次探摸由十多位潜水员轮番下水探摸了二十多次，因为长江水浑浊，水下可见度为零，只能靠潜水员赤手触摸。一星期后，终于摸到了位于舰尾的用铜板制作的"中山"二字，从而为"中山"舰验明了"正身"。

1995年3月和1996年1月，重庆长江救助打捞公司（后改名为重庆中山舰救助打捞工程公司）为了更加详细地掌握有关"中山"舰水下状况的资料，为最后打捞做准备，又进行了两次水下探摸和勘测，掌握了沉舰的水下状况、泥沙淤积状况、腐蚀程度、破损情况以及水文地质地貌、气象环境等重要资料数据，并绘制了沉舰状态图，为整体打捞"中山"舰提供了可靠的依据。

经过四次探摸和勘测，沉舰情况得以确认：沉舰自重约700吨，舰体几乎呈90度侧卧在江底礁石板上，舱内泥沙约800吨，存有大量各种炮弹。舰体材料为中碳钢，其抗拉强度大于600Mpa，钢板表面腐蚀不太严重，表面有一层薄薄的锈层。沉舰枯水期离江南岸310米至320米，离水面约为19米，距武汉26公里，水流速度为每秒0.8米。

摸清了"中山"舰的情况之后，接下来面临的便是如何打捞的问题。最初，有一打捞单位提出将舰体在水下切割成三段，然后分段打捞的设想，因为当时在世界范围内还没有将一艘军舰整体打捞出水的成功先例。可是，"中山"舰属于国家级重点保护文物，必须保证其完整性，因而分段打捞的设想很快被文物部门否定了，剩下的只有整体打捞这一条路。重庆长江救助打捞公司根据沉舰的吨位、破损情况、舱室淤泥量、沉舰周边江床地质地貌、舷外障碍物、该公司所具备打捞器材和打捞队伍的技术水平等因素，选择了"双驳抬撬整体打捞法"。湖北省文化厅组织邀请海军、交通部救捞局、中国船舶总公司七院701所、上海海洋水下工程科学院、武汉交通科技大学、华中理工大学以及中国文物保护研究所等23个单位的打捞、造船和文物保护等方面的专家，在武昌召开了"'中山'舰整体打捞可行性论证会"，会上，专家们一致认为，整体打捞"中山"舰是可能的，"双驳抬撬整体打捞方案"也是可行的。这样，打捞方法就被正式确定下来了。

从技术角度讲，打捞沉船的主要方法有浮力打捞法和机械力打捞法两种。浮力打捞法包括浮筒、封舱抽水、充填气囊和泡沫塑料排水等打捞法；机械力打捞法主要靠起重船使用起重机械或巨型吊机直接吊捞。"双驳抬撬整体打捞法"属于浮力打捞法的一种，它与浮筒打捞法相类似，只不过用驳船代替了浮筒。这种方法将打捞千斤，也就是用于抬船的钢缆穿过沉船的底部，再将钢缆和水面驳船上的卷扬机连接，卷扬机配有滑车组，利用卷扬机的绞力将沉船抬绞出水。此次打捞的方法采用两艘工作驳船各定位于沉舰两舷的上方，叫主抬驳，两艘主抬驳上的卷扬机同步进绞，共同把沉舰抬出水面。为了增加驳船的浮力和减少抬绞时主抬驳的横倾，在两主抬驳旁边各配挂一艘配重驳。具体打捞程序按寻舰定位、清除泥沙、穿套千斤、扶正舰体、抬绞沉舰、封舱堵漏、拖航进厂等七个步骤进行。[1]

放置在博物馆中的"中山"舰

---

〔1〕张祖枢：《中山舰整体打捞出水》，《中国海洋平台》第12卷第5期，第228—229页。

1996年11月12日是孙中山先生诞辰130周年，湖北省在金口镇东郊解放军某部军营前的江堤上举行了隆重的打捞"中山"舰开工仪式。此后，经过78天的艰苦努力，"中山"舰于1997年1月28日整体出水，这艘承载着中国人民反抗日本帝国主义侵略沉重历史的一代名舰终于重见天日。

2月19日，对"中山"舰来说又是一个值得纪念的日子。它要从长眠了59年的金口转移到武汉市区的湖北船厂修复。上午10时，夹在四艘抬驳中的"中山"舰由长江02018轮主推，长江0805轮助推，开始了它重见天日后的首航。12时20分安全抵达湖北船厂水域。21日放上船台。整个打捞工程用了100天的时间圆满结束。[1]

进入船台的"中山"舰，用满是创伤的残缺躯体，无声地向人们诉说着曾经经历的怆痛与沧桑：舰首甲板被炸弹炸开一个洞径约为1米的大洞，舰体中部右舷水线以下凹陷严重，并有一条垂直裂口，长度达1米以上，锅炉舱大量进水由此引起。舰尾舵机舱上甲板和舷侧分别有很大的炸洞，致使舰尾首先进水下沉。舰体首楼已不存在，原因未知。舰上桅杆和烟囱也不复存在，据说是1958年被人截去用于炼钢。舰体中部锅炉舱上甲板有一8×7米的大洞，舱内一台锅炉和一台蒸汽机被人盗走。舰尾两个螺旋桨被人偷走。[2]中山舰博物馆陈列保管部主任蔡华初非常遗憾地说："连我都没有想到这条船是这么烂，前面的甲板全被炮弹掀了，浑身都是弹洞。"[3]

位于"中山"舰舰尾的"中山"二字　　"中山"舰驾驶台右侧上甲板的弹洞　　"中山"舰右舷中部的裂伤

〔1〕周崇发：《"中山"舰重见天日纪实》，《湖北文史》2003年第1期，第71页。
〔2〕张祖枢：《中山舰整体打捞出水》，《中国海洋平台》第12卷第5期，第229页。
〔3〕《回访中山舰，当年悲壮已成绝唱》，《时代信报》2005年6月8日。

"中山"舰舰首复制的主炮

"中山"舰舰尾位置安放的假炮

面对这样一件具有重要历史意义的珍贵文物，在国内没有任何先例可以参考与借鉴的情况下，应该怎样去修复、保护和利用，是所有参与此事的人所面临的崭新而又重大的课题。

修复工作最为重要，它直接关系到"中山"舰文物价值的高低。修复行为是不可逆的，修复人员稍有不慎，就会大大降低"中山"舰的文物价值，而其价值一旦降低就难以改变，这将给后人留下永远无法弥补的缺憾。因此，修复工作必须慎之又慎，必须切实有效地解决确立什么样的修复原则、采用何种技术手段、修复到何种程度等一系列问题。

保护与修复密切相关，保护不好，其前期的修复工作就会失去意义，其后续的利用工作也将无法进行。因此，必须解决方法、措施、地点、环境等问题。

利用是前面两项工作的终极目标，只有充分利用好"中山"舰的价值，发挥其传授知识、教育后人、激励精神等功能，才能使打捞"中山"舰的一切努力变得意义非凡。所以，利用之前首先要解决好定位、目的等重要问题。

然而遗憾的是，在"中山"舰修复工程开始之前，虽然相关部门对于修复的技术问题进行了反复的讨论和科学的论证，701所制定的《中山舰修复设计》方案，湖北省博物馆、武汉现代工业技术研究所等有关科研部门制定的《中山舰保护方案》等，是合理的和可行的，但从文物的角度对"中山"舰的修复原则、修复程度、利用定位等，明显缺乏科学论证，从而留下了永远无法弥补的缺憾，而且这些缺憾随着国人历史意识的不断增强，越发成为人们难以打开的心结。

遗憾之一："整旧如旧，恢复原貌"的修复原则，与"中山"舰的实际情况不相符合。

1999年7月6日，国家文物局对《中山舰修复设计》和《中山舰保护方案》进行了批复，明确提出了"整旧如旧，恢复原貌"的修复原则，笔者认为，这一原则明显与"中山"舰的实际情况不符。毫无疑问，文物最真实、最有价值的状态是保持原貌，这是文物修复和保护最基本的原则和一般常识。对于一些结构简单的文物，比如瓷器、陶器、青铜器等，"整旧如旧，恢复原貌"的修复原则无疑是可取的。但是，对于结构复杂的文物，特别是既无档案记载，又无实物参考，后人不能完全弄清其内部结构的文物，采取"整旧如旧，恢复原貌"的修复原则，就必然会将修复者主观臆断、想象虚构等因素掺入到修复工作中，这就不是科学的态度，其结果会造成对文物的破坏。"中山"舰就属于后一种情况的文物，对它遵循"整旧如旧，恢复原貌"的原则进行修复，无论在理论上还是实际上，都是严重的失策。

如果说国家文物局"整旧如旧，恢复原貌"的原则对"中山"舰的修复是一种失策的话，那么武汉市制定的具体原则更是自相矛盾，不知所云。1999年7月28日，武汉市政府召集有关部门，专题研究"中山"舰"修保"实施意见和实施方案，提出了具体的修复原则：恢复到1925年4月13日"永丰"舰命名为"中山"舰时的原貌，保留1938年10月24日与日军浴血奋战时留下的痕迹。这一原则，就笔者看来，好比是一副年轻姑娘的身板，顶着一张她晚年时的面孔，不伦不类，非常滑稽可笑。1925年4月13日和1938年10月24日这两个相距13年的场景，被强行集中于一个历史文物之上，让后人看了，必定是丈二和尚摸不着头脑。这与"恢复原貌"的原则更是相去甚远。2001年9月，湖北省政府在组织对"中山"舰修复工程进行验收时，武汉革命历史博物馆馆长、"中山"舰修复保护工程管理部副主任周斌不无得意地说："三个历史年代的特征都可以在修复后的中山舰上找到。船体、轮机、舱室等主要设施恢复成1925年孙中山先生登舰时的样子，保留1938年的弹洞是对中山舰参加'武汉保卫战'的纪念，凹凸不平的甲板则是1997年打捞出水时被江水冲刷的痕迹。"[1] 说这

---

〔1〕《历时两年的中山舰修复工程正式通过专家验收》，《湖北档案》2001年第9期，第7页。

番话时，不知他对上述问题是如何思考的。

实际上，把不同时代的历史信息会聚于一艘军舰上，与文物保护是没有任何关系的，相反，它与某些因素密切相关。早在"中山"舰还未打捞出水的1994年3月，民革中央在全国政协八届二次会议上，就提出了《关于打捞、修复、陈列中山舰事宜的建议》案，其中有这样的建议内容："关于打捞、修复后的中山舰的陈列地点和方式，应充分体现我国特色和该舰历史特点，最大程度地发挥其政治影响和宣传作用。建议中山舰打捞上来后，应整修如昔，并恢复航行能力，或用拖轮拖拉行驶。舰内专门开辟有关历史图片和文物陈列室，以及现代化音像设施，完善和扩大其宣传功能。同时亦可考虑设置一些与旅游、观光相配套的设施，使该舰在巡回陈列后，能逐步收回打捞、修复、陈列费用。"这一建议，明显对"中山"舰的打捞与修复不利。

笔者不敢说经济因素是打捞"中山"舰的主要驱动力之一，但是，见到江苏、广东、湖北三省为获得打捞权，武汉市武昌、江夏、江岸、汉阳四区为获得展示权而争得不可开交的场面，人们自然会想到经济因素在其中所起的作用，而事实也正朝着人们预料的方向发展。

遗憾之二：修复工程开始之前，有关部门对"中山"舰的细节没有进行详细的考察与检验，更没有完整、具体的修复方案，工程一开始，从文物保护的角度说就处于比较混乱的状态，对一些细节的处理任凭施工工人自行决定。文物工作组成立后，情况稍有好转，但依然有临时决定、临时处置的情况存在，这样就难免造成大量珍贵历史信息的丢失。这从文物工作组组长蔡华初的回忆中可以清楚地看到。

第一，文物工作小组仓促成立，且没有任何经验。在修复之前，"文物部门事先并没有意识到要派一个文物工作组到现场，开工后才发现有这个必要"。说明文物部门对"中山"舰修复过程事先并没有研究周密的监督和指导措施。更糟糕的是，组成文物工作小组的人员对"中山"舰这样的文物修复并没有深入的研究和把握，组长蔡华初"一直是搞历史文物的，新差事与此是两个根本不同的业务范畴"，"其他三位都是没有室外工作经验的女同志"，这样的工作小组只能是边工作边摸索经验，在工程开始这样的关键时刻，其监督和指导作用如何就可想而知了。

第二，施工单位提前开工，没有文物专家的监督和指导。"为了抓紧时间，部分工人早已投入先期工作"，致使"中山"舰的一些构件在毫无监督和指导的情况下被进行了轻率的处理。蔡华初说："开工仪式刚一结束，我便带着文物组的工作人员来到施工现场。……我们仓促到来后，非常被动，面对嘈杂而又复杂的现场措手不及，一切对我们来说都感到非常陌生，工作不知从何下手。"现场也十分混乱，"上下几个舱室同时开工，焊花四溅，拆卸的敲打声震耳欲聋，不时还会有焊花从上方掉进你的颈窝，或者有时走在锈蚀不堪的舱面上，一不小心会有掉进下舱的危险……""一部分构件在我们到来之前已被拆掉，眼下的工作一是要尽快将尚未拆除的部分抢先作'三大记录'（照相、绘图、文字），二是对已拆的文物部件作标签和记录。""当时，工人们主要是进行修复前的拆卸工作，一是拆去必须更换掉的残余部分，二是暂时拆除妨碍下一步工作的机件和构件。拆卸工作分多处全面开工，为了捕捉稍纵即逝的文物资料，在人手不够的情况下我们只好来回跑，对拆卸下来的一根根管子、一件件构件、一台台机器进行紧张地拍照、登记、编号，并作好详细的文字记录，有的还要绘图纸，同时还要吩咐工人按拆卸下来的不同处所各自分开，有条不紊地存放，一些专用名词和术语都是工人师傅们在百忙之中告诉我们的。我们所做的这些，均是为了将来便于按原貌复位并留下文物资料。"[1]作为重大文物修复工程，一开始便处于这样的状态，其修复效果不能不令人产生怀疑。

第三，一些具有重要文物价值部位的处理，存在相关人员临时起意、临时处置的现象，难免使文物遭到破坏。"中山"舰是一座蕴含着丰富历史信息的巨大宝库，近代造船技术、兵器使用情况、海军舰船文化、作战具体过程等方面的研究，都可以从中找到无可替代的实物佐证和理论根据。有些部位还饱含特殊信息线索，有待史学家的进一步挖掘。可以说，时间越久，"中山"舰提供给我们的营养就越丰富。然而，毫无顺序的信息采集过程和随意开动的切割机器无情地将珍贵信息化为乌有，不能不让史学家们感到心痛。蔡华初列举的两个例子就让人捏了一把汗。他介绍的第一个例子是："一次，工人们拆除舰长室洗浴间的地板时，我看到被拆的地面上铺着精美而完好无损的马赛克，当

---

〔1〕蔡华初：《中山舰修复保护亲历记（上）》，《武汉文史资料》2011年第1期，第9页。

时我想，该舰始建于清朝末年，那时就有如此超前的舰上生活设备，实在是难能可贵，再说，它也是舰上生活设施的一个亮点，拆了实在是太可惜了。于是，我决定将它保留下来，当即让工人停止拆除。但由于施工的需要，地板非拆除不可。对此，工程部也陷入两难之境。最后，还是工人们想出了两全其美的办法，即将整块镶有马赛克的铁质地板整体切割下来，等施工结束后再焊接还原，这样既保护了精美的马赛克地板，又满足了施工要求和保证了工程进度，可谓一举几得。没有想到，后来工人们采用这种方法，保护了舰上所有洗浴间和厕所地面上的马赛克。此类团结和谐、同心协力的例子，在整个施工过程中举不胜举。"试想，如果工人们施工时，蔡华初没有在场，或者工人们想不出"两全其美的办法"，如此珍贵的马赛克的命运将是怎样？蔡华初的"没有想到"，真是让人心惊胆战！

他介绍的第二个例子是："装潢组的肖师傅见到工人在拆除大官厅残余的吊顶和壁板时，凭职业敏感，他觉得这些将来也许会有参考价值。于是他连忙将这一情况告诉了我。我第一时间赶到了现场，对残余的装饰花纹进行了实测。后来，大官厅的复原工作就是完全按照此测绘图进行的。"[1]试想，如果在工人们拆除吊顶和壁板时，"装潢组的肖师傅"没有在场，或者他没有"职业敏感"，或者他没有将这一情况及时告诉蔡华初，或者蔡华初没有意识到装饰花纹的重要性，只要有一种可能性成为现实，那么大官厅的装饰花纹将永远仅留存于几个工人的记忆中，人们也就永远无法知道大官厅是什么样子了。更重要的是，装饰花纹中所隐含的人文信息也就永远地消失了。

上述两件重要文物的留存，是多么的偶然！按照蔡华初"此类团结和谐、同心协力的例子，在整个施工过程中举不胜举"的感叹来推论，这样"偶然"的事情当有很多，那么，那些重要文物遭到破坏的"必然"事情，便无以数计了。

遗憾之三："中山"舰的修复，掺杂了相关人员太多的推断和想象，拆除了太多的原物和原件，呈现在人们面前的，再也不是那艘承载着中华民族历史和精神的真正的"中山"舰了。

蔡华初先生坦言："修复依据，一是设计图纸及设计说明书；二是工程部

---

〔1〕蔡华初：《中山舰修复保护亲历记（上）》，《武汉文史资料》2011年第1期，第13页。

召开的专家组、文物组、保护组、技术组等历次专题会议纪要；三是文物组在现场的测绘图及抢拍的照片和文字资料；四是幸存者的采访记录；五是中山舰修复施工合同和保护合同及补充协议书。"[1] 我们知道，恢复"中山"舰是一项全面、系统的复杂工程，仅仅依靠上述依据，要全方位呈现"中山"舰的原貌是完全不可能的，即使是接近原貌也是难以做到的。于是，就有了无奈的做法——推断。

舱面武备是推断出来的。据"中山"舰修复保护工程专家组组长、高级工程师李建球说："1938年，中山舰在遇难之前，其上的8门火炮因抗战需要已被拆除上岸。此次安装的口径100毫米、重达4.7吨的主炮和1门口径76毫米的后炮、4门口径47毫米的舷炮及两门口径20毫米的瞭望台炮，都是根据20世纪初期舰炮的资料进行推算后，设计和仿制的。"

舰体的颜色是推断出来的。李建球说："其舰体的蓝灰色则是根据年代相似的俄罗斯阿芙乐尔号军舰推定的。"[2]

据统计，舰体外板更换共计262平方米，为全舰的20%。新增新铆钉4.1万颗；甲板舱壁更换490平方米，横梁更换123根。驾驶室、无线电房、机舱棚、烟囱、重武器装备、救生船、艇等，全部仿制。仿制钢制门20扇，仿制木质门20扇，新增舷窗10个，方窗7个。修理或仿制各种梯子18部，栏杆246米，修理或仿制舱口盖、窗盖、孔盖63套，仿制各种舱室管道100条。虽然当事人声称这些仿制"均有文物资料可考"，但究竟参考哪些"文物资料"并没有说明，而可以肯定的是，"驾驶舱、无线电房、舰长室、大官厅（小会议室）等，这些暴露在外的目标，当年因遭受日机疯狂轰炸，仅剩'残垣断壁'，其'围壁'装修的式样，床、桌子、椅子、柜子的式样和颜色等，都无法参照"[3]，这些最关键文物在参照物不足的情况下仿制和复原，其推断的成分应占相当的比例。更何况，"中山"舰的修复是按照先拆除，再复原的顺序进行的，这尽管方便了施工，但无形中增加了不必要的复原难度。

如此这般修复起来的"中山"舰，尽管看上去"修葺一新"，但那一件承

---

〔1〕蔡华初：《中山舰修复保护亲历记（下）》，《武汉文史资料》2011年第2期，第17页。
〔2〕《历时两年的中山舰修复工程正式通过专家验收》，《湖北档案》2001年第9期，第7页。
〔3〕蔡华初：《中山舰修复保护亲历记（下）》，《武汉文史资料》2011年第2期，第17页。

载着中华民族历史和精神的珍贵文物不见了，那一座集各种信息于一身的巨大宝库消失了，那一艘以"斑斑锈迹""惨不忍睹"的外观对人们的心灵形成强大冲击力的英雄战舰荡然无存了……

我们不能不感叹相关部门和人员历史意识的淡薄。

这让笔者想起了美国人保护和利用"亚利桑那"号战列舰的意识和精神。

"亚利桑那"号是一艘战列舰，排水量31400吨，建造于1916年。1940年作为美国太平洋舰队的主力战舰驻泊于珍珠港。1941年12月7日，日本袭击珍珠港，挑起太平洋战争。在这场突如其来的战斗中，"亚利桑那"号和其他战列舰一样仓促应战，它受到了日本飞机一轮又一轮的攻击。炸弹反复在它的甲板上爆炸，其中一枚炸弹穿透了它的前甲板，直至弹药舱，引发了猛烈的爆炸。它的前部船体被炸毁，巨大的身躯很快就沉没了，舰上1177名官兵和陆战队员葬身海底，只有333人死里逃生。

战斗结束以后，当人们看到"亚利桑那"号的惨状，无不痛心疾首。几个月后，海军当局按照传统的习俗，为牺牲的官兵举行了隆重的海葬仪式。军舰的大多数武器装备和水线以上的设备被拆卸，用于陆上的作战，舰体则一直横躺在海底。

1943年，夏威夷准州成立了太平洋战争纪念委员会，有人提出让"亚利桑那"号永远保持原状，在它的残骸上建立一座纪念馆，纪念那些在珍珠港事件中牺牲的将士，同时使来到此地的人们真切地感受到珍珠港事件的血雨腥风，得到人们的赞同，但直到1949年也没有付诸实施。

1950年，美国太平洋舰队总司令亚瑟·W.雷德福海军上将下达命令，在"亚利桑那"号被割断的桅杆上竖立起一根旗杆，挂上了美国国旗。在珍珠港事件9周年纪念日，他又将一块纪念饰板放置在旗杆的基部。

1958年，德怀特·D.艾森豪威尔总统批准了夏威夷准州关于在"亚利桑那"号残骸上建立国家纪念馆的计划。1961年，一座长184英尺的白色建筑矗立起来，这就是著名的"亚利桑那"号纪念馆。次年，举行了纪念馆落成典礼。

纪念馆的设计师是艾尔弗雷德·普雷斯，他将主体建筑设计成长方形，中间下垂，两端挺立，表示最初的毁灭和最终的胜利。馆体由打于舰体两侧的桩

1930年的"亚利桑那"号战列舰

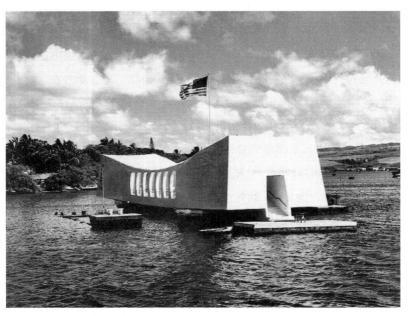

　　白色的建筑即为"亚利桑那"舰纪念馆，其身下即为"亚利桑那"号战列舰庞大的残骸。此照片拍摄于1962年5月

子支撑，与舰体成90度，横跨在舰体中部。战舰的残骸随着潮涨潮落时隐时现，把往日的战争留存在一个相对永恒的空间里。馆内分为三部分：入口通道和集合厅；举行典礼和观景的中心区；安放镌刻1177名死难者姓名的大理石墙的灵室。总体设计安详、肃穆。

"亚利桑那"号纪念馆作为纪念珍珠港事件死难者的圣地，每年有大量的不同肤色的游人前往凭吊，真正成为抑制战争的警示碑。它给我们留下了这样的启示：让那些战争的遗迹，永远以它原有的面貌出现在世人面前，以它穿越时空的原始力量震撼人们的心灵。试想，如果"亚利桑那"号也按照"整旧如旧，恢复原貌"的原则，如"中山"舰一般修复，世界各国的游人还会远隔重洋去看它那不伦不类的样子吗？

或许有人会质问，难道我们一定要像美国人保护"亚利桑那"号一样保护"中山"舰吗？在长江上可没有这样的条件呀！答案当然是否定的。我们无意不顾现实条件一味模仿美国人的做法，但是，以原始的力量缩短时空距离，警示人们，教育人们，让人们受到心灵的洗礼和震撼，是全世界文物的共同特性，也是全世界文物工作者和史学工作者的共同愿望，更是后辈们了解历史真相、继承传统精神的需要。对于"中山"舰来说，如果我们希望后人能直观地感受到它的历史风貌，那么我们的精力完全可以集中于复制一艘供人参观的"中山"舰上，这样的手段在文物保护和利用中是屡见不鲜的（如陈列于威海的北洋海军"定远"舰的复制品，它的建成是国内复制军舰的成功一例）。如此，上述用于修复"中山"舰的所有想法和措施都会变得合情合理，而那艘原件"中山"舰也就永远是中国人民的真实的"中山"舰。

陈绍宽与蒋介石的恩恩怨怨

在四十多年的海军生涯中，陈绍宽曾经与多名国民党大员有过很深的矛盾和冲突，例如蒋介石、何应钦、陈诚等。表面上看，这些矛盾和冲突是陈绍宽的性格以及他建设海军的主张使然，实际上折射出的是国民党内部的派系斗争。陈绍宽是"闽系"海军的主要代表人物之一，他在执掌"闽系"海军的17年中，始终强调"闽系"海军的独立性，从未成为蒋介石可资信赖的嫡系，这就不免受到蒋介石的敌视和掣肘，双方的矛盾也就在所难免。让我们梳理一下这个复杂而又有趣的过程。

陈绍宽曾得蒋介石器重

陈绍宽，福建闽县人，生于1889年10月7日，17岁入南洋水师学堂读书，从此投入海军。后来历任舰长、舰队司令、海军部长、海军总司令等职，获授海军一级上将军衔。

陈绍宽与蒋介石的关系开始于北伐战争时期。在这之前，陈绍宽的职务已经是北京政府海军第二舰队司令、海军少将了，他对北洋军阀政府可谓忠心耿耿。北伐战争开始以后，陈绍宽率舰队驻扎南京，游弋于长江中下游，曾多次为军阀孙传芳提供援助，还派舰供孙传芳设置统帅部。因而孙传芳对陈绍宽十分敬佩，他在一次宴会上公开对手下说："今天，我结识这位品德高尚、勇敢善战的陈将军，就比我扩充10个师的兵力作用还大。"1927年2月，为配合北伐军进攻上海，中国共产党人领导了上海第二次工人武装起义，第二舰队所属炮舰"建康""建威"号也在共产党人的策动下炮轰龙华、高昌庙。陈绍宽得知后，为避免其他舰只支持革命，嘱咐"永绩"舰舰长高宪申说："你舰副长王致光也有投奔革命的意图，你要注意，不要让他也来个炮攻南京城。"随着北伐的胜利进军以及北洋军阀内部的分裂，海军第一舰队在司令陈季良的带领下率先发难，归附革命。北京政府海军总长杜锡珪、海军总司令杨树庄也在商讨归附革命的问题。当他们征求陈绍宽的意见时，陈绍宽明确表示："有断头将军，无投降将军"[1]，拒绝归附革命。但后来随着海军相继倒戈，海军与北洋

蒋介石（左一）与陈绍宽（左三）一起参加军事会议

陈绍宽（前排左二）与蒋介石（前排中）一起参加就职仪式

军阀之间的矛盾日益加深，陈绍宽也不得不顺应革命，他率领的"闽系"海军也就变成了国民党中央海军。正是陈绍宽这种"忠于职守"的精神，蒋介石颇为看重。1927年4月，南京政府成立，蒋介石任命陈绍宽为第二舰队司令，并把司令部设于南京，负责南京至镇江的防务。7月，又任命他为南京国民政府军事委员会委员。

1927年8月，陈绍宽率舰协同何应钦的第一军和李宗仁的第七军，在龙潭一线会战孙传芳，取得龙潭大捷，俘虏孙传芳部5万余人，因此受到南京政府

〔1〕曾国晟：《记陈绍宽》，《福建文史资料》第八辑，第173页。

的嘉奖，并获"中流砥柱"大勋旗一面，蒋介石专门派遣国府委员蒋作宾前往慰问。

龙潭战役后，陈绍宽又率舰队参加了南京政府的第一次西征，在湖北大败唐生智，为蒋介石政权立了一大功。战斗结束后，他被国民党中央政治会议委任为武汉分会委员。

1928年6月26日，蒋介石和李宗仁北上北平，参加"军事善后问题"会议，蒋特意带上陈绍宽，让他代表海军参加商讨。在会议期间，蒋还授意陈绍宽代表海军总司令杨树庄在《军事善后案》和《军事整理案》上签字。由此可见，陈绍宽在归附革命后的表现，赢得了蒋介石对他的器重，他也着实下决心要为蒋介石把持的国民政府建设一支英勇善战的海军部队。

陈绍宽怀疑蒋介石为人

1928年，张学良在东北易帜，蒋介石实现了形式上的全国统一，海军也统一了编制。然而，实际上的海军仍然维持着各自为政的局面。第一、第二舰队（"闽系"海军）直接掌握在南京政府手中；第三舰队（东北海军）控制在张学良手里；第四舰队（广东海军）掌握在陈济棠手中。这种四分五裂的状况，不利于防范帝国主义的侵略，也阻碍了中国海防建设的发展。对蒋介石来说，新政府刚刚成立，政权还不稳固，各派军阀还拥有相对独立的军事实力，海军还不是巩固自己实力的最重要力量，加之自己的实力还没有达到将全国海军完全控制于麾下的程度，因而也就顺其自然了。对陈绍宽来说，他早就立志要为中国建立一支强大的海军，他曾经考察过西方多国海军，深知海军统一的重要性。早在龙潭战役时，他就主张乘胜追击，收复东北，统一全国，同时收复渤海舰队，统一全国海军。他说："绍宽愿击中流之楫，追随北指之鞭，穷犁扫于沈辽，宁见神州统一。收艨艟于溟渤，所期海宇澄清。"对当时激战于前线的陈绍宽的要求，蒋介石不能不进行认真的考虑，他许诺，等张学良易帜后，定将渤海舰队归陈绍宽统一指挥。当张学良在东北易帜后，陈绍宽第一个想到的就是蒋介石的承诺，他盼望着海军的统一。于是，在蒋介石的电召下，他满怀希望地赶赴北平，研究海军统一问题。可是，当他兴致勃勃地到达北平时，蒋介石却借口张学良不同意，突然变卦。他对陈绍宽说："海军统一问题，要等一个时候，现在汉卿不同意将渤海舰队交给海军部接管。"[1]这样，陈绍宽统一海军的愿望便成了泡影，他第一次产生了对蒋介石的不信任感。

然而，陈绍宽并没有放弃努力，他眼看统一海军不成，便把目光转向了海军舰队的建设上，他针对中国海军积弱的现实，在当年就发出了加强海防建设的呼吁："我们若是再不讲究海军，不但已失的地，没有实行收还的日期，还恐怕以后不断绝地断送尽在后头，结果非把整个的国土断送完了不止。"[2]他是想通过大声疾呼引起人们对海军统一和海军建设的重视。1928年12月，陈绍宽提出了建设海军的具体方案：一，海军自辛亥以来，因缺乏经费之故，教育几至完全停顿，兹拟定最低限度先从培育训练员兵入手，计须建设军官学校及士兵练营。二，吾国海岸线绵长，港湾纷歧，外有外人越境侵权之患，内有海盗遵海剽劫之警。如不添造新舰，加厚军实，则现有舰队不独出海之力量薄弱，抑且深感其不敷分配。兹拟以最低限度，请添造驱逐舰4艘、潜水艇2艘、巡洋舰3艘、飞机母舰1艘。上述建设需要经费共6950万元。[3]陈绍宽感到，上述计划是海军建设的最低限度，从政府的经济实力来看是不难达到的，因而对上述提案的实现抱有很大的信心。然而他没有想到，在1929年1月举行的全国编遣会议上，蒋介石并没有支持陈绍宽的提案，致使上述提案没有获得通过，仅仅在形式上把全国的海军进行了统一的编成，并没有解决实际问题。这种对海军建设的漠视态度使陈绍宽无比愤慨，也由此产生了对蒋介石的失望感。会后，他便与海军第一舰队司令陈季良一起提出辞职，表示抗议。

此时的蒋介石并不想失去陈绍宽及其他所率领的"闽系"海军，为稳定局面，他一方面在1929年成立海军部时任命陈绍宽为海军部部长，另一方面又不得不对发展海军作出某些承诺。全国编遣会议刚刚结束，蒋介石就在参加"永绥"舰下水庆典上说："今天永绥军舰下水，是海军在五个月内建设了一千五百吨的表现。如此推演下去，在最近期间，我们可建成很大的海军。去年在咸宁军舰下水的时候，我们曾讲要在十五年以内，有建设六十万吨的希望，照此样看来，我们在五年以内，或者即可完成，与世界上列强的海军相

---

〔1〕曾国晟：《记陈绍宽》，《福建文史资料》第八辑，第176页。
〔2〕高晓星编：《陈绍宽文集》，海潮出版社1994年7月版，第6页。
〔3〕同上，第8页。

陈绍宽任国民政府海军部长戎装照

抗，巩固我们的国防。"[1] 这些"振奋人心"的承诺虽然没有完全恢复陈绍宽建设海军的信心，但还是使陈绍宽和陈季良最终打消了辞职的念头，这说明，此时的陈绍宽尽管对蒋介石的不满和怀疑情绪日益浓厚，但还是对他抱有一定的幻想。

然而出乎陈绍宽所料，蒋介石的承诺纯粹是应付之举。仅仅两年的时间，他就把自己说的话忘得一干二净了。1931年3月19日他在对航空班第一期学生训话时说："中国想要对抗帝国主义者，充实国防自卫，使得中华民族完全独立。若是用海军，造大兵舰至少要有几千万元。建造海军几条兵舰，我们全国全年的收入还不够开支，而且建造出来的海军，仍旧是不够与任何帝国主义者斗争……所以用海军陆军去求国防的独立与自卫，至少须二十年以后……"实际上，当时蒋介石夸下建造"六十万吨"海军舰艇的海口，完全是为了平息陈绍宽等人的愤怒情绪，在这之后，他并没有真心实意地在海军建设上投入足够的资金。当时，国民政府每月拨归海军的经费不过50万元，占国民政府军费总额的5%，这点经费在海军的扩展时期显然是杯水车薪。到"一·二八事变"发生时，中央海军的舰艇总吨位也不过4万吨，与"六十万吨"的目标相差甚远，并且大多是小型炮舰，只能分驻各沿江沿海口岸供缉私拿盗之用，面对强大的日本海军束手无策。即便是这样，国民政府还是经常拖欠海军的经费。特别是"一·二八事变"发生之后，为了限制海军的行动，拖欠的数额越来越大，甚至出现了为解决海军经费问题，财政部和军政部相互推

---

[1]《永绥军舰举行下水典礼》，《海军期刊》第一卷第八期"永绥特载"，第4页。

诿的现象。

面对这种状况，陈绍宽四处奔走，大声呼吁，试图改变海军的现状。1932年6月4日，他再一次给蒋介石写信，历陈统一全国海军的紧要："我国海军自民六分裂以来，迄今十余年载，间又分为南北中三部分。统计此三部分之海军，尚不及英美海军数十分之一，而彼此各树一方，机关重复，不独与政府之体统攸关，且军需虚耗，于国家经济上亦有影响。方今国难当前，举国一致对外，政府正力谋全国军政之统一，惟南北海军因与当地军政长官自相联络，饷糈不由政府发给，以致情形隔阂，未能听命于中央。"因此他建议，将东北海军分为江防、海防两舰队，海防舰队归海军部指挥；广东海军中的主要舰只归海军部调遣；四川督办在上海建造的两艘军舰编入中央海军。[1]对于这些建议，蒋介石仍然是置若罔闻，没有给予明确的表态。

海军统一愿望的一次次破灭使陈绍宽如坠五里烟云之中，实在摸不清蒋介石的心思。如果说当初蒋介石羽翼未丰，难以统一全国海军的话，那么此时新军阀的混战已经接近尾声，以独裁而闻名的蒋介石已经稳稳控制了全国局势，为什么还不去实现海军的全国统一呢？其实，这正是蒋介石手段的"高明"之处。通过几年的交往，蒋介石感到，陈绍宽在军事方面显露出来的才能以及他对国家的忠心，完全可以为我所用，来巩固自己的权势，但此人一心为公，不谋私利，决不可成为自己的亲信。如果将全国海军进行统一，其实力势必要落到以陈绍宽为核心的"闽系"海军手中，将来更加难以驾驭；再者，当时海军内部派系林立，"闽系""粤系""黄埔系""东北系""青岛系"不一而足，如果实现统一，必然要拿出很大的精力来处理各派系之间的矛盾。相反，如果维持现状，既可节省精力，又可使各派系之间形成牵制，何乐而不为！这两点原因，都是当时陈绍宽无法想到的。

如果说陈绍宽在南京政府建立后始终在蒋介石身上寄托着海军统一梦想的话，那么抗日战争的爆发彻底击碎了陈绍宽的梦幻。长江抗战中中央海军的第一、第二舰队主力舰艇的覆没证实了陈绍宽的担忧，也使陈绍宽完全看清了蒋介石拥有海军不为抵抗外侮，而为内战的用心，下决心与蒋分道扬镳。

---

〔1〕高晓星编：《陈绍宽文集》，海潮出版社1994年7月版，第92页。

陈绍宽严守蒋介石命令

1932年1月28日，日军突然发动了对上海的进攻，"一·二八事变"爆发。事变发生前夕，蒋介石、汪精卫在全国人民的抗日激情迫使下，不得不作出"无论如何困难，决以不丧国土，不辱主权"的表态。事变发生之初，蒋介石还宣称："我十九路军将士既起而为忠勇之自卫，我全军革命将士处此国亡种灭，患迫之燃眉之时，皆应为国家争人格，为民族求生存，为革命尽责任，抱宁为玉碎，毋为瓦全之决心，以与此破坏和平，蔑弃信义之暴日相周旋。"[1]然而蒋介石并没有抗敌的决心，他的表态只不过是在全国公众的面前掩人耳目而已，他心底里真正思考的是如何贯彻他的"攘外必先安内"的反动政策。事变后不久，他就将国民政府迁往洛阳，并指示负责南京方面事务的军政部长何应钦给十九路军将领发布指示："惟我国目前一切均无准备，战事延长扩大均非所利。""望蒋总指挥、蔡军长、戴司令通令所部严守纪律与秩序，非有上官命令不得任意射击，在前线部长尤须遵守。"[2]2月5日又致电蒋光鼐等："除日机加以抵抗外，即对日海军决不抛掷炸弹。"[3]2月13日，何应钦再一次转达了蒋介石的旨意："以十九路军保持十余日之胜利，能趁此收手，避免再与决战为主。"[4]这与事变发生之初"慷慨激昂"的态度完全是两个调子。

蒋介石的不抵抗政策对陈绍宽产生了直接的影响。当陈绍宽看到第十九路军英勇抗敌的行动后，思想上也曾进行过激烈的斗争，是奋起抗敌还是遵守蒋介石的命令按兵不动？后来陈绍宽冷静地分析了形势以及海军自身的参战条件，他考虑到，陆军和海军的军种特点和作战方式有很大的不同。陆军在得不到政府支持的情况下，也可以在广大民众的支援下与敌展开战斗，而海军不行。海军是一个特殊的军种，它技术性强，对物质的依赖性大，作战区域在海上，如果得不到政府在物质上的有力保障，就等于陷入了孤立无援的境地，很难保住舰队，更不用说取得战争的胜利了。因而，海军必须随政府的政策而

〔1〕秦孝仪编：《"总统"蒋公思想言论总集》卷三十七，台湾国民党党史委员会1984年10月版，第36页。

〔2〕中国第二历史档案馆编：《中华民国史档案资料汇编》第五辑，第一编，外交（二），江苏古籍出版社1994年6月版，第668页。

〔3〕同上，第673页。

〔4〕同上，第682页。

"平海"巡洋舰安放龙骨时陈绍宽镶钉第一个铆钉

动，否则其结果是不堪设想的。鉴于这种情况，陈绍宽决定执行蒋介石的命令，按兵不动。

事变爆发的当天早上，陈绍宽接到了日本海军遣外舰队少将司令官盐泽幸一的一封信，信中说，日本海军陆战队与上海中国驻军发生冲突，纯系地方性质，希望双方海军维持友好，幸勿误会。陈绍宽随即通知驻上海的第一舰队司令陈季良，要按兵不动，静观事态变化。2月中旬，十九路军和上海各社团要取用上海海军仓库内储存的大炮、弹药和钢板，陈季良借口向上峰请示，拒绝了他们的要求。如此这般，海军在整个事变的过程中，既没有支援陆军的抗日行动，更没有发出一枪一弹。

在大敌当前之时，要执行蒋介石的"不抵抗"命令，必然要在全国民众面前落得"妥协退让，贪生怕死"的骂名，这一点，陈绍宽是有思想准备的。当事变结束后，全国各界纷纷谴责海军的卑鄙行为时，陈绍宽表面上显得很平静。他在许多公开场合反复解释，其中重复最多的一句话就是"没有政府的指令，安敢擅自行动"[1]。这句话的意思很明确，海军的表现都是蒋介石的授意，

---

〔1〕高晓星编：《陈绍宽文集》，海潮出版社1994年7月版，第94页。

1935年9月28日，在"平海"舰下水典礼司令台上，海军部长陈绍宽主持典礼

决不是海军自己的选择。在海军部内部的讲话中，陈绍宽的心情就没有那样平静了，他心情沉重、面有难色地说："国难期中，不独物质上感到了许多缺乏，即精神上也是受了不可言状的痛苦！本军不仅要应付国内恶劣的环境，还须应付国外帝国主义者的压迫。"[1]

蒋介石对陈绍宽的表现十分满意，但他心里也十分清楚，陈绍宽坚决执行他的不抵抗命令，并非出于对他个人的忠心耿耿，而是出于海军积弱的现实。因为他了解最近几年对海军发展的限制，也了解海军的现状，他知道陈绍宽在孤立无援的情况下是不会轻易拿"闽系"海军去冒风险的。因而，当全国舆论对海军进行猛烈抨击的时候，特别是当国民党内部"闽系"海军的反对派想趁机铲除陈绍宽的时候，蒋介石都没有为陈绍宽进行辩解，只是保持了沉默的态度，最终使事情不了了之。从此，陈绍宽对蒋介石的戒心更重了。

陈绍宽看穿蒋介石伎俩

尽管在蒋介石掌握的军事力量中，海军仅仅处于次要的地位，但蒋介石做

---

[1] 高晓星编：《陈绍宽文集》，海潮出版社1994年7月版，第88页。

梦也想拥有一支完全控制在自己手中的海军舰队。在与海军交往的几年中，他感到，东北海军和广东海军遥不可及，要控制它们是不现实的，"闽系"海军近在咫尺，但要使陈绍宽俯首帖耳听命于他，也是不可能的。因而，他下定决心，一定要从头建立一支真正属于自己的海军。而要建立嫡系海军，首先要从培养忠诚于自己的人才入手，于是他决定先办一所海军学校。

1932年，蒋介石在戴季陶和何应钦的支持下，授命欧阳格建立一所海军学校。欧阳格是"粤系"海军的代表人物，他早年就是蒋介石的忠实追随者，协助蒋发动过"中山舰事件"，深得蒋的信任。他接到蒋介石的命令后，立即在镇江选定了校址，并开始筹备。在给这所学校起什么名称的问题上，蒋介石颇费了一些心思。因为当时的海军学校已有多所，并且有几所已经有悠久的历史和传统，所培养的人才也足够用来充实海军舰队，新建海军学校，实无必要。蒋介石创办海军学校的意图，各派系海军心中都十分明了，硬要创办，势必会引起他们的反对。因此在给这所学校命名时，蒋介石避开了"海军"二字，把它叫做"电雷学校"。

学校建成后，校长欧阳格等人对外宣称，这所学校不是海军性质，而是纯粹水底防御性的陆军电雷学校，海军部不能过问。但实际上这所学校开设的主要科目是航海、轮机以及水鱼雷和海军学术，辅科中适当开设少量陆军科目，是一所标准培养海军人才的学校，就连服装也与正规海军学校毫无两样。对此，陈绍宽看在眼里，气在心里。

在蒋介石的亲自过问下，电雷学校发展很快，无论从人员上还是装备上，都大有超过其他海军学校之势。学校成立之初，蒋介石就将参谋本部的江阴电雷大队划归该校，又在短时期内补充了几艘舰艇，第一批招收的学生达到300人。到1936年，学校规模达到了相当可观的程度。学校拥有德国、英国制快艇编成的四个快艇中队，蒋介石亲自兼任校长，欧阳格改任教育长。这些条件对于其他海军学校来说都是连想也不敢想的。陈绍宽对此颇有看法。然而，使陈绍宽更加难以忍受的事情还在后头。1936年11月，马尾海军学校第四届轮机学生30名，因触犯校规被陈绍宽下令开除。欧阳格见有机可乘，立即将这30名学生中的12名非闽籍学生作为转学学生收训，编为电雷学校第一届轮机学生。这无疑是对陈绍宽的挑衅，后来的事实更加证实了欧阳格的这一行为，完

1937年6月，陈绍宽参加英王加冕典礼，前排右二为孔祥熙，其身后为陈绍宽

海军部长陈绍宽在校阅"楚观"舰后宣读党员守则及军人读训

陈绍宽为《海军抗战事迹汇编》题词

全是为了培养陈绍宽的反对者，为夺取陈绍宽的海军大权埋下伏笔。1937年3月，这12名学生在校期满，被派往德国留学，归国后都得到了重用。解放战争时期，这些学生有的担任了上海海军学校校长，有的担任了海军机械学校校长，有的在海军其他重要部门供职，他们都成为反对陈绍宽并促使其下台的重要力量。

面对蒋介石、欧阳格等人的所作所为，陈绍宽早已看透了他们的伎俩，决定进行反击。当电雷学校学生毕业后急待寻找工作时，陈绍宽拒绝他们进入"闽系"海军的任何部门，蒋介石也无计可施，蒋陈矛盾进一步加深。正当两人的矛盾趋于表面化时，抗日战争爆发了。陈绍宽在国难当头之际，以大局为重，全身心投入到了抗战中，率领他的"闽系"海军在长江中下游与日寇展开了殊死搏斗，写下了可歌可泣的一页，为世人所称颂。蒋介石也碍于全国民众的舆论，暂时放下了他与陈绍宽的矛盾。1938年1月，为适应战争的需要，国民政府决定撤销海军部，设战时海军总司令部，陈绍宽依然出任中央海军的最高长官——总司令。

陈绍宽横遭蒋介石怨恨

抗日战争胜利后，在英美等国的帮助下，国民党海军重新建立起来。在海军重建之际，海军内部的各个派系为争夺职位展开了激烈的争斗。军事委员会委员长蒋介石认为，这正是削弱和排挤陈绍宽及其"闽系"海军的有利时机。1945年9月，蒋介石在军政部内设立海军处，由军政部长陈诚兼任处长，掌管海军的行政、教育、训练、建造等事项，这样就分割了海军总司令部的权力，把陈绍宽给架空了。

1945年9月17日，海军总司令陈绍宽（中）接收日军在华舰艇完毕后，与美国第七舰队司令金开德（右二）合影。左二为海军参谋长曾以鼎

1945年10月，军事委员会命令陈绍宽率"长治"号等军舰开赴渤海湾，截击由烟台向辽东渡海的八路军，陈绍宽违抗命令，率舰南下台湾视察。图为泊于上海的"长治"舰

日本投降后，陈绍宽随何应钦赴南京参加受降典礼，以海军总司令的身份出任受降官。然而，蒋介石为削弱陈绍宽的权力，任命曾以鼎为接收员。陈绍宽也毫不示弱，擅自委任曾国晟为海军接收大员。[1] 当美国第七舰队将乘隙逃出吴淞口的日本长江舰队旗舰"安宅"号截获返沪时，他亲自接收，改名"安东"号。此外，还接收了日本炮舰"宇治"号，改名为"长治"号。

1945年10月，军事委员会命令陈绍宽亲率"长治"号等军舰从南京开往渤海湾，截击由烟台向辽东渡海的八路军。陈绍宽对蒋介石的命令本来就有抵触情绪，此时又见蒋介石不顾八年抗战的巨大创伤，悍然发动内战，心中顿时升起一股怒火，他借口军舰需要修理拒不奉命北上，反而率"长治"舰南下到台湾视察。这一举动使蒋介石极为恼怒，蒋陈矛盾随即公开化。蒋扬言要处置陈绍宽，陈绍宽在蒋盛怒之下提出辞职。不久，蒋介石以军事委员会名义下令：陈绍宽辞职照准；海军总司令部撤销，其一切业务及所属舰艇、机关、学校、厂坞等，概由军政部海军处接收。

---

[1] 曾国晟：《记陈绍宽》，《福建文史资料》第八辑，第183页。

1946年6月，国民政府改变国防体制，撤销了军事委员会，成立国防部，下辖陆军、海军、空军、联合勤务四个总司令部，海军总司令之职由参谋总长陈诚兼任，蒋介石又从陆军调来了他的亲信、陆军中将桂永清担任副总司令。1948年8月，桂永清升任海军总司令，并把一大批陆军将校充斥于海军总司令部的各个重要部门，大肆排挤"闽系"海军人员，从此海军领导大权完全落入了蒋介石嫡系之手，蒋介石为之努力了十几年的愿望终于变成了现实，同时也宣告了"闽系"海军的最终消亡。

陈绍宽辞职后，当天就搬出了海军总司令部，移住南京下关扬子饭店。一个月后，他听说蒋介石要来南京，便决然离去，归隐福建闽县老家胪雷乡，种菜养花，悠闲自得。"闽系"海军的其他人员不服蒋介石的排挤，与蒋进行了斗争。海军上海第一基地司令方莹、海军总司令部第六署署长曾国晟、海军练营营长叶可钰等人在上海海军界开展了"翻箱倒柜"（即"反蒋倒桂"）的进步活动。后来这些人都毅然起义，参加了人民海军。1947年4月，蒋介石鉴于陈绍宽在海军中的影响，以国民政府名义委任他为战略顾问委员会委员，但他漠然视之。蒋介石派人给他送钱，他也拒不接受。全国解放前夕，福建省政府主席朱绍良奉蒋介石之命两度请陈绍宽前往台湾，陈绍宽坚定地说："蒋委员长如一定要我飞往台湾，我决在飞机上跳下。"[1]表示了他与蒋介石一刀两断的决心。

福州解放后，福建省人民主席张鼎丞亲自到陈绍宽的家乡邀请他参加革命工作，他欣然同意。之后，他历任华东军政委员会委员，福建省人民政府副主席、副省长，全国人民代表大会第一、二、三届代表，中华人民共和国国防委员会委员等职。1969年7月30日，陈绍宽在福州病逝，终年80岁。

---

〔1〕曾国晟：《记陈绍宽》，《福建文史资料》第八辑，第185页。

"独脚将军"陈策的传奇经历

在民国诸多将领中，很少有人像他那样有过如此曲折、跌宕、充满传奇色彩的人生经历。他自幼志向宏远，立誓成就大业，为此历经磨难，始终不渝。他屡次临阵被弹，多次死里逃生，战争中失去左足，仍能泅水渡海，成功突围。他的经历曾在西方轰动一时，他是唯一一个被英国政府授予大英帝国爵士称号的中国人。他就是海军中将陈策。

孙中山的义子

清朝末年，在中国东南沿海一带，有许多人家因生活所迫，离开家乡，下南洋谋生。在海南岛东北部的文昌县会文墟沙港村有一户陈姓人家，早年因家境贫寒，家里就有人下南洋谋生，后侨居新加坡。1894年3月8日，陈策就出生在这个华侨家庭中。出生那一年，他的父亲陈晓山专门从新加坡赶回家乡，看望活泼可爱的儿子。后来，出于对儿子的喜爱，陈晓山将幼年的儿子带往新加坡。所以，陈策的童年是在海外度过的。十几岁时，陈策被送回家乡，入琼山县县立肇新小学读

位于海南省文昌市会文镇沙港村的陈策将军故居

书，接受中国传统的文化教育。读书期间，他表现出了倔强的性格，不懂的问题总是穷追到底。特别是这时正值辛亥革命的前夜，广东一带革命党人活动频繁，大人们的一些行动他总是要探根问底，弄清楚了才肯罢休。

1909年，陈策报考了广东黄埔水师工业学堂，当时他15岁，因个头长得矮，没有被录取，但校方看他聪明伶俐，态度坚决，便让他当了试读生。试读期间，他善于接受新思想，渐渐明白了一些革命道理。1911年年初，革命党人加快了推翻满清政府的步伐，广东境内大有山雨欲来风满楼的气氛。陈策在学校中毅然加入同盟会，并接受了同盟会交给的一项重要任务。当时，孙中山正在积极筹备广州起义，从海外大量购进武器，需要有人在海外筹措、运输，17岁的陈策被派往日本协助同盟会员完成这项任务。

日本政府对中国人筹措武器查禁很严，从事这项工作要冒生命危险，但陈策毫不畏惧，与老同盟会员吴玉章一起积极奔走。一次，他们购到120支手枪，为不引起日本警方的注意，装入一个长不到3尺，厚不过几寸的皮箱里，经过托运发往香港。不料，因皮箱太重，引起车站人员的怀疑，到横滨车站时，皮箱被扣。站方人员通知皮箱所有人，说经过开箱检查后方可放行。吴玉章焦急万分，一旦手枪被查获，不仅损失了这批枪，而且会直接影响广州起义的整个行动计划。无奈之中吴玉章决定和陈策一起冒险赴车站取箱。他们选择了一个夜晚来到横滨车站，这时夜深人静，车站的行李均被取走，只剩下那只装枪的皮箱，由一个日本人看守。陈策镇定地走上前去，和颜悦色地和那个日本人攀谈起来。他说，箱子是朋友的，钥匙早给带走了，实在无法打开，请他务必通融。日本人打量了陈策一阵，看他年纪不大，态度又诚恳，有意放行。陈策见机会到了，便一面说话，一面提起箱子就走，日本人未加拦阻。[1] 就这样，陈策凭着大胆和心细，完成了任务，为促成广州起义作出了贡献。

1911年10月，辛亥革命爆发，各省纷纷独立。胡汉民出任广东省都督，他委派同盟会员赵士槐出任琼崖安抚使，赴琼主政。因是琼州人，陈策积极跟随赵士槐回家乡策应辛亥革命。当时，清廷雷琼兵备道范云梯负隅顽抗，拒

---

〔1〕《吴玉章回忆录》，中国青年出版社1978年11月版，第59页。

不交出政权，革命党人决定将其消灭。陈策自告奋勇，与赵士槐一起，联络琼籍同盟会员陈侠农、徐成章等，组织学生成立了革命炸弹队和革命敢死队，自己任炸弹队队长兼两队指挥，不久就发起了对琼崖首府府城的进攻。战斗打得异常激烈，陈策身先士卒，勇敢冲锋，但由于双方力量相差悬殊，清军大军云集，城池久攻不下，陈策也中弹负伤，不得不放弃攻城。后革命党人加强了入琼力量，范云梯闻讯不战而逃，琼州光复，陈策奉命继续回学校完成学业。琼崖一战，陈策初露锋芒，证明了他对革命的忠诚与坚决，得到了革命党人的厚爱，孙中山欣然将他收为义子。

1912年，中华民国临时政府成立，广东黄埔水师工业学堂改为广东黄埔海军学校，陈策由一名学习造船工业的学生转为正式的海军军人。当孙中山在同盟会的基础上成立中华革命党的时候，陈策毫不犹豫地宣誓加入了中华革命党。此后，他忠实地追随孙中山，出生入死，义无反顾。孙中山发动"二次革命"时，他加入了广州大东门炸弹队，讨伐袁世凯；广东督军龙济光、龙觐光兄弟极力维护袁世凯称帝时，他联络海军学校教官和学生，欲趁龙觐光视察海军学校时用炸弹炸杀，因事情败露没有成功，但他仍不灰心，又联络同学夺取了龙觐光的座舰"宝璧"号，杀死龙氏亲信舰长木全忠，行动被镇压后出逃香港。

1915年秋，在经历了六年不平凡的学校生活后，陈策毕业了，正式赴广东海军任职。

发动海军起义被捕

自从袁世凯称帝，在全国人民的唾骂声中一命呜呼后，段祺瑞掌握了北京政府的大权，他不顾全国人民的反对，继续推行独裁政治，拒绝恢复被袁世凯废除的《临时约法》，孙中山怒不可遏，南下广东发起了第一次护法战争。陈策明确表示，孙中山从事的事业，就是他要为之奋斗的事业。在孙中山到达广州之前，他就与驻扎上海倾向护法的第一舰队取得联系，当海军总司令程璧光决定率领第一舰队南下护法时，陈策由香港返回广东部署一切，为孙中山南下护法作好准备。不久孙中山乘坐"海琛"号巡洋舰南下广东。到达广州后，他立即宣布成立了中华民国护法军政府，本人被推举为陆海军大元帅。为促成护法兴起，陈策功不可没。

　　然而，孙中山依靠的桂系军阀唐继尧、陆荣廷并不是真心维护《临时约法》，他们是想利用孙中山的声望抵制段祺瑞政府军的入侵，以保住自己的地盘。他们在军政府内部屡屡制造摩擦，纵容广东督军莫荣新无视护法军政府的命令，在军事和财政上屡设羁绊。此时，护法舰队也有倒向桂系的迹象。孙中山忍无可忍，决定对莫荣新予以惩戒，陈策积极承担这一任务。1918年1月2日深夜，陈策和夏重民等人卫护孙中山登上"同安"号驱逐舰，带领"豫章"号炮舰，驶抵观音山下，以密集的炮火轰击观音山莫荣新都军署。莫荣新慑于孙中山的威望，不敢轻率动武，立即派人登舰向孙中山求和，并亲自拜谒孙中山表示谢罪。然而，护法军政府内部的矛盾并没有消除，相反，却有愈演愈烈之势。海军明确倒向桂系；桂系串通滇、湘军阀，剥夺孙中山的权利。在被逼无奈的情况下，孙中山通电辞职，离开广州前往上海，第一次护法宣告失败。

　　陈策看到了孙中山在革命道路上的艰难，心里十分烦闷，于是，在1919年，他孤身一人前往福建漳州，劝说粤系军阀陈炯明回师广东，驱逐桂系军阀。陈炯明早怀吞占广东之心，立即表示同意。孙中山也派孙科南下澳门，策动在粤海陆军起义，予以接应，同时任命陈策为讨贼军第二路军副司令，负责海陆两军的策反工作。在陆军方面，陈策运动陈得平团反正，自己亲自指挥军队攻取宝安县城，然后与粤军邓仲元部会师，进攻广州城。在海军方面，他则酝酿夺取舰艇，发动起义。

　　1920年7月，陈策以15名海军学校同学为骨干，组织了一支起义力量，准备联络陆军，发起夺舰起义。孙中山得知后非常重视，从上海发来电报称"国民党的存亡也在此一举"，并敦促陈策早日起事。15日夜晚，陈策决定行动，

1918年1月2日深夜，陈策等卫护孙中山登上"同安"号驱逐舰，带领"豫章"号炮舰，炮轰观音山莫荣新都军署。图为"豫章"舰

他指挥起义人员向广东江防舰队发起攻击，一举夺取了"江大""江固"两艘炮舰。可是事先约好的陆军第三师师长魏邦平却言而无信，以等待时机为借口，按兵不动。护法舰队更是助纣为虐，派出"豫章"舰协同江防舰队追击被夺的两舰，使两舰处于孤立无援的境地。陈策率领两舰且战且退，避入澳门海面。不料遭到澳门炮台的袭击，两舰当即受伤，相继进水倾斜。陈策当机立断，驶近横琴岛搁浅，弃舰登陆，又遭到澳门当局所派军队的截击，起义官兵全部被捕，被押往澳门白鸽巢监狱关押。入狱后，陈策遭到关押人员的毒打，遍体鳞伤。孙中山得知后，万分焦急，指示他的原配夫人卢慕贞入狱探望。卢夫人利用各种关系多次入狱送饭，如同对待亲子侄一般。[1] 莫荣新早对陈策恨之入骨，几次派人到澳门活动，诬告陈策是海盗，试图将其引渡，然后加害。孙中山则一面致书澳门当局，说明情况，一面派孙科前往澳门进行交涉。后经澳门贤达卢光功奔走营救，向葡萄牙大理院上诉，终得判决陈策等被俘人员为政治犯，予以释放出狱，陈策这才转危为安。为纪念这次"七·一五"起义，他专门在广州成立了"十五俱乐部"。

火速救援孙中山

在各方的共同努力下，陈炯明回师广东，终于将桂系军阀驱逐出广东省境。1920年11月，孙中山在广州重建军政府，开始了第二次护法战争。次年4月，孙中山就任中华民国非常大总统，任命陈炯明为陆军总长、内务部长、粤军总司令、广东省长；任命陈策为广东革命政府航政局局长、江防舰队司令。为推翻北洋军阀的统治，孙中山决定北伐。早有野心的陈炯明见自己已经入主广东，大权在握，开始对立足未稳的孙中山实行军事阻挠，并积极拉拢包括海军在内的各方，准备实施叛乱。陈策察觉到这一点后，立即在海军内部召开拥孙各舰舰长会议，商讨对策。会后，又星夜赶往韶关北伐大本营，向孙中山面陈情况，主张孙中山立即停止北伐，回师广东，先消灭陈炯明，消除隐患。孙中山对北伐专心致志，对陈策所言不以为然。当时，军内有传言，说孙中山

---

〔1〕《国史馆现藏民国人物传记史料汇编》第十二辑，台湾"国史馆"1994年6月版，第354页。

与陈炯明是上下级关系，友情深厚，只是由于孙中山身边有胡汉民、陈策等人，陈炯明身边有黄强、黄居素等人拨弄是非，才使孙陈之间产生裂痕。所以大本营对陈策观点不予认同，廖仲恺说："陈策等人年少好事，所作报告，言过其实，不可听信。"陈策见事已至此，劝说无效，便急匆匆返回广州回报实情，各舰长心急如焚，感叹道："不图年少两字，亦是一项罪名，其如害及国事何？"[1]

孙中山尽管不完全相信陈策的判断，但对陈炯明还是有些戒心。1922年4月，孙中山下令免去了陈炯明粤军总司令、内务部长和广东省省长的职务，并决定自己不随军北伐，转回广州坐镇。此时，陈炯明已经在惠州就如何谋害孙中山进行了多次密谋。陈策密切监视着陈炯明的动向，得知孙中山回到广州后，立即率领小型兵舰前往黄沙，迎接孙中山直达天字码头，然后护送至德宣路越秀街总统府。

在陈炯明策划叛乱的过程中，护法舰队的表现令孙中山十分失望。舰队控制在闽系手中，闽籍官兵大肆排挤非闽籍人员，并表露出北归的企图，闹得舰队内部人心惶惶，不但不能支持北伐，反而使孙中山产生了后顾之忧。孙中山决定先对舰队进行整顿，以便集中精力对付陈炯明。在海军将领和国民党元老的联席会议上，有些人对孙中山的决定表示忧虑，他们担心一旦措施不力，容易激变海军，使革命政府难以立足。陈策则表示："是举也，事幸而成，则功归政府，事不幸而败，则咎由己负，届时可明令通缉陈某，诿为陈某私人海盗行为，不亦可乎？"孙中山大为感动。1922年4月27日，以温树德、陈策为代表的非闽籍官兵在孙中山的密令之下发动突然袭击，展开了武力夺舰行动，在经过短时间的战斗之后，将千余名闽籍官兵解除武装，驱逐下舰。当天陈策以长洲要塞司令身份发出通电："驻粤北洋舰队为桂系余孽盘踞，平日养尊处优，糜费西南政府饷糈甚巨，来粤六年，毫无建树，坐误国事，至失民望，复与桂、政学系，俯张为幻，倒行逆施，纵莫贼之刺程公，沉冤莫雪，助桂逆以阻粤军，战祸延长。又复包藏祸心，勾结北敌，各舰员兵热心护法者，则被其排斥。九

---

[1] 陈宏、符和积：《陈策将军在孙中山广州蒙难时的活动》，《海南文史资料》第2辑，第53页。

年冬，圻、琛两舰发生风潮，尽力排除异己，以遂其暗通北敌之志。而毛仲芳、魏子浩、叶心传等辈益无忌惮，阳假护法美名以骗饷糈，阴联北方海军欲图扰乱，叛逆不法，罄竹难书，策等奉总统密令，招我海军同志温树德遵于本日午刻破厥负隅，率队先登海圻、海琛、肇和，暨椗泊省河永丰、豫章等舰，勒令政、桂余孽解除武装，业告肃清，除飞报大总统核示外，特电奉闻。"[1]

1922年6月中旬，陈炯明加快了谋叛的步伐，在白云山一代宣布戒严，形势骤然恶化。陈策鉴于形势危急，多次敦请孙中山撤离总统府。孙中山仍然认为陈炯明不敢冒天下之大不韪公开发动叛乱，对陈策的敦劝不为所动。形势迫在眉睫，兵变一触即发。15日，陈炯明密令粤军总指挥叶举在白云山召开军事会议，进行叛乱的具体部署。陈策闻知后，先紧急召开各舰长会议，将"宝璧"舰设为指挥舰，自己驻舰指挥，并敦促各舰严加警戒。[2]他前往孙中山住处对孙说："各军舰已备战，恭请大总统莅临舰队，在陈军发动叛乱时下令实施讨伐！"孙中山尽管对陈策的革命精神表示赞赏，但仍不以为然。

16日凌晨1时，叛军突然涌向越秀路，包围总统府，孙中山生命危在旦夕。此时陈策住在东堤襟江楼，彻夜未眠，接到报告后，翻身下床，来不及出门下楼，直接从二楼一跃而下，不顾脚足扭伤，火速奔赴舰队，指挥"宝璧"舰驶近长堤天字码头附近，准备接应孙中山。

总统府内一片紧张的气氛，总统府参军林树巍、秘书林直勉力劝孙中山离开险区。直到此时，孙中山才相信陈炯明的叛乱是千真万确的事实，才理解了陈策的一片苦心，决定离开总统府。他在二人的辅助之下，冒险穿过越秀街，躲过叛军的盘查，转往天字码头，乘小艇登上了早已生火起锚、整装待发的"宝璧"舰。孙中山终于脱离了险情，陈策长长地舒了一口气。

"永丰"舰上的忠实护卫

孙中山登上"宝璧"舰后，立即拟写了一份讨陈檄文，号召各军讨伐陈炯

---

〔1〕汤锐祥编：《护法运动史料汇编》（一）海军护法篇，花城出版社2003年3月版，第359页。

〔2〕胡应球：《孙中山移驻永丰舰的经过及永丰舰以后的活动》，《广东文史资料》第二十五辑，第219页。

明，陈策也以海军全体官兵的名义通电讨伐陈炯明。随后，孙中山亲率海军舰艇入省河炮击叛军阵地。然而，在动荡的局势中，以护法舰队司令温树德为首的部分海军官兵发生了动摇。温树德暗地里与陈炯明联络，签署议和条件，与叛军达成逼迫孙中山下野的默契。不久，温树德登上"宝璧"舰面见孙中山，以"宝璧"舰战斗力太弱为借口，请求孙中山转登他的座舰"永翔"舰指挥军事行动，以实现对孙中山的控制。孙中山并不怀疑，跟随温树德登上了"永翔"舰。

温树德的举动引起了陈策的警觉，他暗暗分析，"宝璧"舰泊在天字码头附近，"永丰"舰泊在二沙头对面士敏土厂附近，"永翔"舰泊在白鹅潭芳村附近，要说距离，从"宝璧"舰到"永丰"舰距离最近，为什么温树德要舍近求远，让孙中山转往"永翔"舰呢？其中必有问题。陈策又联想到温树德最近的表现，感到事情绝非偶然。他很快意识到孙中山的处境已经相当危险。当即他在"永丰"舰上召集拥孙舰长会议，参加会议的有"永翔"舰长丁培龙、"楚豫"舰长招桂章、"永丰"舰长冯肇宪以及"永丰"舰上的其他军官。他们一致认为，为安全起见，孙中山应该立即转移到"永丰"舰上，但是，如果公开去迎孙中山，势必遭到温树德的阻拦，应采取委婉的办法。于是，他们商量制定了一个周密的计划。

当天上午，"永丰"舰长冯肇宪带领两名士兵代表，乘小火轮登上了"永翔"舰，面见孙中山。冯肇宪说："'永丰'舰全体官兵，愤怒不可遏止，准备立即发炮轰击叛军，请大总统即下命令。"随行的两名士兵代表也随声附和。孙中山想了想说："时机尚未到，各舰与岸上友军必须行动一致，不能独行。"[1]冯肇宪马上说道："即便如此，恭请大总统到'永丰'舰上训话，以安抚全舰官兵。"孙中山当即表示可行，温树德不便阻拦。不一会儿，孙中山与冯肇宪一起登上小火轮，向"永丰"舰开去。

上舰后，陈策将实情向孙中山作了汇报，恳请孙中山不要再回"永翔"舰，其他舰长也力劝孙中山留在"永丰"舰。此时的孙中山为有这样忠心耿耿

---

〔1〕胡应球：《孙中山移驻永丰舰的经过及永丰舰以后的活动》，《广东文史资料》第二十五辑，第220页。

观音山一役因讨贼而获孙中山奖励勋章的卫士队士官合影

的海军官兵而感到欣慰，坚定地表示留在"永丰"舰。自此开始到护法战争失败，孙中山一直住在"永丰"舰上，历时55天。

陈策凭借自己的忠诚与机智，又一次使孙中山化险为夷。

然而，温树德背叛孙中山的决心已定，海军的分裂已成定局。此后，温树德两次带领各舰亲信登上"永丰"舰，企图驱逐孙中山，逼其离开舰队。特别是第二次上"永丰"舰，摆开气势汹汹的架势。陈策等拥孙官兵早有准备，他们分列孙中山两旁，陈策则直接守护在孙中山身边，以壮声威。温树德大声说道："本人决意中立，并已预备仪式，欢送大总统。"此时气氛十分紧张，陈策手握左轮枪柄，欲即拔出，随时准备处置温树德。孙中山大声怒斥温树德的怯懦背叛行为。在众怒之下，温树德率领众随从悻悻而退。[1]孙中山当即命令陈策统一指挥海军军事，就这样，陈策在危难之中担当起讨伐陈炯明、保护孙中山的重任。

在温树德背叛孙中山的同时，广州卫戍司令魏邦平、海军陆战队司令孙祥夫也相继背叛孙中山，护法的力量越来越弱。在与叛军的交战中，孙中山所率

---

〔1〕见时任"舞凤"舰舰长的袁良骅撰《陈策先生传》。

海军力量因无陆军配合，始终不能实现作战意图。无奈之中，孙中山决定退守白鹅潭，坚守待援。然而此时，北伐前线也传来了失败的消息，孙中山感到坚守白鹅潭已经没有意义，决定离开广东。1922年8月9日，孙中山告别了与他朝夕相处近两个月的"永丰"舰官兵，在陈策的侍卫下登上了英国"摩轩"号炮舰，前往香港，转赴上海，第二次护法又宣告失败。

1923年初，孙中山坐镇上海，联络滇桂军阀组成联军，东下讨伐陈炯明，并派陈策由上海回广东，协助联军进攻广东。陈策不辱使命，在广东把所有海军舰艇六十余艘进行了收编，投入战斗。陈炯明在内外进攻下无法招架而溃败，联军控制了广东局势。2月，孙中山由上海回到广州，成立了陆海军大元帅府，第三次在广州建立革命政权。陈策被任命为广东海防司令。从这时候开始，广东海军在陈策的领导下出现了统一的局面，形成了一个新的海军派系——"粤系"，陈策成为"粤系"海军的主要首领人物。此后，他率领海军舰队讨伐沈鸿英，平定商团叛乱，出生入死，屡建战功。特别是在讨伐沈鸿英的过程中，遭沈鸿英的卫队包围，险些丧命，侥幸逃脱，左脚中弹负伤，留下残疾，为以后失去左足埋下祸根。

策动两舰倒陈投蒋

1925年3月，孙中山病逝，陈策大为痛惜。此后，他把对孙中山的忠诚转而倾注到了孙中山创立的国民党身上。然而，他没有看清楚国民党在孙中山去世以后已经发生了很大的变化，孙中山所倡导的三民主义已经被蒋介石集团完全抛弃了。所以1927年以后，陈策站到了反共的立场上，先后出任了广东

1931年6月2日，广州国民政府三军总司令就职。右起：海军总司令陈策、空军总司令张惠长、第一集团军总司令陈济棠、第四集团军总司令李宗仁

陈济棠调动空军对海口港实施轰炸，将"飞鹰"舰炸沉。图为"飞鹰"舰

清党委员会委员、中国国民党中央执行委员、中国国民党广州特别市党部委员等职。

1928年12月，张学良在东北易帜，蒋介石实现了形式上的全国"统一"，全国的海军也出现了"统一"的局面，广东海军被编为第四舰队，陈策出任舰队司令。然而，国民党内部的派系纷争并未因全国"统一"而消除，相反却愈演愈烈，新一轮的军阀混战不可避免。汪精卫、李济深等人为对抗蒋介石，在广东成立了国民政府，形成了"宁粤分裂"的局面，陈策不可避免地卷入了各派军阀的纷争当中。经过一次次的激烈交战，1932年，各派达成协议，宁粤重新合作，广东地方实力派陈济棠掌握了广东的军政大权。陈济棠为巩固自己的权势，大肆排挤以孙科为代表的"太子系"，极力支持孙科的陈策也在被排挤之列。陈济棠下令裁撤了海军司令部，将海军并入他的第一集团军，只让陈策担任了第一集团军司令部高级顾问，海军司令另易他人，各舰舰长分别由陈济棠信任的陆军军官担任，与陈策有关系的黄埔海军学校五十余名学生被勒令退学。这一切激起了陈策的强烈不满，他表示："海军改隶如确系维护和平统一，为粤省谋休息，为人民谋幸福，则极端赞成，个人去留不成问题。若以海军改隶于独裁割据的军阀，则以为不可，退往安全地方，以待解决。"他密令追随他的各舰官兵拒不执行陈济棠的命令，将一部分军舰开出广州，驶往海南，与驻海南的海军陆战队一起，宣布成立"海军行营"，与陈济棠公开实行武装对抗。

恼羞成怒的陈济棠立即调动空军对海口港实施轰炸，将"飞鹰"舰炸沉，将港口的设施摧毁，同时调派陆军登陆海南岛，解除了海军陆战队的武装。至此，陈策的海军实力损失殆尽，陈济棠完全掌握了海军大权。在这种情况下，陈策不得不离开广东，出走欧美，考察海军。

陈策在海外始终没有忘记重振往日海军的雄风。1933年他从欧美回国，径直来到南京，面见蒋介石。蒋因他往日忠实追随孙中山，对他格外器重，任命他为国民政府军事委员会军令处处长。从此，陈策对蒋介石也十分忠心。

1935年6月，陈济棠为控制南下的"海圻""海琛""肇和"三舰，采取了频繁换人、削弱原三舰军官权力等手段，引起三舰官兵不满，部分官兵开始酝酿出逃。恰在此时，陈济棠又下令减发三舰军饷，引起官兵的更大愤慨，他们开始实施行动。15日，"海圻""海琛"两舰冲出虎门，驶抵香港。"肇和"舰因轮机故障没有随行。在港各种势力均想争取两舰，南京国民政府第一舰队陈季良率舰队主力赴港，敦促两舰北归，双方因互不信任而陷入僵局。蒋介石得知后，立即派陈策前往调解。7月4日，陈策偕同夫人乘"胡佛总统"号客轮抵达香港。到港后，受到两舰官兵的欢迎。因陈策与陈济棠有宿怨，深得两舰官兵信任。在陈策的说和下，两舰同意北归。7月8日，陈策率领两舰起航出港，18日到达南京下关。蒋介石非常高兴，对陈策更加信任。

珠江口英勇抗敌

1935年华北事变以后，日本加紧了对中国的侵略活动，中华民族危机进一步加深。为了加强沿海的防御力量，国民政府对海军人员进行了调整，命令陈策赴广东担任虎门要塞司令。1937年，全面抗战爆发，日军以优势海军封锁了中国沿海各口。为制止日舰从珠江口侵入，广东江防司令部实施了口门封锁，而陈策坐镇的虎门要塞成为防守封锁线的关键。从这年9月开始，日军舰艇就不断对珠江口进行侵袭。9月14日这一天，日军派遣巡洋舰1艘、驱逐舰3艘自伶仃洋驶抵虎门，中国军舰"肇和""海周"与之展开战斗，左脚有残疾的陈策亲自指挥虎门各炮台发炮轰击。经过40多分钟的激战，日驱逐舰"一七九"号被击沉，其余被击退。此役首开粤海击沉敌舰的记录，陈策功不可没。事后，国民政府中央宣传部部长梁寒操从重庆发来电报，祝贺此役的胜利，电报

　　1937年9月，日舰对"肇和""海周"两舰发起攻击，虎门要塞司令陈策指挥炮台协助两舰顽强抵抗。图为"肇和"舰

"海周"舰

中还附有一首诗："短枪小艇夺艨艟，击楫当时胆气雄。莫笑将军虽足曲，虎门今日尚威风。"

陈策左脚的伤是在讨伐沈鸿英时留下的，这么多年来，他为作战不停奔波，失去了若干治疗的机会。1938年春，陈策伤势恶化，不能行走，在别人的劝导之下，他辞去虎门要塞司令之职，前往香港入法国医院接受医治。入院后医生发现，由于伤势拖延过长，无法完全治愈，并有可能危及其他部位，决定将其左脚截去。手术非常顺利，陈策很快痊愈，并安装了假肢。出院后，他出任国民政府驻港特派军事代表，

截肢后的陈策

兼国民党驻港澳总支部主任委员，港英各界称他为"独脚将军"。徐亨回忆说，"我陪同陈策将军到香港接受截肢手术，之后，我们就留在香港。陈策将军担任中国驻港特派军事代表，并兼任中国国民党港澳总支部主任委员，我担任陈策将军的少校随从参谋，并兼任港澳总支部秘书。……陈策将军担任两项职务，分别代表国民党和国民政府，与香港军政当局秘密联系，办公厅就设在亚细亚行二楼的华记行。"[1]

香港抗战与突围

1941年12月1日，因局势日益紧迫，香港当局发出紧急疏散令。此时，英国在香港的防御力量与日军进攻的力量相比极其微弱，陆上的防御主要有9英寸炮8门、6英寸炮14门、4.7英寸炮2门、4英寸炮4门；陆军部队有5个步兵营，1个机械炮营；空军有2架"海象"水陆两用飞机，4架"羚羊"水陆两用飞机；

〔1〕《徐亨先生访谈录》，台湾"国史馆"1999年6月版，第15页。

海军有1艘"色雷斯人"号驱逐舰、8艘鱼雷快艇、几艘炮艇、几艘辅助巡逻艇。全部战斗人员包括英国、加拿大、印度等国的部队在内共15000人。

1941年12月7日，日本偷袭珍珠港，拉开了太平洋战争的序幕。香港战事于8日凌晨4时打响，此时，陈策在九龙寓所，接到参谋蔡重江转来的英军军部的电话，说日军已在马来亚北暹罗湾之南登陆，珍珠港、马尼拉等地已遭到日军的空袭。陈策立即通知国民党留港人员注意，并于7时渡海过港。沿途二十余架日机飞过，分批轰炸九龙启德机场和深水埗兵营等地。抵港后，陈策拜会英军陆军司令，商量军事合作及作战计划。当日夜，日军开始发动对九龙英军防线的进攻。

10日晨，陈策召集国民党驻港各机关代表齐集总支部开会，决议成立"中国各机关驻港临时联合办事处"，大家推举陈策为主任委员。办事处分设秘书、军警、外交、情报、宣传、财务、交通、粮食、总务等九个组[1]，设于总支部所在的亚细亚行。当日午后，英军退守大浦、元朗防线，继而又退守沙田、荃湾防线。陈策用"忠义慈善会"名义组织两千余人参与防卫香港的作战。

12日晨，陈策召集各代表开会，决定在"中国各机关驻港临时联合办事处"之下，成立"香港中国抗战协助团"，陈策任团长，各帮会领袖为主干，设指挥部于跑马地，并将香港繁荣地域划为三个区，各派代表前往负责协助维持秩序。当日，九龙失陷，英军全部退到香港岛。

18日夜，日军在香港岛北角潜渡登陆；19日，又在北角太古船坞登陆，形势危急。陈策决定组织人员直接参加防御作战。他挑选了首批枪法娴熟，曾上过战场的精壮人员一千多人，并向英军总部提出，让这些人员参加英军前线作战，请求发给枪弹。但英方表示，深信香港尚能固守，倘若中国援军赶到，即可解围。可是，早在珍珠港事件之前，国民政府就提出帮助英军防守香港的建议，但遭到英方的拒绝，因为英方相信自己可以固守香港。守港战斗打响后，英方才急急忙忙地派代表赶往重庆，向国民政府求援，但仍然拒绝为中国军队的调动提供海空支援，因为此时英方仍然相信他们可以坚守六个月。由于英方没有与国民政府积极配合，致使增援香港的中国军队无法按期到达，英军只能

---

〔1〕《徐亨先生访谈录》，台湾"国史馆"1999年6月版，第15页。

驻香港的英国海军"姆斯"号炮舰

陷于苦战。

21日晨，日军千余人分由鲤鱼门、筲箕湾两线渡海，铜锣湾大坑及附近高冈阵地被攻陷。24日，英军已疲惫不支。当夜，英军总部才将手榴弹20箱、左轮枪75支送到陈策的手中。陈策感叹道："经数日之要求，此时乃始送来。"[1]正当陈策将利用这些武器投入战斗时，英军忽又来告，"改期缓动"。而此时，日军从跑马地发出的炮声连续不断，陈策意识到日军已在全力夺取香港市区，战局演变已危如累卵。

就在香港局势极为危机的时刻，英国首相丘吉尔密令香港总督杨慕琦，宁可向日军投降，不可使香港落入中国人之手。原因是，降与日本，将来尚可收回，交与中国，定无收回日期，这也是港英当局拒绝给援港中国军队提供海空支援的根本原因。于是，杨慕琦决定在12月25日放下武器，向日军投降。

就在港英当局准备投降之前，英国情报人员保罗·德芮肯（Paul Draken）通过秘密渠道获悉杨慕琦将在下午6时宣布停战投降，他迅速将这一消息告诉了陈策[2]，陈策立即召集中国各机构代表开会，研究对策。会上，伴随着窗外激烈的枪炮声，陈策坚定地表示："如我国援军不能赶到，香港一旦失陷，决

---

〔1〕《徐亨先生访谈录》，台湾"国史馆"1999年6月版，第175页。
〔2〕保罗·德芮肯回忆录未刊稿。

港英当局投降后，日军进驻香港岛

冒险突围，宁死不愿作俘虏。"为表示突围的决心，他从口袋里取出护照，用笔在上面写下"不成功则成仁"六个字，又分别给父母和妻子写了遗书，吩咐弟弟陈籍带回家乡。"籍茫然不知将何为，又不敢问，提书含泪俯首缓步以去。"后来陈策描述当时的心情说："此时中情虽苦，然以临大节而不可夺，意既坚决，觉心境宁静，态度更为从容。"[1]随后，陈策将突围决定通过电话通知杨慕琦。他说："本人决计突围，贵方如果有人愿意相从，请立刻到亚细亚行来。"[2]杨慕琦尽管此时已经接到英国政府投降的命令，但他十分赞同陈策的主张，而且还主动提出将英国海军第二鱼雷艇中队剩余的五艘鱼雷艇交给陈策，用于突围。

杨慕琦提供的五艘鱼雷艇隶属于英国海军中国派遣舰队第二鱼雷艇中队。12月25日下午3时，英军远东情报局局长麦克道格尔（Macdougal）、助理罗斯（Ross）、空军少校参谋沃克斯福德（Oxford）、海军中校蒙塔古（Montague）、陆军少校作战科长高灵（Goring）、上尉麦克美廉（Mcmillon）、警察督察长鲁滨逊（Robinson）等十多名军官相继赶来，向陈策报到，他们愿意跟随陈策突围。另外，还有来自英陆、海、空三军的五十余名官兵也响应突围。德芮肯先赶到香港仔海军码头，与五艘鱼雷艇会合，他与各艇长商量，让他们先载五十余名英军官兵，直驶鸭脷洲盟山背停泊，等待陈策的到来。一小时后，当陈策获悉杨慕琦已驰往九龙向日军投降时，他立即下达了突围命令。

1941年12月25日下午4时30分，陈策率领随从人员徐亨、杨全、余兆骐以及英军军官十余人，驱车赶往香港仔海军码头，此时德芮肯已经等候在那

---

〔1〕《徐亨先生访谈录》，台湾"国史馆"1999年6月版，第176页。
〔2〕同上，第21页。

参加香港突围的英军第二鱼雷艇中队的第9号艇

里。本来他们想登上"C410"号拖船出航，可由于人员太多，拖船装载不下，不能一起出航。这时，陈策发现附近有一艘旧的汽艇，命令德芮肯启动汽艇，可汽艇的油料、电池皆无，无法启动。德芮肯立即安排情报组人员寻找这些东西。好在寻找的人员很快找到了油料和电池，汽艇终于发动起来了。陈策率领十余人登上了汽艇，德芮肯率五六人则坐上了拖船。此时已是下午6点多，天色已经黑了下来，他们趁着夜色出发了。可是，刚出发后不久，两艘船就失去了联系。陈策率领的汽艇朝东行驶，刚刚驶出不到半里，即被驻扎浅水湾西角的日军发现，他们用机枪猛烈扫射，之后又用小炮加以轰击。在猛烈的炮火中，多名人员负伤，倒卧舱中，舵手阵亡。麦克道格尔也背部中弹，陈策左手腕被打中，血流如注。更糟糕的是，汽艇主机被击坏，艇身在水面上打转，无法前行。在这危急时刻，陈策毅然下令弃船。他在徐亨的帮助下取下假肢，连同假肢中存放的4万元港币，一同丢入海中，准备跃入大海。可此时，不会游泳的杨全除了担心受了枪伤的陈策无法泅向鸭脷洲外，还担心自己沉入海底，执意要返回香港。陈策厉声喊道："返香港就是投降，你知道吗？现在我们有进无退，义无反顾。"杨全仍然请求陈策慎重考虑，陈策脸色突变，厉声斥喝："你再多话，我就枪毙你！"说完，他将艇上唯一的救生圈抛给了杨全，然后纵身一跃，跳入海中。在他的带领下，人们纷纷跳海，杨全也跃入水中。徐亨在回头的一瞬间发现，不会游泳的余兆骐还在船上犹豫着。为了保护陈策，徐亨也顾不了许多了，只能黯然向余兆骐告别。后来陈策伤感地说："余兆骐同志，忽已失踪，生死未明，相从患难，欲救无及，悽痛何已。"[1]陈策后来得知，余兆骐等滞留在艇上的人员，在陈策突围后返回了香港。

日军的射击并未停止，子弹激起的水花在他们周围此起彼落，十几个人在水中被枪弹驱散。徐亨扶着陈策，罗斯保护着麦克道格尔，杨全紧随其后，五人形成一组，而其他人则消失在他们的视线以外。

隆冬的海水冰冷刺骨，他们每前进一尺都要使出很大的力气。徐亨后来说："我望着鸭脷洲，虽然只有四分之三海里泳程，但是对我们而言，真是咫尺天涯，因为我们五个人中就有两个负伤者，还有一个旱鸭子杨全，如果日军发现我们，势必再度施以更猛烈的轰击，而鸭脷洲岸也在日军小钢炮及机枪的有效射程内，想要逃过这道鬼门关，真是比登天还难。"[2]陈策后来也说："策既失一足，又伤一手，虽早谙水性，然天寒水冷，以一手一足，于弹雨之啾啾中，冲波逐浪，自料难于幸免。当此九死一生之时，回思往岁追随总理，从事革命，早置生死于度外。"[3]就这样，他们抱着"九死一生"之念，毅然游向前方。

再说"C410"号拖船。当汽艇遭到日军的袭击之后，拖船的舵手立即掉头向西行驶，避开日军的炮火。绕了一个大圈之后，他们发现了一个小岛，德芮肯把小岛与所带的海图比对，认定该岛就是鸭脷洲，可他们在黑暗中绕岛一周，并未发现鱼雷艇的影子，又对该岛是否是鸭脷洲产生怀疑。为了避免停留太久引起日军的注意，他们决定离开该岛。后来德芮肯说："我们继续在这一带海域搜寻许久仍然看不到鱼雷艇队，我认为再绕下去不是办法，等天亮了一定会被日均发现，于是当机立断朝大陆方向驶去。虽然我们没有陈策的协助上岸可能有危险，但总比在海上被日本飞机、军舰当活靶子打来得好，好歹我们还可以打着陈策的名号硬闯看看。"[4]事后得知，他们所环绕的小岛正是鸭脷洲，由于五艘鱼雷艇作了精心的伪装，他们竟然没有发现。

〔1〕《徐亨先生访谈录》，台湾"国史馆"1999年6月版，第163—164页。

〔2〕同上，第23—24页。

〔3〕同上，第177页。

〔4〕保罗·德芮肯回忆录未刊稿。

　　陈策等人经过两个半小时的奋力拼搏，终于登上了鸭脷洲，与先前到达的五艘鱼雷艇以及五十余名英军官兵会合了。陈策立即命令徐亨四处寻找其他人，随后又陆续有英国军官前来会合。陈策清点了一下人数，共有中英官兵67名。

　　登上鸭脷洲并不意味着突围的成功，这个小岛依然在日军的射程范围内，他们必须离开这里，进入广东地界。陈策将67名官兵组成突围分队，亲自拟定登岸航线，把登陆地点选在大鹏湾的平洲。晚上9时30分，陈策被抬上鱼雷艇，他命令五艇同时起碇，向目的地疾驶。途中，突遇一艘日军驱逐舰，陈策沉着冷静，命令五艇一字排开，径直冲向敌舰，以迷惑敌人。日舰果然误认为是盟军舰队发动攻击的前锋，不敢交战，仓皇逃避。午夜，五艘鱼雷艇抵达平洲，突围获得成功。此时的"C410"号拖船也即将到达大陆，舵手突然发现前方岸边停泊了几艘船艇，所有人都大为紧张，舵手立即转向驶往外海，而德芮肯仔细一看，发现那几艘船艇的影子好像是寻找多时的鱼雷艇，于是命令拖船向岸边驶去。德芮肯后来说："当船愈来愈靠近时证明我的判断是对的，对方艇上的人开始挥手高叫，果然是鱼雷艇队与陈策将军他们。"[1]

　　两股突围人员会合后，陈策命令再次启航前往南澳，与当地的游击队会合。到达南澳时，已是凌晨3点多钟。

　　鱼雷艇在南澳泊好后，陈策派徐亨率领两名英军登陆侦察。他们摸黑走了很久，遇见一位老人，打听后得知，香港战役开始后，沿岸的日军撤走了，当地正由一支自发组成的游击大队控制，大队长叫梁永元，此人曾在陈策手下担任过海军陆战队的排长。徐亨喜出望外，立即与梁永元取得联系。梁永元起初不太相信，还派出认识陈策的人前往确认。不久，翘首以待的陈策看见海面上一艘汽艇从远处开来，艇上站着一个二十多岁的青年人，陈策迎上去才看清，这位年轻人正是梁永元，梁当即表示，突围人员此后的一切吃住及安全，都由他负责，英国官兵们长舒了一口气，此时他们才突然想起这是圣诞之夜。德芮肯后来描述了当时的心情："望着前方黑漆漆的海边，想起每年这时候我多半在上海外滩看着黄浦江畔灿烂的圣诞灯与烟火倒影，拥着安妮（德芮肯的女朋

---

〔1〕保罗·德芮肯回忆录未刊稿。

陈策与突围分队部分人员合影

友）等候江海关大楼敲响12点的钟声。今天是圣诞夜哩！我在这个中国南方荒无人烟的海边干什么？"[1]

为不使鱼雷艇落入日军之手，也为避免留下痕迹，陈策下令将五艘鱼雷艇全部凿沉。鱼雷艇上的英军官兵将武器装备及食物搬上岸，然后降下英国海军旗，打开水下舱门，用力将艇推向外海，举手敬礼，眼望着它们缓缓沉入黑暗的海上。随后，他们在游击队的护送下，开始了陆上的行程。

陈策不能行走，加之左腕受伤，身体虚弱，众人找来竹竿做成简易轿子，轮流抬他前进。此后的行程异常艰难，一会儿要通过敌人的封锁线，一会儿又要躲避敌人的轰炸。到了夜晚，或者宿营在破庙里，或者宿营在果树下。每天的食物也严重不足，每人仅有两小碗米饭，大多数时间里要忍受着饥饿的折磨，残疾而带着伤的陈策要忍受着比其他人更大的痛苦，梁永元不离左右，护卫在他的身边。经过三天三夜的行军，突围分队终于在12月29日到达广东惠州，受到当地军民的热烈欢迎。当天，突围分队全体人员合影留念。不过，在今天看到的照片中，没有发现德芮肯的身影，他解释说："我原来是站在陈策正后方的，但就当摄影师按下快门的一刹那，我突然想起我可是要回上海潜伏的，怎能留影在这张必然刊登在所有报纸上的照片而被敌人按图索骥呢？我于是立刻蹲下转身躲到人群后面，所以现在看到的那张64个人合影照片陈策身后有一个空位，那原来就是我的位置，后来我也要求把我的名字从所有记录中删除。"[2]

到达惠州的当天晚上，中国军队为突围分队举行了盛大的宴会，将平时难得一见的鸡、鸭、猪肉、新鲜蔬菜全部拿了出来，使这些英国人过上了一个迟

---

〔1〕保罗·德芮肯回忆录未刊稿。
〔2〕同上。

到的圣诞节。在宴会上，英国官兵表达了他们对陈策将军和中国人民的敬佩和感激之情。

分队离开惠州时，德芮肯与分队告别，他要按上峰的指示赴重庆的英国大使馆报到。

1942年1月5日，突围分队乘电船沿江抵达龙川，然后改乘汽车，两天后到达韶关。第七战区司令长官余汉谋、广东省主席李汉魂以及韶关军民举行了盛大的欢迎会欢迎突围分队。此时，梁永元的游击队也接受了国民党的改编，被委任为游击第一纵队，当日即回南澳扩编队伍待命。可是，陈策手腕的伤势加重，必须接受治疗，中方人员不得不在韶关止步。突围分队的部分英军官兵也与大队分手，他们要继续留在中国工作，其余的英军官兵则执意要返回家乡。

1月18日，突围分队的剩余官兵离开韶关，当汽车开动的时候，这些英军官兵恋恋不舍地向陈策等人告别。汽车在崎岖不平的山路上整整颠簸了五天，23日到达贵阳。贵阳当时是中国军队的医疗中心，在那里中国军队尽最大的能力给英军官兵提供帮助，使伤员得到救治，并决定提供红十字救护车运送他们到缅甸的腊戍。分队乘坐着救护车于30日到达昆明，在昆明的中国旅行社作短暂的休息后，于第二天继续赶路，沿着世界上最著名的滇缅公路向腊戍行进。从昆明到腊戍有1120公里，在这条路上，这些英国人度过了噩梦般的七天。路上的尘土有几寸厚，道路高低不平，蜿蜒曲折，路的宽度仅仅够两辆汽车并肩

1941年12月19日，陈策率领突围分队到达惠州合影

通过，路基下是万丈悬崖，每一次颠簸都使人心惊胆战。2月7日，分队终于到达了腊戍。在腊戍他们换乘卡车赶到眉苗，然后又赶乘火车到了曼德勒。2月14日，突围分队到达仰光。

此时的仰光已经没有大批的盟军驻守，但这里还有大量的物资没有撤走，日军的先头部队已经接近这里。突围分队奉命在仰光停留，他们的任务是要将部分物资装上商船，然后跟随商船回国。在装物资的过程中，他们还要担任特殊的警戒任务，防止日本特务的破坏。一天晚上，他们捕获了55名被日军指使的缅甸人和一名试图登陆的日本人，他们全部被分队所击毙。分队在离开仰光之前，将仓库、防波堤、码头、炼油厂、无线电台以及所有的军事设施全部炸毁。3月8日分队乘上"海瑞奇·杰森"号商船离开了仰光，两个小时以后，日军第21装甲团开进仰光。

3月12日，突围分队到达了印度的加尔各答，然后他们通过陆路穿越印度次大陆到达孟买。4月28日，分队登上驶往英国的船只，他们怀着无比激动的心情踏上了回家的路程。

1942年5月22日下午，突围分队的船只缓缓地驶进苏格兰的格拉斯哥港，码头上早已等候迎接的人群一片欢腾。这样，在从香港突出重围的英军官兵中，有3名军官、28名士兵安全地回到了自己的家乡。

从香港到仰光，他们走过了4630公里不平坦的路程，历时51天，穿过了茫茫丛林，越过了海拔2100米没有道路的山区，实现了回家的梦想。在这次行动中，中国的"独脚将军"陈策功不可没，为世界人民的反法西斯战争作出了贡献。

"独脚将军"率英军突围的事迹很快在欧洲传开，各大媒体争相报道，一时间，陈策成了"世界英雄"。1942年2月，伤愈的陈策飞抵重庆，受到各界的欢迎。国民政府授予他干城

陈策和随从参谋徐亨（右）与参加突围的英国空军上尉奥克斯福德于1944年合影

甲种二等勋章，行政院授予他海军中将军衔。英国大使馆代表英皇乔治六世，授予他大英帝国爵士（Knight of the British Empire）称号，并将他空运到印度，专门制作了假肢。陈策将从他左腕中取出的那颗子弹镶嵌在一条金链上，佩戴在胸前，作为他从香港突围的永久纪念。

陈策逝世后，代总统李宗仁赠"英风宛在"的挽词；国民党元老于右任赠"义气盟军重，忠诚国父知"的挽联，以示敬仰

1945年春，陈策从重庆返回广东，出任盟军联络专员、广州军事特派员、广州特别市长等职，设办事处于兴宁，负责军事策反工作，协助盟军反攻广州。抗日战争胜利后，陈策首先进入广州，担任了广州市第一任市长。第二年，他的胃溃疡病发作，辞去广州市长职务，赴南京休养，担任国民政府顾问。1948年，他再度回到广州，担任广州绥靖公署副主任。

1949年8月30日，陈策胃溃疡病复发，医治无效，卒于广州大德路海军联谊社寓所，享年55岁。当时为其送葬的中外人士达数万人之多。香港总督葛量洪爵士电请英国驻粤领事代表赴吊；代总统李宗仁赠"英风宛在"的挽词；国民党元老于右任赠"义气盟军重，忠诚国父知"的挽联，以示敬仰。

鲜为人知的烟台海军学校学潮

　　中国近代海军教育始于清末，福州船政学堂的创建是其开端。近代海军教育的兴起，虽然破除了八股取士的陈规陋习，引进了西方的教育模式，但清末民初社会的污水浊流依然使海军教育充满了黑暗和腐败。20世纪初叶，在俄国十月革命的影响下，海军教育中的黑暗和腐败受到了猛烈的荡涤。1919年末爆发的烟台海军学校学潮，就是一股冲击黑暗和腐败的浪潮。

面向全国招生

　　烟台海军学校位于烟台东山金沟寨村，始建于清末复兴海军时期的1903年，第一任监督（校长）是现代著名女作家冰心（谢婉莹）的父亲谢葆璋。该校虽成立较晚，且只设驾驶一科，但其培养的海军指挥军官的数量后来竟位居全国各海军学校之首。

　　长期以来，中国海军一直以"闽系"为主，各海军学校也多从福建招收学生，烟台海军学校也不例外，光绪三十四年（1908）二月十五日该校开学时，在校学生192人中闽籍占一半以上。[1] 1916年下半年，新任广东籍海军总长程璧光为打破闽人控制海军的局面，决定首先改变海军学校的招生制度，制定了面向全国招生的计划。这年12月，烟台海军学校最先按新的招生制度招收新生。招生的程序是先由各省自行初选，初选入选的学生再到上海参加北京政府海军部

---

〔1〕许季超（许秉贤）：《关于烟台海军学校的回忆》，《文史资料存稿选编》军事机构（上），中国文史出版社2005年9月版，第384页。

位于山东烟台东山金沟寨村的烟台海军学校

烟台海军学校教学楼

1908年，冰心（左）与大弟谢为涵与父亲谢葆璋在烟台合影

驻沪考选委员会的复试。结果，来上海复试的考生有近千名，他们来自全国21个省。校方经过筛选，最终从众多考生中录取了100名，作为该校第16届学生。烟台海军学校的这次招生，是中国海军有史以来第一次真正面向全国招生，因此成为中国海军教育史上的一大盛事。

烟台海军学校招收的这100名学生，是由全国各省区精选出来的，因此也是该校最具活力的一届学生。由于各地教育发展不平衡，这些学生入学前所受的教育和文化程度也各不相同。在他们当中，有的受过中等教育，有的读过大学专科，有的是教会学校出身的，有的是高小学生，有的还是清末的秀才，有的英语比英文教官说得还流利，有的文言文写作比国

烟台海军学校建校初期全体师生合影

文老师写得还好[1]。可以说，这一届学生的文化程度和思想，甚至比那些教官、职员、老学生还要进步。他们满怀爱国热情和个人抱负投身海军，渴望在接受海军教育后能成为一名真正的海军军官，将来为中国海军做一番事业。该届学生郭寿生后来回忆说："我们这批被考取的海军新生，乘着福安运舰（舰长李国棠）由上海出发，顶着冬天严寒的黄海大风浪，几遭危险地安抵山东烟台东山海军学校。又过了一番最后的入学考试，我被分配为第三班级长。"[2]

教育充满黑暗

招生制度的改革并没有改变海军已成痼疾的保守与腐败，在上海进行复试时，第16届学生第一次目睹了考场上的舞弊行为。郭寿生回忆说："在考场上发觉考委会监考人有舞弊情事，（他们）把试题在题纸背面预先解答好，分给应试的军官保送子弟，激起了我的愤怒不平。就在高昌庙上电车的时候，当众作了小广播，并表示如我落选，定将在报纸上揭发其舞弊经过。此事传于考委会。次日，在考场上竟有监考官来问我姓名，并对我说：'你考得很好。'上天不负苦心人，到了发榜，我在选取百名中列于12名。我被选取后虽未揭发舞弊内幕，但对当时办海军教育者的腐败非常不满，因此对学习海军也没有信心，尤其是对于中国海军建设前途感到非常失望。"[3]

他们入校后发现，海军教育的黑暗和腐败远远不止考场上的作弊行为，学校的日常学习，除了多年不变的英文、算术教本、古文观止、呻吟语和每日两次枪操之外，绝对不许学生读书看报；除逢年过节休假日外，学生完全与校外社会隔绝。学校教职员有的狂嫖滥赌，有的吸食鸦片烟，有的不学无术只知压迫学生盲从。在这样的教育环境中，往届老学生充满了浓厚的封建思想，什么社会状况、国际形势、国内情形、政治经济问题，他们一概不闻不问。对于刚入学的已具有新思想的学生来说，这样的学校生活无异于"坐牢"。但考虑到稍有不慎会被开除学籍，还要赔偿学费，他们不愿放弃学习海军的机会，所以只能忍气吞声，苦等毕业。第13届学生周应聪对学校开除学生的做法印象

---

〔1〕《郭寿生自传》（1951年手稿），第4页。

〔2〕同上，第2—3页。

〔3〕同上，第1—2页。

烟台海军学校初创时监督（校长）厅正厅

烟台海军学校初创时教员寝室

烟台海军学校初创时学生们在阅读所读报

烟台海军学校初创时学生们在上课

烟台海军学校初创时学生们就餐

深刻，他说："学校动不动就开除学生，每个教员都掌有'生死'之权，想开除你，就开除你。我们生活上归学监管。可学监就管找你的纰漏，你越有纰漏他越高兴。一年记满三大过就开除，这是学监的权威。如皮鞋带松了，警告一次，二次还松，记小过。一年中皮鞋带松六回，就要开除。甚至内务集合时间差一点就骂，顶嘴就记过。为了不被开除，我处处小心谨慎。"[1]

尽管如此，要使思想活跃的学生们长期忍受如此压抑的生活谈何容易。第16届入校的第二年，就有一些学生开始反抗。1917年7月，他们获悉张勋拥溥仪复辟帝制，义愤填膺，学生李之龙勇敢地站出来，组织学生在校内进行集会，声讨张勋。

此后，李之龙、郭寿生等进步学生开始通过各种渠道，暗中收集并传阅着《新青年》等宣传新文化、新思想的杂志，进一步接受民主思想。1919年的五四运动爆发后，这场由北京青年学生掀起的爱国风暴很快蔓延到山东，也强烈地激起了烟台海军学校进步学生的爱国热情。李之龙等学生不顾校方的阻拦，在校内发表了激昂澎湃的演讲，号召学生、校工和卫兵上街游行示威，加入到这场伟大的爱国运动中去。

学潮的起因

在"五四运动"的鼓舞下，为反抗学校的保守与腐败，第16届学生在校内首先实施了罢课。对于罢课的原因，学生郑公德回忆说："大约1919年夏季，我们从《新青年》《新朝》等刊物上了解到发生在5月4日的爱国学生运动，激发了我们的爱国激情。首先由我们班的查夷平领头，有高翔鹄和我三人在同学中酝酿罢课响应。当时罢课的具体原因是认为校方腐败无能，贪污学生伙食费，大家吃不饱，教官的知识水准低，学生学不到什么东西，提出要求撤换校长和教务长。我负责文牍，向上海《民国日报》写通讯稿，报道烟台海军学校的学潮情况，《民国日报》登载了我们的稿件。因为都是品学好的学生带头闹'风潮'，号召力大，各班都响应。在全校罢课以后，学校当局先惩罚了厨子，在饭堂责打20军棍；对学生则采取镇压手段，准备开除学生，因而激起了众

---

[1] 周应聪：《海军生活见闻》，《文史资料选辑》第110辑，第170页。

怒。"学生的行动并不仅仅为了改进伙食，校方的处理违背了学生罢课的初衷。恰在此时，发生了一件更令学生们难以接受的事情。

按照北京政府海军部的规定，烟台海军学校第16届学生的学制共为七年，其中前三年在烟台海军学校学习堂课，中间两年到舰上实习，最后两年到吴淞海军学校学习高等课程。1919年10月，正当第16届学生即将结束三年的堂课，带薪到舰上实习之际，北京政府海军部突然决定将原应在吴淞海军学校施行的两年高等课程并入烟台海军学校，在烟台的学制延长为五年，因而引起学生的强烈不满。学生们认为，海军部此举完全是针对他们这些来自全国的平民子弟，因为在军阀横行时期，军阀们都想把自己的子弟充斥到海军中，将来能控制海军，为此他们极力排斥平民子弟入海军学校学习。如果公开排挤，明目张胆地以军阀子弟充满学额，恐招全国各界的攻击，所以便通过延长学期的手段，使在校学生难以忍受，迫使他们自动提出退学，其空额以军阀子弟替代。如果学生们对此不发一言，则国人长期受当局的欺骗，平民子弟永远难以在海军中立足，即使已经入校的这100人，也将飘零殆尽。对于学生的认识是否是事实，烟台海军学校第九任校长许秉贤后来解释说，学生的上述认识纯系误会，"学生之学年定制是烟台学校三年，吴淞军官学校二年。今将吴淞之二年归并在烟台一起学习，既可免学生前往奔走之劳，二校并一校亦可节省经费，此意甚善。惟有嫌隙在心，易起误会。及至三年毕业之时学生闻此改革大起恐慌。以为闽籍当局故意将学年延长，削减彼之名额而增长闽籍学生之人数。因之而惧，因惧而愤，因愤而筹对策，风潮因之而起。彼知军人以服从为职责，请愿无效也。只有借外界之压力及舆论之公道，或可达到彼之希望。密议数次，均主张离校到上海想办法。先登各报，诉诸舆论，引起全国之人出来干涉，通电各省政府出来支援，向海军部说情讲理，此是学生之志愿及希望。或前学生极守秘密，外人不知也"。据许秉贤分析，学潮的发起还有一个原因，那就是"每次期考总有一二名不及格退学者，所补进之学生多是闽籍。"[1] 烟台海军学校第一届毕业生陈文会认为还有一个原

〔1〕许季超（许秉贤）：《关于烟台海军学校的回忆》，《文史资料存稿选编》军事机构（上），中国文史出版社2005年9月版，第389页。

因，即"罢课学生之中，有与国会议员（大概是东北议员刘恩格）相识，或有亲属关系，大力支持有以致之。"[1]

但无论如何，延长学期是学潮的直接原因。1919年10月25日，烟台海军学校第16届全体学生发出致南北当局及各要人通电，通电指出："自甲午战后海军一败不振，前总统黎元洪及海军总长程璧光始议有全国招生之举，而生等得置身海军。无如事变中来，二公去位，全国顿挫，国人痛心，生等首当其冲，尤难忍受。欲违心苟进，则何以对国人？欲勉强支持，又难以达素志。是以人人自危，铤而走险，决定于11月23日全体离校赴沪，以此中痛史宣告国人，然后分途回省陈述一切，使国人洞明黑暗之情，亟为根本改造之计，则生等虽出海军，贤于在海军多矣。"对于这一通电，海军当局和校方均认为是学生在虚张声势，故而置之不理，一场学潮在所难免。

罢课离校赴沪

学潮之所以要向上海发展，是因为学生们认为，上海是全国重要的政治、经济中心，进步力量较强，又远离北洋军阀统治中心北京。在上海可以进一步赢得社会各界的广泛同情和支持，从而向海军部施加压力。

11月23日夜晚，第16届学生正式发动学潮，除五人外，其余79[2]名学生携带简单的铺盖，从学校后门冒雪而出，来到烟台市悦来客栈，购票候船，准备前往上海。船票费用由学生自动凑集，不敷之数，暂用棉被抵押。他们群情激愤，大有不达目的誓不罢休之势。第二天凌晨，校方得知学生离校的消息，大为惊愕，连忙派出平时在学生中人缘比较好的医官林仲榕来客栈规劝学生返校复课。林仲榕声泪俱下，学生们不为所动，表示不达目的，断不回校。当天晚上，他们登上了驶往上海的英国商船。

11月29日，罢课学生到达上海，他们先与民国日报社取得联系，受到报社负责人叶楚伧的接待，在报社的资助下，他们分别住在威海卫路中国公学第二寄宿舍和闸北青年会义务学校两处，后因办事不方便，全部集中于霞飞路渔

---

[1] 陈文会：《烟台海军学校的始末》，《烟台市文史资料》第二辑，第15页。
[2]《佘振兴遗稿》，《郑天杰先生访问记录》，台湾"中央研究院"近代史研究所1990年5月版，第337页。

阳里20号。稍作安顿后，他们选出江西人查夷平、四川人黄秉衡、奉天人高翔鹄三名学生为总干事，另从17省籍学生中，每省选出一人组成评议部，统一指挥学生的行动。

12月1日，罢课学生致函申报馆，说明罢课散学原因。次日，他们向国人发布泣告书：1.海校为全国所公有，非少数海军军阀之私产，如阴谋推翻面向全国招生之章程，誓必反对；2.烟台海校对于学生扑责谩骂，极端专制，视同牛马，不甘忍受，要求取消操行密记；3.学制增加两年，功课艺术却无所增益，实属虚掷光阴，故要求取消这一新定章程。本此三事，以去就争。尤其是第一条，务使全国平民子弟皆有投身海军捍卫国家之望，假如本条不得解决，第二、三两条即经海军部许可，亦决不回校。

几天后，学生们见海军部迟迟不作答复，便推举代表谒见海军总司令蓝建枢，希望他将学生的要求转达给政府。蓝建枢根据学潮的情形，呈请海军部核办，海军总长萨镇冰立即电复蓝建枢，让他在上海就近劝慰学生，静待解决，并未作出实质性的决定。

孙中山接见

为了扩大影响，明确罢课运动的方向，学生代表决定拜会当时住在上海的孙中山。查夷平、高翔鹄、黄秉衡、郑公德等人在叶楚伧的引见下，第一次见到了孙中山。郑公德回忆了他见到孙中山时的情景："这是我第一次见到孙中山先生。记得是去了一个会场，中山先生穿着长袍马褂，正在向大家演讲，我们进会场时已近尾声，等了一会儿孙先生领我们到会场后台谈话。他非常和气，询问我们罢课的原因和意见要求。我们主要是由查夷平代表大家说话的，叶楚伧一直陪着。"

孙中山的接见对罢课学生是一个巨大的鼓舞，更加坚定了他们斗争到底的决心。郭寿生说：孙中山先生"接见我们代表，又鼓励我们参加革命才有前途，因此促使我开始了向北洋军阀腐化海军作斗争"[1]。几天以后，查夷平独自一人第二次拜会孙中山。孙中山建议学生们离开腐败的海军，跟随他到广州学

---

〔1〕《郭寿生自传》（1951年手稿），第6页。

航空。查夷平回来将孙中山的建议转达给罢课学生，学生中有一少部分人产生了脱离海军，追随孙中山南下广东的念头。

各界的反应

烟台海军学校的学潮引起了海军当局的高度重视。海军部派出军学司少将科长王传炯和林继荫，先到烟台调查事件经过，然后偕同烟台海军学校学监许秉贤赶往上海。王传炯到上海后，对待学生的态度十分强硬，同时还利用私人、皖籍等名义拉拢学生，并通知学生家属要求将学生领回，引起学生的反感。特别是学生从北京海军部方面获得消息，说学生所提条件由三条增加到了五条，内容是：1.以后海军学校招生须通知各省；2.增加学生月薪，放暑假；3.吴淞海校图书仪器酌量移入烟校；4.取消操行密记；5.准学生自由通省省长。学生们认为，这五条要求是王传炯有意捏造，目的是混淆视听，这不仅违背了学生离校的初衷，而且还有辱学生的人格。因此，王传炯与学生的谈判随即宣告破裂。

广东黄埔海军学校的学生获悉烟台海军学校学生罢课赴沪的消息后，发电报给罢课学生，询问详情。当他们得知事情的来龙去脉以后，立即表示声援。并作出决定，全体学生也要北上上海。后由于该校校长邓聪保百般劝慰，答应代烟台海军学校学生向上争辩，才将学生稳住。但学生还是在电报中说："我国海军之腐败，实由于军阀之自私，他们以海部为私产，余则皆以粉饰为完备。须知有实心然后有实政，若乃虚文是尚，事实全无，海军振兴必成绝望。诸君能奋勇力争以警其迷，万乞贯彻初衷，粤校学生必不漠视于南。"

南京籍学生田乃宣受评议部的委派，赴南京请愿，应邀参加了南京学生联合会元旦庆祝会，并报告了烟台海军学校学生离校原因及要求，学生联合会当即作出援助的决定：代电海军、教育两部及徐世昌大总统、国务院力争；若田乃宣在宁请求江苏督军、省长不生效力时，学生会则召集各校代表至军、民两署代为情愿，务求达到目的；令全国学生联合会之南京理事在沪提议援助海军学生，务使其能得到圆满效果。

江苏督军李纯则亲自接见了田乃宣，对罢课学生的举动表示同情，并表示一定代为力争。第二天他即和江苏省长齐耀琳联名致函海军总长萨镇冰，请其速速处理烟台海军学校失学学生问题，以免他们继续流离上海，辍学无归。

广州军政府政务院秘书厅厅长章士钊致电总裁岑春煊、林葆怿，表示同情烟台海军学校学生，认为他们的举动虽有些过激，但主张尚属正常，北京政府海军部应予采纳，并劝令学生回校，以免荒废学业。军政府参事会参议彭允彝则致电湖南都督谭延闿，希望顾念烟台海军学校湘籍学生也因反对海军腐败来沪奔走，速向北京政府为学生力争。

一时间，在上海的罢课学生成为各界关注的焦点。北京政府海军部在各方面的压力之下，不得不从速作出处理。

结果与影响

1920年2月，北京政府海军部对烟台海军学校的主管人员进行了严厉的申斥，并作出决定，对该校部分官员进行了调整，校长曾瑞祺调往海军部任参议、副官赵士淦、正教官郑衡等调往上海海军总司令部，原薪差遣。调"楚有"舰长余振兴担任校长，俞俊杰为佐理官，二人均为烟台海军学校毕业，非闽籍。同时，将查夷平、高翔鹄、黄秉衡、聂开一等11名领头罢课的学生开除学籍。海军部还坚持将吴淞海军学校并入烟台海军学校，第16届学生返校后，按新学制将继续在校学习两年。

海军部的决定表明，这次学潮并未达到预定的目的。当时，以五四运动为开端的全国范围内的学生罢课已渐渐平息，各地学生陆续复课，烟台海军学校的罢课如果再继续下去，必成独木难支之势，多数学生认为罢课目的已基本达到，遂于1920年2月返校复课。

被开除的11名学生，连同不愿意回校继续学习的9名学生，留在了上海。这些学生得到了孙中山的关心和帮助。孙中山认为，将来国家建军优先考虑的是空军而不是海军，因此建议这些学生放弃海军，改学航空。在这些学生中，大多数人不赞同孙中山的观点，他们分别离开上海，另寻出路。只有查夷平、聂开一、黄秉衡、郭德权等六名学生接受孙中山的建议，改学飞行。后来，这六名学生在孙中山的培育下都加入了中华革命党。多年以后，他们都成了国内的知名人士。查夷平长期供职于航空部门，曾任中国中央航空公司副总经理。1949年积极参与了组织中央航空公司和中国航空公司人员的起义，建国后曾任中国民用航空总局顾问，第四届人大代表。黄秉衡先后出任过航空学校校长、航空署长、驻美空军武官等职，晚年定居美国。聂开一曾任航空处参谋长，参加过许多战役，后成为中国民用航空业的创始人之一，参加组建中国航空公司。郭德权到广州后不久即进入黄埔军校，抗战期间任驻美武官，后去台湾。

　　回到烟台的学生，通过这次学潮，大大地开阔了眼界，经受了锻炼，思想上更加成熟。校方在学潮过后，鉴于以往的教训，对学生们的控制也稍有放松，特别是放宽了对学生读书和阅读报刊的限制，一些进步报刊和书籍得以进入校园，这样就使得学生加强了同外界的联系，在客观上为进步学生接触先进理论和思想创造了有利的条件。郭寿生说，"经过了这次学潮之后，校方对于学生的管制稍为合理，虽准许学生阅读书报杂志，但限制仍严。"[1] 后来，从这里走出了郭寿生、李之龙等海军中第一批共产党人。

---

〔1〕《郭寿生自传》(1951年手稿)，第7页。

郭寿生与"新海军运动"

　　20世纪初叶，马克思主义在中国的传播，给中国大地吹来了强劲的春风，中国海军内部的乌烟瘴气也受到猛烈荡涤。一场鲜为人知的"新海军运动"在笔者的档案梳理中逐渐浮出水面。这还要从这一运动的领导人郭寿生谈起。

　　郭寿生，福建闽侯（今福州市）人，出生于1900年。幼年时寄养在嗣母舅家里，舅父黄展云是早年追随孙中山的同盟会员，也是后来福州市著名的国民党元老，受舅父影响，他从小产生革命思想。1916年他考入烟台海军学校，开始了海军生涯。当时，北洋军阀控制着海军教育，学校中充满了黑暗，学生的思想受到沉重的压抑，他产生了改革海军教育制度的强烈愿望。1919年爆发的五四运动，使他的思想受到了一次猛烈的冲击，这一年的年底，他就作为参与者之一，随79名同级学生罢课南下上海，发起了震动全国的学潮。尽管这次斗争没有完全达到目的，但使他受到了一次锻炼。回校后，他与同学李之龙等人秘密组织读书会，阅读《新青年》等进步书刊以及李大钊、陈独秀等人的文章，接着又与李之龙以通讯会员的身份参加了李大钊、邓中夏等发起的北京大学马克思学说研究会，与中国早期的马克思主义者建立了联系。郭寿生说：

郭寿生夫妇合影

"1920年间，我与同学李之龙密组读书会，开始研究三民主义、马克思资本论入门、社会主义理论和苏联革命史实，尤其爱读《新青年》杂志，而我思想的前进受《新青年》影响最大。"[1]

1921年6月，李之龙因不满海军当局克扣军饷、压迫学生，鼓动校役百余人罢工被开除学籍。离开烟台时，李之龙与郭寿生"互约各自继续奋斗"[2]。1921年7月，李之龙离开烟台来到上海。当时正值中国共产党在上海召开第一次全国代表大会，李之龙结识了参加大会的代表董必武、陈潭秋、李汉俊以及陈独秀等人，并向他们介绍了烟台海军学校的学生与军阀统治进行斗争的情况，特别提到了具有强烈革命愿望的郭寿生，使郭寿生的名字深深印在了这些早期共产党人的脑海中。当年秋天，党中央就派邓中夏、王荷波先后来到烟台，与郭寿生取得了联系，介绍郭寿生加入了中国社会主义青年团，并指定他负责在海军中开展团的工作。郭寿生为了唤起青年学生的革命热情，壮大团组织的力量，"在海校里秘密组织马克思主义研究小组，韩廷杰、曾万里、梁序昭先后参加。嗣以海军学校不许学生离校作任何活

与郭寿生一起从事进步活动的李之龙

由郭寿生担任主编的《新海军月刊》创刊号封面

---

[1]《郭寿生自传》(1951年手稿)，第7页。
[2]同上，第8页。

动，只有利用文字的宣传先作海军革新的运动，来吸引海军同志，乃决定发行一种专刊，定名《新海军》月刊"，由郭寿生担任主编。该刊的宗旨和内容包括："（一）讨论海军兴革的问题，研究海军实用的学术。（二）提高海军的教育，增加海军军人的知识。（三）改正海军军人的思想，促进海军军人的觉悟。（四）改善海军军人的生活，解除海军士兵的痛苦。（五）打破封建畛域的观念，力求海军的统一团结。（六）建设足以自卫的海军，防止帝国主义者的侵略。"该刊与《中国青年》系同型同时刊物，均由中国共产党开设的上海书店印行[1]。然而，该刊后来因批判海军学校教育制度，引起了北京政府海军部和校方的疑忌，被迫停刊，并下令将其列入违禁品。《新海军》月刊前后共出刊四期。

《新海军》月刊的创刊，拉开了"新海军运动"的序幕。

"新海军运动"的兴起

对于民国海军中萌动的这股进步力量，中国共产党十分注重保护和培养。1922年春天，党指派中国铁路总工会党团书记罗章龙前往山东巡视，罗章龙特意来到烟台，会见了郭寿生。1987年5月，山东烟台的王景文先生专程赴北京，就早期烟台海军学校党团组织活动情况访问了罗章龙。在谈到会见郭寿生的情况时，罗章龙侃侃而谈。他说：

"早在1919年五四运动的中后期，我们北京的学生就跟各省的学生会建立了联系，我当时负责北大学生会工作，与山东的王尽美有接触。1920年我们成立了马克思学说研究会后，王尽美常到北京，联系就更多了。1921年党成立后，我在北方区委负责工运工作，经常到山东、河北、河南、山西以及东北等省巡视，所以山东党团组织情况，我是比较了解的……

"1922年春，我任北方区委的组织委员，管理党团组织的发展工作。那时，党团组织都刚建立，规章制度和分工等都不像现在这样健全，只要对革命运动有好处，怎么干都行。党员和团员只有年龄上的差异，没有政治上的不同。我管党也就管团。对于烟台海军学校情况，我在去视察之前就有所了解，因为一方面，郭寿生是北大马克思学说研究会会员，多少有点联系；更重要的是王荷

---

〔1〕《郭寿生自传》（1951年手稿），第8—11页。

波同志曾向我汇报过郭寿生的情况。那时，我跟王荷波很熟，我是他的上级。当时我担任中国铁路总工会主席，在党内任铁路总工会党团书记，他则任津浦铁路浦镇总工会委员长。王荷波与烟台海校郭寿生联系的情况，自然应向我汇报。

1922年春，中国共产党指派中国铁路总工会党团书记罗章龙前往山东巡视，罗章龙特意来到烟台，会见了郭寿生。图为罗章龙（右）与王荷波（中）等合影

"1922年春天，我先到济南，由王尽美等同志陪我视察了一些地方，后来到青岛，再由青岛市的同志派人陪我去的烟台。那时没有铁路，是乘的汽车。

"到了烟台之后，秘密找到了郭寿生。李之龙是否见过，记不准了，他似乎外出不在。（按：实际上此时李之龙已被开除，离开了烟台。）记得我到海军学校内去过，但谈话地点好像在校外。交谈的主要内容是有关马克思学说研究会、社会主义青年团和他们办的新海军社刊物等方面的问题。（按：此时"新海军社"还未成立。）也了解了刊物的编写印刷分发情况。郭寿生这个人当时给我的印象是聪明、能干，很有头脑，很有胆量。记得我除了对他介绍全国和北方区的革命斗争形势之外，还向他提出：要扩大党刊的发行（我保证以后将中央和北方区的刊物按期寄给他们）；要注意根据烟台当地的实际情况开展工作；还要建立经常性的向中央请示报告制度。"[1]

党中央的关怀，推动了"新海军运动"的发展。

1922年夏天，郭寿生在烟台海军学校修业期满，被派往南京鱼雷枪炮学校学习。在这期间，他担任了南京共产主义青年团书记，参与了津浦铁路的工人运动。郭寿生还记得，"当时参加团的工作同志有东南大学谢远定、彭振钢等，

---

〔1〕王景文：《罗章龙谈视察烟台海校党团组织》，《港城星火与两所海军学校》，海洋出版社1993年11月版，第75—76页。

"新海军社"成员梁序昭在郭寿生介绍下加入了中国社会主义青年团，可他后来却走上了另一条道路，最后出任台湾海军第三任总司令

后来都为党而牺牲了。当时也参加过津浦铁路工人运动，时常夜间过江，由工人用手推车接送，在浦镇草棚屋里开会；党中央常派王荷波来指导我们这种工作，他是中国铁路工人运动的组织者和领导者"。[1] 1923年春天，在王荷波、恽代英等共产党员的介绍下，郭寿生由社会主义青年团员转为中国共产党党员。

1923年底，郭寿生这一班的学生在鱼雷枪炮学校修完预定的课程，按照海军教育制度的规定，本应派到练习舰上学习舰课，但海军司令杜锡珪顾虑这班学生曾闹过很大的学潮，还闹过工潮，有许多激进分子，若派舰练习，恐怕要出乱子，因此又把这班学生寄驻烟台海军学校，以"应瑞"舰舰课班名义学习舰课。回校后，郭寿生发现，《新海军》月刊的停办使"新海军运动"失去了喉舌，学生们感到失望，郭寿生表示，不能因此挫折而灰心，他和下一年级同学曾万里、梁序昭等讨论变换运动的方式，决定在学校中秘密成立"新海军社"，并将其作为党团的外围组织，继续奉行《新海军》月刊所提出的宗旨，为革命的"新海军运动"打下基础。"新海军社"成立后，有许多同学踊跃参加，因为"烟台海校第16届、17届和18届这三届学生中一部分同学，都是不满旧海军自甲午中日海战失败之后，一蹶不振，士气消沉。参加新海军社，目的希望建设新海军"[2]，因而使"新海军社"力量迅速壮大。郭寿生又根据党的指示作出规定，凡是"新海军社"的成员，如能信仰共产主义而愿参加海军革命工作者，则介绍其加入社会主义青年团。他先后介绍了曾万里、梁序昭、韩廷杰、叶守桢、王靖、柯圣举、林祥光、高如峰、陈训滢、程法侃等入团。

〔1〕《郭寿生自传》（1951年手稿），第11—12页。
〔2〕程法侃：《关于郭寿生同志的情况》，《港城星火与两所海军学校》，海洋出版社1993年11月版，第100页。

　　为了解决"新海军社"可能存在的组织上不够严密，行动不能一致的问题，郭寿生制订了《新海军社章程》，以求组织上的统一和各处同志的团结。"新海军社"设总社于烟台，设支社于上海、南京、马尾各处，在海军各舰艇、各机关设立分社，各分社须受最近地方支社的指导，因为舰艇是活动的性质，没有一定的驻所，故规定任何舰艇有分社组织的，开到某港埠时，该分社负责人即须向其最近地方的支社报到，并作报告而听其指挥领导。这样，"新海军社"逐渐走向正规。

　　1924年3月4日，郭寿生在《中国青年》杂志第22期上发表了《中国海军状况及我们运动的方针》一文，明确地指出了"新海军运动"的目标是"要求'军人心性的改造'；'海军学校教育的改良'；'水手兵士生活的改良'；'打破各省畛域的私念'；'打倒国内的军阀'；'保护国外的华侨'。——尤其注意的：'谋建设足以自卫，防御列强侵略的海军，达到中华民族完全的独立'"。并号召广大的海军青年："你们要想振兴中国的海军，要把从前已失去的军港收回来，要想抵抗列强的侵略与掠夺，求中华民族的完全独立，除非你们努力来运动把海军改造起来，再没有别的好计策了。眼前最可怕的就是国内军阀要想利用你们，与你们内部自己的分裂。改造中国的责任，在你们自己的身上，你们千万要团结起来，向前奋斗呀！"这篇文章指明了中国海军的出路和"新海军运动"的方向，说出了广大爱国官兵的心里话，在海军内部产生了

　　1924年国共合作开始后，郭寿生协助国民党建立了烟台市党部，并出任执行委员兼宣传部长，还在烟台海军学校设立第八区分部。党部成立大会后，郭寿生与曾万里（右）、梁序昭（左）在会场合影

1924年2月9日，按照党中央指示，郭寿生写成《烟台调查》报送中央局，在中央机关报《向导》周报上连载

强烈的反响。"新海军运动"开始在海军中蔓延，各地的海军下级军官和广大士兵从反抗长官的压迫开始，逐渐发展到与工农相结合，把反抗的矛头指向北洋军阀政府。

1924年1月，国民党召开了第一次全国代表大会，通过了中国共产党员以个人身份加入国民党的决议，实现了国共合作。郭寿生清楚地认识到，要使"新海军运动"具有强大的生命力，就必须与党的工作密切联系起来。于是他和"新海军社"的成员一起在烟台积极开展国共合作的工作。当时，国民党派遣王乐平办理山东党务，王乐平秘密来到烟台。先志中学教务主任崔唯吾是个老同盟会员，他介绍郭寿生与王乐平取得了联系，共同会商帮助国民党在烟台建立党部事宜，郭寿生积极参与工作，并与曾万里、梁序昭一起以个人身份加入了国民党。国民党烟台党部的成立大会是在老同盟会员戚纪卿的私立医院——纪卿医院里举行的，郭寿生以执行委员兼宣传部长的身份出席了大会，会上决定在烟台海军学校设立第八区分部。会后，他与曾万里、梁序昭一起在会场上合影，留下了一张珍贵的照片。

由于党在海军内部的工作开展得有声有色，1924年初，中央局的陈独秀、王荷波向郭寿生发出书面指示，要求郭对烟台的各个方面的情况进行详细的调查。遵照中央的指示，郭寿生利用外出时机，对烟台的政治、经济等状况进行了详细的调查，于2月9日写成了《烟台调查》报送中央局。党中央对这份调查报告十分重视，将其作为典型材料在中央机关报《向导》周报上分4部分全文刊载，1924年5月7日的第64期上刊载了第一部分。该调查分为"人民状况""军政机关""教育状况""新闻事业""工业状况""商业状况""农业状况""宗教情形""社会事业""外交事件"等10部分，为党开展工作提供了重要依据。这年年底，在烟台海军学校诞生了烟台第一个党小组，成员有郭寿生、曾万里、叶守桢等。

"新海军运动"与革命的结合

如果说"新海军运动"的兴起是与郭寿生等热血青年的积极努力分不开的，那么，党的领导则给"新海军运动"注入了更新的活力，使它走上了正确的轨道，并发挥了巨大的作用。

1924年12月，郭寿生从烟台海军学校正式毕业，结束了近八年的海军学生生活，与曾万里、韩廷杰、梁序昭一起到舰队服役，在烟台的工作遂交给叶守桢、王靖等人负责。进入1925年，郭寿生先在"华安"舰上实习，后到"海筹"舰上任职。

当时的驻沪海军刚刚从一场军阀派系斗争的漩涡中摆脱出来，各舰官兵心神未定，加之五卅惨案激起了海军官兵的强烈愤慨。郭寿生感到，这是开展"新海军运动"的有利时机。他给"新海军运动"赋予了两大使命：一是求海军自身的改革；二是领导海军官兵积极参加革命的工作[1]。恰在此时，郭寿生的祖母病逝，亲友们来信让作为长孙的郭寿生回家奔丧，但此时郭寿生正在海军医院养病，他利用这一时机，积极深入舰队开展活动。中共中央派王一飞、刘重民经常与郭寿生联系，并介绍从苏联刚刚回国的共产党员王介山参加"新海军社"的组织工作，陈独秀、恽代英、王荷波、邓中夏以及瞿秋白的爱人杨之华多次在上海与郭寿生会谈，商讨如何发展"新海军社"的组织，以造成革命的武装力量。

在党中央的帮助和指导下，郭寿生制定了当前"新海军运动"的方针："注重下层组织工作——士兵阶层，还要结合富有革命思想的下级军官，并注意于个别的秘密宣传。"这是因为，士兵阶层多系农民出身，也有少数工人出身，他们是富有革命性的。但又考虑到在军事行动时，若没有具有技术的革命军官指挥，对于军事行动就要发生困难。因此在"新海军社"的基础上，郭寿生又成立了"海军青年军官团"，作为"新海军社"的外围组织。

不久，身在烟台的叶守桢因策动烟台海军学校的学潮而被开除学籍，他离

---

〔1〕郭寿生：《悼念曾万里同志》，《中国海军》1947年第3期，第32页。

开烟台来到上海，烟台的工作另举林祥光等负责。叶守桢在上海的工作是负责与海军各方面的通讯联络。当时，党中央为扩大对海军的宣传，决定发行对海军的宣传专刊，其对象注重于海军下级军官和士兵，定名为《灯塔》月刊，由郭寿生担任主编，其封面所用的色板之灯塔图片是郭寿生亲手画的，三色钢板是郭寿生托他的大姑丈黄士俊向商务印书馆定制的，刊物由上海书店印刷，叶守桢负责收集稿件、校对和发行。

就在此时，"新海军运动"遇到了一次小小的波折。郭寿生讲到这次波折的时候十分痛心："当李之龙在广州任海军局副局长兼海军政治部主任的时候，因犯错误被开除党籍，党中央征求我赴粤接代李之龙之任务。我知道在粤海军很腐败，尤以封建的畛域观念很深，曾闹过排闽事件。若不了解情况，没有工作计划，突然到那边去，是决无成就，且以北方领导新海军运动没有适当的人选，不能离开岗位，因此经党中央的同意，先派叶守桢同志到广州观察了解那边海军实况后，再作决定去否。不料叶同志到粤之后，竟遭海军暴徒殴打，受了很大刺激，回沪之后发生神经错乱，经医治无效，乃由他的父亲带回厦门修养，不幸竟以自杀牺牲了。我们失去了一个勇敢革命的海军青年，也影响到我们的工作。嗣党以北伐即将举行，北方海军策反工作更为重要，故党中央仍留我在上海工作。"[1]

1926年7月，郭寿生由"海筹"舰调派"建威"炮舰担任候补员，由于"建威"舰是艘逾龄旧舰，只能停泊于上海高昌庙黄浦江内，不能作出海航行，这就为郭寿生开展工作提供了极大的便利。此时正是北伐战争节节胜利之际，为配合战争，郭寿生将"新海军社"总社从烟台移到了上海，进一步扩大了"新海军社"组织，在上海海军江南造船所（林轰、陈长钧、王荣滨负责）、南京海军鱼雷营（王大华、翁忠琦负责）、烟台海军学校（林祥光、陈赞汤负责）、马尾海军学校（林家端负责）、"建威"炮舰（郭友亨、陈嘉谟、陈统铨、刘训光负责）、"建康"驱逐舰（王介山、陈宝栋负责）、"拱寅"炮舰（林聪如负责）、海军总司令部（韩廷杰负责），以及"华安""海筹""海容""楚有"等舰上成立了分社。同时赋予了"新海军运动"两项重大使命：一是求海军自身的改革；一是领导海军同志积极参加党的革命工作。

---

[1]《郭寿生自传》（1951年手稿），第20—22页。

海军中革命力量的壮大增强了郭寿生支援北伐的信心。7月中旬，北伐军开进湖南，直逼长沙。北京政府派"应瑞"舰开赴武汉，帮助湖北督军防守武汉。郭寿生指示王介山、陈宝栋随"应瑞"舰赴鄂，等待北伐军围攻武汉时登上"应瑞"舰，率领"新海军社"成员发动起义。但王介山等人由于经验不足，活动引起了"应瑞"舰舰长萨福畴的怀疑，王介山遂被拘送武昌陆军监狱。在狱中受到严刑拷打，但他坚贞不屈，始终拒不供认。10月，叶挺独立团攻克武昌时，王介山获救。

北伐军攻克武汉后，北京政府海军向长江下游败退，集中于宁沪一带。"新海军社"成员有组织地潜伏于各舰队和岸上重要机关。此时上海局势呈动荡之势，郭寿生召集郭友亨、陈嘉谟、林轰、韩廷杰等人，会商联合各舰人员响应北伐之事。突然，他接到了爱国军官、练习舰队司令李景曦和韩廷杰的密告，说舰队方面已经注意到了"赤化分子"在海军中的活动。不久又得到海军总司令部将要把郭寿生和陈嘉谟两人假借协助前方运输工作名义，调派南京第二舰队司令部加以软禁监视的情报。郭寿生立即向党中央作了汇报，中央指示郭寿生赶快离开"建威"舰。当夜，郭寿生将在舰文件全部烧毁，在郭友亨（当时兼代"建威"舰副长）的帮助下，来到事先预定的四马路旅馆，等待海军司令部派赴第二舰队的命令。不久命令下达，郭寿生没有到南京报到，而是与陈嘉谟一起潜伏于租界，郭寿生化名郭大中，陈嘉谟化名陈一枫。当司令部发觉郭寿生没到南京报到时，立即密令通缉，郭寿生不得不转移活动场所。当时，郭寿生的母舅黄展云有个儿子叫黄东鄂，在位于辣斐德路永裕里66号的汇源转运公司当经理，郭寿生就利用这一场所召开"新海军社"全军代表大会，通过了修改后的《新海军社章程》，决定了参加北伐军革命军事行动计划，并"训令各社应绝对服从总社的命令，分发各种宣传品由各代表秘密带回，以备军事发动时，分别散发海军各机关，和一切舰艇；并派定沪队郭友亨、倪华銮负责指挥，宁队由曾万里、王致光负责指挥"[1]。

随后，在中国共产党的直接领导下，"新海军社"的成员参加了上海三次工人武装起义，造就了中国的"阿芙乐尔"号，真正实现了"新海军运动"与

---

〔1〕郭寿生：《悼念曾万里同志》，《中国海军》1947年第3期，第33页。

革命的结合。

1927年4月，蒋介石发动了四一二反革命政变，杨树庄遵照蒋介石的命令，下令逮捕参加起义的官兵。遵照党的指示，海军中的共产党人迅速转移。郭寿生接到了赵世炎传达的党中央电召的口信，立即乘船前往汉口，会商讨蒋问题，同时将"新海军社"总社由上海迁至汉口，开始了策反海军讨伐蒋介石的工作。但不久，汪精卫也叛变革命，发动了七一五反革命政变，轰轰烈烈的大革命遭到了失败。

大革命的失败并没有使党放弃在海军中的工作，党中央专门派王一飞找到郭寿生，指示郭继续在海军中潜伏，以保存党在海军中的力量。此后，郭寿生又重新回到了上海，试图谋取一个合适的职位，但此时海军中形势已变，郭寿生难以立足，只得暂时躲避，于是他回到了阔别多年的福州老家。由于此时党的工作已全面转入地下，在福州郭寿生无法找到党组织，远离党中央的他不久就与党失去了联系，"新海军运动"也就此停顿下来。

抗日战争时期，郭寿生尽管无法积极从事党的工作，但他利用在国民政府海军中创办杂志的机会，不断反思中国海军建设问题，发表和传播建设强大海军的思想。他说："我们感觉到我国甲午战争的失败，虽由于敌我的海军力量的悬殊，以致演成海战败绩的结果，但此役的最大影响，不仅是辱国丧师，而是对于海防思想的破灭，社会观感由于'海不能防'退化到'海不必防'的自堕民族雄心的境地，这一点，不仅我们在海言海的悲哀，而实关系于国运的消长，与国家的兴旺，正大且钜。此次抗战海军人士以仅有的质量，而焦头烂额，封锁布雷尽了最大之责任，受了最大的牺牲，毕竟不能阻敌人海上的长驱直入，就是一个最大的教训。"有鉴于此，郭寿生、曾万里等为彻底改造社会心理，使人人充分认识海军建设的必要和建设的可能，乃创立"海军建设促进会"，创办《海军建设》月刊，搜集一切世界海军的材料，一方面向国民灌输海军常识，一方面敦促当局注意海军建设的途径，研究我国海防的过去、现在和将来。"刊物一出各界争购，供不应求"[1]，共出刊24期。在此期间，郭寿生撰写了大量研究和介绍国内外海军情况的文章，包括《六十年来的德国海军》

---

[1] 郭寿生：《悼念曾万里同志》，《中国海军》1947年第3期，第35页。

《鄂中会战与海军》《一九四〇年各国海军实力》《日寇为什么要在粤闽浙沿海登陆》《我国海防建设着重点在哪里?》《格陵兰大海战》《马塔班英意大海战》《大战中的海上封锁与海上自由问题》《太平洋战争战略的观察》《日本与美英海军实力研究》等，都产生了很大影响。

后来，郭寿生几经周折，终于找到了党组织。关于郭寿生重新回到党的怀抱的具体情况，林亨元有详细描述："我在上海做海军的工作比较多，特别是找到郭寿生以后，郭参加革命比较早，北伐时跟周总理在一起。吴克坚要我去跟他交朋友，经张汝砺介绍，先做朋友，一方面玩，一方面观察，了解他的思想行动，情况很好，与党有感情。以后吴克坚叫我公开告诉他：'周恩来同志叫你归队。'他听了很高兴。郭寿生当时在南京，是海军月刊社社长，已经是上校了。海军上校军衔很高，很多海军高级军官与他有关系。南京高级官吏很多，他能拿到很多情报，而且非常有价值。那时郭寿生介绍曾国晟与我联系。曾在海军界地位比较高，下面也有一定基础，他提供了作战地图、作战计划等，很解决问题，做了不少工作。当时做海军工作有个很有利条件，主要是乡土关系，福州人很多，海军总司令就是福州人。以后蒋介石叫桂永清做海军总司令，把陈绍宽拉下来，许多海军权力落到外省人手里，福州人非常不满意。这是我们工作的有利条件，也是我们工作的基础之一。"[1]

参加人民海军后，郭寿生曾出任中国人民解放军华东军区海军司令部研究委员会副主任，1955年1月被授予三级解放勋章。图为郭寿生与女儿郭丹珊合影

---

〔1〕林亨元:《郭寿生归队》,《福州党史资料》1985年第4期。

归队以后的郭寿生试图通过自己的努力恢复"新海军社"的活动，但由于环境所限没有实现。尽管如此，"新海军运动"产生的影响是久远的，它所造就的许多官兵后来都成为了坚定的革命者。

　　郭寿生伴随了"新海军运动"的始终，他也始终是一个坚定的共产主义者。而与他曾经都是社会主义青年团员、一起发动"新海军运动"的梁序昭，却在革命的激流中被淘汰。1949年国民党逃往台湾时，梁序昭对爱国军官曾国晟说："你是决心跟毛泽东走的，我们分道扬镳，后会有期。"

　　1949年8月，周恩来亲切接见了郭寿生。9月，郭寿生出席了中国人民政治协商会议第一次全体会议，并参加了开国大典的观礼式。同月，郭寿生被任命为中国人民解放军华东军区海军司令部研究委员会副主任。1955年1月中央军委授予他三级解放勋章。

　　1957年郭寿生被错划为右派，受到不公正的待遇。1961年，郭寿生因患肠癌住进解放军总医院，当时周恩来总理听说后亲往探视，表示慰问。1967年3月31日，郭寿生在福州病逝，终年67岁。

中国的"阿芙乐尔"号

1917年11月7日，俄国海军的一艘巡洋舰"阿芙乐尔"号炮击冬宫，拉开了十月社会主义革命的序幕。后来，这一声炮响被载入了世界共产主义运动的光辉史册。受到俄国十月革命深刻影响的中国早期共产党人，也希望能有一艘"阿芙乐尔"号，为中国无产阶级革命运动建立功勋。终于在上海三次工人武装起义中，海军的部分舰艇在共产党的策动下打响了进攻军阀的炮声。于是，这些舰艇就成了中国的"阿芙乐尔"号。

共产党在海军中的早期活动

中国共产党成立以后，不仅重视工人运动和农民运动，也十分重视士兵运动。20世纪初叶烟台海军学校学生的进步活动，为共产党的力量渗入海军提供了契机。

烟台海军学校是建立于晚清的一所军事院校，它坐落在烟台东郊的金沟寨，这所深受封建政治影响的学校出现进步活动，是从1916年招收的第16届学生开始的。这届学生是该校第一次面向全国招生，从各省精选出来的，是最具活力的一届学生，他们充满了爱国热情和建设海军的渴望。入校的第二年，他们的思想就受到了俄国十月革命的冲击，两年以后爆发的五四运动更使他们产生了反对军阀统治，改革海军教育的强烈愿望。

李之龙和郭寿生是这届学生的领袖人物，他们在入校前就有革命的经历。李之龙是湖北沔阳人，出生于1897年。16岁那年，他响应孙中山的二次革命，参加了李烈钧领导的湖口起义，具有强烈的革命思想。郭寿生是福建闽侯人，

烟台海军学校学生做枪械操

烟台海军学校学生做刀操

烟台海军学校学生列队

烟台海军学校学生做器械练习

出生于1900年，从小由舅父、同盟会员黄展云带大，深受革命思想影响。参加入学考试时，亲眼目睹了考场上的腐败，有改革海军教育的强烈愿望。他们二人可谓志同道合。

五四运动爆发时，他们领导学生罢课，走上街头，加入了这场爱国风暴。自此以后，学生们反抗军阀压迫，争取民主和自由的斗争一浪高过一浪。他们从集会、罢课，发展到掀起大规模的学潮。在斗争中，李之龙和郭寿生以通信会员的身份参加了李大钊、邓中夏、罗章龙等人发起的马克思学说研究会，寻找思想武器。他们在校内成立了读书会，阅读《新青年》《每周评论》《资本论入门》等进步期刊和书籍，研读李大钊、陈独秀、胡适等著名宣传家的文章，探讨和比较各种新思潮和新学说，逐渐接受了马克思主义。

1921年6月，李之龙在发动更大规模的学生、校工和水兵罢课、罢工、罢航，反对学校非法克扣军饷时，被校方开除学籍和军籍。这位坚定的革命者毅然离开烟台来到上海，寻找革命真理。在上海，他结识了中共"一大"代表董必武、陈潭秋和李汉俊，在董必武的介绍下，他加入了中国共产党，成为民国海军中第一位共产党员。接着，他向中共党组织详细介绍了烟台海军学校进步学生的活动和郭寿生的有关情况，建议党的力量向海军中发展。党的领导人对此深感意外和惊喜，他们从此加强了对烟台海军学校进步学生的指导和培养，先后派邓中夏、王荷波、罗章龙等来烟台指导工作。

在党的指导下，海军中第一个中国共产主义青年团团小组在烟台海军学校成立了，同时还成立了团的外围组织"新海军社"，掀起了旨在改革海军教育、反抗军阀统治、抵御帝国主义侵略的"新海军运动"。1923年夏，在王荷波、恽代英等人的介绍下，郭寿生加入了中国共产党。随后，进步学生曾万里、叶守桢也相继入党。1924年底，经上级党组织批准，中国共产党烟台小组正式成立，郭寿生担任组长。这个党小组是海军中的第一个共产党组织，同时也是烟台及整个胶东地区的第一个共产党组织，它打破了胶东地区的沉闷气氛，推动了党在海军中的兵运工作。

1924年12月郭寿生毕业，被分配到驻上海的舰队工作，党在海军中的活动中心随即从烟台移往上海，这就为海军参加革命起义提供了有利条件。

参加上海第一次工人武装起义

1926年7月1日，国民政府发布《北伐宣言》。7月9日，国民革命军在广州誓师北伐。当时，国共合作虽已潜伏着很大的危机，但北伐仍是国共两党共同进行的反对北洋军阀的革命战争。

战争开始后，北伐军所向披靡，连克湖南、湖北、江西、福建，直逼上海。

上海是北洋军阀掌握的海军总司令部的所在地，也是海军人员和舰艇最集中的地方，因而在这里国共两党同时展开了争取海军的工作。北伐开始后，广东国民政府派出国民党中央委员、中央政治会议秘书长钮永建前往上海，主持党务和军事，并负责策反海军。他策反的重点是海军总司令杨树庄等高级将领，试图一举争取整个海军倒戈。但是，杨树庄等海军上层人士在形势尚未明朗前一直持观望态度，故钮永建的策反迟迟未能奏效。而共产党领导下的"新海军运动"的方针，是注重下层组织工作，即注重士兵阶层和富有革命思想的下级军官的组织工作。之所以如此，郭寿生说，是"因为士兵阶层多系农民出身，也有少数工人出身，他们是富有革命性的。但又要考虑到在军事行动时，若没有具有技术的革命军官来指挥，对于军事行动就要发生困难"。[1]由于这一方针的正确性，共产党在海军中发展党员并建立党的外围组织，很快便取得了显著成效。

当北伐军继续向江西进攻时，上海受到震动，局势顿时紧张起来。就在这时，郭寿生接到情报，说海军已在调查内部有无赤化分子潜伏及活动，海军总

参加上海工人第一次武装起义的"建威"舰

---

〔1〕《郭寿生自传》（1951年手稿），第26页。

司令部已对他和陈嘉谟两人产生怀疑，将以调职为名将他们调至南京的第二舰队司令部加以监控。中共中央鉴于情况紧急，要求郭寿生尽快撤离"建威"舰，隐藏于岸上继续负责海军的工作。于是，郭寿生化名郭大中，陈嘉谟化名陈一枫藏身于上海租界内。

郭寿生虽已无法在海军中公开活动，但他仍时刻与海军中的同志保持着密切联系。为加速进行策动海军起义的准备工作，他在舅父黄展云的儿子黄东鹗所经理的汇源转运公司内（原上海辣斐德路永裕里66号）组织召开"新海军社"代表大会，制定了发动海军起义的计划。就在此时，钮永建也想配合浙江的夏超军夺取上海。但他在上海没有武装力量，所以当他获悉中共上海区委也在准备举行以工人为主并联合商、学、军的武装暴动时，便主动与共产党取得联系，经协商后决定国共采取联合行动。

在发动起义之前，郭寿生由罗亦农介绍与钮永建进行了一次会谈，协商海军如何配合起义的问题，郭寿生表示，"新海军社"所控制的舰艇均可随时参加起义。他们约定，届时先由陆上人员在高昌庙附近施放焰火，海军"建威""建康"两舰见此信号即发炮攻击高昌庙兵工厂（原制造局），工人纠察队等武装则以炮声为号同时开始行动。郭寿生与钮永建会谈后，即将协商结果向中共上海区委的有关负责人罗亦农、赵世炎、汪寿华、王一飞、刘重民等作了汇报，并与他们反复研究了海军的行动计划，随后将计划通知驻泊高昌庙附近江面的"建威""建康"两舰负责指挥行动的郭友亨和倪华鎏。

1926年10月24日凌晨，到了预定起义的时刻，陆上负责焰火的金月石如期施放焰火，但没想到焰火都已失效，施放几次均未成功，此时有人已经注

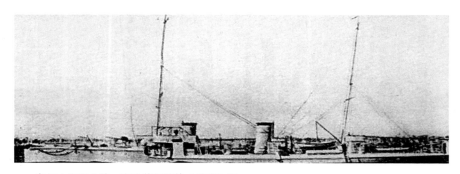

参加上海工人第一次武装起义的"建康"舰

意金的行动，金遂放弃了任务。军舰上的郭友亨和倪华銮见不到信号，为慎重起见未敢下令开炮[1]。当然，还有另外的说法："暴动的信号，是兵舰上的大炮（钮永建的协定）。兵舰应该照钮永建房子里射出的火箭为信号。……实际上这次的信号非常不好，钮永建在三点钟的时候，是已射出了火箭，因为他的房子在法国公园附近，火箭被树林遮着了。此外，兵舰停泊的地方，离钮永建的房子有五个启罗米达远，军舰上没有看见火箭，因此没有开炮。再有，也许火箭做得不好，射得不高。"[2]总之，岸上的工人纠察队等起义武装迟迟听不到舰炮声，以为行动取消，大部分散去。当时参加起义的工人谢庆斋回忆说："当天工人纠察队在指定地点集合等候军舰的号炮声，直到清晨，听不到炮声，便散去了。"[3]只有少数人员冒险发动进攻，与警察发生冲突，但因力量过于单薄，遭到失败。这次起义的失败，说明起义计划不够周密，正如有人总结的那样，"暴动组织者，并无统一的行动计划，并无整个的军事指导，以致未能成功"。[4]

参加上海第二次工人武装起义

第一次工人武装起义失败后，中共上海区委在及时总结教训的基础上，准备发动第二次起义。1926年11月6日，中共上海区委于上午召开了主席团会议，晚上又召开了有中央领导人参加的主席团特别会议，主要议题就是研究部署第二次武装起义的准备工作。会议还专门讨论了海军问题，认为经过前一时期的工作，已在"建威""建康"等七艘军舰上建立了一定的基础，已有骨干数十人，还发展了党员，只要继续努力，海军起义不成问题。曾在苏联学习过的罗亦农、汪寿华、王若飞、赵世炎等还特别指出，俄国十月革命中海军"阿芙乐尔"号巡洋舰炮轰冬宫具有十分重要的历史意义，中国革命要走十月革命的道路，就一定要争取海军参加起义。为加强海军工作，中共中央总书记陈独

---

[1]《郭寿生自传》（1951年手稿），第25页。
[2]许玉芳、卞杏英编著：《上海工人三次武装起义研究》，知识出版社1987年3月版，第241页。
[3]谢庆斋：《我所经历的第一次武装起义》，《上海工运史研究资料》1981年第3期。
[4]许玉芳、卞杏英编著：《上海工人三次武装起义研究》，知识出版社1987年3月版，第242页。

秀指示，要在上海区委领导下成立海军支部，凡有两名以上党员的舰艇即成立党小组。中共中央则特设海军工作三人会议，专门讨论海军问题，并任命王荷波、赵世炎为海军工作指导员。

1927年2月初，北伐军东路军进逼杭州。2月15日，中共中央召开紧急会议，决定在北伐军到达松江时，上海宣布总罢工，并组织第二次起义，配合北伐军夺取上海。第二天，中共上海区委召开全体会议，一致同意中央的决议。2月18日晚，上海总工会获悉北伐军已到达浙江嘉兴，遂决定次日即举行总罢工。2月21日，中共中央虽已得知北伐军在嘉兴停止前进，但仍决定于22日将罢工转为起义。起义计划是：22日晚6时，以黄浦江上的"建威""建康"两舰发炮为信号，浦东工人纠察队百余人立即乘交通船驶近军舰，取得舰上枪械，再上岸攻打高昌庙兵工厂；其他各区工人队伍也同时行动，夺取军警的武器，然后占领敌军龙华司令部。

在此之前，中共中央军委书记周恩来已到上海，并直接领导郭寿生做海军参加起义的工作。在周恩来的亲自部署下，郭寿生特派韩廷杰、林聪如为联络员，及时向"建威""建康"两舰的郭友亨、倪华銮传达了起义密令。

2月22日，指挥这次起义的中共领导人均聚集于法租界辣斐德路冠华里启迪中学内，郭寿生依然负责海军行动。计划由郭寿生统率便衣队从黄埔滩水路进军，抵达高昌庙等待"建威"和"建康"两舰的到来，两舰到达后，从"建威"舰上携械登陆，进攻兵工厂。旋又因计划时间与航程均不及，而且这一行动须先经过孙传芳直接管辖的江苏省"超武"等舰的警戒线，恐遭发现，影响全局，乃改变计划，由郭寿生指派韩廷杰和林聪如两人为联络员，密令郭友亨和倪华銮指挥"建威"和"建康"两舰，于当日下午6时准时起义，不必等候陆上部队的进攻便可向敌方之龙华司令部及高昌庙兵工厂开炮。郭、倪二人接到命令后，在发动起义前，分别在各自舰上先令"新海军社"士兵把守各重要舱口，并将反对起义的副长王钧、大副叶鸿成、书记官邱梦孙、枪炮长杨峻天等软禁在后舱，没有发生流血事件便顺利控制了"建威""建康"两舰。

当晚6时，"建威""建康"两舰准时发炮，上海工人第二次武装起义正式开始。两舰"首向兵工厂开火，打了几炮发现白旗，兵工厂准备投降。兵工连都跑到街上了，以后炮火转向南城车站，一炮正打中了孙传芳的军车。此后向督办公署及卫戍司令部射击，于是他们都停止工作。因为督办公署和卫戍司令部接近法租界，所以有几个炮弹偶然落在法租界的区域内了；于是帝国主义有所藉口而加以干涉。在黄浦江停泊的几只法国兵舰要求中国兵舰停止开火，中国兵船在此种情形之下不得不停止开火"。[1]"建威""建康"两舰共发射了二十余发炮弹。然而，浦东工人纠察队未能及时乘交通船去军舰取枪，致使南市工人纠察队孤军进攻兵工厂，伤亡严重。其他各区的起义队伍听到炮声后虽已行动起来，但仅从军警手中夺得少量武器，而且未能按计划攻占各要点。

就在"建威""建康"两舰发炮打响上海工人第二次武装起义的同时，郭寿生代表"新海军社"海军青年军官团，持国民党党部敦请海军总司令杨树庄协助革命的三封信函，乘汽车前往法租界杜美路杨树庄寓所。郭寿生用冒名卡片获得进入杨树庄寓所的许可，当时，杨树庄正准备召集参谋长吴兴宗以下要员会议，他们突见郭寿生到来，均为之惊愕。恰在此时，"建威""建康"两舰炮声响起，震动了法租界屋宇，杨树庄同时接到了司令部电话，知道了是"建威"和"建康"开的炮，惶恐万状。郭寿生进了会客厅，即将姓名卡及三封信交给杨树庄，并简单说明来意，请杨树庄立即表态，统率舰队协助革命，并请他速令驻泊吴淞口外的"海容""海筹"等舰速即升火应变，以免吴淞口敌方炮台的袭击。杨树庄对郭寿生说："何不事前与我商议，而遂行开炮呢？"郭寿生答道："这是协助对革命紧急的行动，未便预告，请原谅！"[2]恰好蒋介石事先已将代表王元恭（共产党员）派往杨树庄处，也在反复请求杨树庄参加革命。但是，杨树庄以及其他将领一直在观望局势的转变。此时起义海军的炮声隆隆不绝，杨树庄乃应王元恭的提议，临时召开紧急会议，决定善后。郭寿生叮嘱王元恭，请他促使杨树庄尽快表明态度，参加革命，否则自己处于不利境地。语毕，郭寿生告辞退出。

就在国共双方均做杨树庄工作之时，上海警察厅长李宝章也打电话给杨树庄，质问杨："你们若要我走，我就走，何必开炮打我？"杨答道："舰上开炮恐系误会，待查明真相，即作答复。"当"建威""建康"两舰炮声停止时，杨

〔1〕许玉芳、卞杏英编著：《上海工人三次武装起义研究》，知识出版社1987年3月版，第249页。
〔2〕《郭寿生自传》（1951年手稿），第29页。

树庄立即电话告知李宝章："查高昌庙军舰开炮，确系出于误会，因有可疑之船，对舰开枪，企图抢船，因此引起误会开炮。"[1]至此，杨树庄始终没有做出协助革命的行动。不仅如此，当日他还电告北京政府，报告了"建威""建康"两舰炮击兵工厂的情形："本晚六时，建威建康忽向岸上开炮二十余响，当饬驻淞各舰，严行戒备，以防不测。一面设法驰入高昌庙，镇慑一切，又与陆军方面切实疏解，使其不至误会，致成互击。幸承谅解。该舰亦即停止炮击。旋派员到舰详查此事，称系建威大副郭有（友）亨、建康大副倪华銮二人所为。郭倪于炮声停时，即已逃逸。该员竟敢被人煽惑，擅自暴动，殊属不法已极。该两舰舰长，事前未能预防，亦属咎有应得。除将该两舰舰长先记大过，听候查办，并将郭有（友）亨、倪华銮二人，严行缉拿，务获究办外，谨先电闻，所有善后事宜，容当续陈。"[2]

2月23日晨，中共中央和上海区委联席会议估计此次起义不能成功，决定停止暴动和总罢工，起义宣告失败。

上海第二次工人武装起义虽然又失败了，但共产党终于争取到海军"建威""建康"两舰参加起义。上海总工会在复工令中特别指出："革命的海军，开炮对敌人轰击，表示革命的工人与兵士联合的伟大征兆。"罗亦农在上海区委活动分子会议上也表示："这次运动纯为C.P（即中共的英文简称）领导。钮惕生说，海军开炮，是C.P命令。这是不错的，可以表现我们的力量。"有人将首先发炮揭开上海第二次工人武装起义帷幕的"建威""建康"两舰视为中国海军的"阿芙乐尔"号。"新海军社"的《灯塔》月刊为此还出版了二二二专号，以纪念"建威""建康"两舰的壮举。

参加上海第三次工人武装起义

第二次起义虽然意义重大，但给海军中党组织造成的损失也令人痛心。海军总司令杨树庄对"建威""建康"两舰擅自开炮大为震怒，立即下令查办。郭友亨、倪华銮得此消息，被迫率参加起义的官兵离舰，登岸潜入法租界。郭寿

---

〔1〕《郭寿生自传》（1951年手稿），第30—31页。

〔2〕季啸风、沈友益主编：《中华民国史料外编——前日本末次研究所情报资料》，第21册，广西师范大学出版社1996年10月版，第440页。

生事先已在租界内租下房屋，用以收容海军起义官兵及其眷属，幸而无一人伤亡。但他们离舰后，李宝章逮捕了"建威""建康"两舰员兵24人[1]，共产党在驻沪海军舰艇上的活动几乎完全停止，"新海军社"也由原来的半公开转为秘密状态，《灯塔》月刊被迫停刊。

"建威""建康"两舰参加起义的消息传到南京，在"永绩"舰上任职的共产党员王致光和曾万里也准备采取行动，即要求舰长高宪申下令以舰炮拦击由津浦路南下的援沪鲁军。但驻宁海军第二舰队司令陈绍宽此时也因上海两舰开炮一事而加强了对所部的控制。他在召开舰长会议时，特别指示"永绩"舰舰长高宪申说："你舰副长王致光也有赶快投奔革命的意图，你要注意，不要让他也来个炮轰南京城。"结果，受到严密监视的王致光、曾万里被迫取消了起义计划。

以杨树庄为首的海军高级将领对革命本身并无认识，他们的政治取向完全以其自身和海军的利益为依归，当钮永建代表国民党许以35万元军饷时，杨树庄便有了倒向国民党的意向。因此"建威""建康"两舰参加起义后，他加强了防范措施，以阻止共产党在海军中的活动。就在这时，北京政府为加强上海的防护，派遣鲁军第八军军长兼渤海舰队司令毕庶澄率部进驻上海。杨树庄亦恐这支军队会对海军的行动不利，遂于1927年2月28日亲率在沪的13艘舰艇驶出吴淞口，集中驻泊于三夹水外之鸭窝沙。这样既可防止共产党再向舰上渗透，又能避免为北洋军阀陆军所制。

不久，第二舰队司令陈绍宽也率驻南京的全部舰艇顺江而下，抵达鸭窝沙与杨树庄所率的舰艇会合。杨树庄认为海军倒戈的时机已经成熟，遂在旗舰"海筹"号召开舰长以上军官会议，讨论有关起义事宜。会议决定，先派部分军舰前往九江与南昌的国民革命军总司令蒋介石联系，他们到达九江之日，即海军全军通电参加国民革命之时。1927年3月10日，"楚有""楚谦""楚同"三艘炮舰奉杨树庄之命驶离鸭窝沙锚地，冒险通过北洋军阀军队控制的吴淞、江阴、镇江、南京四要塞，于13日安全抵达九江。3月14日，杨树庄接到九江

---

[1] 季啸风、沈友益主编：《中华民国史史料外编——前日本末次研究所情报资料》，第21册，广西师范大学出版社1996年10月版，第445页。

抗日战争爆发前夕的上海滩

"楚有"等舰来电,随即率全体海军官兵发出通电,正式宣告归附国民革命军。

　　杨树庄率海军归附国民革命军,不论主观动机如何,客观上毕竟对革命有利,所以共产党方面对这一行动表示了明确的支持。中共中央军委还写信给海军官兵,希望他们拥护杨树庄;并发表《告市民书》,反对渤海舰队与奉鲁军,周恩来称此一做法为"草船借箭"。

　　3月20日,北伐军进抵上海近郊龙华,驻沪军阀军队陷入混乱。21日,上海工人在中共中央特委领导下发动第三次武装起义,以配合北伐军夺取上海。在准备起义的过程中,已离舰上岸的"新海军社"人员也积极参加各项工作,如林轰负责领导海军江南造船所工会并参加上海总工会工作,陈嘉谟则作为海军代表参加上海市民代表会议并任执行委员。"新海军社"的工作仍由郭寿生全面负责,中共中央特派王荷波直接领导。起义爆发后,"新海军社"的部分海军官兵与江南造船所的工人一起加入了南市区南路工人纠察队,一举攻占了高昌庙敌兵工厂。到22日晚,工人武装已基本上控制了海市区。当鲁军毕庶澄残部溃至吴淞企图夺船经水路逃离上海时,海军第二舰队司令陈绍宽率"海容"等舰出击,夺取吴淞炮台,起义工人则乘机占领了吴淞区。至此,上海工人第三次武装起义终于取得了胜利。

　　然而,正当中国共产党积极从事革命战争之际,蒋介石却于4月12日发动了震惊中外的四一二政变，大肆捕杀共产党员和工人群众，使轰轰烈烈的革命战争夭折了。

四一二政变后，"新海军社"被查封，郭寿生等人离沪前往汉口。郭在汉口与其同学李之龙取得联系，并在其协助下又在武汉组建了"新海军社"总社，继续在共产党的领导下开展革命工作。但形势已经大不如前，"新海军社"的工作完全处于地下状态，工作人员或打扮成商人，乘汉口至上海的商船在长江中下游各地与海军舰艇上的官兵秘密联系；或是通知舰上同志寻机潜来汉口，在"新海军社"总社内接洽。由于海军已奉令进行"清党"，"新海军社"在海军中的活动极为困难，而其争取的对象又主要是士兵，在舰艇上也很难有所作为。

7月15日，汪精卫也在武汉发动了反革命政变，开始捕杀共产党员和革命群众。此时，"新海军社"已无法在武汉继续开展工作，总社人员四散隐蔽，郭寿生返回福建家乡。从此，郭寿生以及仍在海军服役的王致光、曾万里等人与共产党组织失去了联系，共产党在海军中的活动也因此停止了。

海军参加上海三次工人武装起义，是中国共产党从事兵运的一个成功范例，它虽然时间很短，但在海军中播下了共产主义的火种，也为以后的兵运工作积累了宝贵的经验。

日军炸沉美舰"班乃"号事件

在长江宽阔的江面上，一艘美国炮舰正停泊在江心当中。突然，晴朗的天空中出现几架日本飞机，它们由远至近，很快飞临美舰上空，在美国人毫无防备的情况下投下了炸弹，同时用机枪扫射。顿时，江面上水柱冲天，硝烟弥漫，美舰中弹倾斜。随后，又一波次的日机临空，继续发动攻击，美舰无以抵抗，缓慢沉入江底。周围其他几艘轮船也遭殃及，损失惨重。然而，日军并未罢手，又派出小艇行驶江面，射杀落水美国人。这一幕发生在1937年12月12日下午，此时，美国和日本并未开战。日军为什么要轰炸一艘中立国的舰艇？这其中究竟隐含着怎样的意图？多少年来，许多史学家莫衷一是。本文根据档案资料，试图揭开其中的谜团。

美使馆撤离南京

1937年11月，日军加紧了对南京的轰炸，国民政府决定撤往汉口。外交部通知美国等国家的大使馆，建议尽可能与中国政府机关一起前往汉口。美国驻华大使詹森不想随国民政府一起撤离，他为躲避日本飞机的轰炸，雇了一位中国建筑师，在大使馆和大使馆职员宿舍的对面一块小小的长方形花园中挖掘了一个防空洞，里面安装了必要的设备，并上报美国国务卿，建议大使馆继续留在南京，躲进防空洞可以保证大使馆人员的安全。但美国政府认为，这种方法并不保险，指示詹森不要跟日本人发生任何纠纷，同时要求将人员全部撤离南京。[1]11月22

〔1〕（美）约翰·本杰明·鲍惠尔著：《在中国二十五年》，黄山书社2008年9月版，第294页。

日，各国大使馆开始登上小轮开往汉口。美国大使馆及部分职员乘坐美国长江巡逻舰队旗舰"吕宋"号撤往汉口，还有一部分职员留在南京，维持使馆工作，直至日本人进攻南京，以协助不愿乘坐"吕宋"号仍愿意留在南京的美国公民。长江巡逻舰队的另一艘炮舰"班乃"（Panay）号

美国长江巡逻舰队旗舰"吕宋"号，后被日军俘虏，改为"唐津"号

受命留泊南京，以维持大使馆及其他美国外交官员及领事馆官员与美国务院之间的通讯，并且在必要的时候，把留在当地的美国公民接载上舰。在撤离的过程中，美国驻华大使以海军电报通过美国总领事馆向驻上海之日本大使发了一份电报，内容是：由于中国政府外交部宣布迁移到汉口，美国大使同样要迁往汉口以履行其适当责任；部分大使馆职员将随大使迁往汉口，但驻南京大使馆办公处将继续执行公务；美大使馆要求"日本军事及民事当局留意上述情况，在必要时充分承认大使馆人员的外交使节身份，并希望给予适当便利及充分的保护"。[1]

随着日军空袭南京日益频繁，以及陆上部队向南京的推进，美国大使馆的密码电讯组于12月2日迁到"班乃"舰上。12月7日，进攻南京的日军已经到达汤山，美国大使馆要求各国大使馆人员于次日晚一律上船住宿，意大利大使馆的负责官员已经登上了"班乃"舰。12月8日，美国大使馆在"班乃"舰上设立了临时大使。12月12日晨，"班乃"舰载着美国大使馆人员及德、意等国人员，向长江上游行驶，寻找安全的锚泊位置，暂时躲避危险。与之同行的

---

〔1〕美国国务院编：《美国外交文件（日本1931—1941）》，中国社会科学出版社1998年4月版，第195页。

美国长江巡逻舰队炮舰"班乃"（Panay）号受命留泊南京

还有美国美孚石油公司的轮船"美平""美夏"和"美安"号。行动前，美国驻华大使馆特别把有关大使馆的所在位置，美国内河炮舰每次航行准备停泊长江的准确处所的详图，以及这些炮舰上所载的都是些什么人，一一告知日本陆军和海军。另外，"班乃"舰舰身本来为白色，水线以上部分和烟囱为浅黄色，美国人又在其甲板上、雨篷上漆上两大幅美国国旗，使这艘舰航行在长江上格外醒目，能让日本飞行员在空中看得清清楚楚。几艘美国轮船上也绘有大幅美国国旗[1]。美国人认为，如此就可以避免日军对美国舰艇的"误炸"。可是，当"班乃"舰行驶到距南京上游28英里处抛锚停泊时，一场灾难降临了。

"班乃"舰的悲惨命运

"班乃"号炮舰是1926年由中国江南造船所为美国海军建造的，1928年9月10日服役，用菲律宾的一个岛屿命名，排水量450吨，长191.1英尺，宽28.1英尺，吃水5.3英尺，航速15节。在"班乃"舰上，有海军官兵59人，美国大使馆职员4人、美国公民4人，另有其他国家人员5人，其中包括意大利著名新闻

---

[1]（美）约翰·本杰明·鲍惠尔著：《在中国二十五年》，黄山书社2008年9月版，第294—295页。

航行在长江中的"班乃"舰

记者桑德罗·桑特利。1937年12月12日上午9时40分，天气晴朗，能见度极高，也没有风。正当"班乃"舰向上游航行的时候，遇见一艘日本登陆艇，该艇发出讯号，通知"班乃"舰接受询问，"班乃"舰立即停航。一位日本军官及卫兵登上"班乃"舰，当日本军官得知"班乃"舰和轮船队将要行驶至南京上游28英里处停泊时，他严厉警告美国人，在航行中有可能发生危险。11时，"班乃"舰及轮船队到达停泊地点，该处位于安徽和县境内，距吴淞口221英里。

下午1时30分，"班乃"舰上的船员有八人赴"美平"号上探访，其他人均在舰工作。约1时38分，日军三架大型双引擎飞机以V字形阵势从上游飞来，此时，"班乃"舰周围除了美孚石油公司的轮船以外，没有其他船只。这三架飞机没有发出任何警告，突然掷下几枚炸弹，其中有一枚击中"班乃"舰舰首，另外几枚落在"美平"号附近。"班乃"舰舰首30毫米炮被击坏，驾驶台和病员舱被炸毁，锅炉房受损，无线电发报机失灵，全舰

"班乃"舰舰长休斯

接到弃舰命令后，"班乃"舰官兵正在离舰

乘坐"班乃"舰的美国摄影记者诺曼·艾里正在用手中的摄影机拍摄日军暴行

失去动力，舰身裂开漏水，舰首下沉向右侧倾斜。紧接着，又有六架单引擎日机飞来，逐架俯冲，持续了约20分钟，集中进攻"班乃"舰，共投下约20枚炸弹，均落于"班乃"舰的甲板及舰旁。期间，有两架飞机用机枪扫射攻击，舰上伤亡惨重，舰长休斯少校臀部受伤，并被严重震伤，副舰长安德斯上尉被弹片击伤喉咙及手部，失去讲话能力；轮机长J·G.盖斯特上尉的大腿被弹片击伤，比沃斯少尉被严重震伤。之后，舰上的所有军官都受了伤，舰长伤重不能指挥，副舰长只能用笔下达命令。他下令保管好保密文件，开船靠岸。但由于舰身受伤严重，无法开动。下午2时许，舰长确认军舰已无法挽救，又考虑到伤员人数众多，用两条小救生艇运送伤员上岸需要不少时间，故而命令弃船。

然而，日机依然不肯放过，有一架飞机用机枪向正在运送伤员到岸边的救生艇扫射，导致更多人伤亡，艇身也被子弹击穿。盖斯特后来回忆说："日本飞机分两拨前来轰炸'班乃'号，第一拨三架飞机，第二拨六架飞机""日本鬼子的第一枚炸弹，从大约七千英尺的高空投下来，弹着点十分准确。实际上，所有的炸弹，不是打中了他们的目标，就是掉在离船很近的地方，因此使'班乃'舰受到很重的伤害。而日本飞机第二波前来攻击的时候，飞得就很低，于是用机枪向正在沉没的'班乃'舰大肆扫射，同时，也向企图逃往岸上的救生艇上的幸存者扫射。"[1]

---

〔1〕（美）约翰·本杰明·鲍惠尔著：《在中国二十五年》，黄山书社2008年9月版，第303—304页。

在日机第一枚炸弹落下时，"班乃"舰上的官兵开始实施对空防卫射击，但只有高射机枪能够用于战斗，火力微弱，作用不大。

下午3时左右，当舰上的人员全部撤离完毕时，"班乃"舰下沉速度加快。此时，两艘满载日本士兵的快艇行驶到"班乃"舰附近，用机枪对舰进行扫射，然后，日本士兵登上"班乃"舰，停留5分钟后离去。3时54分，"班乃"舰向右侧翻沉到大约60英尺深的江水中，位置为北纬33°44′30″，东经117°27′。舰上的重要物资也随舰沉入水底。

舰上的幸存者到达江北岸后，舰长鉴于自己和其他军官都受了伤，又担心日军会继续对他们进行袭击，所以他要求陆军上尉罗伯特作为他的代表，处理一切事宜。"班乃"号官兵在岸上的两天两夜中，忍受着艰难困苦和风吹雨打，但得到了中国百姓的极大帮助。12月15日，他们登上了美舰"奥胡"号。

此次遭袭，"班乃"舰死亡3人。意大利记者桑德罗·桑特利因伤重于12月13日下午1时30分死于和县；一等兵查尔斯·L.恩斯明格于12月13日下午1时30分死于和县；舵手埃德加·C.赫尔斯布斯于12月19日上午6时30分死于上海。另外，"班乃"舰上还有48人受伤，有些人伤势严重。

已被炸沉的"班乃"舰

丁士彪曾任安徽省和县电台报务员，不仅是日军击沉"班乃"舰的目击者，而且还参与了对受伤官兵的救援，他对救援过程比较了解，以下是他的回忆：

　　1937年12月12日下午，美国舰艇"班乃"舰由南京溯江西行，驶至安徽省和县江面（今马鞍山对岸）时，突遭日军飞机的空袭，舰上官兵来不及穿上救生衣，纷纷泅水逃生。结果，"班乃"舰被炸沉，一大截舰体在北岸搁浅。

　　和县县城距江边9华里，离南京仅48公里。南京被日军侵占后，和县突出已成前沿阵地，城内老百姓已经撤离，仅有一所医院和一座使用干电池的小型电台，该电台隶属于安徽省政府及第五战区司令长官李宗仁参谋处，是该处指挥的唯一通信工具。入夜，"班乃"舰受伤官兵经沿岸防护人员护送进城，经医生紧急抢救和治疗包扎，此时，这些美国官兵仍惊魂未定，直到第二天才安定下来，他们一个个散落街头，蹲依墙边晒太阳。

　　"班乃"舰舰长休斯臂部也受伤。和县三面受敌，随时都有可能被日军侵占，休斯焦急万分。当他知道城内还有一部小型无线电台时，便立即

被炸焚毁的美孚石油公司轮船"美安"号

吃力地赶往电台，要求无线电报务员发电报到汉口美国大使馆，让美国海军火速派人急救。休斯身体很胖，坐在藤椅上写了一份英文电稿，丁姓报务员将电稿译成一份中英文并行电文，当即发往省府所在地六安，由省政府秘书处转发汉口美国大使馆。

休斯精神稍好，唯臂部仍感疼痛，当医生替他换伤口绷带时，他用英语对医生说："小心一点。"

两天后的一个傍晚，江面忽然响起一阵密集的枪声，原来，汉口美国大使馆收到休斯舰长那份十万火急的求救电报后，立即派了一艘军舰和一艘红十字舰，全速驶抵和县江面，在江面上，美舰又遭到了游弋于江面的日军橡皮艇的射击。不过江面很快就平静下来了。美国军舰和红十字舰停泊在江心，一些官兵乘着由舰上放下的汽艇上了岸。时已深夜，寒风凛冽，美国舰上人员带着数十副担架在黑夜里进了城。

一个军官与县政府人员交谈后，了解了情况。另一个军官问电台报务员："这两天日本飞机曾空袭过吗？"报务员用英语答道："仅在扬子江上空进行侦查。"军官露出笑容，向这位年仅24岁的年轻人表示谢意。随后，所有受伤官兵躺在担架上，被抬上军舰。

午夜，天空露出点点繁星，两艘美国军舰连夜驶离这个小小孤城，鼓起扬子江波涛，溯江西上，急向汉口驶去。

对于"班乃"舰被炸沉，前来救护的美国军舰，派人抢拍了纪录影片，于1938年5月在汉口各电影院放映，丁士彪还亲身经历并协助其事。[1]

日机在攻击完"班乃"舰后，又发起了对美孚石油公司轮船的攻击，"美安"号被炸后搁浅于江北岸，"美平""美夏"则燃起大火，相继被烧毁，"美夏"号船长卡尔森被炸死，另有包括中国船员在内的三十余人伤亡。在"美平"号上的八名"班乃"舰舰员在"美平"号沉没时上岸，其中有七人被英舰"蜜蜂"号搭救，一人自己步行至芜湖，然后乘坐日本海军飞机抵达上海。

---

〔1〕丁士彪：《孤城喋血记》，《和县文史资料》第3辑，第6—8页。

被炸焚毁的美孚石油公司轮船"美平"号

搭救"班乃"舰遇险官兵的英国炮舰"蜜蜂"号

日军为何炸沉"班乃"舰

炸沉"班乃"舰事件发生后，美国政府表示震惊，国务卿科德尔·赫尔于事件发生的当日晚11时致电美驻日大使约瑟夫·C.格鲁，称："据报美舰'班乃'号和三艘美孚石油公司的汽轮在南京上游27英里处被炸沉，生还者包括大使馆人员、海军人员及一些难民，现在和县。请立即通知广田外相，询问情况，并要求日本政府立即采取适当行动。让他知道情况是严重的，首要任务是采取一切预防措施，以防止再发生攻击美国船只及人员的事件。"格鲁接电后，于1937年12月13日晨拜会了日本外相，要求日方采取进一步行动制止日本军队继续在这些船只附近投弹，致使美国人之生命及财产受到严重危害。并指出，如果这些炮弹落到轮船附近造成美国人员伤亡，必将引起十分严重的后果。

就在格鲁拜会日本外相广田弘毅的同时，广田弘毅也给驻美大使斋藤弘发出命令，要求他把轰炸"班乃"舰的报告交给美国政府，并向美国政府道歉。1937年12月13日早上，斋藤弘出现在美国国务院，他向美国政府递交了一份备忘录。备忘录指出："轰炸时'班乃'号在江中抛锚停泊；日军官员接到报告说中国军队用船向上游退却，于是派遣飞机去攻击他们，造成错误，轰炸了'班乃'号，并使它沉没。"斋藤弘补充说，日本官员事先得到美国当局的通知，知道"班乃"舰的停泊地点，因此，这次轰炸击沉"班乃"舰是一个严重的错误。在随后答复美国政府的照会中，日本政府正式表示："日本政府对造成美国船只受损和船上人员伤亡的本次事件感到极为遗憾并由衷道歉。日本政府将赔偿全部损失，并将适当地处理对事件负责之人员。"[1]

日本政府的解释所包含的意思是，炸沉"班乃"舰纯粹是一次"误炸"，而导致"误炸"的原因，是日军官员误以为"班乃"舰上有"向上游撤退的中国军队"。然而，这明显与"日本官员知道'班乃'舰的停泊地点"相矛盾，让人难以信服。美国政府后来的调查结果显示："幸存者在离开正在下沉的'班乃'号逃生时，日本飞机俯冲并用机枪低空扫射船舰；在'班乃'号沉没前有两艘日本陆军摩托艇驶向该轮，先用机枪扫射然后登上船，在船上停留约5

---

[1] 美国国务院编：《美国外交文件（日本1931—1941）》，中国社会科学出版社1998年4月版，第197—199页。

分钟，虽然船桅上悬挂的美国国旗是清楚易见的；逃上岸以后，生还者把受伤者藏起来并分散躲避，因为日机反复低飞搜索，显然是要全部射杀他们。""日本武装部队是蓄意攻击'班乃'号和其他美国商船的。"[1]这充分说明，日本政府在掩盖事实真相。

为了表示确已知错，日本政府还精心设计作了一场秀。他们安排一群日本小学生在美国驻日大使馆附近的大街上向行人募捐一两分钱，说要买一艘崭新的炮舰，代替"班乃"舰，赔偿美国。[2]同时，德川公爵组织了一个代表捐赠者的委员会，并通过了一项决议，声称：捐赠的目的是为了表明日本人民对美国炮舰"班乃"号和三艘美国商船上的伤亡人员及他们的家属的深切同情，这些人员是因日本武装部队于1937年12月12日在长江上对（敌人）进行军事行动时的错误攻击而伤亡的；这笔目的在于表示同情及友好的捐款，由美国驻日本大使格鲁先生全权处理。[3]

然而不久，美国人就从日本长江巡逻舰队司令近藤英次郎海军少将递交给美国海军武官的报告中看出了端倪。报告中明确地说："11日及12日实施轰炸的海军飞机是从南京与上海中间的地点起飞的。12日早晨接到情报说中国军队正从南京渡江到浦口。南京上游太平附近的陆军也报告说，发现有10只船满载中国军队正往上游逃走。这一报告是用电报传给海军航空队的。南京上游地方的陆军接到命令，过江到浦口截断中国军队，全部日军都接到命令以最猛烈的攻击，全力歼灭敌人。这个命令也发到了海军航空部队。"这说明，日军轰炸长江上的目标，是陆海军的一致行动。报告还提到，"一队日军自长江南岸的太平坐船顺流而下。出发时间为上午9时。小队长登上班乃号与该舰长交换了名片。后者要求日军不要攻击，因为班乃号正移航到上游离开敌对交火地区。"[4]也就是说，日本陆军十分清楚"班乃"舰是美国军舰，以及该舰的行

〔1〕美国国务院编：《美国外交文件（日本1931—1941）》，中国社会科学出版社1998年4月版，第201页。

〔2〕（美）翰·本杰明·鲍惠尔著：《在中国二十五年》，黄山书社2008年9月版，第301页。

〔3〕美国国务院编：《美国外交文件（日本1931—1941）》，中国社会科学出版社1998年4月版，第212页。

〔4〕同上，第203页。

动计划。在这样的情况下，日本陆军依然配合海军，实施了对"班乃"舰的扫射。由此可以推断，日军轰炸"班乃"舰，是以阻截中国军队为借口的、有预谋的军事行动。

在华工作了25年的著名美国报人、上海《密勒氏评论报》主编约翰·本杰明·鲍惠尔在调查此事件时发现，指挥陆军攻击"班乃"舰行动的是日军驻芜湖地区司令官桥本欣五郎大佐，此人曾担任过日本驻法和驻土耳其大使馆的武官，曾经是日本陆军1936年在东京发动的二二六事变的领袖之一。在二二六事变中，他否认他是法西

桥本欣五郎，日军驻芜湖地区司令官，指挥攻击"班乃"舰行动，战后被远东国际军事法庭判处无期徒刑

斯主义和社会主义者，宣称他代表的是"远东的新精神"。这种"远东的新精神"主要的目标，是消灭美国和英国对亚洲的影响，而消除影响的方式就是将美英拖入战争。因此，他到达芜湖的第一天，就表露出反美的态度。他下令扯下美国教会大门上的美国国旗，把它撕成一条条，一片片，然后丢在地上，用脚上钉有平头钉的大皮靴加以践踏。[1]因此，他做出袭击"班乃"舰的行动是毫不奇怪的。

桥本欣五郎所倡导的"远东的新精神"，实际上代表了一大批日军高级将领的期望，他们在疯狂侵略中国的同时，也时刻没有忘记排挤、驱逐美、英等国在远东的利益，同时也不断在试探美、英等国对日挑衅行为的反应，这才是日军炸沉"班乃"舰最根本的原因。

笔者在翻阅资料时，偶然发现了一则颇有意思的史料，这段史料表明，早在1934年日军中就有人幻想，两年后的1936年，日本潜艇通过袭击在中国长江里的美国军舰而挑起日美战争，其情形与袭击"班乃"舰如出一辙，这位日

---

〔1〕（美）约翰·本杰明·鲍惠尔著：《在中国二十五年》，黄山书社2008年9月版，第302页。

本军官有意识地预测了美国的强烈反应，意在渲染日美发生战争，日本趁美国海军还未与日本拉开差距便彻底打败美国的结局。现把这段史料摘录如下：

事件发生在一九三六年。在上海与汉口之间，美国的军舰"胡士顿"平静地航行着，带着几百个船员。一夜晚饭后，大家正在船头抽着烟，突然间一声爆裂，全船震动。水手们连些许动作的余裕也没有，眼见军舰往水底沉没，这是日本潜航艇的成绩。这潜航艇泰然自若地继续前进，美军舰中侥幸生还的一员上岸报告事件经过。美国起初瞠目结舌，其次举国愤慨。华盛顿用激烈的外交文书，提出和平的抗议。全世界的舆论一面持论谨严，一面对美国一致表示同情。大家都问，是哪里来的这种野蛮行动？

日本军部迫于事实，不得不将潜航艇长付诸军法裁判，在举世瞩目之中，潜航艇长自己辩护曰："我依我的良心才有这次的动作，我的动作将惹起战争，我知道我对这事十分满意，这里在场的人，凡是爱国的能说我作（做）错了吗？全世界的人都对我们的祖国不讲公道，要使我们祖国的海军力在他国之下，我们海军同胞有阻止这个的义务，我们中间决没一个人肯接受海军会议的决议，因为这个决议，五年之内美国的海军将比我们的多一倍，这是不应该的。只有立刻战争的一个办法，可以防止我们敌人扩充实力。我知道有我□□的动作，战争便不能不发生……"

裁判官被这番话所感动，不做一声。外交部要求这人应该牺牲他的生命，结果判决枪毙。但军人立即起而干涉，军官们从监狱中夺出犯人来，街上民众喝彩。一个月两个月过去，日本政府毫无动作，无法可想，美国宣战。

美国的太平洋舰队全部向西开驶，大西洋舰队赶忙参加，黑种舰员忽然谋叛，他们炸毁巴拿马运河冠冕堂皇的美国舰队，这一来被切成两段，大部分被锁在大西洋中，一个小舰队终于到达日本海岸，开始轰炸日本群岛。日本舰队炸檀香岛。几天之后美舰队的一部与日舰队接触，激战数昼夜，胜负不分。接着两方空军加入战争，几千架各式各样的飞机在海上，在军舰上空，猛烈格斗，几十只几十只的飞机放着火焰往海底沉去，若干小时之后，黄色毕竟得最后的胜利，美机遁走。这以后美国舰队一一被日机炸毁。

以后呢，成千成万的日军侵入北美大陆，先后占领美国各大华美的都会，美国陆军虽出全力抵抗，然而敌不过日本的毒瓦斯、毒菌弹药，到处死亡枕藉。北美合众国的四十八州，于是变成日本殖民地。[1]

日本军官的这段假想，表露了日本人对华盛顿裁军会议的强烈不满，也表露了他们对美国海军发展的严重忧虑。从那时起，他们就萌动着挑起事端，打败美国海军的愿望。这一愿望尽管没有在1936年实现，却在1937年找到了实现的机会，他们制造了炸沉"班乃"舰事件。由此看来，这一事件早在日本人的预料之中，只不过他们所希望看到的美国宣战的场景没有出现。那么，美国人究竟是怎样想的呢？

美国的反应及后果

美国政府获悉日军炸沉"班乃"舰事件后，内部一片哗然，他们百思不得其解，日本为什么会对中立国的美国舰艇下手。美国海军亚洲舰队司令亚内尔上将在呈给美国海军部长斯旺森的报告中说："日本飞机驾驶员应熟悉'班乃'号上的特点及明显标记，因为日空军轰炸南京时，'班乃'号停泊在南京江面。第一架日本轰炸机可能因为飞行高度不能辨明'班乃'号是美舰，但没有明确认清目标便胡乱轰炸，这是无可饶恕的，特别是人们都知道在长江上有中立国船只。更令人不能理解的是，六架轻型轰炸机在600英尺低空对舰船进行攻击达20分钟，但却不知道攻击目标的国籍。"[2]

对于这一不可思议的事件，在美国政府以及军方中出现了两种不同的声音。亚内尔在事件发生的第一时间命令停泊于上海并准备驶往马尼拉的巡洋舰"奥古斯塔"号停止离去，做好应对日军进攻的准备。他明确声明：如果日本要求美国海军船舰从中国水域中撤退，美国将不予理会。

在美国参议院中也有态度强硬者。参议员凯·皮特曼表示，美国政府应该

---

〔1〕《海军军官预言一九三六年日美战争爆发》，《每周情报》1934年第46期，第1—2页。

〔2〕美国国务院编：《美国外交文件（日本1931—1941）》，中国社会科学出版社1998年4月版，第210页。

美国海军亚洲舰队司令
亚内尔上将

要求所有对"班乃"舰和其他美国船舰被炸射负有责任的日本海陆军官员一律加以惩处。日本对中立国家发生的一连串的所谓"意外"已到了是可忍孰不可忍的地步。

　　然而，上述强硬的态度并未得到美国政府的支持，政府中大多数人主张息事宁人。在事件刚刚发生的时候，罗斯福总统让美国国务卿转告日本大使，要求日本政府作出正式道歉，并作出全部赔偿，保证将来不再发生同样的攻击事件。而这些要求早已是日本政府透过它的驻美大使斋藤弘主动提出来的，是日本政府愿意做的事。就连惩治直接责任者这样最基本的要求，罗斯福都没有提。在参议院里也有人宣称："如果日本承认它的过错并向美国道歉，美国政府就无须再做任何更多的要求。"国务卿赫尔表示："美国政府满意地看到，日本12月14日的复照中承认负有责任，表示遗憾及愿意赔偿。"[1]更有甚者，当看到有日本小学生为赔偿美舰而捐款时，美国驻日大使格鲁竟"大为感动"[2]，更加主张不要对日采取强硬态度。

　　随着对事件调查的深入，越来越多的疑问出现在美国人的心中，日军攻击"班乃"舰的恶意越来越清晰，美国政府也作出明确的结论：日本武装部队是蓄意攻击"班乃"舰和其他美国商船的。赫尔说："我对事件的发生再次表示震惊，并再次提出这个问题：这些日本陆军和海军疯子究竟会受到什么样的处罚。"然而，说归说，对于日军是否惩处肇事者，美国政府并未追究。1938年3月22日日本海军武官

　　〔1〕美国国务院编：《美国外交文件（日本1931—1941）》，中国社会科学出版社1998年4月版，第211页。

　　〔2〕（美）约翰·本杰明·鲍惠尔著：《在中国二十五年》，黄山书社2008年9月版，第301页。

在递交给美驻日大使的备忘录中声明："海军航空兵司令三并少将已被因此召回本国，他和其他指挥官已受到适当的惩处。由于道义及纪律关系，惩处性质不能公开。"海军中"所有负责人员均已受到适当惩

"班乃"舰被炸沉后部分官兵合影

罚，但因上述原因，不能公布。"[1] 这等于说，肇事者最终受到什么样的惩处，均有日方来定，美国政府无需知情。对此，美国政府并没有进一步提出异议，等于完全认可了。

1938年3月23日，美国政府向日本政府提出索赔，赔偿额为221.4万美元，日本全部允诺。4月22日，美国国务院收到了这笔赔偿款，同时放弃了对该事件的继续追究权。这样，这一事件以日本的经济赔偿落下帷幕。

"班乃"舰遭袭事件，本来是美英与日本之间的纠葛，但它发生于中国的土地上，与中国抗战必然有一定的关联。所以国内曾有人把它与先前日军炮击英国军舰事件联系起来，产生了对美英因此事件而参战的幻想："自从此案发生之后，国人多沾沾自喜，以为国际关系，即可有一大转变，尤其看见英美两国，同时严重抗议，而美国复将军舰集中桑狄哥，更以为英美即将帮助我们抗战了。"可是不久，"英美态度忽趋和缓，对敌人所提道歉和赔偿办法，认为'暂时满意'，于是一般又以为抗战前途，复趋暗淡"[2]，这些中国同胞经历了一次由喜到悲的感情过程。

实际上他们并不知道，美国政府的表现不是偶然的，而是完全反映了它一

〔1〕美国国务院编：《美国外交文件（日本1931—1941）》，中国社会科学出版社1998年4月版，第214页。

〔2〕白治苍：《英美军舰被炸案件》，《全面战周刊》创刊号，第6页。

美国海军助理部长查尔斯·爱迪逊向正在养伤的约翰·霍奇颁发海军十字勋章，以表彰他在"班乃"舰被击沉时仍向日军飞机射击的英勇行为

"班乃"舰被炸沉后，美国民众走上街头抗议日本暴行

贯软弱的对日政策。有一件事情可以证明：日本政府曾经雇佣过一个叫金奈的美国新闻记者，此人在美国访问了不少报社主笔、专栏作家和电台评论员。之后，他从美国回到大连，向日本政府呈报了一份很长的报告，报告中列举了一些对日本侵略中国政策在感情上表示赞同的美国人。然而不幸的是，这份极机密的报告辗转落到了另一个美国人的手中，而这位美国人又把这份报告转给了鲍惠尔，于是，这份报告便公之于世了。当日本人发现这份报告被泄露之后，便安排金奈带着他的日本太太前往南太平洋法属大溪地，安度他们的优游岁月去了。这说明在日本发动侵华战争时，美国很多极具影响力的人物都不主张对日本采取强硬立场，原因是这些人认为日本政府中的和平分子极有可能控制得住好战的军人，使日本军人无法轻举妄动。当战争爆发时，他们又主张对日采取温和政策，甚至支持日本的侵略政策，以避免被拖入战争。格鲁当时就认为，如果美国采取强硬立场，可能刺激日本军阀采取一种"更强硬的态度"[1]。由此可见，把美英参战寄希望于这次两国军舰遭袭事件，是幼稚和天真的想法。正如国人评论的那样："我们现在既已发动了神圣的民族自卫战争，便唯

----

〔1〕（美）约翰·本杰明·鲍惠尔著：《在中国二十五年》，黄山书社2008年9月版，第292—293页。

有以焦土抗战的决心，人土皆亡牺牲精神，誓死去争取民族的生存，我们要绝对自信，只要长期抗战，最后胜利终必归我，如果抗战的情绪，因了国际局势之起伏而消涨，或是希望英美'以身为天下先'，对敌人积极行动，那简直是奴性的表现，失了抗战的意义。"况且，"美国在华利益，远逊于英，对日贸易又在我国之上，且两国太平洋上的冲突，尚未至白热的田地，当不愿轻举妄动，对日作战，或放弃其祖传之门罗主义，为英利用，虽则这两个同文国家的联合阵线，其势可以决定世界许多问题，但事实上两国利害尚不尽同，更尚未到所谓'战争的限度'。所以英美两国对炸舰案虽则一度'朝野哗然'，合作声浪甚高，终于还是不免认敌寇所提办法，'暂时满意'，并非偶然的"。"因此，我们对英美以至国际形势的转变，用不着兴奋或是沮丧，国际局势之动荡，固足以影响我们的抗战，但是我们除了充分的去利用变化而外，却不可去希望变化会给我们什么好处。换句话说，与国的助力我们虽则需要，然而不能倚赖他人的援助。抗战的重点时时刻刻要放在自己身上。同时国际能否援助，也视我们能否努力而定。如果我们抗战到底，本着焦土抗战的决心，自力更生的原则，自能得到国际的钦佩和同情，而加以援助否，则徒只依赖他人，恐成引狼入室之势，甚或铸成大错，陷民族于万劫不复之境。西谚有云：'天助自助者'，能否得助，全仗自己的努力。这次保卫民族的神圣任务能否达成，当然只有看我们自己能否努力而定了。"[1]笔者认为，此言极是。

不过，对美国来说，恰恰是这种"温和"的政策，怂恿了日本的侵略野心，让美国人不但没有避免被拖入战争，而且付出了沉重的代价。正如鲍惠尔所评论的那样，当日本飞机在南京附近的长江中，有计划地轰炸、扫射，终至炸沉了美国海军炮舰"班乃"号的时候，美国政府对此不但不采取强硬态度，反而采取一种软弱的、优柔寡断的政策，因而鼓励起日本对美国和他们的远东利益，玩弄一种忽紧忽松的手法，最后，终于导致日本军阀于四年后偷袭珍珠港，挑起了太平洋战争。[2]

---

〔1〕白治苍：《英美军舰被炸案件》，《全面战周刊》创刊号，第6—7页。
〔2〕（美）约翰·本杰明·鲍惠尔著：《在中国二十五年》，黄山书社2008年9月版，第293页。

中国海军赴美接收"八舰"始末

抗日战争爆发后，中国成为二战的重要战场。1941年3月11日，美国国会通过了"租借法案"[1]，保证对英国和所有被轴心国侵略的国家予以战时援助。太平洋战争爆发后，美国无力派出军舰直接支援中国抗战，中国政府便于1943年下半年到1944年初，援用"租借法案"向美国要求援舰参战。经过协商，美国同意首批借给（在华成军后改为无偿转让）中国护航驱逐舰2艘、扫雷舰4艘、巡逻舰2艘，来华后在太平洋担任护航，协助盟军对日作战。从1944年9月开始，国民政府指定军事委员会派员接收，军事委员会直接主持在海军内部挑选军官，在海军部队以及地方大、中学校学生中挑选士兵，作为赴美接收"八舰"的人员。本文试图通过对各种相关材料的梳理，弄清这次接舰行动的来龙去脉。

招收接舰官兵

1944年9月和12月，国民政府军事委员会成立考选委员会，先后在重庆主持了对接舰军官和士兵的招收工作。军委会规定，接舰军官需在海军内部招收，必须经过严格的考试。参考的条件是：必须是海军学校的毕业生，有两年以上的舰上工作经验，并经单位或社会知名人士推荐。考试的科目包括国文、英文和海军专业科目。当时前来应考的约100余人，总共录取了78名，他们分别来

---

[1] 该法案原称"援助民主国自卫法案"，亦即"军火租借法案"，经美国参众两院通过后，定名为"加强美国国防法案"。

训练接舰新兵的招商局"江顺"轮

训练接舰新兵的招商局"江新"轮

王业钧曾作为士兵赴美接舰，后任台湾海军官校教授。此照摄于1947年

自马尾、青岛、黄埔和电雷等四所海军学校。接舰士兵的招收条件要宽得多，主要是面向社会，毋需考试。前来应招的有来自交通、中央、重庆、复旦、中央政治、齐鲁等大学的学生，有来自南开、中正等中学的学生，也有来自海军部队的士兵，还有来自社会各界的青年，他们共达几千人，最终录用了1000人。曾经参加应招，后来成为台湾海军官校教授的王业钧回忆说："那时我就读高中三年级上学期，拿着学校的推荐函，到重庆军事委员会第二厅报名，毋需考试，仅检查是否身有残疾。""报名完毕，第二厅发给一张报到函，我们即拿着报到函至重庆下游十五里唐家沱的江顺轮集合。"[1]在这期间被录取的阳克铭、胡征庆、陈显扬、熊晫、刘福祥等五人也说："经过海军选派委员会的文化考核和陆军医院的体检，我们分别被录取。12月中旬左右，新考取的学生兵陆续到重庆市郊靠近长江边唐家沱的招商局客轮'江顺'和'江新'轮上报到集中编队。这些新从军的学生，上面统称学兵，但学兵之间仍互称同学。"[2]

赴美前，所有接舰官兵均在重庆下游的唐家沱集训，以"江顺"号和"江新"号两艘轮船充当训练船只。随后成立了"赴美接舰参战学兵总队"，总队长是陆军中将潘佑强（黄埔一期毕业），副总队长有两人，一位是侍从室参谋海军中校魏济民，另一位是海军中校许世钧。总队下辖九个中队，中队下辖三个分队，分队下辖三个班。

之所以让一位陆军将领担任总队长，据时任驻美海军副武官的杨元忠说，这是因为潘佑强在黄埔第一期同学中算是相当出风头的人物之一，但他走的不

〔1〕《王业钧先生访问记录》，《海军人物访问记录》第一辑，台湾"中央研究院"近代史研究所1998年9月版，第226—227页。
〔2〕阳克铭、胡征庆等：《抗战期间赴美接舰归国亲历记》，《文史资料选辑》第129辑，第107页。

是带部队的路线，因此不容易爬上陆军高层的几个位置，才想到向海军发展。正好海军派去美国接舰的千余官兵需要有一位阶级较高的军官带领。他认为这是进取海军的一条捷径，便活动到手。这个位置，本来是把这批海军官兵带到美国的目的地就告结束的。但他因为另有目的，就在迈阿密拖了相当时间。后来由于他进入海军的意图与戴笠插手海军的企图相矛盾，便被强令回国。[1]

在唐家沱集中训练期间，接舰官兵每天上午到沙滩上进行陆操训练，并学习一些海军术语和基本知识以及国外礼仪等。国民政府对这些人的训练非常重视，不断有要员前来视察和训话。以学兵为例，副参谋总长程潜代表重庆各界前来慰问，向每个学兵发放了慰问品；军政部长陈诚上船视察，向全体学兵讲话。美国驻华大使馆海军武官也亲临唐家沱查看，在沙滩上检阅全体学兵。潘佑强还亲自带领全体学兵前往国民党中央训练团，听蒋介石训话。蒋介石要求他们学成回国，成为海军骨干力量。

1944年12月，"赴美接舰参战学兵总队"的78名军官先期赴美，他们从重庆出发到成都新津机场，然后分批乘美国陆军总部运输机经过云南昆明，飞越驼峰，在印度加尔各答降落，然后转乘火车到孟买，再由孟买乘运输舰"马斯将军"号远涉重洋，经澳大利亚墨尔本，东渡太平洋驶向美国西海岸。

在这一过程中，值得一提的是接舰军官在海上的经历。从孟买出发前，魏济民强调了航海途中可能会出现的情况，余宪高还记得当时的情景："不久我们开始又接到美方的通知，要我们准备，到美陆军部医务所检验体格，然后分配上船的秩序。当出发前我们的魏副领队告诉我们说：'各位同学！据说我们的敌人，日本的潜水艇，最近在印度洋一带活动得很厉害，希望各位无论在任何场所言论须特加注意谨慎，以防间谍及汉奸的活动，透露了消息，使我们在印度洋发生生命的危险！'""本来这个船有二万一千吨，可容六七千人的样子，因为人数过多，据说今年这条航线，有三个多月没有船航行过，所以无论美方请假回国的官兵也好，中国派遣的留学及派赴英美的公务人员，或者考察人员也好，都拥挤在这块儿来了，同时因为此时仅只有这条船航行，所以才有这种现象。""在船上，有一种特殊的规矩，就是：无论何时，无论何地，你都

---

〔1〕杨元忠：《海军工作四十年》，《中外杂志》（台湾）第71卷第1期，第15页。

得要带上救生衣，否则美国的MP就会纠正你的，除此之外还有每天举行备战演习，时间在每天下午二点钟。同时因为我们是去美国学海军的，所以顺便，每天我还得要跟着美国海军学习一些在海上的动作及如何操练高射机关炮。在每一个实习完毕之后，我们还得实行一次实弹演习，气球被我们打中了，美方甚为赞扬，为了奖励起见，特别发给香烟一条，并且称赞我们中国人很聪敏。"[1]当时作为接舰军官之一，后担任"太康"舰副舰长的黎玉溪回忆了他们在印度洋航行的情景：我们"登上一艘大型美国运输舰，直航澳洲的墨尔钵（墨尔本）。出港之后就有两艘英国驱逐舰护航，隔日再由两艘美国驱逐舰接替，直到目的地。由于印度洋中日本部署了大量的潜水艇，听说孟买外海就有七艘窥伺，而这段航程中随时可能遭到攻击。因此入夜之后我方各舰灯光严禁外露，且根据统计，潜水艇通常是在黎明前后发动攻击，所以船团和护航舰艇必须在黎明前一小时即行战备待敌，以期万一被击中可以减少人员伤亡。我们每天在黎明前一小时半也都全舰备战，舰上官兵就作战位置，搭乘人员则起床着装穿好救生衣，分别集结于各指定的救生艇或救生筏附近，全舰充满严肃紧张的作战气氛，大家贯注精神等待敌潜艇鱼雷，万一不幸中弹，立即登上救生艇或救生筏逃命，直到天明全舰接触备战，才解散自由行动"。[2]值得庆幸的是，沿途一路平安。1945年1月28日，78名军官在加利福尼亚的长滩登岸。1945年1月24日，"赴美接舰参战学兵总队"的1000名学兵从重庆启程，也沿着相同的路线，于4月21日到达美军迈阿密海军训练中心。

迈阿密训练

78名军官上岸时，驻美总领事张紫常到码头迎接，当晚华侨举行了盛大的欢迎会。随后，他们改乘火车，沿墨西哥边境至得克萨斯州，最终抵达目的地——佛罗里达州迈阿密海军训练中心。学兵到达后，也来到这个训练中心接受训练。

迈阿密海军训练中心成立于第二次世界大战爆发以后，司令由海军上校豪

---

〔1〕余宪高：《由重庆到MIAMI》，《读者》1945年第4期，第14页。
〔2〕《黎玉玺先生访问记录》，台湾"中央研究院"近代史研究所1991年6月版，第54—55页。

担任。训练中心的任务是根据战争发展的需要，速成培训海军军官和士兵。训练中心中受训的美国人大多是新入伍的美国大学生和社会青年，他们经过一年左右的训练，派充各军舰任职。训练中心下设十几个专业学校，有航海学校、轮机学校、枪炮学校等，师资力量强大，教学设备齐全，可同时培训三四千人。该中心除了训练美国本国海军官兵以外，还代外国培训海军官兵，当时除了中国海军官兵以外，还培训苏联海军官兵。

中国当局在迈阿密设立了"中国海军接舰官兵办事处"，由中国驻美大使馆海军武官处直接领导，主任是宋锷海军上校。后来宋锷调到海军武官处任职，由学兵总队副总队长许世钧接任。实际上，中国接舰官兵受美国迈阿密海军训练中心和中国海军接舰官兵办事处双重领导，美方负责中国官兵的教学训练和后勤供应；中方负责官兵的人事和日常管理。中国海军在美训练期间的一切费用，均在美国战时"租借法案"下规定的项目中由美方提供。中国官兵享受着与美国官兵的同等待遇，同住一个军营，同在一个食堂就餐。据阳克铭等回忆，"海军训练中心设在濒临海湾的码头内，临街一面围有铁丝网，大门设岗，出入验卡，平民百姓禁止入内。主要教学活动都在训练中心内进行，内有各专业教学室和供教学用的仪器和各种设备。学员驻地和各种生活设施分散在训练中心外面的大街上。我们住在阿尔克扎旅馆内，往南行约200米是海军医院，往北行200多米是训练中心，中心入口处斜对面不远，就是海军食堂。日常活动日程是：早晨6时起床，盥洗完毕后，即分批列队步行去食堂就餐，然后进入训练中心上课；中午到食堂就餐后，又回到训练中心继续学习，直到晚餐后才回到旅馆休息。晚上一般不做安排，自由活动。大多数人在寝室复习白天所学功课，也有的到楼下大厅文娱室打乒乓球或台球。开初，除了礼拜六晚上和星期日放假外，平时不能外出，后来逐步放宽，晚上也轮流放假，规定晚上11时以前必须回营"。[1]

接舰官兵的训练分基础训练、专科训练和作战训练。基础训练注重军纪的要求以及海军基本知识的介绍；专科训练是按照职位的要求进行训练，除舰

---

[1] 阳克铭、胡征庆等：《抗战期间赴美接舰归国亲历记》，《文史资料选辑》第129辑，第124—125页。

长、副舰长外，军官的职位还有航海官、枪炮官、舰务官、轮机官、通信官、反潜作战及战情中心官等。士兵在展开专科训练之前，也是先分派舰上担任的职务科别，再予以相关的训练，包括枪炮、雷达、声呐、电工、无线电、帆缆、航海、船工、信号、电机、轮机等。学习和训练方式是中国官兵从未经历过的，"训练中心广泛采用电化教学、直观形象教学。学习科目时，配合放幻灯、电影和利用各种图表、符号、实物，尽量给学员以形象的直觉"。以炮火模拟实验课为例，"学员走进宽大的实验室（暗室），一按电钮，四周顿时呈现一派海洋景色，在大型屏幕上，投射出一群飞机，在空中飞行。学员所处的中心位置，正好是一座模拟的炮位，而且左右摇晃，上下颠簸，宛如置身在舰艇炮位上，学员可以操纵炮火任意旋转俯仰，追踪固定或活动的目标，并瞄准射击，其命中情况，可以从屏幕上显示出来"。[1]黎玉玺的感受是："这里的教法新颖，电影教学课程里有理论的讲解与实际的事例，并可身历其境置身战场中。如枪炮射击，我们利用电影作枪炮的射击飞机练习，并有实际纪录得知发射数目与命中多少发；又如聆听留声机的命令，然后逐步照着去做。总之在训练中心，就好像在战场上一样，整日处在枪炮声隆隆的气氛中。"[2]可见当时美国海军的训练方法已经达到了很高的水平。在这样的条件下，美方要求中国官兵必须通过严格考试，才能准予毕业。

除了技术上的训练以外，美军对官兵的战斗精神训练也抓得非常紧。在训练中国官兵期间，美方曾放映了许多战争纪录片，来激发他们对日军的仇恨，增强他们回国后与日军作战的战斗精神。阳克铭等说："我们看过一段日军占领南京后进行大屠杀的新闻纪录片。银幕上出现了这样的特写镜头：一个日本兵站在南京城墙上，右手举着大刀，左手提着一个被砍下的血淋淋的中国老百姓的人头，狰狞地狂笑。这当场激起了我们对日本法西斯强盗暴行的仇恨，莫不咬牙切齿，义愤填膺。有一次放映了美国在太平洋进攻日本冲绳岛的实战纪录片，美海军陆战队乘坐登陆艇，在飞机和军舰掩护下，强行登陆后，遭到日军顽强抵抗。日本士兵躲藏在掩蔽体或洞穴中负隅顽抗，美军用火焰喷射器向

---

〔1〕阳克铭、胡征庆等：《抗战期间赴美接舰归国亲历记》，《文史资料选辑》第129辑，第127—128页。
〔2〕《黎玉玺先生访问记录》，台湾"中央研究院"近代史研究所1991年6月版，第56页。

洞中扫荡，浓烟滚滚，日军被烟火呛得难以忍受，有的在地上打滚，有的被烧得蜷缩，但仍拒不放下武器。有的日军用军刀剖腹自杀也不投降，美军也伤亡累累。我们对战争的残酷性有了具体形象的认识，联想到以后到太平洋参战，将会遇到多么残酷的战斗。但为了打败日本法西斯，我们决不能退缩，要有不怕牺牲、血战到底的精神。"[1]

庆祝抗战胜利

1945年5月8日，德国无条件投降。消息传来，迈阿密沸腾了，人们热烈庆祝欧洲战场的胜利。尽管如此，中国海军官兵并未因欧战结束而放松训练，他们依然积极准备投入太平洋战场。进入8月以后，亚洲战场战局发展急转直下，8月6日，美军在日本广岛投下第一颗原子弹；9日，苏联红军出兵东北，对日本关东军发起全线攻击；同一天，美军在日本长崎投下第二颗原子弹；14日，日本宣布无条件投降。

日本投降的消息迅速传到了迈阿密海军训练中心，中、美、苏三国官兵顿时沉浸在胜利的喜悦中。阳克铭等详细描述了当时的情景："我们迅速穿上白色的海军服，奔向楼下大厅。美国、苏联水兵已聚在那里，大家互相握手、拥抱，互祝胜利。""接着，水兵们走出旅馆，拥向大街。此时，海军码头上庆祝胜利的礼炮响了，军舰上探照灯强烈的白光在夜空中交叉晃动，轰隆的礼炮声、汽车的喇叭声、人们的欢笑声交织在一起，人们沉浸在胜利的欢乐气氛里。全城的人都走出来了，人们拥向中心大街，拥向海滨公园，街上华灯齐放，平时显得那么宽阔的大街，现在竟挤得水泄不通。此时，不管男女老少，不论认识或不认识都互相握手拥抱，互祝胜利。军人成了最受宠的人。美国水兵更是放纵任性，看见妇女就上前拥抱接吻，妇女们也热情地回吻。有些热情的姑娘主动与军人拥抱，我们中国水兵也同样受到美国少女们的热吻。"[2]

为了庆祝同盟国反法西斯战争的伟大胜利，迈阿密海军训练中心决定在8月下旬举办中美苏三国海军共庆胜利联欢晚会，要求三国官兵分头准备晚会节

---

[1] 阳克铭、胡征庆等：《抗战期间赴美接舰归国亲历记》，《文史资料选辑》第129辑，第128页。

[2] 同上，第132—133页。

目。中国官兵十分兴奋，他们在短短的几天里，就准备了合唱、京剧和戏剧小品等节目。演出的那天晚上，中美苏三国海军官兵穿着整洁的军服来到迈阿密市剧院，可容纳数千人的半圆形的大厅座无虚席。出席联欢晚会的有海军训练中心司令豪，中、美、苏海军领队，以及迈阿密市政官员、社会名流等。演出开始后，中国海军合唱队第一个出场，演唱了著名的抗日歌曲《义勇军进行曲》，随后又表演了京剧清唱和戏剧小品等，受到了热烈欢迎。苏联海军合唱队演唱了《神圣的战争》《喀秋莎》等歌曲，表演了俄罗斯、乌克兰民间舞蹈。美国海军合唱队演唱了《自由战歌》《起锚歌》等歌曲，还表演了踢踏舞等舞蹈。最后，晚会在美国乐队演奏的中、美、苏三国的国歌声中落下帷幕。

"八舰"正式移交

为配合理论学习，中美双方决定移交八艘军舰，以便在学习中理论结合实践。1945年8月28日，中美海军在迈阿密海军训练中心举行了"八舰"移交仪式，美方代表是训练中心司令豪，中方代表是中国驻美大使馆海军武官刘田甫少将，双方在移交文件上签了字，并按计划将接舰官兵分配于各舰的固定位置上。时任"永宁"舰舰长的徐亨后来回忆说："每个人都被编为舰员，并指派到特定的军舰上担任固定的职位。在出国前，我已经是预定舰长，此时就分派为永宁舰舰长。"[1]

在赴美受训之前，国民党海军已在受训人员中确定了各舰舰长和副舰长，并确定了各舰舰名（回国后才正式命名），护航驱逐舰"Wyffels"号命名为"太康"，舰长梁序昭，"Decker"号命名为"太平"，舰长曹仲周（副舰长陆维源），扫雷舰"Lance"号命名为"永胜"，舰长蒋谦，"Logic"号命名为"永顺"，舰长高举，"Lucid"号命名为"永定"，舰长麦士尧，"Magnet"号命名为"永宁"，舰长徐亨，巡逻舰"PCE-867"号命名为"永泰"，舰长王恩华，"PCE-869"号命名为"永兴"，舰长齐鸿章。等到第一阶段训练任务完成后，各舰长和副舰长分别按预定方案配备各舰。

---

〔1〕《徐亨先生访谈录》，台湾"国史馆"1999年6月版，第35页。

已接收的"太康"舰和"太平"舰

已接收的"永兴"舰

刚接收的"太康"舰和"太平"舰,卫兵在站岗

"太康""太平"两舰官兵合影

梁序昭，赴美接舰时任"太康"舰舰长，1954年6月24日出任台湾海军第三任总司令。图为出任海军总司令后穿海军大礼服的梁序昭

徐亨，广东花县人，早年毕业于黄埔海军学校，赴美接舰时任"永宁"舰舰长，此照摄于赴美接舰期间的1945年

黎玉玺赴美接舰时任"太康"舰副舰长，后升任台湾海军总司令。此照为1950年任"太康"舰舰长时与到该舰视察的蒋介石合影

陆维源，赴美接舰时任"太平"舰副舰长，后任"永兴"舰舰长，1949年5月1日该舰爱国官兵起义时因反抗被击毙

反贪污风潮

国民党军队中历来存在着贪污腐败行为，在这次赴美接舰中，军官的贪污腐败依然难以杜绝。事情要追溯到赴美途中在印度境内的旅途津贴和制装费使用上，特别是旅途津贴。据当事人回忆，当时美国政府按照"租借法案"拨发给中国海军军官和士兵的津贴费大不相同，军官是士兵的 7 至 10 倍，本来士兵就很有看法，在印度境内的旅途津贴每人每天是 2 美元，可实际发到士兵手里的还不到 1 美元。当时士兵们并不知道，但到了美国以后，曾经参与协助后勤采购的士兵将这一情况透露给了其他士兵，迅速引起了反响。

1945 年 12 月初的一天，许世钧来到阿尔克扎旅馆，他一走出电梯，即被士兵团团围住。士兵们要求他就印度旅途津贴和制装费问题向大家说清楚。当时，士兵的情绪激奋，将他挟持到 12 楼的一间空客房内。许辩称，在印度的一切事情均由总队长潘佑强处理，扣发士兵旅途津贴和制装费确有其事，但都上缴国家支援抗战了。许的辩解不能令士兵满意，有些士兵竟准备要动手打人，但遭到带头士兵的制止。

海军办事处得知许世钧遭围困的消息后，立即向美国海军当局打电话紧急求援。美方不敢耽搁，也立即派出宪兵赶到旅馆，并武力保护许世钧从旅馆安全撤离。

中美海军的行为更加激起士兵的愤怒。第二天早晨，一向吵吵嚷嚷、热热闹闹的阿尔克扎旅馆突然变得冷冷清清，走廊里空无一人。原来，士兵们在遭遇了中美海军当局的不公正对待后，决定罢课绝食，以示抗议。这一举动立即引起了更大的风波。罢课绝食的第二天，迈阿密市的各大报纸就报道了中国士兵罢课绝食的消息，并透露罢课绝食的原因是中国海军军官的贪污腐败，从而引起了中国驻美大使馆的恐慌。他们一面迅速派出官员到迈阿密调查处理，一面向重庆国民政府报告。蒋介石获悉此事后极为震怒，下令严厉惩办带头罢课绝食之人。海军办事处受命后，立即介入调查。起初是个别谈话，随后就直接抓人，逮捕了 50 名参与罢课绝食的士兵，关入美国海军监狱。后来经过调查核实，办事处认为陶寿喜、任治佑、张明煌、阮怀德等八人是直接领导者，决定予以严厉制裁，押解回国。这一处理决定尽管不能使士兵心服口服，但事态暂时得到了控制。后来，办事处又将士兵待遇进行了较大幅度的提高，反贪污风潮才渐渐得以平息。

为了掩盖因贪污而引发的风潮，海军有当事人公开对自己的所作所为进行辩解。笔者在国民政府行政院档案中发现一则作者不明的资料，声称"许世钧接任总队长兼代理处长以后，积极整饬军纪"，并列举了赴美接舰官兵难以管理的六条原因：1.不论官员士兵，皆系临时召集而成，其中士兵出身不同，程度难齐，而在国内以时间关系，多未受严格军训，致不免有思想分歧之现象。2.当士兵抵美之时，因接舰军官须按时受训，而士兵中又无干练之军士，故无人协助施行基本军训。3.因新旧学兵程度不一，新兵有时须管理旧兵（各组组长皆系由大学中挑选者），新旧之间难期融洽。4.该官兵等抵美后，寄宿于美国繁华市区之大旅馆内，易受当地物质上之诱惑。5.关于管理及经费、人事，应向国内请示者，虽用电报，有时亦不能如期奉到批示。6.某系从中策动之事实。[1] 其中只字不提管理人员贪污之事，并试图将矛盾引向派系斗争。由此可见当时海军在赴美接舰问题上用人和管理中所存在的问题是十分明显的。

关塔那摩训练

接舰官兵在完成了陆地上的所有训练科目后，"八舰"编成中国舰队，开始海上训练。此时，许世钧因反贪污风潮奉调回国，中国驻美大使馆海军副武官林遵中校出任舰队指挥官。

1946年1月2日，以"太康"舰为旗舰的中国舰队驶离迈阿密，前往古巴关塔那摩，一昼夜后到达目的地。关塔那摩设有美国海军基地，这里经营多年，设施犹如美国本土，十分齐全。接舰官兵在这里的主要任务是配合美国舰队进行战术演练。训练刚开始，舰队在港口附近海面作短期航行，在原舰美国海军官兵的指导下，熟悉航海技术。几天后，舰队进入战术课目训练和实弹演习阶段，与美军舰队协同，做各种演练。"第一次实弹演习时，基地派出一批军舰、飞机、潜艇作为'敌方'，紧随中国舰队进入海域。我们舰上的雷达和

---

〔1〕中国第二历史档案馆：《抗日战争正面战场》（上），凤凰出版社2005年8月版，第1782—1783页。

"永泰"舰士兵在接受美国水兵训练指导　　　"永泰"舰士兵接受美国士官轮
机训练

声呐严密监视着海空敌情。当雷达兵在荧光屏上发现'敌机'或'敌舰',或者声呐兵从声呐仪器的电波曲线和声波回声发现有'敌潜艇'时,立即发出警报,全舰人员在一两分钟之内,必须进入各自的战斗岗位,做好战斗准备。各个炮位上下左右转动,追踪搜索着'敌人',当'敌舰''敌机'出现在海上和空中,它们的后面就拖带着靶船或靶机。开火命令一发出,各舰的火炮,向靶船和靶机进行猛烈射击,炮声隆隆,浓烟滚滚,大家看见靶子被击中起火,都高兴得大叫'打得好'。"[1]

在训练的间隙,基地还派出美国技工对"八舰"机器设备进行全面检修,中国官兵参加拆装、清洗、调试等工作,进一步掌握各种机器设备的性能、运转情况以及损耗状况。

在关塔那摩训练期间,中国官兵还参观了著名的美国战列舰"密苏里"号和航空母舰"罗斯福"号,对现代化海军有了进一步的认识。

经过关塔那摩三个多月的训练,接舰官兵驾驶着"八舰"完成了所有规定的科目,达到了美国海军制定的各项标准,终于可以驶回中国了。

---

〔1〕阳克铭、胡征庆等:《抗战期间赴美接舰归国亲历记》,《文史资料选辑》第129辑,第145页。

万里返国

1946年4月8日，"八舰"组成的舰队升起中国国旗，从关塔那摩港出发，开始了回国之旅。随行的还有一艘美海军借给（后按照第512号法案改为无偿转让）中国的"玛米"（Maumee）号（来华后命名为"峨眉"号）运油舰，负责航行途中为"八舰"补充油水。按照国民政府的安排，"八舰"在回国途中要赴各地访问，并宣慰中国侨胞。舰队的第一站便是古巴哈瓦那。

11日，舰队驶进了哈瓦那港，受到古巴各界的热烈欢迎。古巴总统在哈瓦那中心广场检阅了中国海军官兵，并登上军舰参观。中国海军官兵在哈瓦那大街上举行了游行，当地市民争睹中国海军的英姿，哈瓦那市的报纸则连日在显著位置刊登中国海军访问的消息。在哈瓦那碇泊的三天中，中国军舰向各界开放，参观的人络绎不绝，华侨更加踊跃。黎玉玺回忆说："舰队开放供各界参观，以十三日一天而论，即有三万多名中外来宾登临太康舰，总计参观各舰者当在二十万人以上，盛况空前。"[1]随后，中国海军官兵游览了名胜古迹，瞻仰了华侨纪念碑。

4月14日，中国舰队离开哈瓦那，沿途操练，经过五天的航行，到达巴拿马运河东口的科隆港。在那里，依然受到人们的热烈欢迎。中国海军在

1946年4月11日，"八舰"抵达古巴哈瓦那，停留三天，期间曾在哈瓦那大街游行。此为游行时的场景

接舰官兵在哈瓦那大街游行

---

[1]《黎玉玺先生访问记录》，台湾"中央研究院"近代史研究所1991年6月版，第61页。

宣慰华侨完毕后离开科隆，穿过巴拿马运河，于21日到达巴拿马首都巴拿马城。当地华侨举行了隆重的欢迎仪式，巴拿马总统接见并款待了中国海军官兵。25

巴拿马外交部长设宴欢迎"八舰"官员

日，舰队启程，沿着哥斯达黎加、尼加拉瓜、洪都拉斯、危地马拉海岸，航向墨西哥的阿卡普尔科，5月1日到达目的地。登岸后，林遵率领部分官兵赴墨西哥首都墨西哥城作官方拜访，并慰问华侨，墨西哥总统亲自在总统府接见。5日，适逢墨西哥国庆，中国海军官兵应邀参加。

5月6日，舰队离开阿卡普尔科，于13日抵达美国圣地亚哥，停留10天后，转往洛杉矶附近的长滩港。在此处，舰队进行了检修和油料、食品的补给，做好了横渡太平洋的准备。在此期间，中国海军官兵参观了好莱坞影城和唐人街，与华侨进行了广泛的交流。

5月31日，舰队驶离长滩，于6月9日到达檀香山，22日移泊珍珠港。24日，舰队离开珍珠港，经中途岛，于7月11日到达日本横须贺。踏上日本的土地，令中国海军官兵无限感慨。黎玉玺说："当初我们赴美接舰的主要目的，就是为了对付强敌日本。日本不仅想侵吞中国称霸亚洲，并偷袭珍珠港，进军南洋，向英美宣战，最后终于惨败，而我们也无用武之地。"[1]阳克铭等也感慨地说："这次，中国舰队是以战胜国的姿态，首次出现在日本东京湾，真是一洗百年国耻，令人扬眉吐气。"[2]

7月19日，舰队抵达上海吴淞口，原定在上海作短暂停留，突然接到南京

〔1〕《黎玉玺先生访问记录》，台湾"中央研究院"近代史研究所1991年6月版，第63页。
〔2〕阳克铭、胡征庆等：《抗战期间赴美接舰归国亲历记》，《文史资料选辑》第129辑，第155页。

海军司令部的来电，命令"玛米"号驶往青岛，"八舰"直驶南京。21日，"八舰"抵达南京，海军总司令部正式宣布"八舰"成军，纳编海防舰队。22日，陈诚兼海军总司令在海军总司令部对"八舰"官兵训话，次日举行检阅式，接舰任务圆满完成。

接舰引发矛盾

赴美接收"八舰"是一次重大的军事行动，"八舰"官兵均居功自傲。但令人费解的是，"八舰"回到中国后，海军当局不仅没有给予接舰官兵鼓励和奖赏，反而表现出冷淡、怀疑的态度。特别是"八舰"抵达南京下关时，按习惯和礼仪，应该有军政长官和亲朋好友前往码头欢迎，为此"太康"舰舰长梁序昭命令全体官兵换上洁白的军装，列队站在甲板上，等待迎接。可是，当"八舰"抛锚时，码头上冷冷清清，不见欢迎的人群，引发了官兵的困惑和恼怒，大家意识到其中必有缘故。果然，1946年9月，蒋介石任命陆军中将桂永清出任海军副总司令，10月，升任代总司令，从此海军大权由蒋介石嫡系掌握。桂永清上任后，立即对"八舰"舰长进行全体调整。据当事人后来回忆与分析，引发国民党海军对接舰官兵不满的原因大致有以下几个方面：一是"八舰"回国后，兼任海军总司令的陈诚发现舰上士兵手里有多份在美受训的机密文件，非常震怒，他认定是各舰舰长失职，士兵纪律松弛的造成的，故而对舰长全部撤换，对士兵进行严厉训诫。"永宁"舰舰长徐亨说："舰上的所有文件虽然被视为机密，但是舰上的官兵都可以拿到，这点在美国而言并不稀奇，以此为理由撤换舰长，做法实在太幼稚。"二是外界有传言，说"八舰"回国时走私香烟，导致了南京下关的香烟价格下跌，引起不良反应。尽管这一说法并未得到证实，但走私嫌疑还是存在的。徐亨解释说："香烟跌价的原因很简单，因为美国有每周发一条烟给军人的规定，有些人不抽烟，回来时送给了朋友，朋友自然不需要去买烟。当时共一千多人回来，其数量之多，可想而知，在供过于求的情况下，烟价自然下跌，这也是可以理解的。但是我们都因此而受到批评，实在是非常冤枉。"[1]三是接舰期间，因许世钧扣发旅途津贴和制装费

---

[1]《徐亨先生访谈录》，台湾"国史馆"1999年6月版，第37—38页。

引发士兵罢课绝食风潮，致使八名士兵被遣送回国，投入监狱。当"八舰"回国时，海军当局对大多数官兵不信任，恰在此时，蒋介石又命令陆军出身的将领桂永清出任海军代总司令，桂永清排除异己，安插亲信，才导致了对接舰官兵的冷落，对"八舰"舰长大换血。无论如何，国民党海军对接舰行动的处理，既反映了国民党海军的腐败，又反映了国民党海军内部激烈的派系斗争。

桂永清，陆军中将，1946年9月出任海军副总司令，后升任台湾第一任海军总司令

国民党海军的态度引起接舰官兵的强烈不满。尽管因反对贪污而被捕入狱的八名士兵后来均被释放，依然不能平息部分官兵的愤怒情绪。特别是内战的爆发，暴露了蒋介石假和平真内战的嘴脸，使广大官兵为了国家免受帝国主义侵略而建设新海军的梦想破灭，他们中很多人思想上产生动摇。在解放战争即将取得最后胜利之际，接舰官兵发生分化，一部分跟随国民党逃往台湾，一部分避居香港及海外各地，一部分参加起义，后来留在大陆，参加社会主义建设。

"八舰"的归宿

"八舰"回国后，全部编入国民党海军海防舰队。随着国民党军队在国共内战中的节节败退，海军奔忙于各个战场，"八舰"分别改隶不同舰队，担负不同任务，最终各有归宿。

"太康"舰长289.5英尺，宽35.5英尺，吃水9.8英尺，标准排水量1150吨，满载排水量1430吨，最高航速19节。该舰编入海防舰队后，多次转隶于海防第一、第二舰队和海军第三舰队，先后执行过关闭华北港岸，支援辽东、胶东国民党作战，支援国民党军在舟山大榭岛的登陆作战，支援国民党军从万山群岛撤退，掩护国民党军从披山列岛撤退，侦巡南沙群岛，支援国民党金门作战等任务，1975年5月1日退役改为靶船。

"太平"舰尺寸、排水量、航速等与"太康"舰相同。该舰于1936年12月

"太康"舰

"太平"舰

编入接收南沙群岛舰队担任旗舰。后多次改隶海防第一、第二舰队和海军第一、第三舰队。担任过支援国民党军胶东撤退、锦西会战、青岛撤退、金门抗登陆作战、海南岛防卫战等重大任务，在浙江沿海多次与人民海军接战。1954年11月14日，在浙江沿海大陈岛外被人民海军鱼雷艇击沉。

"永胜"舰长184.5英尺，宽33英尺，吃水9.8英尺，标准排水量650吨，满载排水量915吨，最高航速13节。该舰先后改隶海防第一、第二舰队，海军第一、第三舰队，参与支援国民党军锦西会战。1949年4月23日海防第二舰队起义时从长江"突围"，随后担任支援国民党军厦门作战、福建马尾撤退、浙江沿海黄盓岛抗登陆作战、渔山列岛撤退等任务。1965年1月1日更名为"镇南"，1969年7月1日退役。

"永顺"舰尺寸、排水量、航速等与"永胜"舰相同。该舰先后改隶海防第一、第二舰队和海军第一、第三舰队，参加了支援国民党军胶东作战、青岛撤退、舟山撤退、金门作战等任务，在浙江沿海多次与人民海军作战。1965年1月1日更名为"玉门"，1969年6月1日退役。

"永定"舰尺寸、排水量、航速等与"永胜"舰相同。该舰先后改隶海防第一舰队和海军第一、第三舰队，参加了支援国民党军胶东撤退、锦西会战等作战。1949年4月23日海防第二舰队起义时，该舰从江阴"突围"。随后参加了突击浙江象山、镇海作战，参加了支援国民党军舟山防卫战、珠江口万山群岛防卫战、料罗湾补给等作战任务，在浙江沿海多次与人民海军接战。1961年10月1日更名"阳明"，1972年7月1日退役。

"永宁"舰尺寸、排水量、航速等与"永胜"舰相同。该舰先后改隶海防第一、第三舰队和海军第三舰队，参加了支援国民党军胶东作战、上海保卫战、关闭长江口岸等战斗，先后在海南岛、大陈岛、一江山岛、马祖等海域与人民海军接战。1958年1月28日，该舰在绿岛中寮港外遇风流锚搁浅，因受损严重而导致沉没，随后报废拆解。

"永泰"舰长184.5英尺，宽33英尺，吃水9.5英尺，标准排水量640吨，满载排水量915吨，最高航速14节。该舰先后改隶海防第一舰队，海军第一、第四舰队，巡逻舰队，巡二舰队，参加了支援国民党军胶东、辽东作战、锦西会战、上海保卫战、舟山金塘岛防卫作战、舟山登步岛防卫作战、金门作战等

"永胜"舰

"永顺"舰

"永定"舰

"永宁"舰

"永泰"舰

"永兴"舰

战斗，在乌丘、福建东山等附近海域与人民海军多次接战。1965年1月5日更名"山海"，1972年7月1日退役。

"永兴"舰尺寸、排水量、航速等与"永泰"舰相同。该舰先后改隶海防第一、第二舰队，海军第三、第四舰队，巡逻舰队，巡二舰队，1946年12月接收西沙群岛，以最大岛屿"永兴岛"命名。随后参加了支援国民党军舟山作战、锦西撤退、塘沽撤退。1949年5月1日，该舰驻防长江下游江苏太仓白茆沙时，部分爱国官兵发动起义，击毙舰长陆维源，但因个别起义士兵动摇，导致失败。1949年8月30日，该舰更名"维源"。后来又参加了突袭东山岛、炮轰福建海坛岛、支援台军金门作战等战斗。1972年7月1日退役。

中国海军接收英援舰艇始末

抗战期间，国民政府在寻求美国海军援助的同时，也在积极寻求英国的海军援助。当时，英国为减轻战争压力计，决定"协助中国海军战后重建及巩固皇家海军与中国海军七十年来之联系"[1]，同意按"租借法案"向中国赠送或转让部分舰艇。抗战胜利前夕，国民政府经过多方努力，获得了美国的舰艇赠予，并顺利接收了部分舰艇。与此同时，也获得英国赠送或转让舰艇的承诺，在抗战胜利前后分别派出三批接舰人员赴英训练并接收舰艇。本文根据档案史料记载以及当事人的回忆，试图理清中国海军三次赴英接舰的来龙去脉。

接收"伏波"舰

第二次世界大战中，英美两国为增强国民党海军实力，维护战后各国的利益均衡，分别答应向国民政府提供舰艇援助。当时，美国国力雄厚，计划援助的舰艇在数量上远远超过英国，意在对国民政府的国防政策产生影响。英国是中国海军装备的老牌供应国，不能容忍战后中国海军对美国的依赖，在国力极其衰弱的情况下，仍然硬着头皮提出援助中国海军13艘舰艇的计划。英援的这批舰艇包括1艘巡洋舰、1艘巡防炮舰、1艘驱逐舰、2艘潜水艇和8艘海岸巡防艇。除2艘潜水艇为转让外，其余11艘均为无偿赠送。但是，由于战后军力不足，英国先有反悔之意，后在国民政府再三要求下，勉强履行诺言。可是到了1948年春，英国政府提出将无偿赠送改为短期租借。国民政府遂向英国提出

---

[1]《新海军月刊》第一卷第一期，第83页。

索偿抗战初期招商局在香港订制，后被香港总督征用的6艘巡船。这些巡船早已损失，英方亦无法偿还。有鉴于此，中英双方于1948年5月18日达成新的协议："重庆"舰和8艘海岸巡防艇依然为无偿赠送，"灵甫"舰由无偿赠送改为租借，期限5年，在租用期内，如英方要求收回，可在接到通知3个月后归还。对已经沉没的"伏波"舰和6艘已经损失的巡船，不再互相索偿。[1]原定转让的2艘潜水艇在新协议中没有提及，以后也没有接收。当然，这些都是后话。

为尽快得到英国援舰，早在日本投降之前，国民政府军事委员会就从散布在大后方的官兵中选拔接舰人员，军官从各海军学校毕业的各级军官中挑选，士兵从重庆唐家沱训练的学兵中挑选。最终，选取军官若干人，士兵九十余人。他们是第一批赴英接舰人员，任务是接收"伏波"号巡防炮舰。"伏波"舰的舰长开始确定的是在英国留学的刘广凯，后来换成了柳鹤图。据刘广凯回忆，当时军委会办公厅考虑派他去充当"伏波"舰舰长，乃征求他的意见，他经过慎重考虑后，决定继续深造，因为英国海军学术与制度及建军精神与纪律等都可作为中国海军未来的借鉴，学习机会难得，故辞绝了。[2]没想到，舰长的选拔成了日后关乎"伏波"舰及其舰长命运的大事。

关于第一批赴英接舰人员的在英经历，由于资料所限，不能详述。但有一点是可以肯定的，作为第一批接舰人员，其学习和训练当和第二批、第三批一样，既要进行理论学习，又要进行实际操作和舰上实习，其要求一定是非常严格的。

1946年1月12日，中英双方接收和移交"伏波"舰典礼在英国普利茅斯德文港举行，参加典礼的中方代表是国民政府驻英军事代表团团长桂永清，英方代表是英国皇家海军上将肯尼迪·珀维斯。这一天清早，天气晴朗，"伏波"舰停靠于英国战斗巡洋舰"荣誉"号旁边，"荣誉"舰是一艘排水量2.8万吨的巨舰，与它相比，"伏波"舰显得格外渺小，这使接舰的中国官兵感到一丝凉意，他们纷纷议论："未免太相形见绌了，荣誉号是这么大，而我们的船是这么小。""何不把那艘战斗巡洋舰送给我们？！"

〔1〕王铁崖编:《中外旧约章汇编》第3册，生活·读书·新知三联书店1962年2月版，第1599—1602页。
〔2〕《刘广凯将军报国忆往》，台湾"中央研究院"近代史研究所1994年1月版，第20页。

"伏波"号炮舰   "伏波"舰舰靠"荣誉"舰

　　然而，典礼还是十分隆重的，官兵们看到的情景是："战斗巡洋舰上的甲板也洗得洁白，船尾上张着很大的天幕，十五吋大炮的炮口擦得亮光光的，皇家海军乐队笔挺地站着，奏着雄壮的军乐，警卫持着枪站了三大排，以极隆重的敬礼方式迎送着大人物们上船和离舰。"典礼开始之前，英方代表先到，小汽艇上飘扬着海军上将的旗子，5分钟后桂永清的汽艇跟着开来，船头上也飘着一面国旗。

　　典礼在军乐声中开始，"伏波"舰上的英国旗帜缓缓降下，中国旗帜慢慢升起。桂永清用中文致辞，"伏波"舰舰长柳鹤图用英语翻译，BBC广播电台和许多媒体的记者进行了录音和拍照。典礼结束后，中英双方人员登上"荣誉"舰参加聚餐。当天下午，英国当地晚报便报道了典礼的盛况，特意渲染了"伏波"舰的"光荣"历史：该舰原名"Petunia"，在1940年下水，航行了15万海里，参加过大西洋、地中海和诺曼底登陆战诸战役。[1]

　　1946年8月8日，"伏波"舰启航来华。就在离港时，朴茨茅斯市长和大

[1] 燕语：《"伏波号"接舰花絮》，《中国海军》1947年第2期，第39—40页。

批市民前来送行。航行中，该舰沿途访问了直布罗陀、马耳他、塞得港、苏丹港、亚丁、哥伦坡、槟榔屿、新加坡、香港，宣慰华侨，耗时四个月。11月11日，"伏波"舰抵达香港，舰长柳鹤图在舰上主持了庆祝酒会，此时恰逢第三批赴英接舰人员抵达香港，也参加了酒会。在港期间，桂永清决定更换"伏波"舰舰长，由姜瑜接替柳鹤图，桂永清亲自宣布命令，以示对这一人事变动的重视。同时，也将舰上三分之二的士兵进行了更换。离港后，"伏波"舰历经上海、镇江等地，于1946年12月14日抵达南京。

接收"八艇"
选拔官兵

送走第一批赴英接舰官兵之后，国民政府即开始作招收第二批赴英接舰人员的准备。1945年6月，国民政府决定征召百余名军官、千余名学兵作为第二批赴英接舰人员的基础。要求"官员系海校出身，学兵规定年廿五岁以下，学历高中以上，思想纯正，体格健全之青年。当时报名应考之学兵殊多，几达原定名额五倍余，而选取标准，除年龄、学历、保证人、介绍人均合格外，则以陆军医院之体格检查总评为依据"[1]。按照标准选拔出来的官兵组成"赴英接舰参战学兵队"，进行先期训练。后来参加接收"重庆"舰的李相普（清末广东水师提督李准之子）回忆说：1945年7月，"我们六名同学到（南开）学校教导处要求开具证明信去报考……在重庆江北陆军医院体检，录取了我们六人中的两人，我是其中之一。7月15日，到覃家岗中正中学报到入伍。后经文化、英语考核，只有我一人编入出国大队"，可见当时对出国人员的要求是极为严格的。李连墀则介绍了训练情况："录取后先集合训练，训练地点在招商局的江顺轮上，停泊在重庆下游的唐家沱。这是艘抛老锚的船，因为战时川江已经没有航运，我们就在这艘船上，集合官兵，把过去所学的国际礼仪，接舰及应注意事项，重新复习，同时也介绍彼此认识。"[2]赴英日期原定为7月初，但因交通梗阻等影响，迟迟未能成行。录取的官兵在唐家沱待了约四个月，名册都造

〔1〕齐国勋：《第二批官兵赴英接舰剪影》，《中国海军》1947年创刊号，第44页。
〔2〕《李连墀先生访问记录》，《海军人物访问记录》第一辑，台湾"中央研究院"近代史研究所1998年9月版，第30页。

好了，恰在此时，抗战胜利，中英政府遂改变原来计划，先选派军官26人，学兵214人作为第二批接舰人员赴英学习，选取标准是能直接接受英文讲授训练，他们的任务是接收英国援助的"重庆"舰、"灵甫"舰或8艘海岸巡防快艇。然而，行期还是一拖再拖，直到当年11月初，才在"飘飘雨素雪，烈烈北风凉"的境况中，乘坐中国航空公司飞机由重庆启程飞印度。

印度受训

接舰官兵的第一站是印度的加尔各答。到达目的地后，他们又乘车赴孟买，进驻英国皇后军营，接受先期训练。这所军营位于世界著名的孟买新街，它留给接舰官兵的印象是"房舍洁净，设备齐全，光线充足，且面临海湾，襟带丘陵，所谓广寒玉宫，恐亦不过如此"。[1]

参加"赴英接舰参战学兵队"的军官李连墀，此照摄于1937年

接舰官兵到齐后，即开始接受英国操法之训练。英国方面派出两位军官和一位士兵负责为期四周的训练工作。学兵何毓衡记得，"每天英国有两位军官来上课，使我们习惯英文，培养听和说的能力，另外一个跛脚中士，教我们操洋操，洋里洋气的玩意，开端时有点不习惯，后来我们也傲模起来，居然也神气活现的像得很"。[2]训练期中，接舰官兵每日按照作息时间执行，不敢稍有懈怠，因为从这时起，严格的淘汰制度就开始执行了。在四周的训练中，英方曾经进行过一次体格检验和智力测验，智力测验的内容十分广泛，包括推理、现象、判断力等。检验和测验的结果是，淘汰了8名军官，27名[3]士兵，使第二

---

〔1〕齐国勋：《第二批官兵赴英接舰剪影》，《中国海军》1947年创刊号，第44页。

〔2〕何毓衡：《从印度到英国》，《船史研究》第15期，第150页。

〔3〕一说26名。

批接舰官兵中有军官18人、士兵187人得以赴英。

四周训练结束时，英国驻印海军代将亲赴孟买英国皇后军营视察，他检阅了全体接舰官兵，对他们的表现十分满意，临行时有"足法齐一，服装整洁，足为新海军之代表"[1]的赞誉。

1946年1月初，赴英接舰官兵乘上"澳大利亚皇后"号轮船，由印度起航赴英国。他们取道印度洋、阿拉伯海、红海，过苏伊士运河，经地中海，出直布罗陀海峡，入大西洋，然后直驶英伦。经过三个星期的航行，到达英国的利物浦，然后乘火车前往普利茅斯的德文港。

训练生活

赴英第一课，先要进行为期三个月的舰上海军基本训练，即入伍训练。到达英国的第二天，接舰官兵便被派登停泊于普利茅斯德文港的"荣誉"舰进行训练，刚登上"荣誉"舰时，何毓衡的感觉是："舱内的狭矮，生活上感到极端不习惯。摸上了上甲板，15英寸的联装炮，在黑暗中长长的横伸着，到处都是我们不认识的机器、钢索和武器。"[2]舰上的训练内容有制式教练、航路规则、海军礼仪、救生、船艺、信号、荡艇、绳结、战伤与自救、划艇与游泳等。训练期间，要和英国水兵一样执行舰上作息制度和担任繁重的舰上勤务。训练时，学兵分成八组，每组二十余人，由一位中国训练员负责组织；军官不分组，由中英联络官、英国人宾汉少校负责组织，一切训练事宜，由英国皇家海军枪炮官瑞德少校和两名上尉负责办理。训练方法包括讲解、放映电影、实习等。英国人非常认真，训练中总是不厌其烦、苦口婆心地讲解，直到所有官兵明白并可以进行实际操作为止。何毓衡学的是枪炮修理，他的老师是英国海军上士勃兰顿，他说："跟着勃兰顿我们苦干了三个月，手膀也粗了，手也巧练起来，机械上千分之一二微小的限制，再也吓不倒人。每星期另外的两次晚课，勃兰顿教些书本上的东西。经过一次考试，我们就上车床实际操作。"[3]三个月中，每周要进行简单的测验，随时进行口试，以考核每人的学习情况，对各人训练中的勤惰也作出评价。训练结束时，以各次考试和考核内容的平均

---

〔1〕齐国勋：《第二批官兵赴英接舰剪影》，《中国海军》1947年创刊号，第44页。

〔2〕何毓衡：《从印度到英国》，《船史研究》第15期，第151页。

〔3〕何毓衡：《技术是怎样学来的》，《船史研究》第15期，第101页。

数作为总评成绩。

"荣誉"舰的训练尽管时间不长，但接舰官兵的收获却很大，留下的印象十分深刻。学兵刘应霖通过一个事例，讲述了他对"荣誉"舰上英国教官的看法："有一次，我们去领了些被服、皮靴之类东西，装了一个大口袋，要自己背回舰来，而安排我们回舰的快艇停靠的码头，却只有一些未铺板子的钢架。我们爬上六七米高的钢架，还要在上面走10米远，然后再攀读下钢架上快艇。寒冷的海风吹着，手都冻僵了，看来是教官们故意安排的，我不免心中有些不满意；再加上有时要在室外搞卫生劳动，又是冰天冻地，觉得太苦。我的埋怨情绪被教官察觉了。没想到有一次上岸游玩，教官就约我一块通过海港，走到另一艘巨大的主力舰旁，只看见甲板上一群英国青年，个个穿着夹克式的黑军服，头上不戴帽子，在操作起锚。明明可以用马达，他们却用手起劲地拉一根粗粗的铁缆，还'嗨嗨'地呼喊着。当时寒风刺骨，我们穿着大衣还感到冷，而这些青年却不顾一切地干苦活，他们的热情和精神状态触动了我。教官这时告诉我：这是海军学校的学员，他们将被培养成军官，他们多半出身于贵族或有地位的英国家庭，菲利普亲王就读过这种学校。我不禁想到英国引以为骄傲的海军上将纳尔逊，他的刻苦与严格闻名于英国海军史册，伦敦有纳尔逊广场，广场圆柱上高高耸立着纳尔逊的铜像；伦敦还有纳尔逊艰苦战斗直到牺牲所指挥的旗舰展览馆，强大的海军保证着英国的海上优势，而艰苦的训练则保证着皇家海军的战斗力。""这些教官在教学和训练上，有时态度严厉，我们很不习惯。教官却告诉我们：'你们和日本人大不相同，日本人从不回嘴，每次挨骂反而弯腰鞠躬，直说：是，是，谢谢。可是在第二次世界大战时，日本海军打起我们英国老师却是毫不客气的！'"[1]

1946年5月，接舰官兵在"荣誉"舰完成入伍训练，随即分科，进入专门训练阶段。分科的标准是个人志愿、智力测验成绩和入伍训练总评成绩。分科内容学兵有枪炮、雷达、电机、信号、鱼雷、文书及鱼雷艇驾驶管理员等。枪炮、雷达、电机、信号等科又分修理、使用、绘图等项目，每人只限选习一种。学习时间的长短根据学科性质不同而有所不同，其地点也因各学科而异。

〔1〕刘应霖：《怀念英国的海军教官们》，《船史研究》第15期，第118页。

英国德文港海军兵营，部分接舰官兵在此生活和训练

英国皇家海军"荣誉"号战斗巡洋舰，接舰官兵大多要在此舰上进行训练

部分接舰学兵在"荣誉"舰上合影

如学雷达修理的，需时一年，地点在朴茨茅斯；学雷达使用的，需时六个月，地点在利物浦的人岛。学兵军衔等级与所学科目有直接关系，如选习鱼雷艇驾驶管理员者，科目学完考试及格，可授予中士或上士军衔；学习枪炮者，可有一部分优秀学兵授予中上士军衔，而其他科目极少能授予这两级军衔，因为英国对士兵的考选非常严格，由兵晋升为军士必须有丰富经验、卓越才干和合格的考试成绩，与当时中国对待军士的态度迥然不同。至于军官，在国内对海军基本知识已有相当基础，来英国大都补充新知识，故分科比较容易，这里不再赘述。

按照分科，接舰官兵不久就各自奔赴新的岗位继续学习，有的进入卡塘皇家海军枪炮学校，有的进入皇家海军通讯学校，有的进入皇家海军军需秘书学校，还有14人留在"荣誉"舰上继续进行专科训练。何毓衡进的是位于朴茨茅斯的优越炮校，这里是比拟着西点军校来办学的，要求十分严格。何毓衡介绍了他的学习情况："我们从小左轮一直学到六英寸炮。……我们了解了各式枪炮的不同性能、特点和构造，我们知道了各式枪炮子弹装、退弹的不同和触发构造的差异。我们更学习到为什么那900吨沉重的炮塔会轻如拨指似的旋转？为什么那沉重的炮弹会从船底弹药库中升运上来？"[1]学兵陈立中进的是位于卡塘的英国皇家海军枪炮学校，他印象最深的是每周上课时间分别花费在炮火指挥、方位瞄准实习、指挥台结构、计算仪、水力机械原理与使用、4英寸和6英寸炮教练、测距仪

接舰学兵训练荡舢板

---

[1] 何毓衡：《技术是怎样学来的》，《船史研究》第15期，第101页。

结构与测距实习等等项目上[1]。可见，进入学校的学兵所获得的知识是全面的，对他们的训练是十分有效的。

英国的训练宽严相济，官兵受训期间生活紧张而有序。早上6点起床，7点早餐，8点半集合指读操课或分配工作，9点至11点半及下午1点一刻至3点半，均为操作时间。下午3点半以后则是个人的自由活动或进修时间。放假时在船上的可以上岸，每人每周能享有三天假期。放假期间，未成年人上岸必须于晚上11点半以前返营，成年人则准许于次日晨7点钟前返营，星期五下午起为周末假期，享有假期的人可于次星期一12点钟以前回营，并发给免费车票。此外，每隔三个月或结束一门时间较长的课程，约有10天或两星期的假期。课余的消遣内容视环境而定，如在舰上，可打球、看电影、唱歌、写读等，上岸可视各人的爱好而定，有的可打网球、高尔夫球，有的可踢足球、溜冰、游泳，还有的可跳舞、弹子、车骑等，凡是对放松身心有益的娱乐活动，无不具备。这些规定对于走出国门的中国海军官兵来说颇为新奇，他们乐于接受，并在感受英国生活中增长了见识，获得了知识。

至于官兵的待遇，自他们出国后，除国内薪饷照常支付外，军官每人发给治装费540美元，途中旅费，在岸上每日每人8美元，在海上为4美元，学兵服装与英国士兵相同，由政府统筹办理，不另发治装费，旅费为军官的一半，即4美元和2美元。抵达英国后，自开始受训之日起，照英国官兵待遇起支薪给，每两星期发薪一次，加海外津贴数目后，每日薪给海军少校1磅15先令，海军上尉1磅2先令6便士，海军中尉1磅1先令6便士，海军少尉18先令，轮机上尉1磅5先令，轮机中尉1磅4先令，轮机少尉1磅1先令6便士，海军上士12先令，海军中士10先令4便士，海军下士9先令3便士，一等兵7先令，二等兵6先令6便士，三等兵5先令3便士。官兵的收入，若约合国币，海军上校月收入相当于120万元，三等兵月收入相当于20万元，足够维持个人及家庭之用。另外，士兵每月发服装费6便士，成年士兵发酒费3便士，按英国惯例，士兵服装在入伍期发足所需后，此后盖由个人自行购买，政府不再发给。至于轮机士兵，是从在英中国海员中招收的，其待遇参照他们在英国商船上的收入，以

---

〔1〕陈立中：《枪炮手的成长与卡塘》，《船史研究》第15期，第104页。

每月每人26磅14先令10便士和19磅9先令两个等级发给。除此之外，英国对军人的福利事业办理的得至为完善，每个城市都设有青年会、海陆空军联谊社、联合俱乐部及军人食堂等，这些机构中设有理发室、游艺室、阅览室、储藏处、食堂、盥洗室、卧室等，廉价舒适，每天花费四五先令，相当于国币三四千元，即可膳宿。[1]

分科学习还有一项重要任务就是实习。接舰官兵要根据不同的科目，被安排随同执行不同任务的英国军舰出海磨炼。实习中，他们会遇到意想不到的情况，这也正是实习的目的。学兵左作枪登上的是英国本土舰队的一艘3000吨级的驱逐舰，随14000吨级的航空母舰"不恕"号出海训练舰载机飞行员，他回忆说："我们驱逐舰的主要任务是一旦飞机失事坠海时打捞落水飞行员，在此期间，因训练需要，我曾赴母舰待了两个星期。……我们信号兵的战斗岗位在仅比驾驶台矮一层的旗台甲板上，视野开阔，训练中的一切情况，饱览无遗。"[2]学兵赵德明登上的是英国皇家海军地中海舰队旗舰"毛里求斯"号巡洋舰，他跟随该舰从马耳他瓦莱塔港出发，先后到过塞岛的马古斯特港、亚得里亚海北端的里雅斯特港。在从的里亚斯特返回马耳他的途中所经历的，给他留下的印象最深。他回忆说："返航途中，两艘'R'级驱逐舰在前，'毛里求斯'舰殿后，以单列纵队航行。行至阿尔巴尼亚领海范围的科孚岛海面时，忽然一声巨响，走在前面的一艘驱逐舰撞上了水雷，舰首受伤，但还好，问题不大，仍可继续航行。正在采取补救措施时，第二艘驱逐舰又告触雷，舰腹被炸，机舱进水被毁，舰上顿时大火弥漫，全舰立即投入灭火。同时，关闭了机舱水密门，虽失去了动力，但未致沉没。此时，'毛里求斯'舰也进入了一级战备，舰上所有的主副炮均呈炮弹上膛势态，随时准备开火。那一艘舰首被炸的驱逐舰拖着另一艘严重受创半浮半沉的驱逐舰，徐徐航行，直至进入了伊奥尼亚海，方解除战备警报，我们第一次闻到了火药味。"后来，赵德明又随舰访问了法国的马赛、意大利的热那亚等地，受到了难得的历练[3]。

在学兵中有九人是学习快艇舵手科目的，由于第二批接舰人员有一部分要

〔1〕齐国勋：《第二批官兵赴英接舰剪影》，《中国海军》1947年创刊号，第46页。
〔2〕左作枪：《航空母舰实习见闻》，《船史研究》第15期，第98页。
〔3〕赵德明、赵德民：《地中海实习记》，《船史研究》第15期，第121页。

担负接收八艘海岸巡防艇的任务，所以快艇舵手的训练也必不可少。这九人被安排在朴茨茅斯港对岸的好纳特鱼雷基地进行训练，这个基地在第二次世界大战中曾是鱼雷快艇在英吉利海峡外缘海域偷袭敌舰的指挥中心，二战结束后，这里成了修理鱼雷快艇的基地并兼临时训练基地。学兵陈明正和胡步洲对在这里的训练情况记忆犹新。他们说："舵手的主要职责是掌舵，在开始一段时间里，我们几乎每天都是学习掌舵及傍靠技术。但那时供我们学习驾驶的既非鱼雷快艇也不是我们将要接收的港湾巡逻艇，而是一艘破旧不堪的小型机动渔船，每天五六个小时站在窄小的驾驶台上，握着铁硬的驾驶盘，要使出比转动大卡车方向盘大几倍的力气才能使舵轮转动，是一桩很艰苦的差使。""从第五周开始，我们被分成三组分乘三艘鱼雷快艇训练。自此日出而作，日没而息，每天出海巡弋。""英吉利海峡的5月季节是平静可爱的，我们连续出海实习一个多月，始终没有遇到一次大风大浪，有时我们在当天往返距朴茨茅斯一百多海里的卜特兰，有时远航到二百多海里外的达德茅斯也能当天返航，我们的掌舵技术日益进步，近海航海知识也逐渐丰富起来，斯密司艇长对我们刻苦学习的态度表示欣慰，对我们的接受能力也毫不掩饰他的惊讶之情。"[1]此外，他们还学习了鱼雷知识，包括鱼雷的种类、结构、性能及解剖、发射等，还学习了雷达、防潜仪、无线电、通讯导航设备及轮机舱的各种设备。全部训练课程经过一次形式上的测验后最终宣告结束，他们共在好纳特训练四个月。训练结束后，他们均由二等兵提升为中士。

参加胜利游行

在赴英接舰期间，部分学兵有幸参加了一次振奋国威的二战胜利大游行。那是1946年6月8日，英国政府为庆祝同盟国在世界反法西斯战争中取得的伟大胜利，在伦敦举行了规模空前的胜利大游行。中国军队应邀以大国身份参加了这一盛事。

在举行这次大游行之前，英国政府先后向美国、苏联、中国、法国四个大国以及加拿大、澳大利亚、新西兰、印度、缅甸、墨西哥等46个中小国家发出邀请，希望他们派陆海空三军组成方队参加。最终出席的有中国、美国、法

---

〔1〕陈明正、胡步洲：《八艇舵手的突击训练》，《船史研究》第15期，第126—127页。

国、比利时、巴西、捷克、丹麦、埃及、希腊、伊朗、伊拉克、卢森堡、墨西哥、尼泊尔、荷兰、挪威、南斯拉夫等20个国家，及英国17个殖民地，苏联因故未能参加。英国政府明确规定，各国参加的人数，依国家级别不同而有所不同。中、美、苏三国各72人，内分海陆空军各24人；法国48人，其他各国均24人，也是海陆空军平均分配。但实际上各国因各种原因，参加的人员成分多有变更[1]。

国民政府接到邀请的时候，正值国内战争一触即发之际，蒋介石全部精力用于准备发动内战，无暇顾及其他。但这样的活动关系到中国的国际声誉，又不能不参加，于是，他把本应由陆海空三军共同承担的任务交给了海军，决定从"赴英接舰参战学兵队"中挑选优秀者来参加这一盛事。这样，海军就从赴英接舰学兵中挑选了72人组成方队，外加三名掌旗官和一名领队官共76人参加这一活动。其他国家也在规定人数的基础上外加三名掌旗官和一名领队官组成方队。

英方规定的游行路线因步行部队、机械化部队以及空军飞行部队的不同而各异，中国方队属步行部队，设定路线长度为6公里。尽管如此，各路部队均须在规定的时间内到达英皇检阅台，然后再各自分路回宿营地。

为了让这次大游行举行得庄严、热烈、隆重，让同盟国军队都能展示出自己的军威，英国政府专门在伦敦最大的公园——海德公园，为各国方队设置了营地和营帐。除东道主英国外，"五大盟国的代表团的营帐，安排在一起列为A线，中、法两国代表团毗邻，美的营帐设在中国的斜对面，苏联的营帐原先安排在中国的正面，因其不愿参加，其营帐则是空的。……其他各国的代表团，全部列在B线，但与中国代表团相距不远，也常有往来串串门子，尤其是一些亚洲国家"。[2]

中国赴英接舰官兵接到训练通知时距6月8日仅剩两周时间，方队训练与组织是由驻英中国军事代表团负责，团长是桂永清中将，训练基地设在皇家海军枪炮学校内的"卡塘兵营"，入营后他们才知道，英国方队已经受训一个月

---

〔1〕李连墀：《伦敦胜利大游行记》，《中国海军》1947年第2期，第35页。
〔2〕陈隆任：《追记二战胜利伦敦大游行的盛况》，《中外杂志》（台湾）第78卷第5期，第102页。

了。并且各国方队在受训期间，操场动作都需按英军式样训练，中国操法与英军大不相同，因此在如此短暂的时间内需要花费更多的时间和气力改正动作。因此，中国方队在训练期间每天持枪训练长达八个小时，当时参加训练的学兵陈降任说："虽然伦敦夏天不热，还穿着黑色薄呢海军制服，但整天操枪苦练下来总是觉得人人汗流浃背，疲劳不堪。"[1]中国方队营地的气氛则与训练场截然不同，气氛经常是轻松而热烈，侨居英伦三岛的华侨听说中国以战胜国的身份参加大游行，激动的心情难以言表。他们纷纷从各地来到伦敦，赴中国营地表达他们的心情。他们拉着学兵们的手，诉说离开祖国的辛酸，吐露盼望祖国强大的心声。每到此时，经过这里的外国人无不受到感染，他们跷起大拇指连连称赞中国人的爱国情怀。这种气氛令其他国家的官兵羡慕不已。

6月3日，中国方队开赴伦敦的海德公园宿营地集合。空军少将毛邦初、海军少将刘田甫由美国华盛顿来英国伦敦，陪同桂永清视察营地，并督责学兵练习游行队形。直到6月6日，学兵们还冒雨刻苦练习。

在大游行即将开始之际，英王乔治六世与伊丽莎白王后携伊丽莎白和玛格丽特两位公主，分乘两辆维多利亚时代的老式敞篷车视察营地。当走到中国营地时，他们不停地向中国年轻的学兵们挥手致意。第二天，在二战中赫赫有名的英国首相丘吉尔也来到营地巡视。中国代表团排成整齐的队伍接受他的检阅。他来到队伍前，驻足良久，看着朝气蓬勃的中国海军队伍，心情有些激动。他用缓慢的语调发表了简短的讲话。讲话中，他对中国人民在反法西斯战争中所进行的艰苦卓绝的斗争给予了很高的评价。最后他高声说道："我衷心地赞赏大战期间，伟大的中国人民所作出的伟大贡献。"

从6月3日入营到6月10日出营，中国方队在海德公园共训练八天。参加游行的李连墀说："一周间，宿于帐篷内，英国气候，本来多雨，虽有完善的设备，地下仍不免潮湿。饮食等都由英国供应，每晚分配我官兵戏券、电影票及招待跳舞等；我驻英大使馆军事代表团海军武官处等又发给香烟、酒等慰劳。身体虽累，精神甚为快慰。我们于暇时，在宿营地与各国海空陆军人交

〔1〕陈降任：《追记二战胜利伦敦大游行的盛况》，《中外杂志》（台湾）第78卷第5期，第102页。

谈，大开眼界。"[1]

6月8日这一天，大游行如期举行。检阅台临时设在伦敦市中心圣詹姆斯公园的"林荫道"上，两旁搭起了观礼台，距大道中心约10米左右。站在检阅台上的有：身着特级海军上将军服的英王乔治六世、王太后、王后、公主和其他皇室成员，还有首相艾德礼、内阁部长、两院议长，以及前首相丘吉尔、陆军元帅蒙哥马利、海军上将蒙巴顿、欧洲盟军总司令艾森豪威尔、

1946年6月8日伦敦胜利大游行盛况。第二方队为中国学兵方队

流亡英国的"自由法国"领袖戴高乐等。中国代表桂永清也在检阅台上。

上午8时，指挥游行的英国官员一声令下，各国方队从海德公园出发。行进顺序按国家名称的第一个英文字母排列，美国代表团走在最前面，中国位列第二，法国第三，东道主英国殿后。队伍沿着伦敦主要街道前进，途中经过白金汉宫、白厅、议会大厦、威斯特敏斯特大教堂、特拉法尔加广场、闹市中心匹卡迪里等处，返回海德公园。中国方队在领队官赵志麟海军少校及3名掌旗官的引导下，12人一排，6人一列形成方队，步伐整齐地向前行进。学兵们身穿深蓝色呢子海军服，荷枪实弹，精神抖擞。

---

〔1〕李连墀：《伦敦胜利大游行记》，《中国海军》1947年第2期，第36页。

这次大游行在英国是空前的，乡间村镇百姓争先恐后赶来伦敦观看盛况。游行前数天，汽车火车均加班开行，伦敦市内到处人满，酒店、饭馆、面包房每天很早就开门。国家配给的东西不够卖，进城的人多自备口粮。很多男女三两天前就露宿街头，抢好位置，等待这激动人心的时刻。游行开始后，沿途道路两旁人山人海，连树木灯杆上都攀登有人。英国百姓个个兴高采烈，热情洋溢。当中国这支年轻而又陌生的海军方队从面前经过时，他们欢呼雀跃，挥动着手臂，不断高喊："中国万岁！中国万岁！"沿途住宅里的姑娘们从楼上的窗口向下抛撒彩纸和鲜花。整个伦敦就像在欢度一个盛大的节日。

方队从上午9时出发，下午2时回到营地，整整持续了五个小时。当中国官兵回到营地时，上百名华侨和英国青年男女早已聚集等候在那里。方队一解散，他们纷纷涌上前去，有的让中国学兵签名，有的与中国学兵合影。就这样，他们与中国学兵一起说笑、跳舞、交谈，忘记了疲劳和饥饿。夜幕降临后，各大公园与泰晤士河畔大放烟火，伴随着歌咏舞蹈，一直持续到凌晨1时。

在大游行前后，英国各大媒体都对这次游行进行了连篇累牍的报道。其中，对中国代表团的到来，他们十分关注。《泰晤士报》《每日电讯报》《每日快报》《每日镜报》等报纸都进行了醒目的报道。借此机会，他们向英国国民介绍了中国的概况，特别是介绍了中国人民在八年抗战中的所作所为，引起很大的反响。英国广播公司于6月8日下午专门邀请中国学兵代表进行录音采访。中国代表团派出伍耀州、曾扬胜和高光祚（高光）三名学兵前往接受采访。高光祚对着话筒激动地说："China could be invaded, but Chinese can never be conquered!（中国可能被侵略，但是，中国人民却永远不能被征服！）"[1]这次谈话，英国广播公司于当晚向全世界播发。

这次游行，使中国海军名扬海外；这次荣誉，是中国人民用八年浴血奋战换来的，实在是来之不易。当年接受英国广播公司采访的高光祚先生说："一百多年来，中国饱受帝国主义列强的入侵，受尽了屈辱和蹂躏，数以千百万计的生灵惨遭涂炭。此时此刻，中国能派出代表团，中国海军部队能荷枪实弹，雄壮地走在老牌帝国主义国家的大街上，怎能不扬眉吐气！"然而，

〔1〕高光：《胜利大游行》，《船史研究》第15期，第157页。

李连墀却有另一番感受："我们海军官兵，参加游行后，获得国际人士一致好评，固然深觉荣耀，欣喜异常，但我们内心都有一种与表面不一致的惭愧的感触，要是在南京举行这样大游行，那才多好呵！"[1]

"八艇"陆续来华

1946年9月21日，接收"八艇"的军官17人、舵手8人及船员50余人在海军少校李连墀的率领下乘商船离英回国，这一批接舰人员的其余官兵奉命留下等待第三批接舰人员训练完毕，一起接收"重庆"舰和"灵甫"舰。至于哪些人"接舰"，哪些人"接艇"，由英国方面按照学兵受训情况决定，学识能力和考试成绩好一点的学兵留待接收"重庆"舰和"灵甫"舰，其他的则接收"八艇"[2]。"八艇"由于不能直接由英国驶到中国，只能人艇分离，人员于1946年9月21日从利物浦登上"澳大利亚皇后"号轮船启程回国，于10月24日到达上海。海岸巡防艇则用轮船另载回国。

第一艘来华的海岸巡防艇是1406号，由黄典上尉护送，于1946年年底装上英国轮船"Samwye"号起运，经过80天的航程，于1947年3月4日运抵上海。次日，海军第一基地司令部派人会同英国驻华海军副武官前往浦东蓝烟囱码头，先把该艇吊卸水面，再由小火轮拖回。在吊卸时，不幸因起重机损坏，损伤了该艇舰桥左舷铁板。适值英国巡洋舰"Belfast"号在沪，乃由英国武官商请该舰轮机长动员一批技术人员对此艇详加检修，结果其状态尚称完好堪用。

"八艇"中的几艘

〔1〕李连墀：《伦敦胜利大游行记》，《中国海军》1947年第2期，第36页。
〔2〕《李连墀先生访问记录》，《海军人物访问记录》第一辑，台湾"中央研究院"近代史研究所1998年9月版，第32页。

英赠海岸巡防艇全貌

这种海岸巡防艇是一种小型的适合在中国沿海航行的快艇，主要担任巡逻任务，有时也担任短程护航。它艇长72英尺，宽15.5英尺，吃水4.8英尺，排水量为46吨，最高航速16节，续航力500海里，艇员定额12人。艇上装备有2磅炮1门，13毫米炮1门，双联装机枪1挺。在第一次世界大战中，该种艇曾由锡兰直驶槟榔屿，沿途没有停靠，其续航力由此可见一般，如果不是限于淡水的装载量，它的续航能力还可以增加一倍。若以上海为出发地，北可往青岛，南可抵闽台。

1947年4月30日，第二批三艘海岸巡防艇运到中国，它们是1058号、1390号、1405号，由江南造船所重新装备，安装了艇首40毫米炮、艇尾20毫米炮以及艇侧两挺机枪。配备人员是每艇2名军官和8名士兵。5月31日，1033号来华；7月31日，1068号来华；9月30日，1047号和1059号来华。至此，英赠八艘海岸巡防艇全部到齐，重新编号为防1至防8。

接收"重庆"舰和"灵甫"舰

第三批赴英接舰人员负责接收英国赠送和租借的"重庆"舰和"灵甫"舰。这批人员是从几千名官兵中通过招考、招募选拔出来的，海军总司令部专门派海军上校邓兆祥和海军中校郑天杰赴上海具体负责选拔工作。按照与上一批基本同样的标准，有600人入选，组成"赴英接舰学兵队"。

英国军舰上的训练

1946年11月9日，第三批赴英接舰人员自上海登上"澳大利亚皇后"号轮船启程赴英，邓兆祥带队，郑天杰副之，白树棉随行管理600名官兵的生活起居。郑天杰说："这些新兵，年龄均约二十岁上下，没有什么航海经验。我以'虚心学习'四字勉励他们，并藉油漆船体等工作，

第三批赴英接舰人员在邓兆祥率领下前往英国。途中军官在埃及金字塔前合影，二排左八为邓兆祥

训练他们保持环境清洁的观念。"[1] 11月11日，"澳大利亚皇后"号抵达香港，全体官兵参加了在"伏波"舰上举行的庆祝酒会。而后，他们离开香港，经新加坡、亚丁港、赛得港、马耳他、直布罗陀等地，于1946年12月13日下午抵达英国利物浦，全程历时31天，航程1.06万海里。13日晚，全体官兵搭乘火车于翌日抵达伦敦，分赴柴唐港和朴茨茅斯港，进入军营和舰上训练。他们"除了出海实习，就以此两地为根据地，出海训练完毕，即回基地休息整备。也可以说，这两个地方有点像两舰接舰官兵的大本营。"[2]而恰好"重庆"和"灵甫"两舰就在这两个地方进行修理。

"荣誉"舰上的生活依然是三个月，进行的是海军基本训练。学兵王企圣还清楚地记得，登上"荣誉"舰的第一件事，就是拍照片和编军号，以各人姓氏的第一个字母为序，从4001号开始，他的姓氏是"王"，字母为"W"，军号为4394。而第二批学兵的军号是从1001号开始的。

三个月的训练是十分艰苦的，其中要有一部分学兵遭淘汰，在600人中，有三十多人被淘汰，提前回国。完成训练的学兵正式成为水兵。他们中的一部分要按照舱面航海、枪炮、雷达、通讯、信号、鱼雷、帆缆、潜水、军需、摄

〔1〕《郑天杰先生访问记录》，台湾"中央研究院"近代史研究所1990年5月版，第90页。
〔2〕《池孟彬先生访问记录》，台湾"中央研究院"近代史研究所1998年4月版，第69页。

接舰学兵训练前在"荣誉"舰甲板上做早操

影、军纪等各个部门，分配到英国皇家海军各专业学校受训，其余的被分配到轮机部门学习，当轮机兵。王企圣担任轮机兵，没有相应的专业学校可去，只能留在"荣誉"号上继续学习，他回忆说："在英国海军里，只有培养轮机军官的专业学校，没有专门培养轮机士兵的学校。在英语里，轮机兵称为stoker，译成中文，'火夫'是也，意为操纵机器的火夫。""英国是个航海大国，商船队里火夫人才大量储备，'军地两用'，随时可征调上舰服役。而对于我们这些中国洋人则有点特殊了，我们这一百多号火夫只能留在'荣誉'号上，就舰学习。两班轮换，一周上课，一周下机舱操作。"学校和舰上的学习要持续半年时间，最后就是上舰实习了。

在实习期间，不同的专业所上的军舰也不相同，大多是在英国本土舰队和地中海舰队所属军舰。韩安民等20名学习鱼雷专业的学兵参加了英国本土舰队的夏季实习，他们登上英国巡洋舰"天狼星"号，从勃兰港出发，经比利时奥斯坦德、荷兰的阿姆斯特丹、德国的基尔、丹麦的威列，返回苏格兰西北部的幽湾，然后赴格拉斯哥外的克莱德河湾，参加英王对本土舰队的检阅。整个航程既实践了所学，又大开了眼界。

接舰返回祖国

各专业的学习、实习结束后，从1947年12月开始，接舰人员陆续从英国各舰队、学校前往泊于朴茨茅斯港的"重庆"号和泊于柴唐港的"灵甫"号上集中，进行为时八周的联合训练。1948年3月，训练开始，先是两舰分别在港内进行操演，然后两舰组成编队，训练的科目有编队航行、施放鱼雷、海上救生、电讯联络、反潜扫雷等。实习期间，两舰在近海巡弋了三天，期间两舰官兵在扑兰镇进行了一次游行，二百余名全副武装的学兵在军乐队的引导下，行进于大街上，观者甚众，见到中国军人整齐的步伐和严整的军容，无不鼓掌欢迎。在此后的几周内，学兵们又分别实施枪炮演练、舰船运动操纵指挥、四小时全速航行、紧急故障排除、主副炮实弹射击、鱼雷指挥发射与收回、反潜与扫雷、夜间综合演练等科目。在"重庆"舰轮机部门工作的王企圣谈了这八周海上训练的感受："在此期间，对我们轮机部门来讲，较之舱面则是更加艰苦和紧张的锻炼。我们不但要在高温下坚持操作以保证各种机器设备的正常运转，而且机舱内与舱面不能相比，见不到阳光，且通风不良（通风再好也无济于事）。被蒸发的油气和汗酸气，空气极度浑浊。一身全身套的棉布工作服湿漉漉地穿在身上，又加上风浪颠簸，很多人都呕吐了，最厉害的连胆液都吐出来了。虽如此，工作还是要继续干的，绝不能有丝毫松懈。吐了再吃，吃了再干，干了又吐，再吃再干，如此循环，这就是锻炼，是一个水兵必须经过的锻炼，尤其是轮机兵。"[1]

八周的艰苦训练过后，英国皇家海军朴茨茅斯港要塞司令费雷塞海军上将登上两舰进行了检阅，并

1948年5月19日在英国朴茨茅斯港举行"重庆"、"灵甫"两舰接舰仪式时，英国海军旗徐徐降下

中国驻英大使郑天锡检阅接舰学兵仪队

参加接舰仪式的中英官员。左起：英国海军大臣、原"阿罗拉"舰舰长、驻英海军武官、朴茨茅斯市市长、朴茨茅斯港要塞司令

〔1〕王企圣：《思阐旧事》，《船史研究》第15期，第86页。

亲自评定成绩为优等。至此,接舰期间的所有训练课目全部完成,只有等待随舰返回祖国了。

1948年5月19日,中英两国代表在"重庆"舰上举行了两舰的交接仪式,中国驻英大使郑天锡参加,英方代表有英国海军大臣、"重庆"舰原舰长、朴茨茅斯市市长、朴茨茅斯港要塞司令等。交接仪式上,在双方军乐队演奏的两国国歌声中,中国国旗徐徐升上,英国国旗缓缓降下,两舰正式编入中国海军。王企圣这样描述当时的心情:"此时此刻,回想起当年投笔从戎,报考海军,为的就是这一天,作为海军弱国的成员,远渡重洋来向人家学习,身在国外,不时地遭到一些白眼歧视,忍辱负重,也全都过去了,所盼的也是这一天,能不激动吗?"[1]

5月26日,两舰在"重庆"舰舰长邓兆祥的率领下启航返国。这一天,朴茨茅斯军港难得的好天气。风和日丽,港内与往常一样,一片繁忙景象。在"重庆"和"灵甫"两舰停靠的码头旁,人头攒动,熙熙攘攘,这些来自英国各地为中国水兵送行的人们,有年事已高的老人,也有少男少女。下午2时整,汽笛长鸣,"重庆""灵甫"两舰解缆离岸,开始了驶往中国的万里航程。中国驻英大使郑天锡发来贺电:"楼船万里,初展鹏程,靖海安澜,扬威远道。谨电致贺,并祝航祺。"

两舰穿过直布罗陀海峡,进入地中海,经马耳他、埃及塞得港,过苏伊士运河,入红海到达亚丁港。在这里,"灵甫"舰因转赴印度孟买加油,遂与"重庆"舰暂时分道航行,在非洲东隅遭遇大风暴的袭击,于7月3日到达孟买。"重庆"舰则横渡印度洋,在科伦坡与"灵甫"舰会合,两舰再穿过马六甲海峡,抵达南中国海。7月28日,两舰驶抵香港,8月13日抵达吴淞口,14日抵达南京,泊于下关。至此,第三批赴英接舰人员终于完成了接舰任务。

---

〔1〕王企圣:《思阐旧事》,《船史研究》第15期,第87页。

"重庆"舰和"灵甫"舰回国途中

"重庆"舰回国时驶入马耳他港

"灵甫"舰回国时驶入马耳他港

1948年7月21日,"重庆""灵甫"两舰军官在新加坡欢迎会后合影。前排右五为"重庆"舰舰长邓兆祥,右七为"灵甫"舰舰长郑天杰

英援舰艇的归宿

英援舰艇来华之时正值蒋介石发动内战，这就注定了这些舰艇的历史命运。在内战的漩涡中，它们有的被撞沉，有的在战场上几经奔波之后黯然退出历史舞台，有的投向人民怀抱，有的离开中国，如同无家可归的弃儿，奔波于多国海军之间，难逃被虏的下场。让我们看看它们的不同归宿。

"伏波"舰被撞沉

"伏波"号是一艘巡防炮舰，排水量1400吨，吃水17.5英尺，有2500匹马力，最高航速14节。舰上安装有4英寸舰炮1门、高射炮1门、高射机枪4挺，另装备有防潜仪、深水炸弹、刺猬弹、电雷达、无线电等，在舰尾两侧还安装有扫雷器和防磁性水雷装置。该舰原在英国皇家海军轻型舰队服役，专门担任追潜、护航、巡防等任务。1941年，该舰曾参加过大西洋、地中海和诺曼底登陆等战役，航程达15万多海里，可谓战功卓著。

"伏波"舰来华后，频繁接受任务。1947年3月18日，"伏波"舰奉命由马尾东驶前往澎湖执行任务。19日0时，当"伏波"舰航行至牛山岛附近的龟屿海域时，与由厦门北驶上海的国营招商局轮船"海闽"号相撞，3分钟后"伏波"舰沉没，当时，舰上官兵有少校舰长姜瑜、上尉副舰长王安人、上尉轮机长朱崇信、上尉航海官何世恩、上尉通信官陈桂山、上尉鱼雷官孙达滨、准尉电信员金文孙、二等佐电讯员张国润、军委二阶书记赵玉瑛等官员14人，士兵94人，海军学校第14届派"伏波"舰见习生18人，另有海军总司令部第五署

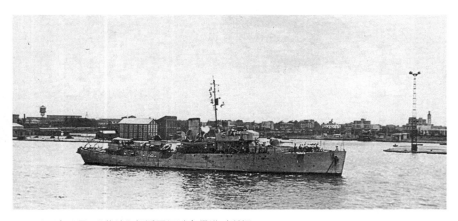

1946年8月，"伏波"舰返国经过塞得港时所摄

供应处搭"伏波"舰派赴台湾工作人员4名，共计130人。军舰沉没后，除轮机官焦德孝一人遇救外，其余全部罹难，造成震惊中外的大海难。

"八艇"参战

早在"八艇"全部到齐之前，国民党海军就急于将这些小艇投入战场，因为此时国共战争已全面展开。1947年6月，李连墀奉命率领已经装备好的三艘海岸巡防艇由南京出发，前往九江执行巡防任务。由于此时各艇所配备的人员多数已不是赴英接舰人员，故对艇的操纵非常困难。李连墀无奈之中，在开赴九江的途中，一面进行航海训练，一面进行枪炮训练，其战斗力自可想见。

到达九江后，为了不让解放军识破这些小艇的实际战斗力，李连墀采取虚张声势的做法，故意向老百姓散布这些艇如何如何可怕，"故弄玄虚地保护长江各口"[1]。

"八艇"全部到齐后，海军总部将其归并于拥有日造炮艇的海军第九炮艇队，但由于第九炮艇队的日造炮艇都是接收自日军的25吨小艇，其性能无法与"八艇"相比，所以逐渐被淘汰，最后连第九炮艇队编制也被撤销。"八艇"遂纳编海岸巡防艇队，队部设在上海吴淞口，主要担负长江中下游巡弋任务。1949年5月12日，在上海战役中，"八艇"整编为第一机动艇队，驻泊定海。此后，该艇队先后参加了穿山半岛、金塘岛、登步岛、舟山群岛等作战。1950年5月18日，防3和防8在败退舟山时沉毁。防2和防5于1962年7月1日退役；防6于1963年2月16日退役。其余各艇在1970年之前全部退役。

"重庆"舰起义

国民政府海军自重建之日起，就边建边投入内战。然而，从1947年7月开始，人民解放军由战略防御转入战略进攻，国民党军队在陆上战场节节败退，此时海军不仅无力协助其挽回颓势，反而因战局影响和共产党的策动开始分崩离析。美国对国民政府海军的表现大失所望，因为"到了1948年最后数月及1949年头几个月，已有象征表明：中国海军人员的士气是如此低落，战斗意志是如此缺乏，以致中国海军总司令部不敢给予海军舰艇以作战的自由，因为害

〔1〕《李连墀先生访问记录》，《海军人物访问记录》第一辑，台湾"中央研究院"近代史研究所1998年9月版，第36页。

"重庆"舰到达吴淞口

怕它们会逃到共产党方面去"。[1]

"重庆"舰是英国"雅瑞托沙女神"（Arethusa）级轻巡洋舰，原名"曙光女神"（Aurora）号，1937年建成服役，满载排水量6667吨，标准排水量5270吨，最高航速32节。舰上配备双联装152毫米主炮6门、双联装102毫米副炮8门、40毫米高射炮8门、20毫米机关炮8门、三联装533毫米鱼雷发射管2具（6管）。国民政府海军接收后将其改名为"重庆"号，编配舰员574人，舰长邓兆祥。"重庆"舰来华后，便卷入内战当中。

1949年初，参加完辽沈战役的"重庆"舰从东北返回上海，进厂维修。这时，解放战争正向纵深发展，人民解放军取得了辽沈战役和淮海战役的决定性胜利，平津战役正在激烈地进行，国民党在大陆的统治已经岌岌可危。在这样的形势下，一些对国民党失去信心的海军官兵开始寻找新的出路，"黄安"舰和"扫201"号扫雷艇首先发动起义并取得成功。这两次起义行动，极大地影响了"重庆"舰官兵的思想。

早在"重庆"舰刚刚回国的时候，中共南京地下党组织就与打入国民党内部，并与在"重庆"舰上工作的地下党员毕重远取得了联系。

毕重远，祖籍天津，少年时在江苏南京读书，1945年加入中国共产党，是中共南京市委的地下党员。1946年，他受党组织的委派，考入国民党海军潜艇训练班，赴英国学习。中共党组织交给他的任务是："长期潜伏，独立作战，团结士兵，积蓄力量，条件成熟就策反或武装起义。"[2]在英国学习期间，

---

〔1〕《中美关系资料汇编》，第1辑，世界知识出版社1957年12月版，第382页。

〔2〕《甲板上的星火——访"重庆"号巡洋舰武装起义的组织者共产党员毕重远》，《解放军报》1981年7月24日。

他用密码通信的方式与南京地下党保持联系，
联系人以英文Lee Ping（李平）的名义回信，
告诉他，现在龚先生（指中共）已经结婚了，
不久的将来，他会有小孩的，当你回来时一
定会看到他长大起来……暗示国内解放战争
的迅猛发展。后来，南京白色恐怖加剧，秘
密联络点转移，毕重远连续两封给"李平"
的信都被退回，从此与党组织失去了联系。
1948年"重庆"舰回国时，毕重远担任该舰
枪炮下士。"重庆"舰调驻上海后，他曾与党
组织进行联系，但由于种种原因没有联系上。

策动"重庆"舰起义的中共地
下党员毕重远。起义后，他将自制
的五角星缀在帽子上

　　1948年下半年，解放战争的形势急剧发
展，中共上海局多次召集南京等地的地下党组织负责人在上海开会，讨论策动
国民党军队起义的问题，以配合解放军渡江攻取南京和上海。对海军的策动，
当时认为，"重庆"舰来往于南京和上海，必将是解放军渡江的一大障碍，应
该以多种渠道进行及时策反。于是，党组织积极物色人员，与"重庆"舰上的
毕重远取得了联系。

　　毕重远接到党组织的信后，立即以探亲为名，请了一个星期的假，赶往南
京，在玄武湖与中共地下党员陈良会晤。陈告诉他，蒋介石为挽救东北败局，
一定会将"重庆"舰开往北方，这就面临三种可能：一是进行内战，二是在海
上被我军俘获，三是组织起义。接着指示他，要随时掌握"重庆"舰的行踪，
要特别注意官兵的思想动向，采取各种方式，把官兵团结起来，遇到时机就进
行起义。当晚，陈良就把情况向南京地下党负责人刘峰作了汇报。

　　在与毕重远取得联系的同时，南京市委还利用其他的关系争取"重庆"舰
上的人员。1949年初，中共南京市委书记陈修良接到市委学生工作委员会书记
的报告，说金陵大学的学生党员王毅刚的哥哥王淇是首批赴英学习海军的人员
之一，参加过接收"伏波"舰，回国后一度在"伏波"舰上任职。他曾经在国
外和国内多次带头争取官兵的海外津贴、补发薪饷尾数等权利，并因此多次被
关禁闭，因而对国民党的统治非常不满，愿意接近共产党。陈修良召集有关人

员认真研究了王淇的个人材料和家庭情况，认为这是一条重要线索，当即决定做王淇的工作，并指派中共党员史永通过王毅刚直接与王淇接触。随后，鉴于策反"重庆"舰事关重大，为了慎重起见，陈修良又亲自与王淇会面，进一步了解情况。此后，王锡珍经常与王淇联系，他们在上海霞飞路国泰电影院附近的咖啡馆接头，了解舰上的情况，传达党组织的指示。

中共地下党组织策动"重庆"舰起义的另一条线索也值得一提，那就是上海总工会系统党组织派人打入"重庆"舰开展工作。1948年初，上海总工会党组织就酝酿派人打入国民党军舰或大轮船，以便配合解放军解放上海。8月，国民党海军决定从上海江南造船所招收一部分工人上"重庆"舰，弥补人员的不足。党组织认为这是打入"重庆"舰开展工作的有利时机，于是派遣江南造船所工人、共产党员张兴昌前去应考。8月30日，张兴昌和其他工人一起参加了"重庆"舰上组织的考试，并获得通过。9月1日，张兴昌上舰，被安排在锅炉舱工作。

除此之外，中共地下党策反"重庆"舰还有其他渠道，如：上海局策反委员会通过"灵甫"舰士兵尚镭、"重庆"舰离舰士兵边矢正做过李铁羽的工作；通过李梦松做过武定国的工作；派何友恪作过陈宗孟、张敬荣等军官的工作；通过周应聪作过邓兆祥的工作。中共上海市委大场区委也曾通过党员赵迈、黄炎等做过武定国等人的工作。

如果说解放战争的形势和中国共产党的策反工作是"重庆"舰起义的外部原因的话，那么，国民党的倒行逆施、海军内部的派系倾轧、败坏的风气以及"重庆"舰官兵活跃的思想，则是促使"重庆"舰起义的内部原因。

在国民党海军中历来存在着派系斗争，抗日战争胜利后不久，蒋介石即将已失去他信任的闽籍海军总司令陈绍宽免职，而于1946年10月重建海军总司令部时，另调其亲信、陆军将领桂永清任海军副总司令兼代总司令。桂永清上任后，为打破闽系控制海军的局面，通过重用其他派系的手段打压闽系势力，导致海军派系之争进一步加剧。在"重庆"舰上，桂永清就制造了青岛系官兵和闽系官兵的矛盾，以此制约闽籍舰长邓兆祥。

1949年1月，"重庆"舰在江南造船厂维修完毕，桂永清即以海军总司令部名义派去一名"见习舰长"芦东阁。芦东阁是青岛海校的一期毕业生，桂永清的拜把兄弟。在国民党海军中从来没有"见习舰长"的职务，桂永清解释说：芦东阁没有开大舰的经验，先要向邓兆祥学习，所以叫"见习舰长"。另外，他还指派他的亲信牟秉钊担任副长，尹挥戈担任军需长[1]。其实谁都明白，桂永清是想让他的亲信取代邓兆祥的舰长位置以及控制舰上的要害部门。这些，"重庆"舰的大多数官兵都是看在眼里，气在心里，大大激化了舰上的矛盾。

在"重庆"舰上，绝大多数下级官兵是没有派系的。当年，国民党海军为接受英国赠舰，将这些20岁左右的青年学生招收上来，经过短期训练后即派赴英国接舰，既未来得及接受国民党的党化教育，也未卷入海军内部的派系斗争。他们普遍思想单纯，满怀建设海军的热情，而在英国受训的经历又使他们进一步增强了献身中国海军的信念。一方面，在英国他们亲眼见到了真正现代化的海军，非常羡慕，故刻苦学习和训练，并在心中勾画着中国未来海军建设的蓝图。另一方面，在英国所受到的歧视，也使他们产生了发愤图强的精神。

然而接舰回国后，国民党统治下的国内社会状况却使他们大失所望。他们看到的是帝国主义列强的横行，人民生活秩序的混乱。特别是国民党挑起的内战，给中国人民带来了沉重的灾难。同时他们还看到，舰上士兵的生活状况每况愈下，刚回国时，他们响应国民党的"币制改革"的号召，将从英国带回来的英镑兑换成金圆券，但金圆券很快贬值，军需长孟汉鼎与其弟、上海供应站站长孟汉钟朋比为奸，扣发士兵的薪饷，使下级官兵们的生活陷入了十分困难的境地。他们稍有不满，就被扣以"政治嫌疑"的罪名押进岛上"集中营"。

由于极度失望，"重庆"舰上的中下级官兵们开始消极抵抗。回国后不久，该舰即有170多人离舰出走，占舰上从英国回来官兵的三分之一。为此，桂永清恼羞成怒，曾专门到舰上把全舰官兵集中在甲板上训话，威胁说，哪一个想开小差，投共产党站出来，我保证送他去！同时加强了舰上的戒备。随着国内战争形势的发展，官兵们不再满足于开小差、发牢骚，而是要通过自己的努力来彻底改变眼前的一切，由此产生了起义的动议。

从1949年年初开始，"重庆"舰的下级军官和士兵开始了秘密的联络，进

---

〔1〕陈景文：《渡江战役前夕"重庆"号军舰起义经过》，《安徽文史资料选辑》第3辑，第95页。

行起义准备。

1月下旬，密谋起事的"重庆"舰士兵王颐桢、武定国等人，先后联络了舰上枪炮、帆缆、通讯、雷达、航海等各个主要部门的于家欣、王洛、王斐、王元芳、王宝林、孙迺昌、孙国桢、毕重远、任振修、刘懋忠、李铁羽、陈英、陈鸿源、周正、范咏、郑希平、张启钰、赵旭、赵振亚、赵家堂、洪进先、秦咸周、眭世达、韩师忠、曾瑞森等士兵，形成了共27人的骨干力量。在这些人当中，有的已经受到了共产党地下组织的策动，在串联过程中积极响应；有的早有起义的想法，正苦于找不到领头之人，经联络后反应强烈；有的对国民党早有不满，正在苦闷中徘徊，秘密串联坚定了他们起义的决心。

2月初，酝酿起义的士兵们正式成立了"'重庆'军舰士兵解放委员会"（简称"解委会"）。"解委会"成立之初，在一些重大问题上产生了分歧，有人认为，"解委会"既然是士兵的革命组织，就不应该允许军官参加，即使是刚由士兵提升的军官也不行，因而反对军官参加起义；还有人认为，士兵们有力量独立发动起义，不需要共产党的领导等等。针对这些问题，地下党进行了及时的指导，共产党员毕重远对统一大家的思想做了不少工作。

在"重庆"舰士兵们进行秘密串联的同时，舰上以枪炮少尉曾祥福、雷达少尉莫香传、轮机少尉蒋树德为代表的下级军官也在做着秘密的起义准备。他们与共产党组织取得联系后，很快又联络了王继挺、杨际和、虞顺生、李明阳、吴楚波、唐万珏、李铁羽、张启钰、黄振蠡、卢贤举、丁宪武、郑光模等人，组成了共16人参加的起义组织。不久，莫香传、曾祥福突然被调往第二舰队，组织起义的工作交由蒋树德、王继挺负责。莫香传、曾祥福离舰后，又联络了一部分从"重庆"舰上逃亡的士兵姚宜文、田宗勇、王智、汤克声、阮兴仁等，准备在事发时参加起义。

这样，1949年初，"重庆"舰上就形成了两个密谋起义的组织。应该指出的是，由于"解委会"是一个士兵革命组织，他们对舰上的上层和下层军官并没有进行认真的区分，一概抱有不信任的态度，因此在整个策划起义的过程中，除了极少数人如毕重远、李铁羽、张启钰等人外，大多与策划起义的下级军官组织没有来往。毕重远来往于两个组织之间，相互通报了一些情况，而李铁羽和张启钰则同时参加了两个组织，成为两个组织的骨干成员。蒋树德等下层军官的组织在共产党组织的指导下，希望团结舰上的士兵一同发动起义，通过李铁羽、张启钰做了一些工作，尽管王颐桢等人对下级军官的组织及其活动有所了解，但还没有十分的把握，因而两个组织并没有做到完全的沟通乃至统一。实际上，两个组织一直在分别按照各自的计划做着起义的准备工作。

除了下层军官和士兵以外，"重庆"舰上的上层军官中也有一些人对国民党的统治产生了动摇，甚至产生过起义的想法，如舰长邓兆祥、见习舰长芦东阁以及上尉副鱼雷官陈宗孟等。

1949年2月17日早饭后，"重庆"舰突然接到开船的命令，乘着涨潮开出船坞，沿着黄浦江驶向吴淞口外锚泊。接着，英国军舰"伦敦"号靠上"重庆"舰，往"重庆"舰上装载了弹药、给养，还搬上了国民党应急费用30万元。面对着突然的调动，舰上的两个组织都对情况进行了分析，多数人认为，"重庆"舰可能要开往青岛，执行拖带浮动船坞的任务，如果这样，可以在途中寻机起义。可是不久，起义人员发现舰上来了两名长江引水员，带着长江水系图，并得知"峨嵋"舰已经赴青岛执行拖带浮动船坞的任务。这些情况表明，"重庆"舰可能要驶入长江，配合海防第二舰队阻止解放军渡江。这种可能一旦成为事实，发动起义就会变得十分困难。因为"重庆"舰舰体长，在长江江面掉头困难，而且处在江阴和吴淞两炮台的射程之内，还有遭到飞机轰炸的危险，因此必须当机立断，作出决策。

王继挺立即将情况向上海地下党作了汇报，得到的指示是：一要抓紧做好准备，不要盲目从事；二要灵活应变，抓住有利时机起义。"解委会"的主要成员经过研究讨论，决定在吴淞口停泊期间发动起义。

起义的关键问题之一是要获得武器，舰上的轻武器存放于司令部的走廊上，在舰长卧室边的橱柜里锁着30支左轮手枪，走廊外三面墙枪架上各锁着20支冲锋枪。武器柜的钥匙按舰上规定由司令部走廊值班人员掌握，而值班人员必须是枪炮兵和帆缆兵，其中没有"解委会"的成员。"解委会"就利用同乡关系与副舰长办公室负责安排值更名单的上士接上了关系，获得了24小时当班值更的权力，从而有了掌握武器柜钥匙的机会。

2月22日，副长牟秉钊对起义人员的活动似乎有些察觉，立即上岸，并于当天启程去南京，向海军总司令部汇报了舰上的异常情况。王颐桢找到王继挺，告诉他应该马上准备起义，但起义的具体时间没有取得一致。王继挺的计划是在26日发动起义，并准备在25日上岸把舰上的决定告诉曾祥福、莫香传和王淇，由他们转报地下党。还打算把他们在岸上联络的原"重庆"舰士兵姚宜文、田宗勇、罗伟、廖永书、王智、汤克声、阮兴仁等，在26日晚用小艇接回舰上，参加当夜的行动。王颐桢的计划则要更早一些。

2月24日下午，"解委会"成员接到通知：晚上9点在"281"雷达室召开全体会议。当晚9时，"解委会"成员齐聚雷达室，由王颐桢介绍了起义的准备情况，特别指出了当前的紧迫形势，介绍了25日零点到4点，前甲板武装更班和司令部柜橱更班分别轮到于家欣和毕重远担任这一重要情况，提议在25日1点钟以后正式发动起义，并进一步统一了大家的思想。这样，起义的时间终于确定下来了。此时，每个人的心情都很激动，大家起立宣誓："倘若起义失败，就引爆弹药库，与舰同归于尽。"[1]

一艘军舰从停泊状态转变为航行状态，其过程是漫长的，"重庆"舰的轮机要全部发动，需要四个小时，电罗经要开动六个小时后才能准确起锚，领航以及航行的各项准备工作都要事先做好。王颐桢对这些都作了安排，具体给每个人布置了任务，要求大家做好最后的准备。恰巧前一天晚上，舰长邓兆祥下达了移动锚位的命令，这给起义人员提前开动主机和电罗经创造了条件。

1949年2月25日凌晨1时30分，"重庆"舰起义正式开始。起义士兵王洛进入配电室首先切断了无线电和报警系统的电源，于家欣、毕重远等人分别将前甲板的2名哨兵和司令部走廊的3名哨兵骗至"281"雷达室缴械，又解除了值更军官雷霆的武装。随后，毕重远打开武器橱柜，将武器分发给起义人员，大家迅速奔向各个岗位。

王继挺对提前起义一无所知，在梦中被人摇醒，接着听到王颐桢急促的叫声："老王起来，我们已经干了！"同时把一支手枪和一支冲锋枪塞入王继挺的手里。[2] 王继挺翻身下床，立即去通知与他有联系的人员。由于起义行动来得突然，王继挺等军官领导的起义组织仅有一部分人参加了起义，在岸上的人

〔1〕王宝林：《忆"重庆"号起义》，《文安文史资料》，第1辑，第129页。
〔2〕"重庆"号起义史料编写组：《记"重庆"号起义》，《文史资料选辑》（上海），第2辑，第41页。

员均没有参加。

起义开始后，武定国、于家欣、孙国桢、赵家堂、陈鸿源、韩世忠等人迅速奔向各个寝室，将大部分少尉以上的军官解除武装，关押在后甲板的舱室里。陈景文这样描述当晚的情景："25日零点以后，我在睡梦中被人叫醒，我看到三个人进入我的住舱，三人都戴黑眼罩，分辨不出是谁。他们拿手枪对着我。我坐起问：'你们干什么？'回答是：'起来！'我从床上起来后，他们用枪逼着把我关进了军官休息室。随后，刘渊、陈宗孟、芦东阁、陈昕、吴芳瑞、周方先、尹挥戈、韩鹤光等，还有其他军官，都先后被押进来，门口有人守卫。我当时被这突然发生的事件惊呆了。军官休息室里的气氛，非常紧张。"[1]与此同时，蒋树德、王元芳、张启钰等在机舱里指挥，做好启航的工作；丁宪武和黄振蠡在舵房；何祥林在弹药库；朱屏藩控制着广播室，随时准备将起义情况通报全舰；陈业昌控制着海图室；虞顺生、吴楚波、卢贤举、管虎、刘耀俊、葛斋等负责4时炮和高射炮的值更以及各舱室警卫等。但此时最为关键的是要有一位有经验懂技术的人领航，协调指挥一切，将舰顺利开出港口。王颐桢、杨际和、王继挺等直奔舰长寝室，劝说舰长邓兆祥指挥开航，投奔解放区。邓兆祥开始有些犹豫，王继挺将曾祥福、莫香传等如何与中共地下党取得联系，如何领导这次起义作了介绍，邓兆祥听后欣然同意参加起义，并主持制定了向解放区烟台港航行的计划。

2月25日凌晨5时左右，邓兆祥下达了起锚的命令，"重庆"舰启航，缓缓地驶出了吴淞口。与此同时，"解委会"起草了《"重庆"军舰起义告全体同学书》和《"重庆"舰起义告海员同志及技工同志书》，刻写、油印后通过广播、张贴和散发，传达到全舰官兵，说明起义的具体情况及意义。

2月26日上午，经过了520海里连续航行的"重庆"舰终于抵达了解放区第一大港烟台港。由于事先无法与烟台港取得联系，为避免误会，"重庆"舰上所有的炮都仰到最大角度，并启用灯光信号与岸上守备部队进行联络，降下国民党的军旗，把洪进先精心赶制的一面白底红星旗升上主桅。同时，"解委

---

[1]陈景文：《渡江战役前夕"重庆"号军舰起义经过》，《安徽文史资料选辑》，第3辑，第98页。

会"派毕重远、武定国、蒋树德三人为代表上岸联系。接待他们的是烟台守备部队的营长刘元兴。当他听说了"重庆"舰起义的经过后,立即报告了胶东军区首长和中共烟台市委。胶东军区司令员贾若瑜和烟台市委书记徐中夫立即驱车前来迎接。

2月27日,中共烟台市委为"重庆"舰官兵举行了欢迎大会。当天,胶东军区司令部派出了由六人组成的联络小组,接受"重庆"舰的起义。后由于烟台港小水浅,"重庆"舰吃水深,靠不住码头,只能锚泊港外,一旦出现空袭,情况十分不利;舰上的弹药、油料也十分有限,又得不到补充,故而"重庆"舰于3月3日晚6时,驶离烟台港,经过一夜航行于4日早上6时许抵达葫芦岛。

作为海军总司令之旗舰,"重庆"舰起义对蒋介石和国民党政权是一个沉重的打击。英美等国听到"重庆"舰起义的消息,也极为震惊,对国民党政府完全丧失了信心。事发不久,英国政府就派人召见国民政府驻英大使郑天锡和海军武官冯汉华,斥责国民党无能,并追问"重庆"舰的下落。后来又决定收回"灵甫"舰,停止移交两艘潜艇,遣回在英学习、等待接收潜艇的国民党海军官兵。

"重庆"舰抵达烟台港

"重庆"舰起义官兵合影

3月25日9点30分,国民政府监察院由院长于右任主持召开会议,通报"重庆"舰出走案调查情况。监察委员曹德宣在报告"重庆"舰出走的全部经过后认为,此次"重庆"号出走，非共产党策动，亦非待遇不好，实为海军派系斗争之结果……"重庆"舰副长牟秉钊则认为："重庆"号处走原因，一是事务上困难多；二是内务人事摩擦，桂永清与邓兆祥间有不愉快；三是经费困难。最后曹德宣得出结论："重庆"号之出走，系邓兆祥个人所主动，实为前海军总司令陈诚及桂永清在人事上处理不当引起，所以要求追究海军的责任。国防部也特派要员，在宁沪两地深入调查。桂永清为尽快挽回面子，特在江南造船所召开舰长以上人员紧急会议，商讨对策。但各舰长均态度消极，认为"重庆"号舰大火力强，其他军舰根本不是对手。桂永清无奈，只好请求空军和美军帮助，派飞机炸沉"重庆"舰。

中共方面已预料到国民党政府决不会对"重庆"舰起义善罢甘休，为确保"重庆"舰的安全，辽西军区采取了一系列措施。东北军区先后派来三个高射炮连布置在葫芦岛港码头外侧和北面灯塔山的山坡上，舰上也重新编组了防空力量，并按新的防空部署加强演习操练。同时，就地取材，以渔网、松枝、麦秆以及黑色的油漆伪装舰体。尽管如此，国民党空军派出的侦察机最终还是发现了"重庆"舰。

3月18日上午，国民党空军出动一架侦察机和三架美式B-24轰炸机飞临"重庆"舰上空，实施猛烈的轰炸，平均每20分钟即轰炸一次。"重庆"舰上的大部分人员已经撤离，仅留少数人坚守岗位，用舰炮与岸上的两个高射炮连组成防空火力网，阻击来袭的敌机。敌机不敢低飞，炸弹多数落在码头和海里，唯在最后一次轰炸时，有数枚炸弹落于"重庆"舰右舷附近，将舰上的计算台和雷达震坏。下午1时至3时，又有数批飞机前来轰炸，炸弹在舰右舷边爆炸，有许多弹片穿透了甲板，舰上人员也有较大伤亡。战斗结束后，护舰人员和"解委会"的成员在朱军的主持下召开了紧急会议，研究对策。大多数人认为，要彻底摆脱国民党飞机的轰炸，最好的办法就是将"重庆"舰转移。当时，可去的唯一港口是旅顺港，但旅顺口属苏联海军的防区，苏方顾虑引起国际纠纷，不但不同意"重庆"舰转移到旅顺港，甚至不允许进入复州湾。此外，葫芦岛以东海面还有美国潜艇游弋，监视"重庆"舰的行动，即使苏方同意该舰转移至旅顺，也难免会遭到美军的鱼雷攻击。因此，会上形成了两种意见：一种认为应当将舰沉掉，这是保舰的最佳方案；另一种认为应当保全军舰，继续战斗，以后视情况而定。会议没有作出最后的决定。

3月19日上午，又有两批飞机对"重庆"舰实施轰炸，有一炸弹穿破甲板，在军官厨房爆炸，后锚链也被炸断。下午飞机继续来袭。在两天的护舰作战中，"重庆"舰上已有沈桂根、韩志铭等6人牺牲，应志昌、彭立锟等17人负伤。当晚，有关人员再次召开会议，大家认为，舰不沉，敌人是不会停止轰炸的，敌人连续不断地轰炸，必将使舰体、码头、仓库、设备特别是人员遭受更加严重的损失。朱军等同"解委会"成员统一思想，果断地决定沉舰保人，并连夜发电报请求军区将沉舰方案上报军委。

3月20日零时左右，老海员杨桂发开启海底门放水，至次日上午9时许，"重庆"舰侧沉于葫芦岛港内。[1]

1949年4月23日，为适应解放战争的需要，我军第一支海军——华东军区海军在江苏泰州白马庙乡宣告成立。随后，各军区先后成立了军区海军。为统一指挥各地人民海军，中央军委于1949年12月发出电令，调12兵团司令员兼政治委员萧劲光组建海军领导机构。1950年4月14日海军领导机构正式建立，标志着人民海军已正式成为中国人民解放军的一个军种。

人民海军初创时期，最需要的装备设施就是舰艇和码头。面对着人民海军仅有的一些装备简陋的小型舰船，人们不由得想起沉睡在海底的"重庆"舰。

1949年3月20日零时左右，老海员杨桂发开启海底门放水，至次日上午9时许，"重庆"舰侧沉于葫芦岛港内

1950年5月，朱军在向军委领导同志汇报工作时，提出了打捞"重庆"舰的想法。他认为，一方面，打捞上来的"重庆"舰如情况好，可作训练舰使用，如情况不好，可经修理作为海军要塞的活动炮台，弥补岸炮射界

---

〔1〕中国人民解放军历史资料丛书：《海军·回忆史料》，解放军出版社1999年2月版，第333—336页。

的死角。另一方面，葫芦岛港口的主要码头由于受潮汐的冲击，已多处出现塌陷，只有打捞上"重庆"舰舰体，才能进行修复。不久，海军领导做出了打捞"重庆"舰的决定。

当时，我国还没有专门从事船体打捞的专业机构，特别是像"重庆"舰这样的大舰，在国内打捞没有先例，找不到能够胜任打捞任务的单位，即使把全国各地分散的打捞队伍集中起来，统一指挥，统一组织，也没有打捞成功的把握。怎么办呢？负责舰体打捞的人员陷入沉思之中。然而不久，从北京方面传来了一个令人高兴的消息，苏联愿意帮助中国打捞"重庆"舰，负责打捞工作的同志顿时愁眉开始舒展。原来，早在1949年年底，中央军委曾派安东海军学校副校长张学思赴苏联，商谈聘请苏联顾问帮助中国创办海军学校的问题，同时提出请苏联派遣工程技术人员帮助打捞"重庆"舰舰体的事宜，但没有得到苏联方面的答复，直到1950年6月份前后，苏联方面才有了回音。1950年六七月间，驻苏大使王炳南将苏方提出的打捞"重庆"舰的文件草案呈送国务院，毛泽东主席、刘少奇副主席、周恩来总理等国家领导人很快同意就打捞"重庆"舰事宜同苏联进行谈判。

1950年底，中苏关于打捞"重庆"舰的谈判在北京举行。我国方面的主要负责人是对外贸易部部长叶季壮，海军方面代表是朱军，苏联方面参加谈判的是苏联驻华大使馆的商务代表和专家组组长弗·恩·格里高利也夫海军中校。谈判进行得非常顺利，很快达成了协议。叶季壮部长代表我方在中苏关于打捞"重庆"舰的协议书上签字。随后，打捞"重庆"舰的筹备工作正式拉开了序幕。

为了保证打捞工作的顺利进行，国务院、中央军委决定成立"重庆"舰打捞委员会，朱军任主任，委员若干人，其中有原"重庆"舰舰长邓兆祥。委员会很快展开工作。苏联打捞勘测队凿开厚厚的冰层，潜到水底摸索、勘察、测量、绘图，历时一个多月，摸清了"重庆"舰的基本情况。地方有关部门对"重庆"舰打捞给予了大力支持，重工业部工程队参加了打捞工作，锦西县党政机关给予大力协助。在我方军民和苏方打捞人员的共同努力下，到1951年4月底先后完成了物资准备、固定绞盘、布置浮筒、水中作业、完善岸上通讯指挥和照明系统等一系列的准备工作，接下来的便是让"重庆"舰重见天日。

　　1951年4月28日下午6时30分，"重庆"舰打捞工作正式开始

"重庆"舰扶正起浮

"重庆"舰出水后

"重庆"舰被拖往大连

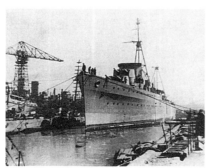

"重庆"舰进入大连造船厂船坞

"重庆"舰在船坞准备修复

1951年4月28日下午6时30分，"重庆"舰打捞工作正式开始。带着严重创伤的"重庆"舰侧沉于葫芦岛港的2号码头北侧，右舷倾斜95度，右后侧卧于8至11米深的海底，舰身中部陷于海底2米深的淤泥中，打捞时必须采取边扶正边上浮的方法。随着一声令下，五台空压机和多台绞车同时工作，至29日晨1时15分，舰首外移3.77米，舰尾外移2.6米，舰身后移0.4米。5月6日，移舰工作继续进行，舰首、舰尾底部外移距2号码头均为16米。5月16日，又完成了舰身的扶正工作。6月5日，"重庆"舰升浮出水，6月14日，中苏双方签署了交接舰手续，"重庆"舰的打捞工作宣告结束。[1]

打捞工作完成后，经初步整理便拖往大连造船厂进行修理。尽管"重庆"舰得到了应有的呵护与保养，但苏联专家经鉴定后认为，该舰如要修复费用太高，零部件筹备也很困难，在中国当时的经济和技术条件下难以修复，建议放弃修复。1957年4月，海军也向总参谋部和中央军委建议，将"重庆"舰作报废处理。同年5月7日，因"重庆"舰技术性能不合时代要求以及技术状态损坏严重，经总参谋部批准不再修复作军舰使用。其舰体如能改修为商船即拨给交通部，否则作报废处理。[2]

对于这一决定，长驻"重庆"舰的官兵从感情上难以接受，邵玲还记得当时得到放弃修复消息时的心情和反应，他说："驻舰人员常年干着艰辛而平凡的工作，兢兢业业周而复始，始终怀着一颗炽热的心愿，期盼有朝一日'重庆'舰得到修复。不幸的是于1958年冬舰上传达了海司装备部的指示——'重庆'舰

"重庆"舰上的苏联专家

---

〔1〕徐金成：《打捞"重庆"号巡洋舰》，《船史研究》第15期，第42页。
〔2〕徐金成：《修理保养"重庆"号巡洋舰始末》，《船史研究》第15期，第49页。

"重庆"舰修复现场

作报废炼钢处理。这当头一棒实属突然，我们驻舰人员无不感到痛心和惋惜。长期辛勤的维护保养工作一旦付诸东流。经过一番思想斗争后，我毅然执笔写了一式两份的建议报告，递交我所在的党支部转呈上峰。该报告的内容包括（1）建议'重庆'舰不作报废炼钢处理，可根据国内现有装备水平加以修复，作为人民海军官兵的训练舰；（2）若前一建议不行，建议在不改变舰体线型的前提下交地方使用，以待来日有条件时再行修复。1959年1月，海军装备部第二次下达指示，大意是将'重庆'舰移交地方使用，明确使用单位不得改变舰体线型。同年2月，海运局驻大连造船厂办事处项子英工程师等到舰联系封舱、拆除主炮和移交事宜。经磋商由大连造船厂负责封舱和拆除主炮，并将三座主炮拆下存放于码头附近的仓库里。我于8月份奉命调往大连水警区修船科工作，舰上的收尾工作由赵德明、燕文彬两人协助海军装备部代表张启钰最后完成。"[1]

---

〔1〕邵玲：《关于"重庆"舰打捞出水后维护保养情况的回忆》，《船史研究》第15期，第42—43页。

根据中央军委和总参谋部的批示，海军先后对"重庆"舰的物资进行了两次处理。其中，两部主机以32万元的价格处理给浙江省电业厅驻沪办事处；四台锅炉以7.2万元的总价格，分别处理给天津供销合作社、湖北省商业厅生产资料经营管理处和河南某工业厅。1959年10月27日，海军将"重庆"舰舰体无价调拨给交通部上海海运局，在大连造船厂点交完毕后将其拖走。[1]

1959年9月初，交通部航务工程总局打捞工程局（简称上海打捞局）接到上级代管单位上海海运局的指示："拟将现泊于大连港的'黄河'号军舰舰壳拨交上海打捞局，以增强打捞力量"。这"黄河"便是"重庆"舰移交后改用的新名。

上海打捞局于1960年初编制基本建设计划，拟定对"黄河"舰的改装方案。考虑将1959年6月从江阴阻塞线水下打捞起来的"海容"号巡洋舰上的主机等设备修复后装入"黄河"舰，并增加必要的救护、打捞设备和工具，使"黄河"舰改装成中国第一艘海洋救护打捞工作船。并拟请上海江南造船厂承担改装任务。估计改装费用为人民币300万元左右。当年实际在该轮完成的基本建设投资（改装或配工具设备）为27.6万元。以后因中央关于"缩短基本建设战线"等一系列原因，"黄河"舰的改装工程实际上一直处于停顿状态[2]。

1964年，天津641工程指挥部成立，"黄河"舰舰体调拨给该指挥部作为海上住宿生活船使用，其最终结局，一说不久即被该指挥部拆解，一说"文革"期间被拆解。

"灵甫"舰服役四国海军

"灵甫"舰原名"曼德普"（Mendip），是英国舰队"猎取级"中的一艘，由英国斯旺亨特船厂建造，标准排水量1000吨，航速28节，于1940年10月12日服役，编入英国皇家海军第21驱逐舰队。

第二次世界大战结束后，"曼德普"舰进港维修。该舰来华后，被命名为"灵甫"号，舰长是郑天杰。当"重庆"号被派往北方支援国民党军队作战时，"灵甫"舰留在上海，巡弋于沿海水域及长江防线。郑天杰回忆说："灵甫舰返

---

〔1〕徐金成：《修理保养"重庆"号巡洋舰始末》，《船史研究》第15期，第49页。
〔2〕孙景福、罗杰锋：《"重庆"舰的最后岁月》，《船史研究》第15期，第49—50页。

"灵甫"舰

国后，即在南京执勤。九月四日至十月三十日，驻防上海。当时，长江军情紧急。十一月十四日，我奉命驻守京畿，担任南京区警备指挥官，指挥灵甫舰、永绥军舰及炮艇一队、快艇一队与南京海军总部警卫营。"[1]

1949年2月25日，"重庆"舰在吴淞口起义，投奔解放区。这一事件震动了西方各国，海军司令桂永清加强了对"灵甫"舰的控制和防范，专门派"长治"舰停泊在它的前面，挡住其出港之路。郑天杰则向桂永清建议：改派"灵甫"舰为练习舰，南下驻左营；限制该舰油量在5小时训练航程以内；分批调换舰上人员。桂永清表示赞同，于3月2日下达手令，派"灵甫"舰为练习舰[2]。可是，到了21日，郑天杰突然接到将"灵甫"舰开往广州的命令，这说明改练习舰的计划已经放弃。对于其中的缘由，郑天杰并不清楚，外界也疑惑不解，广州有媒体称："与重庆舰一齐自英驶回祖国之灵甫军舰，自于三月廿七日突然驶抵本市白鹅潭海面后，颇使一般人士感觉不解。因目前国共双方，正陈兵江畔，而灵甫军舰又属富于战斗力者，此次突然驶粤，有何任务？实堪注意。"[3]据时任海军第四军区少将司令的杨元忠后来介绍："灵甫舰一则因为

〔1〕《郑天杰先生访问记录》，台湾"中央研究院"近代史研究所1990年5月版，第104页。
〔2〕同上，第113—114页。
〔3〕《灵甫舰的任务》，《中美周报》第332期，第29页。

与重庆舰背景相同，被当时的海军总司令桂永清中将认为是'一丘之貉'，都靠不住；二则因为灵甫舰是英海军借给我国的，其附带条件为：英国如因情势需要，向我提出收回该舰的要求，我国应在三个月内将该舰交还英国海军，为此之故，桂总司令与英国海军远东舰队总司令白林德上将，对灵甫舰的安全，十分挂心。双方经过协议，同意将舰调去广州，驻泊于白鹅潭，归我节制。以后该舰如有离开广州的必要，须在三天之前将行程通知英国驻广州的总领事，以资联系。灵甫舰还没有到广州之前，桂总司令就到广州，将他与英海军协议的重点，当面告诉我。"[1]

杨元忠的分析是可信的，对于"重庆"舰的起义，英国政府大为光火，不仅终止了转让舰艇的协议，而且决定提前收回"灵甫"舰。白林德以借用"灵甫"舰是供训练之用，不能参加实战为借口，将"灵甫"舰南调广州，以防其投共。南下过程中，排水量2510吨的英国驱逐舰"司酒神"号一路尾随其后。据"灵甫"舰上的谢飞鹏回忆："这次航行的命令来得很突然，舰上的进步同志还未能与党的地下组织取得联系就开航了。我清楚地记得在这次航行中的一个晚上是何鹤年上尉电讯官值更，不知为什么，舰只偏离了航线，英国军舰马上就发出了呼叫，可见对方是有警觉的。在途中有些人确实是考虑过效仿'重庆号'武装起义的设想，他们曾多次通过我舰四吋后炮塔的观测镜，察看英国军舰的活动，发觉对手是有警惕性的。为此，大家权衡了力量对比以及我舰所处的战略位置，如果轻率地动手，可能会遭到重大损失，反而失去武装起义的可能性。三天后，我舰经过了香港，英国军舰并没有马上驶入香港，而是尾随我舰进入珠江很远很远的地方后，才发出了道别灯号。"3月27日，"灵甫"舰抵达广州白鹅潭，"至此，'灵甫号'就停泊在广州沙面白鹅潭水域，它的位置正好处于英国驻广州领事馆的严密监视之下。舰上的官兵在这里又过了一段相当沉闷的生活"。[2] 在广州期间，郑天杰曾奉令率"灵甫"舰巡弋海南岛，但当4月20日"灵甫"舰抵达香港加油时，英国当局采取了限制离港措施，将"灵甫"舰扣在了英国船坞内。在香港驻泊期间，"灵甫"舰

〔1〕杨元忠：《灵甫舰风波的回忆与体验》，《传记文学》（台湾），第42卷第3期。
〔2〕谢飞鹏：《回忆国民党灵甫号驱逐舰官兵起义》，《天津文史资料选辑》第31辑，第63页。

上共有二百余名官兵，其中军官有10人，他们是：上校舰长郑天杰、少校副舰长池孟彬、少校航海官刘耀璇、少校轮机长王民彝、上尉防潜官陈克、上尉电务官何鹤年、少校军需官颜鸣奎、少尉枪炮官鲁德恩、少尉防潜官胡道渊、少尉电讯官田虎荫。官兵90%为自英返国旧人，只有20名新兵，是派来舰上受训的。他们多与"重庆"舰官兵有着极好的关系，"重庆"舰的起义对他们影响极大。

"灵甫"舰在香港停靠了一个多月，在港内按照英国海军规定生活，星期日举行检阅，同样受到英国海军基地少将司令的登舰视察。另外还特殊优待官兵，按英国海军编制等级发放半个月的外币军饷。特别是在这里不受国民党海军的约束，可以自由上岸跳舞、看电影、探亲访友，能广泛接触社会各界人士，获悉了"重庆"舰起义人员出席共青团全国代表大会、解放军横渡长江天险、国民党沪宁战线全线崩溃等信息，共产党组织也加紧了对"灵甫"舰官兵的暗中鼓动和引导。恰在此时，"灵甫"有10名原去英国接舰时应招来的轮机雇员退伍了，去当了海员；有十多人悄悄地离舰他去，一时间人心惶惶。据领导起义的尚镭、高炳琪回忆，当时他们已经得到共产党组织在香港的负责人乔冠华的指示，军舰起义不成功，就要尽可能多动员人走，人是最宝贵的财富。由于"灵甫"舰部分官兵是分三批离舰的，因而他们的起义道路各有不同。谢飞鹏介绍的他的起义过程是这样的："我和舰友涂荫华、陈双斌三人互吐了内心的向往。陈双斌说他日前回湖南探亲时，他的亲友，一位老教授说，如果他在香港有困难时，可以持教授的名片去找香港《华商日报》廖总编辑。一天晚上，我们三人来到港湾马路上的《华商日报》报社，由于有名片介绍关系，很快就受到报社总编辑廖沫沙的接待。廖总编辑得知我们是干海军的，便向我们介绍了许多'重庆'号起义后的情况，还谈到他们也曾帮助一些空军及其他人员去解放区的事。他热情鼓励我们，讲述了战争形势的发展，同时也指出了新中国需要建设强大海军的道理，还说爱国的军人是有远大前途的，共产党是欢迎的，我们因而备受鼓舞。经过多方面的努力工作，在党的统一战线政策影响下，在香港进步报刊等多种渠道的帮助下，在舰上尚镭等同志的策动下，我们舰上终于有七十三名官兵（分三批），鄙弃了坐飞机去台湾升官发财的利诱，也没有为享受优厚待遇而去干国际海员，在这关键时刻，毅然选择了'重庆'

号战友的道路，走上了北上起义的道路。"[1]后来，这73名官兵经过不同的曲折路线分别辗转投奔了解放区。

英国政府见事已至此，决定收回"灵甫"舰。5月27日下午5时，杨元忠与英国驻港海军司令罗拔臣准将共同主持了"灵甫"舰移交典礼，随后，英海军人员将"灵甫"舰牌取下，重新钉上了"曼德普"舰舰牌。这样，这艘在中国海军中服役刚刚一年的驱逐舰又回到了英国海军的手中。移交典礼举行后，没有参加起义的部分官兵不愿前往台湾，便以各种理由自行离开了，"灵甫"舰副长何树铎还记得，"移交时有三四个兵来向我报告，表示他们离家太久了，想先回家去。我说我们先到香港移交，等到了台湾再走。但他们急着离开，我就先向舰长报告，要他们把领的东西归还清楚，发饷发到某日为止就可离舰。舰长同意完全由我处理。我就让一位通信兵、一位轮机兵先行返乡"。[2]最终，只有四十余名官兵在舰长郑天杰和副长何树铎率领下，于移交典礼举行的次日乘飞机飞往台湾。

"曼德普"舰回到英国后，海军当局对其武器进行了改装。半年以后，英国政府决定将其出售给埃及，并于1949年11月15日正式办理手续，移交给埃及海军，埃及海军接收后将其改名为"穆罕默德阿里"号。当时，埃及海军仅是陆军和空军的附属力量，舰艇数量很少，"穆罕默德阿里"舰成了埃及海军的主力舰艇。1951年以后，该舰又更名为"伊伯拉罕"号。

1956年，埃及为收回苏伊士运河主权采取了一系列军事措施，封锁了阿克巴湾，断绝了以色列通往红海的水路，迫使英军退出苏伊士运河区。这些行动触动了英、法、以三国的利益，三国决定发动对埃及的侵略战争。10月29日，以色列军队突击西奈半岛，爆发了第二次中东战争。31日，英法联军袭击埃及海空军基地，占领了塞得港和富阿德港。埃及军民进行了顽强的抵抗，双方在陆海空展开了激战。就海军而言，埃及的海军力量远在以色列之上，但在海军战略战术的运用上却出现了明显的失误，从而将"伊伯拉罕"舰推向了绝境。

10月30日，停泊于塞得港的"伊伯拉罕"舰接到舰队命令，在天黑之前

[1] 谢飞鹏：《回忆国民党灵甫号驱逐舰官兵起义》，《天津文史资料选辑》第31辑，第66页。
[2]《何树铎先生访问记录》，《海军人物访问记录》第一辑，台湾"中央研究院"近代史研究所1998年9月版，第135—136页。

添弹加油，做好出航准备。天黑后军舰开出港口才知道，它的任务是在次日黎明时分攻击以色列的海法军港。这是一次没有空中和海上支援的冒险行动。31日凌晨3时半，"伊伯拉罕"舰到达了目的地，舰长不待天亮即发出了进攻的命令，顿时，舰上的4英寸大炮不断地将炮弹倾泻到海法港。尽管到停止射击为止共发射炮弹220发，但由于开炮时距离过远，并没有给海法港造成太大损失。相反，炮声惊动了附近的法国军舰"客圣"号，这艘吨位超过"伊伯拉罕"舰一倍以上的战舰立刻展开了对"伊伯拉罕"舰的攻击，"伊伯拉罕"舰不得不掉头撤退，向塞得港方向逃去。

以色列海军立即派出驱逐舰队在海法港以西30海里处截击"伊伯拉罕"舰。参加截击行动的有刚刚从英国购进的两艘"Z"级驱逐舰"伊爱列"号和"叶发"号，他们无论是吨位、速率还是火力，都远远超过"伊伯拉罕"舰。天亮之前，截击的军舰与"伊伯拉罕"舰相遇，双方展开激烈炮战。处于劣势的"伊伯拉罕"舰边战边逃，以色列军舰穷追不舍，两舰八门主炮连续射击，顷刻间四百余发炮弹从天而降，打得"伊伯拉罕"舰毫无还手之力。当太阳升起在海平面上时，以色列的飞机加入了战斗行列，它们不等己方军舰的炮击停止，便迫不及待地向下俯冲，"伊伯拉罕"舰上的驾驶系统和电力系统不久就被摧毁了，舰长在绝望中挂起了白旗。这样，"伊伯拉罕"舰就成了以色列海军的俘虏。

1956年10月31日，"伊伯拉罕"号在以埃战争中被以军俘虏，以色列人试图将该舰拖往海法港

1957年1月，"伊伯拉罕"号改名为"海法"号，正式在以色列海军中服役

　　1957年1月，在海法港修复的"伊伯拉罕"舰，被正式编入以色列海军，其舰名也随之改为"海法"号。

　　第二次中东战争以后，埃及政府加强了海军的建设，以后的10年中海军力量有了长足的发展，仅潜艇就有十二三艘。与之相比，以色列海军较之10年前没有太大进步。1967年6月5日，以色列空军实施突然袭击进攻埃及、叙利亚和约旦，爆发了第三次中东战争。这次战争埃以双方主要进行的是陆战和空战，没有进行海战。其原因在于埃及海军虽然较之以色列海军有优势的力量，但仍然采取了保守的战略战术，龟缩于港内不敢出战，使双方海军没有交战的机会。从而使以色列海军自由来往于各个海域，形成了对埃及海军的威慑，"海法"舰成了以色列海军威慑力量的一部分。6月8日，"海法"舰在巡弋中发现附近有潜艇活动，便投下深水炸弹，将一艘埃及潜艇炸伤，这是"海法"舰在此次战争中的唯一战绩。

　　1972年，"海法"舰正式退役，完成了它32年的曲折航程，它的主炮被送进了海军博物馆。[1]

---

　　〔1〕关于"灵甫"舰被英国强行收回后的经历，参见马幼垣：《流落异邦的海军孤儿——"灵甫"舰由英国收回后的变迁》，《船史研究》第15期。

晚清、民国时期中国海军
在南海诸岛的维权行动

　　中国的南海诸岛是指东沙群岛（又称东沙岛、大东沙）、西沙群岛（又称西沙岛）、中沙群岛（1947年以前称南沙群岛）和南沙群岛（1947年以前称团沙群岛）四个群岛，这些岛屿自古以来就是中国的领土，华夏先民首先发现这些岛屿，并在岛上及其周边海域留下了大量的活动痕迹。然而进入近代，西方列强和南海周边国家趁中国国力衰弱、内部动荡之际，不断对南海诸岛进行骚扰、侵占、掠夺，试图据为己有。中国历届政府尽管在国力和军力上力不从心，但始终没有放弃对南海诸岛主权的维护，直至抗日战争胜利后的1946年，派舰队将南海诸岛正式收回。在这一过程中，中国海军始终发挥着重要作用。

在东沙群岛的维权行动

　　东沙群岛位于广东省东南，是我国南海诸岛中位置最北的一组岛屿，主要由一个岛、一个环礁和两个暗礁组成，分布于北纬20°33′至21°10′，东经115°54′至116°57′之间的海域中，其中唯一的岛屿是东沙岛，它北距汕头168海里，西北距香港169海里，西距海口420海里，东南距菲律宾马尼拉430海里，东北距台湾高雄220海里，面积1.8平方公里。东沙群岛最迟自明代开始就由中国政府管辖，《琼台外记》云："州东，长沙、石塘。"[1]清代《广东通志》亦云："长沙海、石塘海，俱在城东海外洋。古志云：万州有千里长沙、

---

〔1〕《万州志》（道光朝）卷三。

万里石塘。"[1]这里的"古志"至少是指明代地方志,"千里长沙"指的是南沙群岛,"万里石塘"指的是东沙群岛。这说明,在明代,东沙群岛属万州管辖。清代后期,东沙群岛属广东省惠州管辖,渔商梁应元曾向清政府禀称,"东沙"为"惠州属岛"[2],在版图上有"南澳气""气""沙头"等称谓,《在广东省水道图》中,东沙岛被称为"拨达司岛",东沙礁被称为"石塘礁"。1866年,曾有叫蒲拉他士的英国人避风于东沙岛,此后西方人将东沙岛标于地图时,称之为蒲拉他士岛,并标明为中国广东省属地。在英国出版的书籍中也记载,中国人在该岛捕鱼"已不知若干年"。1910年中国的《地学杂志》在实地调查的基础上这样描述东沙群岛的地形地势:"大东沙即中国旧名千里石塘者,西名译音或曰蒲拉他士,或曰朴勒特司,或曰不腊达斯。孤悬海外,岛型如马蹄铁,东北西北两端凸出东成凹状。岛之中央似湖非湖,似澳非澳,水深五拓至六拓(中国二丈余至五丈余),地质全为积沙所成。据日人所称,幅员可二里许,而积不过百三十町。英文书所记载云,东西长约一迈当有半,南北距约半迈当(与日人所称均同)。岛之高度,潮落时望岛对顶上约四十尺,潮涨时则仅见三十四五尺。环岛周围皆有沙滩,轮舶大者不能近岸。隔十余里之远,奇岩林立,见者为之寒心,故别名之曰险岛。中国旧时航海家亦指千里石塘为险地也。"[3]

日商占据东沙岛

1907年10月22日,日本大阪《朝日新闻》刊登了一则消息:广东省三门湾的东北方向太平洋中,有一坐无人岛,名蒲拉达斯。目前经营该岛中之事业的,为住台湾的日本人西泽及水谷两人,还有南洋客罗连群岛日本贸易商恒信社。恒信社自从前年,由该社所属船"长风丸"(排水量150吨)发现该岛以来,叠与驻日清使、驻横滨各国领事、上海关道、英领香港政厅交涉,最后遂确定该岛全无所属,且得日本外务省许可,特于本年夏季,再派"长风丸"前往该岛。近时"长风丸"在中途与西泽、水谷等之轮船"四国丸"相遇。该船亦系前往该岛者。据最近之调查报告云,该岛之区域南北计日里一里强,东西

---

〔1〕(清)金光祖:《广东省志》卷十三。
〔2〕郑资约编著:《南海诸岛地理志略》,商务印书馆1947年11月版,第72页。
〔3〕《地学杂志》1910年第1卷第3期,第7—8页。

二十町（日本以6曲尺为1间，60间为1町，每曲尺合中国9寸5分余）内外。当满潮之时，该岛海岸高出海面25尺左右。岛内磷矿积层最厚的地方可达7尺厚。此外，海参、贝壳等海产，产出不少。今日恒信社拟禀请日本政府，将该岛决定为日本政府之领属。[1] 日本媒体报道的这件事发生于1907年8月8日，这天午后，日本商人西泽吉次纠合百余人，乘"四国丸"号轮船驶向东沙岛，8月11日登岸。东沙岛上有中国渔民所建的大王庙，该庙内储存、预备着中国渔民的许多口粮，用于渔民出海时生活之需。日人上岛后，一面将大王庙毁成平地，断绝中国渔民的伙食，一面毁撤、驱逐中国渔民的渔船。当时有新泗和常记渔船的附属渔板6艘，每艘长2丈，宽3尺，价值70银元，全部被日人毁撤。另外，日人还毁掉岛上华人墓葬180余座。与此同时，日人在岛上建筑宿舍，竖立70尺长杆，悬挂日本国旗，还竖起15尺高响标。这些工作完成后，西泽将"发现"东沙群岛的过程详细记录，以作为日后长期霸占东沙群岛的"根据"。与此同时，西泽将东沙岛改为西泽岛，所属暗礁改为西泽礁。此后，西泽等人在我国东沙群岛上开采鸟粪，经营海产，如主人一般经营得热火朝天。

西泽吉次是一位具有冒险精神和殖民野心的日本商人，他原本并不知道有东沙岛的存在。1901年，西泽在日本订造了一艘双桅帆船，言明在台湾基隆交货。这年夏天，该船造成，由日本起航前往台湾，途中因船主不明风涛，误将船驶至琉球岛的南鸭依鸭口岛。由该岛开行后，又遇飓风，漂至一个他们从未听说过的小岛，停泊两日，此岛正是中国的东沙岛。船主与水手登岸，见岛无居民，随取岛沙回船。船抵基隆时，西泽见岛沙不同寻常，便拿去化验，发现岛沙中含有磷质，大感兴趣，向船主询问岛在何处，船主因船上既无罗经，又无测量器具，故未能说明方向。西泽吉次由此听说东沙岛，并产生侵占之意。此后，西泽找到了东沙岛，并多次前往，尽管没有获得收益，但野心不改，直到1907年8月真正侵占该岛。[2]

督抚的艰难取证

就在西泽吉次占据东沙岛两个月以后，两江总督、南洋大臣端方获悉消

---

〔1〕《东方杂志》1909年第6卷第4期，第61页。

〔2〕陈天锡：《东沙岛成案汇编》，《西沙岛东沙岛成案汇编》，广东省实业厅1928年版，第51—53页。

息，连忙报告清政府外务部。外务部于1907年10月11日电达两广总督张人骏，令其立即调查情况并回复。电报称："午访闻港澳附近，与美属小吕宋群岛连界之间，有中国管辖之荒岛一区，正当北纬线十四度四十二分二秒，东经线一百十六度四十二分十四秒，离香港一百零八里。该带周围三十七八里，因岛之一端，有大小暗礁，起伏海中，约六十里，华人畏难苟安，人迹罕到，故毒蛇猛兽亦多。近被台湾基隆日本商西泽吉次，纠合百二十人，于六月三十日午后，乘四国丸轮船，驶向该岛。七月初三登岸。建筑宿舍，竖立七十尺长竿，高悬日旗，并竖十五尺响标，详记发现该岛之历史，名为西泽岛，暗礁名为西泽礁，西泽遂据为己有。该岛磷矿极多，树木亦复茂盛，有高四五十尺者。鳞介贝壳甚多，网采颇易。温度与台湾相仿佛。西泽已采取水陆各种，装运至台。现在第二次运船将到，凡闽粤人之老于航海及深明舆地学者，皆知该岛为我属地，等情。中国沿海岛屿，尊处应有国籍可稽，该岛旧系何名，有无人民居住，日商西泽，竖旗建屋，装运货物，是否确有其事，系按照电开纬度，迅饬详晰查明，以凭核办，即电复。"张人骏接电后，即交洋务局各员会同税务司，按照外务部提供的经纬度进行查考，结果让人失望。他在给外务部的回电中说："该岛距琼州海口炮台，四百八十六英海里零七十八分，距香港四百七十六英海里零九十四分。以华里伸算，已在一千四百余里之外，遍考舆图，似非粤省辖境。闻该处风浪最大，粤省无大兵轮，难往查探，可否请钧部转电南洋，酌派大轮往查，乞卓夺。"[1]另外，张人骏还为外务部提供了以下情况：港澳附近，并无广大荒岛。据某兵轮管带，以意误会。称离香港3米（按：有误），有一岛，西人名之为卑斯卑，岛旁四周，水极深浩，可以湾泊大船。岛面向南，可以避风，实为粤中不可多得之地。从前德国曾拟设法据之，开作军港，嗣为英所阻，知难而退。中国海军兴盛时，丁汝昌亦经派船巡视，商之李鸿章，欲开作海军根据。卒以款绌罢议。今部中来电，谓有日人占据，想必此岛。因此处之外，更无别岛可以当日人一盼也。此岛离三门湾不远，盖在香山新安两县境界之内。对于洋务局的这一调查结果，张人骏"颇为

---

〔1〕陈天锡：《东沙岛成案汇编》，《西沙岛东沙岛成案汇编》，广东省实业厅1928年版，第4页。

注意"，但因报告并未弄清日人占据的究竟是哪座岛屿，所以"尚未得端绪"，故无法回复外务部核议。[1]

其实，端方也没有弄清东沙群岛的来龙去脉。他依据英国海军部11年以前绘制的地图，连东沙群岛的位置也未搞清。他在给外务部的复言中称，查中国官私各地图，皆以广东琼州府所属廉州北纬18度为最南之界。日人现踞之岛，在北纬14度间，固在中国界内。但中国地图未见有绘至此岛者。以英海部1886年所刊海图考之，按此经纬线之处，并无岛屿。惟稍偏东北有小礁一处，出水三尺，在北纬线十五度十分，东经线一百十七度四十分，与此岛亦不相符，是必英国刊图时，尚未见此岛。而今年方觅得者，中外地图皆未见有此岛。今欲证明其为何国属地，其地尚在小吕宋以南，距中国海岸千里而遥，以其为中国属地之据，各国皆无从考核。今日人已竖国旗，若欲与之交涉，非先自考出确切凭据，无从着手。于是建议，闽粤之老于航海及深详舆地学者，皆知该岛为我属地，自系访闻此事者所言，拟请部令其设法，向粤闽航海家及舆地学家，将此项凭据，访求明确，购觅发下，即由此间选派通晓舆地谙悉交涉之员，乘坐兵轮，前往该处，相继酌办。端方又说，南北洋兵轮，以"海圻"舰为最大，现派该舰送杨侍郎赴南洋群岛，是否可绕道察看，只是尚未觅得确切证据，无从办理。另外"镜清"兵轮也能到该处海面，已电商广东水师提督萨镇冰，酌情备用等等。[2]端方的这些调查和建议，对外务部及时处置日人占据东沙岛事宜并未有太大参考价值。

由于两广总督和两江总督对东沙群岛的调查似是而非，外务部对日人占据东沙岛之事不知从何处下手处理，便拖延下来。此时日本国内见中国政府并未有太大反应，媒体纷纷报道发现无人海岛之事，争相以占领"新发现"海岛为荣，大有哥伦布发现美洲新大陆之势。有日本报纸这样报道："住台湾基隆港之南洋贸易商西泽吉次氏，近在北纬一十四度四十二分二秒，东经一百十六度四十二分十四秒附近，即中国澳门美属菲律宾群岛之间，太平洋上，见有无人岛在，乃纠同志一百二十人，于六月三十日午后四时，同乘汽船四国丸，驶向

---

〔1〕《东方杂志》1909年第6卷第4期，第61—62页。
〔2〕同上，第62—63页。

该岛。途中在澎湖岛一泊后，于七月初二日上午十时，徐至该岛。是日午后二时，结队上陆，即共建筑宿舍。随从岛内探险，知该岛乃周围约三十七八里之一小岛，岛之一端，则有大小暗礁起伏，联缀海中，亘约六十里。岛之陆上，有磷矿石甚多，并有无数之阿沙鸟，栖息其间。海岸则有鱼族群集。暗礁均有贝壳类依附，采集极易。将来该岛事业，大有可望也。西泽氏等即于岛上卜地，竖立七十尺之长竿，高悬日章，并竖高十五尺宽三尺之木标，详记发现该岛历史，即名该岛曰西泽岛，名暗礁曰西泽暗礁。即采磷矿石百吨，各种贝壳类三千余斤，载归台湾。查该岛之温度，昼九十一二度，夜六十二三度，与台湾岛无大差异。陆上树木茂盛，其高自十余尺至四十尺不等，惟无人迹，毒蛇猛兽，栖息者多。今拟续行探险后，将该岛确实占领。第二探险队，定于七月二十一日，运载轻便铁道材料，栈桥材料，装足汽船二艘，货舟一艘，并携医疗机械前往。"[1]

　　有鉴于此，外务部继续催促两位总督，彻查东沙群岛的基本情况。端方续派人调查东沙群岛之事，终于有了眉目。他将调查情况报告外务部，并建议两广总督张人骏将东沙群岛属于我国的事实加以论定，并广泛搜集证据，以备与日方交涉。11月4日，端方发电报给张人骏："日商西泽现据之岛，以外部前电经纬度计之，在一千四百余里之外，自非粤省所辖。现据驻宁日领谈及，实在台湾之西南，香港之东南，距香港一百七十余英海里，并举其经纬度及英文名称，按其所言考之，即系前准贵省咨送广雅书局所印新译中国江海险要图说内之蒲拉他士岛，一名蒲勒他士岛，为广东杂澳第十三，在北纬二十度四十二分，东经百十六度四十三分，距香港一百七十英海里，长一英海里半，阔半英海里，高四十英尺，沙质无泥，其形似马蹄，靠西边有一港口，约半海里深，上十年，中国渔船在此港避风，确系广东所辖；上年两江派员所绘海图，亦有此岛，英海部所刻海图，亦有此岛，与外部前电所指经纬度数，并云近于小吕宋群岛之说不符；而外部电内，又有距香港一百零八英里之说，则颇相类。是外部所访闻，度数有误，而里数无大误也。既是此岛，则确是中国人之地，不可置之不问。但日人已据其地，若贸然派船往查，中外言语不通，恐生枝节，

[1]《东方杂志》1909年第6卷第4期，第61—62页。

不可不慎，应先将凭证考核确实，先由外部与其公使交涉，再行往勘。但现在所有凭据，仅止数种，均系新测新绘，尚觉未足，若再有早年图志案卷为凭，则尤为切实。乞公于广东省府各志书，各舆图及公署案卷，私家著述内，遍加搜讨，再能举出数证，为此案铁据，尤为周妥。诸希卓裁，见复。"张人骏接电后，同意派人密探，但因"无堪往大洋之船"，提出由南洋派船前往[1]，可端方却没了下文。直到一年后一件事的发生，迫使清政府再次关注东沙群岛。

"飞鹰"舰两次查勘东沙岛[2]

1908年9月间，英国驻广州总领事傅夏礼致函广东省洋务委员温宗尧，声称中国海内距香港东南170英里，有一小岛，名蒲拉他士岛，并无居民，显系无所统属，但每年之中，间有中国渔船驶至，英政府拟在该岛建设灯塔，查询该岛是否中国属岛，有无宣布明文。[3]美国方面也提出同样要求。温宗尧接函后，立即回复，明确表示该岛为东沙岛，确为中国属岛。张人骏同时电外务部，并转电端方，派员往探，"蒲拉他士岛"是否确在我国海线之内，西泽在岛上究竟如何设施。端方遂电告广东水师提督萨镇冰。此时萨镇冰正在接待美国舰队来访，端方令他接待事毕后，酌派军舰前往东沙群岛查勘。

1909年2月，萨镇冰派炮舰"飞鹰"号前往香港，等待天晴开往东沙群岛海域。此时，张人骏也将"蒲拉他士岛"查勘清楚，确系中国东沙群岛，属广东省管辖，决定派海关巡船与"飞鹰"舰一同前往。可海关巡船此时正在修理，无法出海。于是，"飞鹰"号单舰于3月2日从香港出发，次日抵达东沙岛。抛锚后，舰长黄钟瑛果然看见"日旗飘扬空际，岛出水面约四十余尺，岛上有日本人及台湾人各数十，极力经营。屋宇林立，兵房商店民居，无一不备，煤场码头电杆车路，以次敷设。又建有铁轨埠头，以便货物上落，土货咸

---

〔1〕陈天锡：《东沙岛成案汇编》，《西沙岛东沙岛成案汇编》，广东省实业厅1928年版，第5—6页。

〔2〕广东水师提督李准曾有巡海纪事一册，其中记载光绪三十三年春，他率"伏波"舰巡视东沙群岛，并面见西泽吉次情形，西泽谓，已占该岛"二年余"，而西泽占据该岛的时间是光绪三十三年六月三十日，显然与占领"二年余"有矛盾，说明李准记忆有误。在记述率舰巡视西沙群岛时，李准也将时间宣统元年，错记成光绪三十三年。特别是李准叙述的巡视东沙群岛一事，未见有其他史料记载，故而存疑。见《李准巡海记》，《国闻周报》1933年第10卷第33期。

〔3〕陈献荣：《东沙群岛与西沙群岛》，《边事研究》1936年第3卷第1期，第59页。

堆积岸上，待船装运。岛中木碑矗立，大书'明治四十年八月立'字样"。黄钟瑛命令舰员登岛，用英语向岛上日人询问，是谁让他们到此地，并索取文件查看。日人十分狡猾，佯装不解其意，只说是日人寻得该岛，该岛是属于日本的。[1] 黄钟瑛见询问无果，决定返航。

"飞鹰"舰回到广州后，黄钟瑛将情况向张人骏作了详细的书面汇报。张人骏闻听岛上日人以中国"船弁粤员，操英语粤音"语言不通，"仅就台湾日籍人用闽音问答"为由，敷衍狡辩，决定派"谙习日语之员"，乘海关巡船随同"飞鹰"再次前往东沙岛。他联合端方向外务部作了详细报告，并建议外务部同时与日使展开交涉。[2]

3月4日，前福建烽火门营参将优先副将李田、赤溪协副将吴敬荣、水师提标右营游击林国祥、试用通判王仁棠、东文（日语）翻译委员廖维勋等奉张人骏之命，作为洋务处员，乘"江大"舰前往香港，等待出海。因连日风雾，加之"飞鹰"舰修理机器，直到9日晚6时，一行人才分乘"飞鹰"舰及海关巡船出发，次日午前11时抵达。"飞鹰"舰在东沙岛南侧距岸约4海里左右抛锚，海关巡船在该岛北侧约2海里左右抛锚。当时，李田等人先是远见有人聚观中国舰船，继而又见岸上桅杆升方旗两面，上面旗白底中间镶红日，下面旗白底中间镶红色"工"字，遂从南北两岸乘小火轮登岸，对岛上日人进行了询问。

就在10日海关巡船抛锚时，李田等人发现距离约十二三海里处停泊着一艘中国渔船，遂于次日乘坐小火轮前往询问。得知该船名新泗和，船上有23人，船主名叫梁带。据梁带诉称，东主梁应元在香港机利文街开张兴利煤厂和悦隆鱼栏，新泗和带记渔船历年往来东沙群岛捕鱼为生，不料近几年被日本人占据岛屿，断掉口粮，驱逐抢掠，无法维持生计。不久，梁应元也赶来，恳请"飞鹰"舰和海关巡船，将一切情形代为缮禀。他在禀词中写道，历年均有渔船往来广东惠州属岛之东沙岛，捕鱼为业。前年忽有日人到东沙岛，将大王庙拆毁，该庙由渔户公立，坐西北向东南，庙后有椰树三棵，现日人公然在此开挖一水池，专养玳瑁。并将新泗和带记渔船之附属渔舨六只、洋式舢板两只，全

---

〔1〕《东方杂志》1909年第6卷第4期，第64页。
〔2〕陈天锡：《东沙岛成案汇编》，《西沙岛东沙岛成案汇编》，广东省实业厅1928年版，第10—11页。

部撤去，所值不赀。东沙群岛一向隶属我版图，中国渔民历代在此捕鱼为业，安常习故，数百余年。今日人反客为主，商等骤失常业，血本无归，固难隐忍。而海权失落，国体攸关，以故未肯轻易离去。

"飞鹰"舰回到广州后，将详情向张人骏作了汇报，并将梁应元的禀报转呈，张人骏将两舰船调查的情况分别禀报外务部和端方，外务部和端方都建议先让广东省政府出面交涉，试探日本的态度。

就在张人骏派舰调查的同时，广东社会各界也在搜寻证据，研究收回东沙群岛的办法。3月31日，广东省自治会集议澳门勘界案时，由周孔博宣布东沙群岛关系国权及国民生计，应行力争理由，请众公议。众议决定采取三级办法：第一级，速将此事布告中外同胞，共同研究；第二级，联禀政府，切实保护我国渔业并该岛财产；第三级，如政府放弃，则竭尽我国民之能力以挽救之。惠州代表则叙述了东沙群岛属于中国的确切证据：1.沿海渔户在该岛所建庙址，为该岛显属我国确据；2.日本人前后布置该岛惨逐渔户实情；3.英美二国公认该岛为我国领土之电告；4.西人地图证明该岛属我之确据；5.本省大吏叠次派员查勘始末；6.分载省港各报，诸君检阅。[1]

中日双方的交涉

1909年3月17日，张人骏向驻粤日本领事濑川浅之进递交了照会，提出严正交涉。照会指出，现查广东惠州海面，有东沙一岛，向为闽粤各港渔船前往捕鱼时聚泊所在，系隶属于广东之地。近有贵国商人，在该处雇工采磷，擅自经营，系属不合，应请贵领事官谕令该商即行撤退，查明办理。

濑川接到照会后，先是前往督署面见张人骏，声称对照会所谈之事毫不知情，后又书面答复，百般辩解，并附送岛志一本。答复中称，此岛乃彼国人初发现，从前并无此岛，按照万国公例，应归发现之国所有。如贵部堂以为不然，请查现呈某国前编之岛志，有无本岛。不久，濑川再次面见张人骏，一改前次态度，声称，该岛原不属日，彼政府亦无占领之意，唯当认为无主荒岛。倘中国认该岛为辖境，须有地方志书及该岛应归何官、何营管辖确据，以便将此等证据，电彼外部办理。张人骏按照"飞鹰"舰两次调查的情况进行驳斥，

---

〔1〕《东方杂志》1909年第6卷第4期，第67—68页。

而濑川坚持要以志书为准，张人骏这才看穿了濑川的用意，"揣彼用心，以为神庙已毁，无可作证。又知中国志书，只详陆地之事，而海中各岛，素多疏略，故坚以志书有载，方能作据为言，其用意狡赖，情见乎词"。[1]日本外务省也出面狡辩，谓：日本并未主张在该岛有领土权，唯亦不认中国在该岛有领土权，且信该岛为一无所属之无人岛，日人西泽吉次之经营该岛，乃个人事业，日政府绝不闻知。显而易见，日本政府在极力袒护西泽对东沙岛的占据。

然而，日本政务局局长仓知却发表了不同看法，他认为，东沙岛并非日本帝国领土之一部，该岛为中国所属，已可确证。日本政府承认其领土权，自无待于踌躇。只是承认该岛中国所属后，西泽在该岛经营的事业，也不能不考虑。中国政府应当给予保护，如西泽退出该岛，日本政府应请求偿金。这说明，在日本政府之内，有人开始正视大量证据，寻求妥善解决方案。因为日本国内担心，"西泽占领广东所属之东沙岛，已成重要问题，惹起当地官民注意，杯葛将再燃"。"若因曲庇一邦人故，而伤日清两国交情，使在南清多数邦人，大受损害，断不可也"。[2]

在内外压力之下，日本政府承认了东沙岛并无争议，完全属于中国的事实，把两国交涉的重点放在了对西泽经营该岛的赔偿上。大阪《朝日新闻》在五六月间报道："日本外务部决议承认中国东沙岛之主权，目下已在协议，保全该岛日人西泽氏之事业，计值日洋四十万元。惟台湾日员反对此举，然终须俯从外务部之议。"[3]然而，西泽对日本政府提出的40万元的价值评估并不满意，极力声称，他在该岛所营建产业值银50万元，目前获利才1万余元，剩余应让中国赔偿。此后，中日双方就如何交岛和赔偿数额问题反复论辩，终于在6月11日达成一致，两国共同派员前往东沙岛"估值查核为定"。

两广总督袁树勋（1909年6月28日，两江总督端方调补直隶总督，同日，张人骏调补两江总督，袁树勋署理两广总督）遂以魏瀚为洋务委员，与日本领事濑川浅之进及西泽吉次一同前往东沙岛，踏勘该处产业。7月17日，魏瀚与

〔1〕陈天锡：《东沙岛成案汇编》，《西沙岛东沙岛成案汇编》，广东省实业厅1928年版，第23页。
〔2〕《东方杂志》1909年第6卷第4期，第66—69页。
〔3〕同上，第134页。

委员王仁棠、廖维勋,并随带总管轮张斌元、船局监工潘俊华等于上午10时,乘"江巩"舰前往香港,然后换乘"海筹"舰于当晚6时启航,翌日8时抵达东沙岛,在离岸十四五里下锚,即乘坐小轮上岸。濑川和西泽中午12时才到。于是,双方打开仓库、房屋,查验存储料件,当日5时查验完毕,魏瀚一行返回"海筹"舰,6时起锚回航,19日下午5时到达黄埔。

此次勘察,魏瀚呈报给袁树勋的结果和建议是:"东沙岛空悬海中,转运极难,瀚勘估十万六百元,系酌照内地情形勘估,倘日领求增无已,情不可却,即多给二三成,以补水脚,亦属在理。"[1]随后,魏瀚对日拟定以下各项要求:1.应购房屋器具,定价后,即行交出,由中国委员接管;2.购置产物定议后,所有在该岛经营事业,先行停办,原有之日本工人、台湾工人,应照议陆续离去该岛,将一切居住房屋交出,并由中国委员自树中国龙旗,将日本旗帜换去;3.勘定后,所有在该岛已取未运之矿产森林雀粪肥料海产鱼类等,均一律截留,分别定期交回纳税各事;4.应购房屋器具,由日商开出价值详单,送交委员核明,照现勘情形,与日领磋商定价,订期收回。至赔偿大王庙及渔户损失,由委员开明数目清单,送交日领核明,转饬经营日商,议定应赔偿数,其款即于购价内扣除;5.该岛收回后,由中国自行垦辟,开作商埠,拟准外人通商,俟另订商埠专章,再行通告遵办。[2]

对于魏瀚所提条款,中日双方几经交涉,终于在1909年10月3日达成协议并画押。协议规定:惠属东沙岛,经中日两国检齐证据,认明永远作为中国广东省惠州府属地,由中国派员专驻,自行经营兴辟。第一,日商前在该岛经营事项,凡工程建设一般物业,照粤省前派委员会同前往点验之估计价值,合广东毫银16万元,悉向日商购回;第二,日商前在该岛拆毁庙宇民房及各渔船,又核计历来运出磷质漏税数目,共3万元,应由日商如数赔补。该款已经两面订明,即由收购价款内扣除;第三,应交日商收购物业银数,除扣除补赔3万元外,实共广东毫银13万元,订明一面接收该岛物业,一面即在广东省城交清购款,订明由粤省委员,于10月25日为接收该岛物业之期,并于10月27日将

〔1〕陈天锡:《东沙岛成案汇编》,《西沙岛东沙岛成案汇编》,广东省实业厅1928年版,第47页。

〔2〕《东方杂志》1909年第6卷第8期,第244页。

收购全价一律交清；第四，该岛物业，全数交归粤省委员接收后，所有在该岛居住之日商及日本工人，一律离去该岛，其不在估价收购之家私物业，任凭自行携去。[1] 按照中日双方上述约定，中国收回东沙岛的工作随即展开。

以13万元代价收回

对于东沙群岛的接收，袁树勋作了比较充分的准备，他委派广东水师"宝璧"舰管带王仁棠、水师总管轮张斌元，协同日本副领事掘义贵、日商西泽吉次，前往点收。因为一经点收，即须有人驻岛管理，以避免损失，所以，袁树勋饬知善后局劝业道会同遴选干员，酌带勇役，随王仁棠等前往该岛。具体事宜由补用知府、东沙群岛接收员蔡康办理。广东水师提督李准则派出黄埔船坞绘图生魏道和随往。本来，按照善后局劝业道的请求，水师提督应派营弁酌带勇丁随同蔡康驻守东沙岛，但由于袁树勋前期对水师巡防各营进行了裁并，又值冬防，实难抽拨，只能由局道另行设法办理。

10月22日是预定接收东沙岛的日期，可一切似乎并不顺利。原计划这一天由九龙海关派"开办"关轮随同广东水师运输舰"广海"号一起前往，可连日飓风，使"广海"这艘排水量4850吨的由商船改装的运输舰起锚机被风打坏，只能改期24日启行。可到了24日这一天，不仅起锚机依然没有修好，而且又发现"广海"舰舰身太轻，压舱石没有预备，不得不将日期再延至26日。不料，26日这一天突然刮起大风，至28日风色稍定，两舰船赶忙同时开驶。可是，途中又遇飓风，先后折回。11月8日，天气放晴，"广海"等两舰船先后出发。途中灯塔升旗，告以飓风又将来临，"开办"轮发现信号后，燃炮告警，并首先折回，"广海"舰因距离太远，视听不及，仍往前行驶。时值秋冬之交，天气变幻莫测，不一会儿便风浪大作，不能支持。"广海"舰只好再次回港。鉴于"开办"轮太小，难以经住风浪，蔡康决定放弃"开办"轮，只留"广海"一舰出海，带上"开办"之小轮，以备登岸之用。13日，天气依然不佳，但接收东沙岛的任务不能再延误，蔡康决定立即开航。"广海"舰勉强出海，途中依然遇到大风，直至4日下午抵达东沙岛。由于浪大礁多，"广海"舰未敢逼近而泊，抛锚地点离岛有十四五里之遥。19日，中日双方人员将该岛物

---

[1]《外交报》1909年第9卷第27期，第32页。

产悉数点收清楚，正式实施交接。"是午鸣炮升旗，行接收礼，并由广海兵舰燃贺炮二十一响，以伸庆贺。"[1]收回东沙岛，是中国维护领土主权的一次重大行动。

10月27日，袁树勋将照会送与日领事，照会称："案照东沙岛地方及所存物业，现经委员王仁棠等偕同贵国副领事官前往点收清楚，所有应给日商西泽物业价，除扣出该日商应完税项及应补中国渔户损失，共银三万元外，实应给该日商龙毫银十三万元。兹出具广东官银钱局凭单一纸，照送贵总领事官查收，希即转给西泽，只领完案。仍请将收到银单见覆，并饬西泽具收银字样送回备案为荷。"这样，清政府以13万元毫银的代价收回了东沙岛，而这13万元的毫银是从广东省善后局局存铜币售价专款内腾挪出来的[2]，实属不易。

清政府从日人手里收回东沙群岛后，便招商承办渔业。但由于东沙岛水土恶劣，缺乏淡水，驻岛司勇死亡相继，国内商人均望而却步，广东政府不得不试行官办。试行期间，由于有日本伪冒技师，带来很多麻烦，遂又决定取消官办，与日商合作采集、销售螺壳、玳瑁、海龟等项目。然这些项目因无获利又告搁浅。直到进入民国，广东军政府才在国内招商开发东沙群岛。1912年2月，实业部部长王宠佑发出通告，招商办理东沙岛渔业，此时，由于国内环境发生了变化，商人纷纷要求承办，先后得到政府的支持。1911年，香山县民叶美珍呈广东实业部请办东沙岛渔业，得到实业部同意；同年，南洋侨商陈武烈向中国政府呈请采取东沙岛磷矿，由政府批准；1918年，刘兆铭呈请广东省政府集资开发东沙岛磷矿，得到政府支持；1926年，福建闽南造林公司总经理周骏烈得广东省政府准许，承办东沙岛海人草；1927年，广东省实业部特许商人陈荷朝承办东沙岛云母壳海产，并发执照；1936年，广东省批准商人冯德安继续经营东沙岛海人草并发执照等等。在这些商人的经营过程中，由于政府缺乏长远计划、商人资金不足等原因，致使大多经营不善，使得一直对东沙群岛垂涎三尺的日本商人屡钻空子，实施盗采。中国海军为维护东沙群岛海域的权

---

〔1〕陈天锡：《东沙岛成案汇编》，《西沙岛东沙岛成案汇编》，广东省实业厅1928年版，第72页。

〔2〕《广益丛报》1910年第223期，第5—6页。

益，也为在东沙岛上建设军事设施，宣布对该海域的管辖权。这一举动与广东省地方政府以及开发东沙群岛的商人发生利益冲突，产生了一些摩擦。

海军与商人的矛盾冲突

1926年4月，福建闽南造林公司总经理周骏烈向广东国民政府商务厅呈请承办东沙岛海人草，厅长李禄超批准其承办10年。正当周骏烈回到厦门准备前往东沙岛经营时，突然获悉日本人已在盗采东沙岛资源的信息，便立即向实业厅（此时，商务厅已改为实业厅）厅长李禄超呈文报告。周骏烈在呈文中沉重地讲述："日本人石丸氏（住台湾基隆）已于阳历三月初间，雇琉球人六十名，乘友德丸轮船，先到该岛窃取海产。查石丸氏曾到该岛窃取多年，声称渠系得北京政府许可，实则绝无其事，盖恐他人与之竞争，故特托词蒙骗耳。闻去年曾被吾海军破获一次，罚五百元了事。只以该岛阒无人居，又去大陆甚远，贼人遂得乘间再来窃取耳。本年三月廿六七日，又有日本大阪人松下氏，招工人百二十名，乘第三竹丸船（约百吨）并电船两艘，一名宝珊，一名改福，由基隆出发，继赴该岛，与石丸氏竞争，冒称得我广东政府许可，遂将石丸氏驱逐。此事台湾日日新闻发表甚详（附呈）。似此既侵我主权，又假冒我政府许可名义，非严重提出交涉不可。昏聩如清季政府，且能出巨资向日人西泽氏力争收回，况我革命政府，发愤图强。前此丧失主权，且谋收回，今既收回主权，焉忍再令丧失。为此据情沥报，恳速转请外交部，向日领事提出严重交涉，一面派兵先行驱逐贼人出境，并将所窃海产扣留，俾烈得早继往经营，以图利源，而保主权。"[1]李禄超看到周骏烈的呈文后，当即令交涉员傅秉常向日本领事森田宽藏提出抗议，请饬上述日本人刻日离岛，并设法禁止此类事情的发生。森田以该岛远隔重洋未明真相为借口，声称查明，此后再无下文。就在这一当口，隶属于北京政府海军部的全国海岸巡防处突然发出通告："照得海军为南洋航海公安，在东沙岛设海军观象台、海军无线电台、求向器并灯塔，乃海军军事区域，所有岛中一切行政权限，应由本处遵令办理。倘有商民人等，受人之愚，希图渔利，关于该岛行政范围之事，无论与任何机关，

---

〔1〕陈天锡：《东沙岛成案汇编》，《西沙岛东沙岛成案汇编》，广东省实业厅1928年版，第233页。

私自订立契约，致妨本处职限者，一概无效。除查究外，恐未周知，特此通告。"[1] 海军发出这一通告的目的，是为了保证东沙岛上观象台和无线电台等设施的建筑以及以后的运行不受干扰。可是周骏烈以海军的行为妨碍其行动为由，将这一情况呈报实业厅。

广东国民政府实业厅并不了解海军将东沙群岛海域宣布为军事区域的缘由，李禄超在5月26日给国民政府及军事委员会的呈文中称："东沙岛系属粤省区域，该所谓全国海岸巡防处似系北方海军所设立，竟谓该岛乃海军军事区域，显系侵犯本省行政权限。在周骏烈承办该岛海草与否，原属无甚问题，若由日本人往采，及由北方海军恣行政权，所关实巨。事关军事范围，究应如何办理，非厅长所敢擅专理合。据实陈明，并照录通告，恳请钧府察核。"[2] 军委会8月4日的回复是："东沙岛系属广东省政府管辖区域，关于招商经营全岛，或准商采取物产，应归广东建设厅核明办理。至所谓全国海岸巡防处，无论其隶属何项机关，暂可置之不理。除分令广东实业厅外，合行令仰该厅长遵照，迅即查案核准商人承办，并将商办及一切经营计划，随时详拟据报。"[3]

周骏烈得到了国民政府和军事委员会的满意批复，可令人不解的是，他在长达一年多的时间里，始终没有开始采集海人草的工作。至于日人盗采东沙岛资源案因局势动荡一拖就是两年，直到1928年4月，交涉员朱兆莘清理旧案时，发现此案依然未结，继续向日领事提出交涉，日方的答复是，石丸氏于1926年得到东沙岛无线电建设局局长兼岛务督办许继文许可，从事渔业，至是年夏季，已停止工作。此案算是告一段落。

一波刚平，一波又起。1927年6月，广东省中山县县民陈荷朝，向实业厅递交呈文，称他自备资本2万元，前赴东沙岛采取云母壳等海产，拟根据预算，申请批准其经营10年。李禄超鉴于海人草的采集已授权周骏烈经营，故而批准将除海人草以外的其他海产采集权授予陈荷朝，期限10年，陈每年须向政府缴纳特许费大洋500元。对于这一批复，陈荷朝并不满意，他于7月再

　　[1] 陈天锡：《东沙岛成案汇编》，《西沙岛东沙岛成案汇编》，广东省实业厅1928年版，第238页。
　　[2]《广东实业厅公报》1926年第1卷第1期，第34页。
　　[3] 陈天锡：《东沙岛成案汇编》，《西沙岛东沙岛成案汇编》，广东省实业厅1928年版，第240页。

度呈文，申请将海人草也纳入其经营范围，但遭到李禄超的拒绝。直到10月，李禄超始终没有接到周骏烈前往东沙群岛采集海人草的呈报，于是决定撤销对周骏烈的照准，将经营海人草的业务一并交给了陈荷朝。此事后来引起周骏烈的强烈反弹，周当时成立了东沙岛骏记海产股份有限公司，自任经理。1930年4月中旬，周骏烈拒绝广东省政府对他的执照的撤销，在琉球宫古岛勾结日人仲间武男等，雇用日船3艘，琉球人67名、台湾人39名、日本人20余名，前往东沙岛探采海产。经东沙岛观象台台长黄琇报告，周骏烈遭到广东省政府的通缉。[1]

正当广东省实业厅与陈荷朝交涉海产经营权的时候，广东省政府于8月间突然接到国民革命军海军总司令杨树庄的咨文，咨文中说：据海防处处长谢葆璋呈报，陈荷朝在给实业厅的呈文中，竟将东沙岛为海军军事区域的事实抹煞，声称东沙岛尚少人居，必须置建房屋，这纯属捏造，其目的在于破坏海军建设。想必在西沙群岛的经营中，陈荷朝也会采取同样的诡谋，因此，要求海军总司令部发咨文给广东省政府，再次声明东西沙群岛为海军军事区域，无论何人请领经营海产执照，一概给予批驳，并将已经领取的执照迅速给予吊销。

广东省政府接到杨树庄的咨文后，立即指示实业厅妥善处理。而陈荷朝得知海防处呈请吊销其营业执照时，反应强烈，也向实业厅呈文，极力攻击前海防处处长吴振南、东沙岛观象台台长黄琇串通日人，丧权肥己的行径。呈文措辞严厉地指出：观象台台长黄琇"与海防处长吴振南，以假公济私，串通日人松下嘉一郎，前往该岛经营海产，并将渔业批与日人妙中利三郎及松本民男等。又由该海防处长吴振南，以指令专任奸商陈宝生，驻港勾引日人，前往东西沙群岛，经营实业，并声明以该岛为海军直接管辖，粤省政府不能干预，等语。至近来竟有瞒报海军总司令部，以该东沙岛为海军军事区域，未便由他人在此接近承采矿产及水产各物。请咨转广东省政府，令饬将钓厅核准由民等承办开采云母壳案，不胜诧异。该岛今海军既以为军事区域，不准任由他人就近采矿各物，以妨碍于军事。诚如是，然何以今查日人，又准予前往开采，而我中国人民，并领有执照者，则独不能？究竟认定日本人

---

[1]《农声》1930年第138期，第71页。

则为无妨碍，抑以本国人为有妨碍"？"该海防处因贪私利，竟瞒请政府，取消民承办原案，以希图增长日人之开采，任意私肥，而置政府之威信于不恤，弃国家权利于不顾"，希望"迅予查明，严逐日人出境，一面维持民等原承案，并劝导人民，前赴该岛经营，以振兴实业"。[1]陈荷朝所揭露的海军"勾结"日人的行径，令人震惊。李禄超当然选择支持陈荷朝，因为他不相信陈荷朝敢胆大妄为地捏造"海军勾结日人"的事实，图谋破坏海军建设。但事关重大，李禄超又不能不慎重对待这件事。于是，他呈请广东省政府发咨文给海军总司令杨树庄，让他指示海防处解释陈荷朝何以要"诡谋破坏海军建设"。然而海防处没有给予正面答复。

　　1927年12月，陈荷朝正式实施东沙群岛海域的海产开采，他以所取海人草需要地方晒干为由，请求实业厅允许他上岛择地，并提出雇用56名琉球人担任潜水工作的要求。实业厅同意其上岛择地，但不同意雇用琉球人。1928年4月，陈荷朝实施登岛，实业厅派出厅员张剑锋随同，以便实地调查岛产。上岛后，陈荷朝果然发现有一位名字叫松下的日本人在岛上采草，便派出代表冯德安持经营执照前往驱逐。未曾想，松下也拿出前任东沙管理员许庆文所发执照进行辩驳，双方遂发生冲突。黄琇见事态有可能扩大，便电达海防处请求制止。海防处复电说，让黄琇先制止冲突，然后与实业厅直接交涉，寻求和平解决。黄琇在交涉中按照海防处之意，有"陈荷朝执照仍系日人资本，并用日工日船，与日人松下无异"的说辞。但这一说辞，显然不能抵消日本人在岛上的出现给海军带来的被动。海防处不得不就此事作出解释，谢葆璋在给实业厅的电报中说："松下在岛采取海草，系经敝处许前处长（按：全国海岸测量局巡防处处长许继祥）呈准海军部，案由许前台长庆文给予执照。敝处接事后，查系日商，正在设法取缔，故始终未予换给正式执照，今对双方均无袒护。惟东沙气象事业，关系国际公益，倘发生械斗，必酿意外交涉。除电饬黄台长妥商贵委，制止双方暴动，静候解决。并呈海军总司令部，请由粤省政府，转行贵厅，饬令张剑锋和平办理外，本处现拟派员携带全案赴粤，与贵厅妥商解决，

─────────

〔1〕陈天锡：《东沙岛成案汇编》,《西沙岛东沙岛成案汇编》, 广东省实业厅1928年版, 第250—251页。

务请贵厅电知张委，防止乱萌，切戒冯德安勿用武力，致酿祸变。"[1]杨树庄也致函广东省政府主席李济深，请饬实业厅令张剑锋务须静候解决，勿得使用武力，以免导致意外交涉，并派出海防处警卫课课长沈有瑊来粤面陈。与此同时，谢葆璋对事件的来龙去脉进行了调查，并呈报给广东省实业厅，他在所附材料中写道："民国十五年十一月，广东志昌行愿缴费六万元，在东沙岛承采海草五年，由许前处长继祥呈请海部立案。民国十六年一月，由前东沙管理员许庆文给予执照，并先收费三万五千元。此许前任内东沙岛海草归志昌行承采之事实也。葆璋于去年接管后，查得志昌行实系勾结日人松下嘉一郎，在岛经营，深虑国权旁落，屡经究禁，徒以松下执有许庆文所发之执照，据理力争。在此国家尚未统一之际，本处又实力不充，若竟贸然驱逐松下离岛，窃虑取缔未能，转足引起国际交涉。故蹉跎至今，未有解决。此葆璋接管后欲取消松下而未能见诸实施之情形也。今粤省于松下未能解决前，复予粤商陈荷朝承采，而陈之代表人冯德安，仍系转引日人到岛，实与志昌行之引松下异曲同工。本处既无力取消志昌行于先，亦难以拒绝陈荷朝于后。惟东沙岛系属国家领土之地，海军气象台又关国际公益。现在陈荷朝执有粤实业厅执照，坚欲驱逐松下，松下又执有许前管理员执照，坚不肯让，相持不下，势必出于械斗。即使松下不敌而去，试思利之所在，熟甘拱手让人。松下曾经缴款，心尤不服，则其再引同类，来图报复，必为意中之事。似此祸乱相寻，东沙弹丸之地，将为日人演武之场，松下重来之日，则将对台责难，气象之安全莫保，国家之体制无存，兴言及此隐忧曷极"，因此建议缩短松下承办年限，最低限度等到执照规定期满，给予停止。[2]对于谢葆璋的陈述及建议，广东省政府基本认可。5月，经省政府委员会会议议决，由实业厅办理，该案遂告一段落。后来，陈荷朝成立了东沙海产有限公司，在岛上设立办公处一座、工人宿舍两座、货仓一座、厨房一座。[3]

---

〔1〕陈天锡：《东沙岛成案汇编》，《西沙岛东沙岛成案汇编》，广东省实业厅1928年版，第255—256页。

〔2〕同上，第264—265页。

〔3〕余日森：《东沙群岛调查记》，《广东农业推广》1935年第7期，第77页。

海军筹建观象台、无线电台

自1882年以来，各国政府特别是英国政府多次向清政府提议，在东沙岛建设灯塔、无线电台等设施，但均由于种种原因而未能实现。1909年8月14日，李准接替萨镇冰出任广东水师提督后，上任之初就提出在东沙岛建设灯塔和无线电台的建议，但也未能实行。这年11月，中国正式接收东沙岛时，香港天文台也有拟在该岛安设无线电以通风信之请，但广东省政府经过核议，决定由中国自行设置，并交给李准具体办理，只是由于当时广东省库储支绌的，该事项再次被搁置。

1923年，英国政府经由驻京英使向北京政府外交部提议，请准在东沙岛建设观象台，以为航船预防飓风之备。北京政府以允许英国人建造，有碍主权为由，决定将建台事宜交给海军部办理。海军部鉴于东沙岛有日人频繁出没，一面转咨外交部与日方交涉，一面偕同香港政府所派无线电人员上岛勘察。1924年5月，北京政府海军部海道测量局"以东沙岛设台观象，事关领土主权，进行不容或缓"，"呈拟与香港政府观象台会洽办法，由部令准照办"。[1]6月，海军部全国海岸巡防处成立，其任务是办理领海保安，提供海上情报和通报气象。7月，海关总税务司接洽东沙岛建观象台事宜，由英国政府派军舰"密约兰"号前往测勘，海军部令海岸巡防处派海军中校江宝容、技术主任方肇融搭乘该舰，领同香港政府所派委员，履勘该岛形势，以为建台做好准备。此后，海军部一直在独立筹备建台事宜。1925年3月，全国海岸巡防处处长许继祥秉承海军部命令，决定首先建筑东沙岛无线电台、灯塔等。在招标中，上海俄商士达建筑公司以大洋92000元中标，由许庆文监造，在上海定制砖石机件，按图垒砌成台，然后逐件拆卸，分别记号，转装"江平"轮船，于7月开始搬运到岛，并计划于当月开工建筑。因当时是全年最热时节，轮船停泊处风浪又很大，转运艰难，屡屡发生沉船事件，驳运时间竟耗费了三个多月，承包商士达建筑公司预测将要亏本，便携款潜逃。而参与工程的工人因水土不服，也多有病死，许庆文不得不另在香港招工监造。全国海岸巡防处极力推动建台工作的

---

〔1〕殷梦霞、李强选编：《国家图书馆藏民国军事档案文献初编》第十二册，国家图书馆出版社2009年6月版，第36页。

进行，先在岛上装设了一台马丁尼200英里距离的无线电机，暂时与香港互通信息。又因东沙岛井水咸，特备了两台淡水机，每小时产淡水60加仑。同时准备了白米、面粉、鲜鱼、蔬菜以及药物等。并派有巡舰"新阳"号驻在香港，轮船"久德丸"号驻在汕头，用于与大陆的往来[1]。

1925年10月，香港总商会提出成立东沙岛观象台，归香港政府出资建造，管理岁收等项，由中国海关代为经理。经英国使馆参赞面达税务处，征询中国政府意见。海军部以此举有关主权，函复由中国海军从速进行东沙岛工程。1926年1月，按照海岸巡防处编制，筹设东三省、直鲁、苏浙闽、粤琼等四个巡防分处，辖报警台、观象台、巡防艇队等。同月，海军部筹划对东沙岛海域的管理问题："东沙岛关系国际，观象台设立后，该岛军事计划，亦宜兼顾，应将该岛隶属海军军事区域，归海军部管辖，由部提出议案，经国务会议议决照办。"[2]3月19日全部工程完工。5月，苏浙闽海岸巡防分处成立，建成了坎门、嵊山、厦门三个报警台，恰在此时，海军部获悉日人又非法盗采东沙岛资源，决定宣示对该海域的管辖权。到工程竣工时，计建成观象台一座、无线电台一座、灯塔一座，耗费资金大洋20万元。

观象台位于岛中最高处，坐西向东，全座呈E型，在岛东方，基址高出地面4尺，面积约1万平方尺。楼高12尺，顶上设天文测量仪，全座用士敏土和铁骨建成。台内还设有办公室、宿舍、发电机、无线电机、电池室、火药子弹库、西药房等，另建一室设置测量气温、气压、晴雨、湿度、雨量、风向、风力、地震等仪器。在台北又有淡水制造厂、淡水池、储藏室、水厕、厨房等设施，在淡水厂与椰子树间有鸡鸭饲养园一所，用以饲养牲畜。南北两面设有轻便铁路，以为运输之用。无线电台设有两座由铁条制成的高220英尺、相距300英尺的无线电杆。无线电机用德国得力风根机两部，大部电机可达1450公里，能与奉天、日本东京、新加坡通电；小部电机600公里，能与邻近船只及海防、吕宋、厦门等地通电。灯塔为铁架所制，设在岛的东南最高土堆上，高

[1]《兴业杂志》1926年第1卷第4期，第237页。
[2]殷梦霞、李强选编：《国家图书馆藏民国军事档案文献初编》第十二册，国家图书馆出版社2009年6月版，第82页。

海军海岸巡防处所管东沙观象台

150英尺，灯火可照12哩至18哩。[1]

1926年7月26日，海军部在东沙岛举行了观象台开台典礼，派第一舰队司令陈季良乘"海容"舰前往察视，同时开始与东京天文台、上海徐家汇天文台、香港天文台、小吕宋天文台、海防天文台等台每日联络，广播气象。这是中国人自己建造的第一个海岛上的气象机构。观象台的编制为：中校台长1人、少校技正1人、上尉主任台员1人、中尉台员3人、二等军医官军医副1人、一等准尉电机军士长1人、轮机上士1人、轮机中士1人、木工下士1人、泥工下士1人、帆缆下士2人、轮机下士1人、一等看护兵1人、二等兵4人、三等轮机兵2人、理发工1人、厨役2人、军役3人、面食22人，共计50人。[2]

无线电台、观象台的建成以及海军在东沙岛的驻守，对于南海航行，颇有裨补[3]。1929年12月1日，海军公布了《海军部东沙观象台暂行组织条例》，明确规定观象台的职责是"气象预报""传播风警""高空地面海上之气象观测""地震之测验及传报""船舶觅向""编纂风警图志""通报救护难船""气象地震仪器及无线电机之修整及保管"[4]等，使观象台的运行更加规范。1930年4月，统一远东气象会在香港召开会议，由中国、法国、菲律宾和香港代表参加，会议认为，"东沙岛观象台在中国海，实关至要"[5]。至于岛上海军官兵的

---

〔1〕余日森：《东沙群岛调查记》，《广东农业推广》1935年第7期，第76—77页。
〔2〕《海军公报》1930年第7期，第24—26页。
〔3〕《国闻周报》1928年第5卷第26期，第1页。
〔4〕《海军公报》1930年第7期，第23—24页。
〔5〕《有关国民政府在南海诸岛设置无线电台等设施的一组史料》，《民国档案》1991年第3期，第49页。

工作、生活状况，从1933年的一则报道中可略见一二。报道称：东沙岛"虽为我国东南领海之要区，以孤处海中，向无住民，除数艘渔船外，轮舶从不泊岸，而岛中官夫，亦仅三十余人，每年海部两次租船，前往调换职员时，方有附运食粮用品入岛。近海部委派巡防处警卫课主任（即课长）沈有瑞氏来厦，已租有裕兴号轮船，装载白米、青菜、鸡蛋、煤油等多件，前往就职。据沈台长谈，该岛一片黄沙，乃不毛之地，惟鸟粪、鸥鹄菜、珊瑚、玳瑁及鲍鱼等等出产颇多。除海部所派船舶外，罕有船只来往。岛上职员，几如与世隔绝，长年寄信，只有两次往来，有则发电报而已。岛上之职员，食品全靠罐头，每年只有两次海部所派之船到时，方吃得几茎青菜。台中设备甚为完全，气象官、无线电官、工程师、轮机匠之外，还有医官"。[1] 从这段报道来看，广东省政府此时依然没有投入精力开发和利用东沙岛，而海军对东沙岛的重视程度也不够，除了维持岛上观象台、无线电台的正常运转之外，力量始终较弱，难以担当维护海洋权益的重任。

海军参与调查东沙群岛

尽管海军在东沙岛建立了无线电台、观象台、灯塔等设施，也派有守备部队，但兵力只有数十人，只能"职司观象，实力薄弱，难资救援"[2]，致使日人盗采海洋资源、侵犯中国主权等事屡禁不止。中国政府和广东省地方政府多次与日方交涉，都未使日人的侵权行为得以根绝。在这一过程中，海军始终处于尴尬境地。一方面要按照海军部和广东省政府的部署，及时按命令巡视东沙群岛海域。例如，1928年8月，广东当地传出周骏烈勾结日人盗采东沙群岛海产的风闻，广东省政府召开第四届委员会第79次会议，决定致函第八路军，请其令海军舰队司令派遣一艘军舰，搭载建设厅人员赴东沙群岛调查，海军派出"海瑞"舰执行这一任务[3]；再如，1930年4月30日凌晨4时，海军观象台在东沙岛以西2海里处发现了一艘名为"日为丸"的日本渔船，盗捕鱼类，广东省政府立即函请海军第四舰队派舰巡视，"以保渔利，而重海权"[4]。另外，全

---

〔1〕《新亚西亚》1933年第6卷第4期，第148页。
〔2〕韩振华主编：《我国南海诸岛史料汇编》，东方出版社1988年7月版，第277页。
〔3〕《广东省政府周报》1928年第48、49期合刊，第22页。
〔4〕《广东省政府公报》1930年第89期，第24页。

国海岸巡防处也时常根据海军部指令巡视海疆。但另一方面，由于海军自身实力有限，对驱逐日人，维护海权深感力不从心，十分被动。为了摆脱这样的困境，1935年2月，广东省政府成立了东沙岛海产管理处，委任梁权为主任[1]，筹组水产公司开采海产，旨在通过开发海洋资源，用经济措施将日人从东沙群岛海域逼出去。

1935年3月，东沙岛海产管理处主任梁权、第一集团军总司令部上校参谋林冠英、少校参谋曾希三、粤海舰队参谋胡应球、舰队司令部人员及东沙岛海产管理处人员等，乘"福游"舰对东沙岛进行了调查，对东沙岛的位置及形势、岛上设施、海域气候、物产等进行了全面了解。特别是在调查过程中，遇到了日本军舰和渔船，说明东沙群岛资源始终遭日人掠夺，使所有人都感到开发东沙群岛刻不容缓。回省后，调查人员纷纷向政府进言，提出开发东沙群岛的若干具体建议，为广东省政府未来开发东沙群岛资源提供了重要依据。特别对东沙岛的军事价值，他们发出强烈呼吁："东沙岛虽弹丸之地，但其地位至为重要，当兹国际风云紧急之时，而此岛又介于香港、菲律宾、台湾等英美日三国属地之间，为我国南方扼要门户，其重要实有举足轻重之势，故为国防计，我国应在岛上有所设备，甚望军事当局早日设置之！"[2]

此次调查东沙群岛，海军派舰、派人参与，发挥了至关重要的作用。1935年5月，广东省建设厅根据调查结果，提出将东沙岛承办权批给利国公司，由东沙岛海产管理处监督执行，并将承办费从2万元提高到2.5万元的建议，特别是建议"将东沙岛名称改正为东沙群岛，暗礁改为礁石岛，以杜外人觊觎"，至关重要。广东省政府随即批准了这一建议。[3]

日军夺占东沙岛

1937年7月，抗日战争爆发，东沙群岛的战略地位迅速凸显出来。由于它处于香港至台湾和香港至菲律宾两条航线的关键位置，对航线的影响巨大，同时扼守着台湾海峡南口和巴士海峡西口，所以日军于1937年8月24日决定对华南沿海进行"遮断"，夺取包括东沙岛在内的重要战略目标。当时，东沙

---

[1]《通问报》1935年3月第11号，第32页。
[2]余日森：《东沙群岛调查记》，《广东农业推广》1935年第7期，第83页。
[3]《广东省政府公报》1935年第297期，第118—120页。

参加夺占东沙群岛的日本海军二等巡洋舰"夕张"号

岛上的中国海军守备官兵只有37人，由海军少校台长李景杭指挥，防御力量极其微弱。9月3日，日本大本营以大海指32号令，命令第二舰队执行东南沿海的夺岛行动。当日凌晨，日本舰队二等巡洋舰"夕张"号及二等驱逐舰"朝颜"号驶近东沙岛，开炮向岛上轰击，掩护三艘登陆艇上的百余名海军陆战队登陆。中国海军守备部队寡不敌众，遭日军俘虏。被俘官兵被押往"朝颜"舰转送高雄港，遭至花莲港服劳役。另有东沙管理处平民十余人遭遣送至澳门，不知所终。押往台湾的被俘海军官兵后又转押到广东，途中多人受到酷刑折磨身亡[1]。

日军占领东沙岛的意图，"无非想截断欧美与中国南方的水上商业交通，广九路与粤汉路、越腾路与云南的联络，而断绝各国的对华接济"。[2]东沙岛沦陷后，气象报告即告停顿，在南海上来往的各国船只除了气象信息不灵带来的威胁之外，还受到日军的武力威胁，因为不久日舰便开始在粤港海面截查英国商轮[3]。

在太平洋战争中，日美军在南海诸岛海域展开激烈海空战，美军在东沙岛实施了唯一一次两栖登陆作战。1945年5月29日，美军潜艇"蓝鳃"号潜航于东沙环礁外，发现岛上有日军活动，遂浮起逼近东沙岛，先以艇上的3英寸炮

〔1〕钟坚著：《台湾航空决战》，台湾麦田出版股份有限公司1996年4月版，第295—296页。
〔2〕蔗园：《南海中的东沙群岛》，《战地通信》1937年第1期，第6页。
〔3〕《国闻周报》1937年第14卷第36—38期，第16页。

及两挺机枪进行对岸轰击和扫射,随后艇长巴尔中校派遣一个12人小组,由两名澳大利亚皇家特勤队军官率领,在东沙岛涉水登岸。美军登陆后与驻守日军发生激战,最终将日军全部消灭,占领东沙岛。在岛上,除了捣毁气象观测站、烧毁储油槽外,在东沙岛上升旗立碑,然后离去。事后,巴尔中校还致电美军太平洋潜艇司令部,正式要求将东沙岛更名为"蓝鳃礁",以纪念美军收复东沙岛。当然,这项建议在战争结束后遭中国政府的严词拒绝而没有得逞。

抗战胜利后,中国海军在收复西沙群岛和南沙群岛之后,也于1947年3月派遣"太平"号军舰收复了东沙群岛,在东沙岛上树立了"东沙阵亡官兵纪念碑",任命周凯荣为东沙群岛管理处主任。

在西沙群岛的维权行动

西沙群岛位于北纬15°46′至17°08′、东经111°11′至112°54′之间,由宣德和永乐两个群岛组成,包括41个岛、沙洲、暗礁和暗滩,其中岛屿包括甘泉岛、珊瑚岛、金银岛、琛航岛、广金岛、晋卿岛、赵述岛、北岛、中岛、南岛、永兴岛、石岛、中建岛、和五岛[1]等。它北距海口240海里,东北距香港390海里,西北距榆林150海里。中国人民于西汉时期发现西沙群岛,从此不间断地对其进行辛勤开发,古时赋予其"长沙""九乳螺洲"等名称,清代地方志称之为"千里石塘",《海国图志》称之为"万里石塘",《海国先闻录》称之为"七洋洲"等。19世纪以后,西方列强加紧了对西沙群岛的侵犯,英国最为积极,先后于1800年、1808年、1815年、1817年、1840年、1844年、1860年、1862年、1865年、1867年、1880年、1881年等数次到西沙群岛进行非法勘测[2]。德国也不示弱,也分别于1881年、1882年、1883年、1884年、1895年到西沙群岛非法勘测[3]。法国和日本更是迫不及待,对西沙群岛垂涎三尺,长期图谋侵占。

对西方列强的觊觎,晚清政府已有警觉,于1902年在岛上竖碑,以宣示

---

[1] 1909年,广东水师提督李准勘探西沙群岛时,将查明的15座岛屿进行了命名。1935年和1947年国民政府又两次对西沙群岛各岛名称进行了审定。此处为1947年审定后的名称。见刘南威著:《中国南海诸岛地名论稿》,科学出版社1996年7月版,第80—86页。

[2] 韩振华主编:《我国南海诸岛史料汇编》,东方出版社1988年7月版,第692—693页。

[3] 同上,第694页。

对西沙群岛的主权。但此时清政府对西沙群岛岛礁分布、地形地貌特征、岛上资源以及附近海域海产情况等，尚不十分清楚。当中日双方就东沙群岛问题进行交涉之时，两广总督张人骏意识到西沙群岛如不提早注意，恐成东沙群岛之续，于是派副将吴敬荣等率军舰赴西沙群岛实施勘查，查明西沙群岛有15个岛屿，"其地居琼崖东南，适当欧洲来华之要冲，为南洋第一重门户，若任其荒而不治，非惟地利之弃，甚为可惜，亦非所以重领土而保海权"。[1]张人骏即于1909年4月，委任咨议局筹办处总办，直隶、热河道王秉恩，补用道李哲浚会同筹办经营西沙群岛事宜，成立筹办西沙岛事务处，并制订《复勘西沙岛入手办法大纲十条》(简称《十条》)，筹划再次赴岛勘查。《十条》中规定，"拟请伏波琛航广金兵轮一同前去，并借海关小火轮，悬挂兵轮，以便岛内往来便捷"。[2]

李准率舰勘查西沙群岛

李准，字直绳，别号任庵，1871年出生于四川省邻水县一个时代显宦的家庭，自小受到良好教育。1887年，16岁的李准因父亲被任命为广东河源县知县，随家来到广东。他曾两次赴北京应试，均未及第。在最后一次考试时，正逢中日甲午黄海海战爆发，北洋水师的全军覆没给他留下了十分深刻的印象。后来，其父为其捐得一个同知衔，在广州等地办理赈灾筹款事宜，深得李鸿章的赏识。1899年，28岁的李准被任命为广东省钱局提调，受命为广东省厘金局总办。1902年，李准出任巡防营统领，他为了保护税收和航运安全，整顿防营，建造了"广福"等浅水兵轮，又仿照湘军水师，建造了二百多

1907年署理广东水师提督的李准

〔1〕陈天锡:《西沙岛成案汇编》,《西沙岛东沙岛成案汇编》,广东省实业厅1928年版,第22页。
〔2〕同上,第6页。

艘舢板，在东江上组建了惠安水军，在西江上组建了肇庆水军，在北江上组建了韶安水军。又组建了广安水军，专门负责珠江口的防卫。在此后长达六年的时间里，他统率水师征税、缉私、拿盗，成绩不小。

1905年5月18日、19日、24日，慈禧太后和光绪皇帝连续三次召见李准，任命他署理广东水师提督，以示对他的器重。可不久，李准即因与原两广总督岑春煊之间的矛盾而被贬为北海总兵，黯然离开广州，前往广西。1907年12月，英国军舰以英籍轮船被窃为借口，侵入广东西江，新任两广总督张人骏一面派人与英方交涉，一面急令被贬署理广东水师提督李准速回广州复职。李准回粤后，调遣肇庆、广安水师舰艇，对英军舰艇实施围困。经过长时间的外交努力和水师的积极行动，特别是广东人民的抗议和封锁，英军舰艇不得不于1909年年初撤出西江，退往香港。1909年8月14日，李准接替萨镇冰出任广东水师提督。

1909年5月，李准奉命率领"伏波""琛航"两舰赴西沙群岛实施勘查与测量，历时22天圆满完成任务，在中国海军维护南海诸岛主权的历史上写下了重重的一笔。

在复勘西沙群岛之前，筹办西沙岛事务处作了充分准备，不仅物资预备充裕，而且人员也择优选定。除了水师提督李准、广东补用道李哲浚、署赤溪协副将吴敬荣、尽先副将李田、水师提标左营游击林国祥、广东补用知府丁乃澄、广东补用知府裴祖泽、广东补用同知邵述尧、广东补用通判王仁棠、

"伏波"舰

318

广东试用通判刘镛、浙江候补知县王文泰、广东补用盐经历郝继业、广东补用盐大使陈晋庆、候选县丞袁武安、候补通判赵华汉、管带"雷虎"雷艇尽先都司张瑞图、"龙骧"管带刘启唐、"安太"管带潘镇藩、"广安"管带梁朝彝等官吏以外，还有海军测绘学生、化验师、军医生、探钻工程师、照相人、木工、泥工、种植工等人员，共计170余人。他们分乘"伏波""琛航"两艘军舰[1]，于1909年5月19日从广州出发，前往西沙群岛。经过22天的勘查，于6月9日返回广州。这一过程

发表于《国闻周报》上的《李准巡海记》

《李准巡海记》记述得颇为详细，尽管在一些问题的叙述上与其他档案记载有些出入，但毕竟是李准的亲历，颇具参考价值。

《李准巡海记》除了在时间上有误之外，在自己发挥作用方面也有夸耀之嫌，但在细节的描述上基本上是可信的，为我们弄清海军第一次对西沙群岛的勘查和命名提供了可资参考的史料。但遗憾的是，对于勒石竖旗、测绘各岛这些关乎宣示主权的重要问题，李准并未讲述更多的细节。据李准自己说，他除了写成巡海记事一册外（即《李准巡海记》），还有测绘的地形图，可惜在辛亥革命中遗失了。当时李准还将勘查西沙群岛的详细材料呈报给了海陆军部及

---

〔1〕此次勘查西沙群岛，张人骏计划派出"伏波"、"琛航"、"广金"3艘军舰，但在《李准巡海记》的记载中却只有"伏波"和"琛航"2艘军舰到了西沙群岛，在随后李准对西沙群岛15个岛屿的命名中，也只有"伏波岛"和"琛航岛"，并无"广金"。李准作为水师提督，对参加行动的舰艇当不至忘记，也无必要刻意隐瞒。根据这一情况判断，"广金"舰可能未随队前往西沙群岛。至于1909年从西沙群岛回粤后，筹办西沙岛事务处拟重新命名西沙岛屿时，为何增加了"广金岛"，以及1947年国民政府内政部公布南海诸岛地名时，为何在西沙群岛中增加了"广金岛"，而删去了"伏波岛"，原因待查。此处采纳李准的说法。

军机处，后来这些材料也散失了，这更加显示出《李准巡海记》的难得。1933
年8月10日，天津《大公报》发表了一篇社评，其中指出：据前清光绪三十三
年（按：实则宣统元年），曾赴西沙群岛一带勘查之李直绳先生，昨日向本报
记者谈称："法国所占各岛中，似有彼往年查勘所及鸣炮竖桅之区，惜遭际丧
乱，详图遗失，遂难考证。但当时既经呈报海陆两部及军机处有案，则此时
调阅旧卷，当可得其真相，作交涉之根据。"国民政府外交部获悉这一信息后，
立即向海军部发出咨文，试图找到这些重要资料。咨文指出："查李准呈报查
勘西沙岛情形，本部无案可稽，如贵部有该项报告，即希抄寄一份，以便参
考。"可结果令人失望，海军部的回复是："查海军部成立于中华民国元年，前
清光绪三十三年，为陆军部海军处，调阅旧卷，并无该项报告。其关于西沙群
岛中之茂林岛 Woody Island 事件，仅有中华民国十五年八月二十四日，国务院
公函海军部，知照国务会议议决交外交部与日公使交涉，转饬日人不得在该岛
经营各业一案。"[1]说明海军部并未留存这些资料。

　　近年来有文章称，李准早在1907年7月就勘查过南海各群岛，并写下了
完整的日记，这些日记有部分传世至今。文章指出："举人出身的李准日日坚
持记日记，记录下所见所闻，留下极宝贵的文字资料。""李准死后其家产包
括所住的小洋楼，均由其二房太太及子女继承并分掉。令人叹息的是，李准
的古版藏书千余册及信札并十几厚本《日记》竟然被其家属以低价出售，全
套《李准日记》被当年在南京国民政府军委会海军司令部供职的林姓中校以
40元大洋购下。林中校是福建人，一直留心收集明清以来我国海事及海军史
料。而《李准日记》中最具历史价值的，正是日记主人率领广东水师保卫海
疆和巡弋南海的经过。""1937年初，林姓海军中校曾将《李准日记》中部分
精彩内容辑录在天津《大公报》上发表。至于他收藏的这部日记的下落，究
竟是在国内还是在台湾，抑或流失海外甚至已毁失，因年代久远已无从考证
了……"[2]

　　把文中透露的《李准日记》内容与《李准巡海记》内容加以比较，发现有

---

〔1〕《海军公报》1933年第51期，第332—333页。
〔2〕王炳毅：《〈李准日记〉记载南海巡弋壮举》，《文史春秋》2009年第12期，第56—57页。

一个很大的疑问：李准是一次巡海还是两次巡海？

单从《李准日记》《李准巡海记》以及其他记载来看，李准应为两次巡海。从时间上看，第一次巡海是1907年7月，第二次巡海是1909年5月；从军舰数量上看，第一次巡海出动"伏波""琛航""振威"三艘军舰，第二次巡海出动"伏波""琛航"两艘军舰；从人员数量上看，第一次巡海共200余人，第二次巡海共170余人；从出巡时间上看，第一次巡海历时两个月，第二次巡海历时22天；从完成的任务来看，第一次巡海对东沙、西沙、南沙等群岛进行了巡视和测量，第二次巡海只对西沙群岛各岛进行了巡视、命名和测量。这些情况都明确地告诉我们，李准是两次巡海，并且第一次巡海的规模远大于第二次巡海。既然是两次巡海，为什么档案资料对规模远大于第二次巡海的第一次巡海没有详细记载？为什么李准在巡海记事中将第二次巡海的时间宣统元年错记成光绪三十三年？为什么李准在巡海记事中对如此重要的第一次巡海只字不提？这些问题的存在，又使人们感到《李准日记》和《李准巡海记》记载的似乎是同一次巡海。

要解开这个疑问，必须发掘更多的历史资料。

李准一行回粤后，李哲浚等将按日记载的勘查情形写成报告，呈送督署，可惜这一报告已经无从查考。筹办西沙岛事务处还拟议了八条办法一并呈上，这八条办法包括：将各岛一一命名，书立碑记，以保海权，而重领土；招工开采动物质所积成之矿砂，以取天然之利，同时在岛上发展畜牧业和林业；建设榆林、三亚两港，为开发西沙群岛之根据地；专派轮船以责转运；安设无线电，以通消息；派员分办，以专责成；拟用外洋高等化验师，将所采肥料、矿砂，随时化验，以便评定价值；酌拨经费，以资开办。同时，筹办西沙岛事务处还对李准在岛时的命名进行了重新拟定，分别是：东七岛为树岛、北岛、中岛、南岛、林岛、石岛、东岛；西八岛为珊瑚岛、甘泉岛、南极岛、琛航岛、广金岛、伏波岛、天文岛[1]。随后还准备将岛名和发现年月一并刻碑，竖立各岛，但后来由于王秉恩和李哲浚均另任新职，新任两广总督袁树勋将筹办西沙

---

〔1〕陈天锡：《西沙岛成案汇编》，《西沙岛东沙岛成案汇编》，广东省实业厅1928年版，第17—21页。

岛事务处撤销，筹划东西沙群岛事宜交由广东劝业道会同善后局办理，从而使这一工作中途停止。

对西沙群岛的开发与管理

辛亥革命后，广东省政府宣布把西沙群岛划为海南岛管辖，从此，要求对西沙群岛进行资源开发的商人络绎不绝，但都由于各种原因没有长期延续下来。在此期间，广东军政府不仅重申海南岛的管辖权，而且对商人的开发事宜均实施了审批管理制度。1917年，海利公司商人何承恩向广东省长公署呈请办理西沙群岛采取磷质和海产物，省署令管理矿物的财政厅议复，财政厅以何承恩未能按照采矿程序办理，拒绝了呈请。1919年，商人邓士瀛向省署呈请承办西沙群岛中的玲洲岛种植事业，因当时军政府正对琼崖森林、矿产、矿务及西沙群岛各事宜派员筹办，未予照准。

1921年4月，港商梁国之向省署呈请，自筹资金30万元，拟对海南岛以东二百余里11处岛屿的磷矿、渔业等先行实施为期五年的开发，当时，广东省查得这11处岛屿属西沙群岛，而此时省署已经照准商人何瑞年对西沙群岛的开发，何瑞年正在对西沙群岛实施勘查，因此省署没有答应梁国之的请求。同年9月和11月，商民刘惠农和谭宏分别呈请承办西沙群岛部分岛屿的矿产开采，也因同样的原因未能成功。

1921年3月，香山县商民何瑞年等通过对西沙群岛的勘验，向军政府内务部呈请开办西沙群岛实业无限公司，承领西沙群岛大小15座岛屿的垦殖、渔业权，经政治会议议决，内务部照准。1922年2月，海南岛崖县县长派员陈明华同商人前往西沙群岛，测量了10个岛屿，于同年3月返回，据称查访何瑞年公司为日股所组织。4月，崖县县长孙毓斌呈文报省署，谓何瑞年所办系日本股份，各群众团体遂通电抗议，省署收回了何瑞年的经营权。此后，又有琼山县商人冯锦江、番禺县商人谢秉岳等申请承办西沙群岛实业，均未被应允。何瑞年对取消其经营权不服，继续向省署申诉，经省长徐绍桢派员调查，未发现何瑞年与日商有染，便再次给予何瑞年以承办权。直到1926年2月，广东省商务厅才调查清楚，何瑞年确有勾结日人嫌疑，决定再次取消其承办权。

由以上可见，鼓励民间开发西沙群岛并不是一条可行之路，广东省政府因此转变思路，尝试官商合办的路子。1927年1月，广东省政府饬令民政、实业、军事各厅，派员乘军舰调查西沙群岛，并拟定整理计划。[1]9月，广东省政府再令建设、实业、土地、民政等4厅派员前往西沙群岛查勘[2]。1928年5月，政治会议广州分会议决派舰前往西沙群岛作实地调查，由第八路军总司令部、广东建设厅、民政厅、实业厅官员以及农科教授等15人组成调查队，于22日乘"海瑞"舰出发，历时16天完成调查任务。归省后，各调查员均造具报告，编成详尽的《调查西沙群岛报告书》，由省政府制定出《招商承办西沙群岛鸟粪简章》，共15条，俾便施行。同时，他们也陈述了自己的感受，那就是"外人之于海岛，比大陆尤加注重"，而"我国人，绝不介怀，卧榻之侧，视同瓯脱，弃地丧权，殊堪痛惜"[3]！

对于此次调查，广东海军舰队司令陈策十分重视，认为"海瑞"舰"此次开赴西沙群岛，系属长途航行，堪资航海实习，且路经榆林港，亟应顺道调查该港实在情形，以为将来计划开辟军港之预备"。有鉴于此，陈策决定"选派自由舰长李英杰、福安舰长伍自立、龙骧舰长余堃垣、江汉舰长黎尚武、安北舰长张德恩、安平舰长赖祝鎏、中正舰长冯海添及职员吴节性、梁康年等九员，给假附舰前往，俾得从事上项工作"。任务完成后，李英杰呈报了各港口情形记述，陈策将情况向第八路军总指挥李济深作了详细汇报[4]。

1928年6月，政治会议广州分会议决同意中山大学两位校长的呈请，将西沙群岛磷矿拨归中山大学管理[5]，并准其自行开采，制配肥料以供农村试验之用。当年，中山大学教授沈鹏飞、朱庭祐、利寅等前往西沙群岛测绘调查。1929年6月，广东省政府又批准了协济公司商人宋锡权等承采西沙群岛鸟粪的申请。[6]

1930年1月，广东省政府下达指令，称承办西沙群岛鸟粪的协济公司宋锡权未遵章办理，且有勾结外人嫌疑，决定将该案撤销，或收归政府经营，或增

---

〔1〕韩振华主编：《我国南海诸岛史料汇编》，东方出版社1988年7月版，第196页。
〔2〕《广东省政府周报》1927年第6期，第40页。
〔3〕《广东省政府周报》1928年第46期，第43页。
〔4〕韩振华主编：《我国南海诸岛史料汇编》，东方出版社1988年7月版，第207页。
〔5〕《广东省政府周报》1928年第46期，第44页。
〔6〕《广东省政府周报》1929年第92期，第53页。

加底价，招商公开竞投[1]。一年后的1931年1月，广东省政府决定仍然招商投承开采，不再由政府直接经营[2]。同时发布了《广东省建设厅发放西沙群岛鸟粪磷矿规则》，明确规定："投承西沙群岛鸟粪磷矿者，以中华民国人民，或依中华民国法律成立之法人为限。"[3]

1931年4月，西沙群岛鸟粪磷矿国产公司承办商严景在竞投中标后，领取经营执照，但在此后的近一年中，没有按时交纳承办费而被取消经营权[4]。1932年3月，建设厅再次公开招标，商人苏子江创办的中华国产公司中标。12月，广东省政府决定将管理西沙群岛并入三年施政计划内酌办[5]。

1933年4月，广东省建设厅工业试验所筹建西沙岛鸟粪肥料制造场，资金2.2万元。6月，广东省三年施政计划说明书中有《拟管理西沙岛计划书》，决定由第一集团军总司令部海军司令部仿照东沙岛管理办法，就最重要之海防设备先行建设，以树规模。其余农林渔利各项，等调查精确后再行举办。此后，开发西沙群岛的工作便缓了下来。

1937年4月，琼东县县长潘严接到渔民张世光报告，称日人在西沙群岛筑楼守望，射击中国渔船，不许中国渔船通过。潘严随即将情况上报广东省政府，广东第九区行政督察专员黄强也向广东省递交了同样内容的报告。广东省政府十分重视，遂令建设厅派员与国民政府外交部驻广东广西特派员公署接洽，特派员公署认为，对于西沙群岛"实况及日舰之行动，亟待派员详细实地调查，俾作将来交涉根据"。然而，行动并未当即落实，原因是外交部正就西沙群岛主权问题与法国政府进行交涉，外交部认为，"我方于此时派队调查，诚恐益滋纠纷，似非所宜"。直到6月20日，广东第九区行政督察专员会同广东绥靖主任高级参谋云振中、参谋郭友亨、股长郑质文、陆军152师副旅长叶赓常等，以及第九区保安司令部副司令王毅，乘"海周"舰从海口起航前往西沙群岛调查。调查期间，尽管没有发现各岛上有日人出现，但听渔民说，日本渔船每月都要来西沙群岛三四次，放渔炮捕鱼，并抢夺中国渔民所得而去。还

〔1〕《广东省政府公报》1930年第60期，第19—20页。
〔2〕《广东省政府公报》1931年第140期，第75页。
〔3〕《广东省政府公报》1931年第143期，第106页。
〔4〕《广东省政府公报》1932年第177期，第116页。
〔5〕《广东省政府公报》1932年第207期，第117页。

有法国军舰，也时常至此。[1]

此次调查后，再无下文，直到日军占领西沙群岛。

海军建设西沙群岛观象台

1925年夏，海军部提出，阁议通过，即在西沙群岛设立观象台在案。1926年8月，海军部认为，"西沙岛地处要区，亦与国防有关，援照东沙岛成案，划作海军军事区域，由部咨呈国务院备案"。[2]

1930年4月的统一远东气象会，"议决承认东沙岛观象台在中国海，实关至要，希再于中国海中之西沙岛及觅高士菲滨岛（西沙群岛中之第一岛在北纬十六度东经度一百一十四度至一百一十五度之间），均应建设气象机关，俟经议决，要求中国政府从事筹备建筑，以利航行，并由南京、青岛、东沙岛各代表转报中国政府特别注意"。有鉴于此，广东省建设厅厅长邓彦华认为，"我政府为利便航行计，为采纳该会议决案及完成建设计，似应及早设置西沙及觅高士菲滨两岛之气象台暨无线电台，以资测验气候，报告风雨，传达消息，在航业固可藉以保护其资本及生命之安全，即附近农业亦可减免其损失。至东沙岛之气象台及无线电台，查系由前北京政府划归上海海岸巡防处管辖，兹为管理利便计，似应连同将来拟设之西沙岛及觅高士菲滨岛之气象台及无线电台，一并划归吾粤政府就近管理指挥，较为利便。所有拟请设置西沙岛等气象台、无线电台，并划归吾粤政府就近管理"。[3]广东省政府于5月19日呈请国民政府，速筹西沙群岛气象台及无线电台，国民政府以第1314号文指令，批准海军部会同交通部，在西沙群岛筹建无线电台和气象台各一座。同时饬令财政部，按期拨付建筑无线电观象台等费用18万元。但海军部向财政部接洽领款时，财政部并未按期拨款，建设观象台事宜就此拖延下来。1932年3月，海军部告知外交部，法国外交部称，百年以前，安南嘉隆王曾在西沙群岛树碑建塔，主张安南之先有权，照请中国依法解释。4月1日，海军部密呈行政院，指出西沙群岛建台，关系外交是巨，及今不图，后患殊难设想，请饬令财政部查案拨

---

〔1〕韩振华主编：《我国南海诸岛史料汇编》，东方出版社1988年7月版，第208—211页。

〔2〕殷梦霞、李强选编：《国家图书馆藏民国军事档案文献初编》第十二册，国家图书馆出版社2009年6月版，第84页。

〔3〕《有关国民政府在南海诸岛设置无线电台等设施的一组史料》，《民国档案》1991年第3期，第49页。

款。行政院于三天后转令财政部于六个月内将经费拨足。然而，财政部依然坚持"财政竭蹶，无款可拨"，致使建台问题一直拖延至1934年。[1]

在这一过程中，在西沙群岛建设观象台问题引起了各界的关注。1933年9月，在国民政府西南政务委员会第83次政务会议上，委员林云阶提议，关于开发西沙群岛之初步计划暨于该岛设置无线电台及灯塔，似由第一集团军总司令部令饬海军司令部办理，较为妥善。他在"提议书"中写道："西沙群岛为吾粤海防要区，该岛设备，尚付阙如。若不亟谋发展，则人民赴该岛经营者，固不得相当之保护，关于领土主权，亦恐深受影响。省府前据设计委员会拟具开发该岛计划，业已编入三年计划中。查该项计划初步之实行，须先设置无线电台及灯塔两种。该岛孤悬海外，省府现无巨大船舰可资差遣，对于工程进行及管理保护，均感困难。且无线电台及灯塔建设，又与海军有密切关系，似由第一集团军总司令部令饬海军司令部办理，较为妥善。"基于这种考虑，建议将西沙群岛无线电台及灯塔建设管理移交第一集团军总部办理。同时还拟定了《拟管理西沙岛计划书》，指出：西沙岛"清末及民十七年之调查，地理形势，均以明了成案可考，无须再作大规模之测勘，目前最急切问题，则为如何将其管理建设，以固国防，而保领土，用杜外人之觊觎。缘西沙岛向不为我国人注意，致利弃于地，外人垂涎其中，利益为日人所攫夺者，几及十稔。近年以来，且闻有法人在该岛，查得与安南民族有关证物九十余种，以图染指，而改版图，而我国政府年来除招商投承鸟粪外，关于如何管理建设，重领土保海权诸大计，均未尝注及，诚恐一旦有事，将必措手不及，感补牢之太晚。兹为未雨绸缪计，拟仿东沙岛管理办法，举海防设备之重要者，先行建设，以树规模，其余农林渔利诸端，俟调查详确后，再行举办，尚不为晚"。此次计划建设项目包括：设短波无线电台1座，以通消息；设灯塔2座，以便航行，俾赴欧洲及南洋吕宋轮船，免触礁之险；设气象台1座，以定该地之气候，及通报天气之急切变化；建职员住所数座，淡水池及蒸馏机等，以便住守。计划预期一年完成，在此期间，"关于轮船输运，及粮食之接济，拟由第一集团军海军

---

〔1〕《海军公报》1934年第61期，第298—299页。

司令部担任"，所需人员70余名，耗资约银元36.94万元[1]。广东省政府十分认同这一建议，但因省内政局动荡不安，海军也处于纷乱状态，均无力推动这一工作。

就在国民政府内部各机构之间就西沙群岛建观象台事宜无休止地交涉之时，法国人将蓄谋已久的侵占西沙群岛的野心暴露于光天化日之下了。法国地理学会创办的《地理杂志》1933年第11月和第12月号上，连载了一篇署名为"石克斯船长"的文章，赤裸裸地表露了法国人侵占中国领土的贪婪之心。文章指出，近年来，法国及安南报纸颇注意南海中之西沙群岛，1931年，西贡的《舆论报》和法国的《海洋杂志》登载了颇多的文字，其中海事委员会副委员长、上议院议员裴雄两次在《舆论报》上发表文章，要求"占领西沙群岛，归并越南联邦"，对这一主张，文章表示非常赞成。文章认为，"归并"西沙群岛主要理由有四：第一，"便利航海"。文章认为，如能于群岛之西部，至少首先设一灯塔，实为当今之急务。第二，"建立气象台与无线电台"。文章指出，1930年，广州法国领事曾向法国外交部递交报告："本月九日，南京政府行政院，举行第七十七次行政院会议，由谭延闿院长主席，共同讨论交通部海军部联合提议关于西沙群岛建设无线电台及气象台之计划。初，一九二三年，海军部即有前项建议，最近广东省政府提议实行斯议，故国民政府令饬两部会核，两部决议进行，并请行政院转饬财政部，立即分期拨付经费十八万元，以为建筑与设备之用，交通部专负设立电台之责，两部会请行政院批准，并通饬关系各处遵行，行政院当即照准，并将转饬所属。"可是，"自此以后关于此事之消息，寂然无闻，中国政府之财政，行将破产，且亦另有其野心企图，远较建设气象台为尤重要者。故一九三一年三月小艇'不永久'号，前往西沙群岛考察，在任何岛上，未见有何工程迹象也"。不过，"当一九三一年七月，旧时船副现任越南中央气象台台长勃吕宋告余，谓曾接得上海徐家汇天文台台长龙相绪报告，有中国海军官佐二人，正由龙氏指导，学习气象，准备将来主持西沙群岛之气象台。由此可知此事尚在进行之中，惟不先建台而先学测候，缓急未免倒置耳""此岛气象台，如能由越南政府建立，并将来亦能由法国专家

---

〔1〕《广东省政府公报》1933年第236期，第98—106页。

主持，则与中国海上已建各台，可有联络与合作，而法国国家之荣誉，亦将由此益见广大焉"。第三，"军事原因"。文章认为，军事原因，是合并西沙群岛最重要之关键。作者引用安南高级留驻官福尔的话："在现今情况之下，西沙群岛地位之重要，实无法可以否认，一旦有警，如该地竟为他国所占，则对于越南之完整与防卫，将有绝大之威胁。群岛之情势，不啻为海南岛之延长，四面环海，不乏良港，敌人如在此间设立强固之海军根据地，将无法可破灭之。潜艇一队，留驻于此，不特可以封锁越南最重要之会安海港，而东京海上之交通，将完全为之断绝。迫不得已将借助于东京交趾支那间之陆上联络，然此间铁道，又多沿海而行，新式军舰长距离之炮程，可以及之，同时全部越南远东太平洋上之航行，皆将因此而受阻。西贡香港间之航线，贴邻西沙群岛而过，其将蒙受此间海军根据地之监视，当无疑义。"第四，"宗主权"。文章列举了若干所谓的"证据"来论证西沙群岛的宗主国是越南，于是推论，"西沙群岛既曾为安南所有，则今日当属于法国"。最后，文章的结论是："法国为承继安南政府而领有西沙群岛，实已毫无疑问，且为越南联邦之安全起见，（不论对外或对内）亦非占领西沙群岛不可。"因此，"甚盼政府于最短期间，决心占领西沙群岛并为其附近航行，谋一永久安全之策也"。[1]

这是一篇狂妄而荒谬的文章，中央大学地理学系教授胡焕膚出于义愤将其翻译成中文，发表于《外交评论》杂志上，以唤起国人的注意。此后，国人对法国侵占西沙群岛的行径以及对政府反应的迟缓，都表达了强烈的感受。《晨光》杂志发表的署名文章代表了当时国人的心声和愿望。文章分析了法日图谋占据西沙群岛的严峻形势，强烈要求海军在维护西沙群岛权益中发挥作用。文章指出："西沙群岛既然是一群的海岛，那末防御的工程，自然要在海军方面着想，这就是非同小可的问题了。原来中国海军的幼稚，是无可讳言的，在这军缩变为军扩的现在，列强纷纷成立大海军计划，从事于造舰的竞争，我国有这样长的海岸线，当然也要注重海军，这样不但西沙群岛的问题，可以解决，就是全国的国防也解决了一半，但就财力而论，这个可能性是不大的，只有另想办法之一途。"于是，作者提出了这样的建议：第一，"建筑气象台"，"西

─────────

〔1〕《外交评论》1934年第3卷第4期，第91—99页。

沙群岛无气象台，使法国人有占据的藉口，今我国就从这一点上做起，使他无所藉口，以为救济之第一步。建筑无线电台观象台等之费用，约需十八万元，已由行政院令饬财部照拨，海军部亦已一再请财政部按期拨款，以资兴筑。惟财政部总以金融之来源枯竭，须宽以时日，俟财政稍裕时，再行筹拨。所以直至今日，西沙群岛观象台，仍是款项无着，兴筑无期。我们希望中央研究院和海军部再行通力合作，与财政当局再行洽商，更希望财政当局鉴于西沙群岛前途之危险，观象台之建筑，实属必要，撙节他费，勉允所请，那末目前对于法国人的无理取闹，总算可以了事了"。第二，"组织大规模的磷矿公司"。"西沙群岛以产鸟粪层（即磷矿）著名，鸟粪层可作肥料之用，方今东三省被夺，内地肥料来源之大豆也同时被夺，所以我们有另觅肥料来源之必要。开辟西沙群岛的磷矿，不特可以裕经济，并且可以适需要，所以是一个莫大的利源。不特此也，我们的磷矿公司，还要对付日本人的。日本觊觎我们的西沙群岛，偷采我们的鸟粪层，这是我们自己不去注意的原故。我们假使能办理一个大规模的公司，专门负起经营的责任，日人虽狡，断不能行使他们的鬼蜮伎俩。公司的性质，我以为官督商办的较为有效，方今海外华侨，纷纷被迫回国，利用他们的资本，辅以政府的权力，轰轰烈烈地办理起来，真是一举数得的事情。"第三，"建设海军根据地"。"以上两个方法的实行，不过治标而已，要使西沙群岛的主权，终久是我们中国的，那末还须作武力的准备，那就是海军根据地的建设了。南海上的重要海军根据地如广州湾已被法帝国主义者所租，香港已为英帝国主义者所占，今硕果仅存者惟一榆林港，榆林港在海南岛之南端，距崖县约一百三十里，港水颇深，两岸峰峦叠崎，可以避风，可以建置要塞，清季曾拟辟为军港，至今尚未实行。今海军部方在拟议扩充与整理之计划，甚望注意于榆林港之开辟，以保护西沙群岛，使不为九小岛之续，则南海心脏不致为他人所握，国防幸甚，国家幸甚。"[1]这一充满爱国激情的文字，令人感奋，特别是建西沙群岛气象台的呼吁，再次引起人们的关注。

　　法国的勃勃野心及国人的强烈呼吁激起了中国海军当局的愤懑情绪。1934年3月，海军部呈报行政院，"建筑西沙岛无线电观象台万难再缓"，得到行

---

〔1〕排子：《西沙群岛之危机》，《晨光》1934年第2卷第47期，第7—8页。

政院的批复，行政院明确表示，已令财政部"分期拨款"[1]。海军部预算建台费用18万元，开办费1万元，共计19万元。财政部当即签发支付书，同意先期支付8万元。可是，刚刚过了财政部这一关，审计部又出现了问题。由于审计手续繁琐，海军部老迟迟拿不到这8万元经费，陈绍宽十分着急，于5月又呈报行政院，再次强调在西沙群岛建观象台的重要性。陈绍宽提醒道："本年三月，法报又复鼓吹侵占西沙群岛，其最大理由，'则因西沙群岛，为夏秋飓风进袭安南必经之路，该岛未有观象台设置，安南一带，事先不得气象报告，无从预备，故非及时占领，实难施展'等语。本部权衡危急事势，建设该台，诚属万难再缓。但该岛孤悬海外，为飓风从出之途，交通既为不便，运输自见困难，所以该台建筑应需之材料人工，暨日用淡水等，均须同时鸠集，雇用专船运送。此时该处飓风方息，若迟至秋初，则又无船可雇，故必须此时开工，赶至本年七月底竣事，若照法定手续，须俟该预算核定后，审计部始可签发支付书，实已缓不济急。"要求行政院"体察外交危急情形，按照修正预算章程第三十九条之规定，提经中央政治会议议决，对于建筑费十八万元，开办费一万元等，令由监察院饬知审计部先行签发支付书，一面再由本部补编概算，送由主计处签注意见"[2]。为不耽误工期，海军部还将各种设备、器材准备以及人员培训安排全部妥当。关于观象应用器械，向中央研究院接洽办理，并由该院允许尽量供给；关于长短波无线电机件，交上海大华无线电公司办理；一切建筑工程，与上海陈椿记营造厂订立合同，由其承包；关于气象人才，海军部经向中央气象台接洽，选派该部无线电人员四名，前往该台实习气象，以备派赴西沙群岛遣用。[3]主计处最终给出的审查意见是："值此外交情形危急之日，为免去外人觊觎侵占起见，自应克日兴建，以免后患。查二十二年度军务费经临概算，至今未准军政部改编送处呈转核定，兹为救济起见，爰谨依据预算章程第三十八条之规定，专案予以核转，所有原概算所列建筑费十九万元，（据称开办费一万元包括在内）核与行政院核准之总数，尚属相符，查核估单图样，亦

---

〔1〕《海军公报》1934年第58期，第22—23页。
〔2〕《海军公报》1934年第60期，第228页。
〔3〕《政治成绩统计》1934年第5期，第53页。

无不合，拟请钧会准予如数核定，俾利进行。"[1]

可是，海军部的一切努力依然没有使经费按时落实，原因在于此时广东政局动荡，省政府已无力顾及西沙群岛问题。1935年8月，无法忍受遥遥无期的建设工期的上海大华无线电公司，以西沙观象台先期筹备无线电机给该公司造成一定损失为由，向海军部提出交涉，尽管海军部以没有签订合同为借口不予理会[2]，但依然使陈绍宽深感无奈。

国内的民众对于政府漠视国防要地的建设也愤愤不平。当时有舆论指出："五十年来，中国的领土已损失了二百五十万方里，在未被帝国主义的国家占据之先，中国人是朦朦懂懂不去注意他。等到竖起异国的旗帜，或是大炮军舰的示威，那时才说什么抗议打倒，或演一套示威巡行的把戏，报纸上增加些材料，墙壁上多贴些标语，不到一年半载，便消沉下去，淡然忘之！这可以说是中国人的通病，已经被碧眼儿看穿我们的肺腑。所以帝国主义者，抱定了主意，不论谁的版图，只要你弃之不用，我就有占领的权利。虽属这样的论调，未免强词夺理，然而事实上，不论中外古今，凡属你不管的土地，他占用了，无形中就是主人翁的地位，就是在法律上都讲得过去的。最近的去年，国内的同胞不是闹过一次大做文章抗议法国占领九岛问题吗？离今不过一年呀，我相信留有这种印象的人，已经很少了！离九岛不远的就是我国的西沙群岛，这西沙群岛虽至今仍隶我国的版图，但我们没有实在工作在那里，而人家是在那里有工作，有大炮，有军舰，我们呢？有的是什么！恐怕不久也随九岛而沦归异族吧！如想保存领土，非在边陲有实在工作，鼓励人民开发边疆，以绝帝国主义者的觊觎不可。……一致动员去开发西沙群岛，直接是希望同胞注意生产事业，间接就是国防的准备呀！"[3]

关于海军部此后与各方的交涉及建台的经过，未见详细记载，直到10年以后，媒体才有了这样的报道：1936年，"政府拨款廿万元，在岛上设立观测台、无线电台、灯塔等，无线电台远及日本、新加坡、辽宁等地皆可通报，并经常

〔1〕《有关国民政府在南海诸岛设置无线电台等设施的一组史料》，《民国档案》1991年第3期，第54页。

〔2〕《海军公报》1935年第75期，第351页。

〔3〕孟轩：《西沙群岛的生产》，《现代生产杂志》1935年创刊号。

与海防、吕宋、厦门等地电台相联络，经常指示海上航行船舶，灯塔立于东南最高岛上，灯光远及十二浬至十八浬，后因损坏失修射程减至六七浬"[1]。

日军占领西沙群岛

在发动全面侵华战争之前，日本就清楚地看到，西沙海域在新加坡—香港海空航线之西，西贡—海防—香港海运线之东，战略地位非常重要。当时，中国媒体有精辟的分析："西沙群岛是我国南海上的一簇岛屿握着欧亚出入口道——香港安南南洋群岛的冲途，各岛环湾深入，可泊巨舰，据军事家的观察，能泊航空母舰及战斗舰二三十艘，沿岸周围的浅海，更是潜水艇寄碇最优良的场所，环内水面广阔，可容水上航空机百架升降，且各岛均位于英美法诸国属地的中点，距离海南岛更不过二百三十三公里，军需的供给至为便利，足以控制各方，确是我国南海上一个重要的军事支撑点。因此，敌人无日不想占据此地，扩展南海封锁线，断绝海外我军需的接济。"[2]从1935年起，日本海军经常派军舰前往西沙群岛驻泊，在这期间，经常以火炮驱逐中国渔船，并在西沙群岛的东岛立碑，刻有"昭和十一年大日本海军停息"字样。然而意想不到的是，1938年7月3日，法国派出二三十名武装的安南警察登陆西沙群岛，试图趁战乱据为己有。中国政府以备忘录的形式向法方重申中国对西沙群岛主权，并称保留一切权利。对于法国的野心，日本不能容忍。就在法国派安南警察登陆西沙群岛的次日，日本外务省发言人就明确表示，"我们正关注形势的发展"。一些日本公民是住在"我们承认是属于中国领土的西沙"[3]。然而日本国内却是另一种声音。据东京7月8日路透社电：《日日新闻报》称，"西沙群岛应为日本领土，今为法国所占，法国援助中国而牺牲对日友谊，不啻使法属安南陷于危境"。又《报知新闻》称，"法占领西沙群岛，使日本反法情绪高涨，在此种情势下，无人敢担保法日间不致发生冲突。法国此种占领系海盗行为，其背后或有英人为之支持。日本政府必须采取坚强政策以应付此种非法行动"[4]。随后，法日双方在军事上展开对峙。7月14日，法国军舰30艘，在1艘航空母舰和数

---

〔1〕《新闻报》1946年12月2日。
〔2〕《新战线周刊》1938年第11期，第20页。
〔3〕韩振华主编：《我国南海诸岛史料汇编》，东方出版社1988年7月版，第546页。
〔4〕《新政周刊》1938年第1卷第28期，第15页。

艘潜艇的配合下，在广州湾至西沙群岛之间布成阵势；与此同时，日本军舰25艘，渔船30余艘，也在海南岛与西沙群岛之间拉开架势，但始终未敢在西沙群岛登陆。[1]

日军占领西沙群岛期间在永兴岛上兴建的军事设施

1939年3月2日，日军占领西沙群岛的九个岛礁，将法军全部驱逐出岛，其意图，日军在1939年4月25日出版的《东亚情报》第236号上说得十分清楚："尤其我国海军当局，对已在西贡、广州湾保有舰队根据地的法国，若再领有此飞行根据地及潜艇寄泊所，其结果将使南中国

永兴岛上日建军事设施的内部情景

海上列强的海军势力，展开新形势，由于国防上的见地，自然十分重视这一件事。"[2]紧接着，马公要港部派出陆战队、气象情报队以及通信派遣队进驻西沙的林岛，修建军事设施，并竖立石碑，详刻侵犯西沙经过。日军还将西沙群岛名称改为"平田群岛"[3]，在珊瑚岛上修建了五座碉堡，南北各一座，东北角两座，东南角一座。战争期间，特别是太平洋战争爆发以后，日军一面保护"开洋磷矿公司"等掠夺西沙群岛的鸟粪等资源，一面利用西沙群岛实施远程水侦飞机的转场，秘密钻入菲律宾群岛、中南半岛及荷属印尼空域执行侦照任务。1944年，日军在西沙群岛建立了规模很大的测候所，观察气象。

〔1〕《边事研究》1938年第7卷第6期，第38页。
〔2〕郭寿生：《我国南海前哨中的西沙群岛》，《中国海军》1947年创刊号，第16页。
〔3〕(越)阮雅等著：《黄沙和长沙特考》，商务印书馆1978年9月版，第190页。

海军收复西沙群岛

早在第二次世界大战结束前的1943年12月，中、美、英三国在埃及的开罗召开了开罗会议，发表了著名的《开罗宣言》，《宣言》中指出："剥夺日本自一九一四年第一次世界大战开始后，在太平洋上所夺得或占领之一切岛屿，其他日本以武力或贪欲所攫取之土地，亦务将日本驱逐出境。"1945年7月，中、美、英、苏四国又发表了《波茨坦公告》，强调"开罗宣言之条件必将实施"。

日本投降后，中国政府遵照《开罗宣言》和《波茨坦公告》的规定，决定收回曾被日军占领的南海诸岛。1945年12月8日，台湾气象局派员乘机帆船"成田"号前往西沙群岛进行调查，他们从高雄出发，于11日到林康岛，停船修理机器，12日下午到达林岛登陆，竖立国旗。13日调查岛上情形，拍摄照片，在测候所风力塔南5米处竖立木牌，正面写"台湾省行政长官公署气象局接收完了"，背面写"民国三十四年十二月十二日"。嗣后又到其他岛屿调查。1946年1月3日再登林岛，20日返抵高雄，发表了巡视报告[1]。国民政府行政院根据台湾省政府主席陈仪的报告，于1946年7月，将东沙群岛、西沙群岛、南沙群岛、团沙群岛等南海诸岛划归广东省管辖，并令海军总司令部协助广东省政府进行接收，同时派兵驻守。8月1日，行政院发出节京陆字第7391号训令，着广东省政府"遵办具报"。8月31日，行政院再次下达电令称：据报，菲律宾外长声称拟将新南群岛（团沙群岛）合并于菲国范围以内，饬外交部会商内政部、国防部妥为应付，并协助粤省进行接收。9月2日，行政院发出节京陆字第10858号训令，着内政部、外交部、国防部会商，妥为应付，并协助广东省政府接收团沙群岛。根据这一训令，内政部代表傅角今，外交部代表程希孟、陈世材、王恩曾、沈默、凌乃锐、张廷铮、李文显，国防部代表马定波，并有海军总司令部代表姚汝钰参加，由外交部顾问程希孟主持，于9月13日在外交部召开会议，就接收西沙群岛和团沙群岛方案进行详细研究。[2]会议决定按照行政院的命令，由海军总司令部协助广东省政府接收西沙群岛和团沙群岛，并由海军派兵进驻各岛。会议还根据各群岛的地理位置重新确定了各

---

〔1〕郭寿生：《我国南海前哨中的西沙群岛》，《中国海军》1947年创刊号，第15—16页。

〔2〕《抗战胜利后中国海军奉命收复南沙群岛实录——几位历史见证人的回顾》，《军事历史》1989年第2期，第54页。

群岛名称：将南沙群岛改名为中沙群岛，将团沙群岛改名为南沙群岛。

11月初，广东省政府指派委员萧次尹为接收西沙群岛专员、顾问麦蕴瑜为接收南沙群岛专员，海军总司令部则指派第二署海事处承办，由科长海军上校姚汝钰主持，海事处参谋程达龙、李秉成和张君然具体负责。其他部门也派出了相关人员以及熟悉南海诸岛情况的人员参与其中。

恰在此时，中国方面在西沙群岛海域发现了法国军舰，说明法国有抢占西沙群岛的意图，这一情况坚定了海军收复西、南沙群岛的决心，加速了收复进程。据时任海军总司令部办公厅副主任的徐时辅回忆，"1946年11月，我作为海军总司令部办公厅机要科长，随海军代总司令桂永清去粤琼台澎视察，乘'峨嵋'号军舰由上海抵广州。时广东人士谈到想搞一个海运公司，把西沙、南沙群岛的鸟粪运到广州出售。恰在此时，海军总司令部参谋长周宪章从南京给桂永清发电报，说西沙群岛海域发现一艘法国巡洋舰。桂永清有意将此情报透露给美国驻中国海军顾问团团长莫雷海军少将。莫一笑置之，态度轻蔑，并未说话。桂永清乃根据行政院的决策、广东省的要求等情况，进一步坚定了派舰从速接收西沙、南沙群岛的决心。"[1]

海军的工作开展得非常困难，由于西、南沙群岛沦陷多年，现实情况不清楚，历史资料又大都在广东省，参加收复人员只能根据有关航海图志制定进驻方案。同时还注意到法国舰艇正在西沙群岛海域活动，有抢先侵占各岛的迹象，给筹备工作带来紧迫感，既须周密计划，又要行动迅速。几经研讨，海军作出如下决定：

第一，为了执行进驻任务，调护航驱逐舰"太平"号、驱潜舰"永兴"号、坦克登陆舰"中建"号和"中业"号等四艘军舰，组成海军进驻西、南沙群岛舰队，派海军上校林遵为指挥官，姚汝钰为副指挥官，海军上尉林焕章和张君然为舰队参谋。为了争取时间，并决定由林遵偕林焕章率"太平"舰、"中业"舰进驻南沙群岛，张君然随姚汝钰率"永兴"舰、"中建"舰进驻西沙群岛。

第二，进驻目标和人员装备：南沙群岛主岛为长岛，西沙群岛主岛为林

---

[1]《抗战胜利后中国海军奉命收复南沙群岛实录——几位历史见证人的回顾》,《军事历史》1989年第2期，第54页。

1946年11月停泊于海南岛榆林港的"永兴"舰，当时该舰正准备收复西沙群岛

岛，进驻后每岛设置海军电台一座，驻守海军陆战队一个独立排。每岛在编人员59名，直属海军总司令部指挥，并派电信上尉李必珍为海军西沙群岛电台台长，邓清海为南沙群岛电台台长。岛上的装备，电台配250瓦功率的发报机组及相应的设备；武器配25毫米机关炮9门，机枪4挺，其他长短枪22支。

第三，物资供应：考虑南海诸岛远离大陆，补给不便，生活上会有各种困难，所以生活用品从鱼钩、渔网、针线、猎刀、火种，到主副食品、种子、禽畜、营房器材、发电机组、机械、材料、配件、工具等，一应俱全，无不妥为准备。还规定每半年补充供给品一次。为了稳定军心，还规定驻岛人员每年轮换一次，驻岛期间支领三倍薪金，以示优待。[1]

海军进驻西、南沙群岛舰队指挥人员于1946年10月25日到达上海，随同工作的尚有国民政府各部会代表及内政部方域司科长郑资约等13人。10月29日晚，各舰分别出港，22点在长江口编队南下，航线经台湾外海并绕过香港，于11月1日晚抵外伶仃，连夜进入珠江口。午夜，舰队在虎门炮台抛锚，海军广州炮艇队派艇迎接。舰队指挥官林遵、姚汝钰、参谋林焕章和张君然，以及"太平"舰舰长麦士尧、"永兴"舰舰长刘宜敏、"中建"舰舰长张连瑞、"中业"舰舰长李敦谦等一行八人去往广州。11月2日上午8时，舰队人员先到广东省

〔1〕张君然：《抗战胜利后我国海军进驻南海诸岛纪实》，《纵横》1997年第10期，第33—34页。

政府拜会省主席罗卓英，并会见广东省接收各岛的负责人，交换了工作情况。上午10时，又拜会了军事委员会广州行营主任张发奎，向他报告了舰队情况和工作计划。

接收西、南沙群岛人员分成两个接收工作组，每个组都有广东省各机关代表，还有民政厅、实业厅、中山大学等单位的专业考察人员、测量人员及各行技工。在广州期间，准备工作还在继续进行，舰队参谋人员会同广东省接收专员，对各群岛的历史情况和自然条件做了一些研究，补充修正了行动方案，还

1948年3月，驻西沙群岛海军机关换防，在永兴岛上又重建了海军收复西沙群岛纪念碑

预制了收复各岛的标志和纪念碑。参与接收的广东省人员和物资分别登上"中建"舰和"中业"舰。

接下来接收西沙群岛的情况，张君然进行了详细叙述：

"准备工作完成后，舰队于11月6日晨（一说11月5日晚10时）从虎门起航，8日下午到达榆林港，在此补充了一部分物资，添置了一批适航珊瑚礁区的渔业木船，又雇用约40名熟悉各岛情况的渔民，作为礁环区运输物资的民工，等待天气条件适当，分别开往各岛。

"11月份，正是南中国海域东北季候风强劲的时期，海上风力通常都在8级左右，11月12日和18日，'太平''中业'两舰两次出航，都受天气影响中途折返。11月23日，我随姚汝钰率'永兴''中建'两舰，抢在风浪稍减的间隙先行出航。11月24日凌晨，到达西沙永兴岛（按：当时称林岛），在礁环外一海里处抛锚。我先率战斗小组乘艇登陆搜索，岛上未见有人，但原有建筑都已破坏殆尽。随即按原定部署组织人员登陆，抢运物资，各行技工首先搭建活动营房，抢修炮位。这时，海上仍有7级大风，各项工作及物资运输都遇到很大困难，经过五昼夜苦斗，进驻工作大体完成，官兵生活设施安排就绪，电台已经架通，各行专业考察工作次第完成。29日上午，舰队派出仪仗队，会同

广东省政府接收专员和驻岛人员，为收复西沙群岛竖立纪念碑揭幕，并鸣炮升旗。纪念碑系水泥制作，正面刻'卫我海疆'，背面刻'海军收复西沙群岛纪念碑，中华民国35年11月24日立'。至此，海军进驻西沙群岛的任务初步告成。广东省还留下一名省政府官员驻岛作为行政负责人。29日中午，舰队告别了永兴岛，按计划驶往永乐群岛考察。下午'永兴'舰越过琛航岛和广金岛，察看了珊瑚岛，见岛上仍有法国和日本侵占时期残留的房屋，随即将此情况电告海军总司令部，舰队于11月30日下午返抵榆林港。"[1] 达成任务后，"所有经过情形及开发意见，业经呈报中央，并蒙传令嘉奖"[2]。在这次接收任务中，海军"永兴"和"中建"两舰功不可没，在1947年国民政府内政部公布的南海诸岛名称中，正式将西沙群岛的主岛猫岛命名为"永兴岛"，中途崎岛命名为"中建岛"，以示纪念。

在南沙群岛的维权行动

南沙群岛包括230多个岛屿、沙洲以及礁、滩，是我国南海诸岛中岛礁最多、散布范围最广的珊瑚礁群。目前，已定名的有189座（根据中国地名委员会1983年1月公布），其中岛屿14个，沙洲6个，暗礁113个，暗沙35个，暗滩21个。早在汉代，中国人民就在南海航行中发现了这些岛屿，留下了若干记载。宋代以后开始命名，把南海诸岛称为石塘和长沙等，以后发展到用长沙或千里长沙专指南沙群岛。明朝时期又把南沙群岛称为万里长沙。清代中叶以后，有的著述沿用了这些名称，也有的著述将南沙群岛称为千里石塘，又称北海。在这一时期，中国人民已经对南沙群岛内的几十个主要岛屿进行了命名。

在元代，中国的疆域就包括了南沙群岛，明确将千里长沙和万里石塘列入海南岛管辖范围。《元史》和《岛夷志略》等典籍中都有元朝水师巡视西、南沙群岛的记载。明初的郑和下西洋，更是多次巡经南沙群岛，并将航线绘制于《郑和航海图》上，明朝的水师也时常巡视南沙群岛。清代康熙年间和雍正年

---

〔1〕张君然：《抗战胜利后我国海军进驻南海诸岛纪实》，《纵横》1997年第10期，第34—35页。

〔2〕《广东省政府罗主席对省参议会第一届第二次大会施政总报告》，《广东省政府施政总报告》(1946年10月至1947年4月)，第11—12页。

间的《广东通志》、乾隆年间和道光年间的《琼州府志》等，均把千里长沙和万里石塘列入琼州府疆域之中，实施管辖。

中国对南沙群岛的开发和经营至迟出现于明代，来自海南的渔民到南沙群岛海域从事渔业生产。到了清代前期，到南沙群岛捕鱼的海南渔民更多，他们在太平岛、西月岛、中业岛、双子礁、南钥岛、南威岛等岛礁上建屋居住，挖水井，种椰树、香蕉和蔬菜等，还建地窖，存放海味、干货和粮食等。清末以后，海南岛和雷州半岛各地渔民都有到南沙群岛去捕鱼的，其中以文昌、琼海两县最多，他们把在南沙捕捞的海产品运到新加坡出售。民国以后，中国渔民赴南沙群岛从事渔业生产和开发的人络绎不绝，有些还长期住在岛上。日本人小仓卯之助在《暴风之岛》中记载，当1918年12月他组织所谓探险队到北子岛时，就惊讶地发现三名自称"文昌县海口人"的中国渔民住在岛上，并备有南沙群岛地图。

上述事实充分说明，南沙群岛自古以来就是中国的领土。然而，晚清以后，西方列强在侵占和掠夺东、西沙群岛的同时，也频繁出没于南沙群岛。从辛亥革命到1933年法国宣布侵占南沙群岛"九小岛"，仅日本涉及损害中国南沙群岛主权的行为，有案可查的就有：

1917年6月，日商平田末治窜入太平岛进行非法活动；8月，日人池田舍造、小松重利等先后窜入太平岛活动；

1918年7月，日本议员桥本竟向日外相呈请，将南沙群岛划入日本版图；12月，日本拉沙磷股份有限公司派海军中佐小仓卯之助等组成第一次探查队，窜入南子岛、北子岛、中业岛、红草峙和太平岛调查磷矿；

1920年12月，小仓卯之助组织第二次探查队，非法调查鸿休岛、景宏岛和安波沙洲，与小仓同行的恒藤规隆竟把南沙群岛定名为"新南群岛"；

1921年10月，日本拉沙磷公司招员百余人，在太平岛窃取磷矿；

1923年，拉沙磷公司在南子岛窃取磷矿；

1933年，日舰"胜力"号窜入南沙群岛进行活动；8月，平田末治创办开洋兴业公司，派三好、松尾乘"第三爱媛丸"到南沙群岛擅自调查；8月21日，日本竟发表南沙群岛"应属日本"的声明[1]。

---

〔1〕韩振华主编：《我国南海诸岛史料汇编》，东方出版社1988年7月版，第690—691页。

法国侵占"九小岛"事件

1933年7月19日，法国外交部公然发表占领中国南沙群岛的公告。25日，法国外交部更是未经中国政府许可，正式宣布：依国际法先占之原则，将在中国海中菲律宾与安南间所发现之群岛，作为法国领土。其依据，据法国政府电称是："此等小岛仅属暗礁沙滩，几无人烟，时被海水淹没，且其位置在海洋危险地带，为谋法国亚洲属地及大洋洲属地间之联络起见，有在此等岛上设置航海标识的必要。"又据法国政府致日本的复文称："法国政府因认南海小岛为无物主，故占领之。从来法国船舶航行越南方面者，在航路上感种种不便，故在九岛建筑灯塔工作，以便各船航行。"再据法国著名记者圣蒲里斯的论文辩称："法国起意占领各该岛，系因举办航海设施，安置浮标，以便航行起见，则以该处满布珊瑚小岛，航行极为危险也。"[1]至12月21日，法国政府强行将中国南沙群岛划入越南巴地省管辖。

法国的上述行径及极端诡论，顿使国际、国内舆论大哗。国民政府除了震惊以外，对法国所占据的岛屿情况一无所知。从法国政府公布的情况、法国国内媒体报道的情况，以及中国方面初期调查的情况来看，法国所占岛屿的数量、位置和名称均有不同的说法。法国驻华大使在给中国外交部的照复中称，所占领的是斯巴拉脱来、开堂巴夏、伊脱巴亚、双岛、洛爱太、西德欧等六岛，但法国巴黎合众社却电称为丹伯特、安布哇、地萨尔、依秋伯、洛依塔、西杜、多几尔等七岛。中国驻菲律宾总领事在调查报告中称是加夷、汉保夷斯、重特拉巴、达齐尔斯、莱多、齐德、史普拉勒等七岛[2]。这样一

法国占领的"九小岛"之一的太平岛

〔1〕《法占九岛后的回应》，《大学》1933年第1卷第3期，第301—302页。
〔2〕许道龄：《法占南海九岛问题》，《禹贡》1937年第1、2、3合期，第266页。

来，造成了中国国内舆论的众说纷纭。有人认为这些岛屿属西沙群岛，也有人认为这些岛屿属团沙群岛。直到几个月以后，国民政府终于明白了真相，这些岛屿属于团沙群岛，即后来所称的南威岛、太平岛、安波沙洲、北子岛、南子岛、南钥岛、中业岛、鸿麻岛、西月岛等九个岛州。

那么，法国是如何将这些岛屿据为己有的呢？当时法国国内的报纸对占领过程有比较详细的报道："在安南与菲律宾群岛间有一群珊瑚岛，覆沙、暗礁，错杂期间。航行者视为危险区域，不敢轻近；惟其处亦有草木繁生之地，琼崖之中国人，有居住珊瑚礁环绕之区，从事渔业者。据一八六七年法国水路调查船莱芙尔满号船员所制精图，此数海岛有长至十英里之地方，如用为水上飞机、潜水艇、小舰艇等暂时休息避难之所，并无不可。故此等岛屿，主权一经确定，则战争之际，对于法国海底电线之安全，殊足与以威胁。法政府于此乃决定对此等群岛，开始行动。……一九三〇年炮舰玛利休兹号正式占领斯拍拉脱雷岛，一九三三年四月六日报告舰亚斯脱洛拉卜号及亚列尔达号复与调查舰达勒逊号访斯拍拉脱雷岛，揭法国三色国旗，当时岛中住有华人三名，椰子之树，至极繁茂，海龟之属，多数栖息。四月七日亚斯脱洛拉卜号又占领达姆巴赛凯夷岛。其地一无人住，只于白腹海鸟，成群而栖，鸟性奇驯，见人不畏。由此沿东北行，即到盐田广漠之杜克斯岛，更进则为椰树覆荫之伊吐巴，其地亦无居人，惟似曾有人住过，盖既有树叶搭盖之屋，复有奉祀神人之像。景物殊神秘也。该舰复向北部莱吐、梯都、多几尔等岛揭挂法旗，各该岛情形，大率相同，杜克斯等两岛，有由琼州渡来之华人居住，每年有小艇载食物来岛，供华人食用，而将龟肉及龟蛋转运以去……"[1]

对于法国的可耻行径，中国政府反应强烈。就在法国当局宣布占领"九小岛"的次日，中国政府外交部发表谈话，郑重申明："菲律宾与安南间珊瑚岛（按：南沙群岛），仅有我渔人居留岛上，在国际间确认为中国领土。顷得法方官报，竟正式宣布占领，何所依据而出此，法政府也未宣布其理由。外部除电驻法使馆探询真情外，现由外交、海军两部积极筹谋应付办法，对法政府此

---

〔1〕德川：《九小岛概况与中日法问题》，《晨光》1933 年第 14 期，第 8 页。

种举动将提严重抗议。"[1]7月28日，西南政治会议就法国占领南沙群岛问题开会，并作出两项决议："一、将九岛在粤版图之位置形势及经纬度证据等，详电国府，请据理向法国严重抗议，务保领土完整。二、此案文件之搜集与安置我国渔民，令粤政府与甘介侯筹议并向驻粤法领提抗议。"[2]7月末，中国"外交部人士云，中央对法占九小岛案，除饬令外部电驻法使馆调查真相外，并令饬参谋、海军两部，会商撤查办法"[3]。与此同时，全国各地民间团体也掀起了抗议风潮。8月，广东海军派出两艘军舰赴南沙群岛调查法军登陆珊瑚岛事。[4]此后，广东省政府采取"禁止本国渔船悬挂外国旗，另发本国国旗悬挂"[5]等措施。

就在中国与法国就其侵占"九小岛"事件进行交涉之际，日本也乘机搅乱，想攫取在南沙群岛的利益。日本外务省以其曾占据南沙群岛为由，对法国占领"九小岛"不予承认。8月21日，日本驻法国代办泽田致文法国外交部，正式提出"抗议"。泽田声称："日本之采矿拉萨公司于一九一八年即住此诸岛开采天然富源，其因建筑铁路房屋及码头等项之用费，已达日金一百万元，该项工作至一九一九年乃停止，所有人员，亦因世界贸易状况之不景气均被召返国，但一切机器，仍留置原地，且冠以该公司之字样，表示仍将复来之意，故日本政府，认为诸岛应属日本。"[6]

日本政府的介入使事件变得更加复杂，"粤南九岛问题，本为中法两国间主权之争，终将成为法日及法日英美海上势力之争"[7]，因而在此后的几年中，这一问题便搁置下来，直到日军占领南沙群岛。

纵观国民政府在处理法国占领"九小岛"事件中的表现，虽然在一定程度上遏制了法国进一步的军事占领，向全世界再次宣示了中国对南沙群岛的主权，但行为过于限制在外交范围，缺乏必要的军事配合，特别是海军力量的运

---

〔1〕《法占粤海九小岛，外部抗议》，《申报》1933年7月27日。

〔2〕《西南政府讨论法占九小岛》，《申报》1933年7月29日。

〔3〕《中央重视法占九小岛案》，《申报》1933年7月31日。

〔4〕《陈济棠派舰调查珊瑚岛案》，《申报》1933年8月2日。

〔5〕韩振华主编：《我国南海诸岛史料汇编》，东方出版社1988年7月版，第259页。

〔6〕徐公肃：《法国占领九小岛事件》，《外交评论》1933年第2卷第9期，第22页。

〔7〕同上，第23页。

用，使法国入侵势力迟迟未能撤出所占岛屿。这说明，国民政府重视主权，却忽视了海权的存在，为中国政府管辖南沙群岛留下了一个非常深刻的教训。

日美在南海的海空战

1939年3月30日，日军侵占南沙群岛。4月9日，将多年来盘踞在部分岛屿上的法国殖民军及安南渔民悉数驱离。4月28日，台湾总督府将南沙群岛更名为新南群岛，归高雄州高雄市管理，并入日本版图。1940年，日军在长岛整建军港，在岛南兴筑突堤620米长，以开辟1300平方米的港池，水深达2米，内有码头175米，可停泊50吨级渔船90艘。港池外锚地可容纳千吨级军舰和潜艇碇泊。

日军除了在南沙群岛上兴建军事设施外，还大肆掠夺南沙群岛资源。1940年11月18日，日商成立了"新南群岛电灯事业株式会社"，在南海诸岛遍设柴油发电机组，以供应军民使用，使日本在南海能有效积极经营，加速掠夺海洋资源并强化备战。

太平洋战争爆发后，日军与美军在南海展开海空作战，南沙群岛成为日军重要的支撑点。1944年初，日军派出驻防东港的吕宋海峡反潜部队，执行南海海上护航及海空联合反潜作战任务。该部队下辖第901航空队（驻东港）和第936航空队（驻新加坡），共有飞机190架，其作战范围以南沙群岛的长岛为界，涵盖整个南海海域。各航空队均以东沙、西沙及南沙为转场基地，进行加油挂弹整备。在空中侦巡过程中，一旦发现海面游弋的盟军潜艇，立即以深水炸弹实施攻击，同时进行持续尾随监控，通知在航反潜舰艇猎杀之。

在侦巡过程中，日军的反潜部队尽管多次与盟军潜艇交战，但战果不明显，击沉美潜艇的记录也只有两次。第一次是1944年10月24日，在东沙岛以东100海里处，击沉了美国潜艇"鲨鱼"号；第二次是在同一天，在南沙群岛的半月暗沙外，将美军潜艇"海鲫"号逼至触礁搁浅弃艇。然而，美军潜艇越来越多，这点战果微不足道。相反，美军击沉的日军舰船数量惊人，截至1945年5月，仅日军在南海损失的海军作战舰艇就达100余艘，38.8万吨。到战争结束前，南海海域已无日军舰艇的踪影，日军遂放弃反潜作战行动。

1944年，美军从太平洋以越岛作战逼近菲律宾。10月20日登陆菲律宾南部的雷伊泰岛。1945年1月9日又登陆吕宋岛。为保证登陆成功，美军第38特遣舰队在轰炸完台湾后首度进入南海海域。当时，美军冒着巨大风险，因为从台湾、吕宋、巴拉望、婆罗洲、中南半岛到华南沿海，都在日军的掌控之下，散布于南海的东沙、西沙和南沙群岛都有日军驻防，美军稍有不慎就将陷入日军重围之中。因而，第38特遣舰队进入南海海域后，首先将南海诸岛日军的水侦飞机及各岛上的通信电台、气象设施作为袭击目标。

1945年1月10日夜，第38特遣舰队高速穿越巴士海峡进入南海，天明之前，舰队开始海上的整备，各航母甲板忙着为将要出击的飞机加油挂弹。中午11时，完成大编队海上整备，舰队以高速逼近中南半岛。次日凌晨3时30分，舰队派出舰载机沿着安南沿岸轰炸扫射，在四个小时内共出动1465架次。同一时间，美军舰载攻击机一个中队分头奔向西沙林岛及南沙长岛实施奇袭，将岛上的无线电台、气象观测站、营房、仓库、厂房及码头等悉数炸毁。

13日和14日两天，第38特遣舰队利用回避南海低压的机会实施海上整备。15日拂晓，"企业"号航空母舰派出八架轻型轰炸机低飞突袭东沙岛，将岛上电台、气象站及罐头厂全部炸毁，日军死伤过半，大批台湾民工也遭伤亡。次日，第38特遣舰队全力出击，扫荡中国大陆闽粤沿海及海南岛日军，顺道再次轰炸西沙林岛。至此，日军在南海诸岛经营多年的经济建设和军事整备，在美军舰载机三番五次的饱和轰炸下荡然无存。残余的日军在缺粮缺弹的情况下困守南海诸岛，胆战心惊地期待着援军的到来。

第38特遣舰队完成轰炸南海诸岛的任务之后，其任务由驻菲律宾的美军陆海军远程侦袭部队接手，通过截堵并击沉航行于南海海域的日本舰船，确保南海其他作战任务的完成。侦察机一旦发现海面上有日本舰船，便会立即召来待命的轰炸机或附近警戒的潜艇，轮番攻击，直到将日本舰船击沉为止。

1945年6月，美军攻克冲绳，战火进一步逼近日本本土，此时南海海域已经没有日本舰船的踪影。南海诸岛上的残余日军及台湾民工由于海上运补已遭美军完全切断，在缺乏医药、粮水等补给的情况下大多饿毙或病殁。这表明，日军在南海诸岛已遭到彻底败亡。

海军收复南沙群岛

自1946年初，中国政府就开始筹划收复西、南沙群岛。对于南沙群岛的收复，9月13日，由内政部、外交部、国防部代表参加的会议专门决定：第一，由国防部协助广东省政府从速接收团沙群岛，至接收之地理范围由内政部拟定；第二，关于该群岛之地理位置及所属各岛之名称，由内政部绘制详图重行拟订，呈院核定；第三，目前不必向外国提出该群岛之主权问题，惟为应付将来可能发生争执起见，应由内政、国防两部

收复南沙群岛人员在"太平"舰上合影。前排中为指挥官林遵，后排右一为"太平"舰舰长麦士尧，后排右二为内政部方域司科长郑资约

暨海军总司令部，将有关资料即送外交部，以备交涉之用。会后，由内政部长张厉生、外交部长王世杰、国防部长白崇禧向行政院呈报会议记录。[1]

1946年10月下旬，海军在上海成立了执行收复任务的西、南沙群岛舰队，在出发之前，就收复南沙群岛作了充分准备。对当时的工作，担负赴南沙群岛编队领航员的何炳材记忆犹新。他回忆说：

当时我是"太平"舰的少校副舰长，从1936年积累了一些航海经验，西沙群岛的航海资料和航法可在航路指南查到。但南沙群岛的航海资料和航法，不论中外航路指南均无阐述，只说这是"危险地带"。接到这领航重任，心中无数。因为既没有去过南沙群岛一带，又缺乏参考资料，指挥官林遵、舰长麦士尧和其他官兵的航海经验都很少，这任务的成败，完全寄托在我身上。于是四处搜罗资料。后来从上海海关海务处找到一张1910年的法国出版的南沙群岛旧海图，但比例尺很小，水深点很疏，不适合航海之用。从这海图中，得知南沙群岛的岛礁和暗沙，大部分是由珊瑚构成，并多为水面下的环抱着礁湖的环礁。全区没有灯塔或任何航标。东部有沉船数艘。太平岛算是最大的岛，面积也不过0.43平方公里，高度只有约3米，在良好能见度下，也只可在靠近8海里内，才能看到。在天水

---

〔1〕韩振华主编：《我国南海诸岛史料汇编》，东方出版社1988年7月版，第265页。

相连的辽阔南海中找它，正好比在"海里寻针"。太平岛四周被珊瑚所环绕，要登上该岛，必须经过珊瑚面航行，摸索深水航道前进。能否找到这条航道，也是一个未知数。但当时我有一个坚强信念："法国人、日本人能登上太平岛，我们中国人也一定能登上。我要克服一切困难，不避艰苦，完成这收复祖国领土的光荣任务。"

我经常以"人定胜天"的格言来鞭策自己。认真细心研究南沙群岛的形势和周围水深，以及南海的气候、风向、海流、海浪等，分析过去沉船多在南沙群岛东部的原因。又根据当时东北风季，南海的海流是以西南流为主这一要点，认定由西向东驶进太平岛，大致逆流航行，对控制航速以搜索太平岛和找珊瑚礁门的航道是有利的。于是决定由榆林港开出后，先向南行驶，然后向东驶向太平岛。虽然这样会多航行些里程，但既有把握找到该岛而又安全。

另一方面，由上海至榆林港所经各海区的气象、潮流、海流、航标和雷区等，也要深入研究。因为当时在第二次世界大战结束不久，我国沿海的灯塔、浮标等大部分未恢复，有些雷区尚未经过彻底扫测，海上常有漂雷出现。海上治安也较乱，华南海区海盗猖獗，对航船安全威胁很大。以上种种因素，都要在设计航线时考虑进去。经过短短一个月研究、设计和准备，制订好全部航行计划、途中舰队联系及指挥信号，并经上级批准按照执行。

舰队到达榆林港后，获悉日军在占领三亚和榆林期间均设有海岸电台，在三亚港还设有机场、潜艇基地和一个极大型的远程无线电台，以指挥日本在南中国海和南太平洋的海军和空军。但在日本投降后，国民党的"接收大员"不仅没有很好利用或妥善保管这些战利品，反而将绝大部分设备、机械、仪器等拆散，盗卖零件，以保私囊。何炳材见到许多大型无线电真空管摆在三亚市场当作金鱼缸出卖。接收下来的大量贵重军用设施、通信设备、交通工具等，除了少数留给"大官"们自用之外，全部变成了废品。在榆林港只有一个功率较小的海军电台可勉强与舰队联系。

何炳材说："在榆林港期间，我们还向当地渔民了解了南沙和西沙群岛的情况。得知该两群岛的渔季系在2至4月。在这春季里，风力一般在4至5级以下。5月以后夏、秋季多台风。冬季多东北强风，风力有时可达7级。西沙群岛的锚地不算很差，但南沙群岛根本没有避风锚地，底质不是碎石就是珊瑚，容易走锚。实际上，选在11至12月份去接收南沙群岛是不适宜的。何况当时在战争时期受到破坏的南海气象站尚未恢复，气象预报不准确，海上的天气难以掌握，中途又无避风锚地。但是，国民党政府的决定和命令不能改变，而且接收南沙群岛是关系到国家的信誉问题，唯有自己尽量克服困难，争取在限期内完成任务。"

11月12日和18日，"太平""中业"两舰两次出航，都受天气影响中途折返，林遵下令在榆林港待晴。

12月9日，天气晴朗，东北风3级。早上6时，林遵下令启航，第三次驶向南海。据何炳材回忆，经过几天的航行，12日"10时左右正前方地平线上，出现一条短黑线，以后逐渐见到岸形。雷达荧光屏上显示出一个小岛形的光点回波。与天文观测的经纬度、水深和海图上标绘的形象校对，证实这是太平岛无疑。又过半小时，航经一块深约40米的珊瑚平台，海水呈浅绿色。再将船速减至极慢，改以该岛岸线的方位测船位，并用雷达测得距离600米，水深测得30米，立即倒车。11时在太平岛的西南岸外下锚。这锚地是碎石底，海水十分清冽，海底的游鱼历历可见，锚和锚链下后也可看清楚。锚抛好后，拉汽笛长声，以引起岛上人们注意。然后放下汽艇和救生艇准备登陆。"

何炳材说："我先带领水手和海军陆战队各一班乘坐汽艇和救生艇登陆。在向太平岛接近至100米左右时，向空中开机关枪数十发以试探岛上的实力，但未见任何反应。再前进至距岸约50米处，水太浅，我们离艇涉水登陆。先入两座混凝土房子搜索，只见日本留下一些钢盔和破烂军服、皮鞋等。再搜索全岛，未有发现任何人员。于是沿西、南岸边勘察，发现在南岸有一个小码头，和轻便铁路。这铁路是日本鸟粪公司用以掠夺鸟粪的。码头南方的浅滩中有一条人工开辟的小航道，长约300米，宽约5米，深3至5米。为了方便以后人员登陆，即在码头上挂一面黑方格的号旗，并在航道外端抛下一个浮筒作为标志。"[1]

〔1〕何炳材：《抗战胜利后接收南沙群岛的回顾》，《航海》1988年第2期，第26—28页。

收复南沙群岛人员在太平岛举行升旗典礼后合影

在南沙岛屿上为"太平"舰立碑

在南沙岛屿上为"中业"舰立碑

郑资约（右）在石碑旁留影

在踏勘全岛情形之后，林遵、麦士尧和何炳材率领官兵重立石碑。岛的西南方，在防浪堤的末端，即通入电台大路的旁边，日人建有纪念碑一座，上绘日本国徽，其下方书有"大日本帝国"五个字。登岛人员将日本帝国主义侵略遗迹全部毁灭，在原址上用钢筋水泥重建中国主权碑，碑高约1米，正面刻有"太平岛"三个大字，背面刻有"中华民国三十五年十二月十二日立"。主权碑竖立完成后，麦蕴瑜在碑旁主持举行了接收和升旗典礼，并集中接收人员及进驻海军官兵数十人，进行拍照。[1]

12月15日，两舰告别太平岛，沿途巡视了南沙群岛北半部分的其他岛礁，在西月岛、南威岛、帝都岛等岛屿上树立了主权碑。12月20日，两舰返回榆林港，26日，驶入广州白鹅潭，完成了具有历史意义的接收南沙群岛任务。

在1947年国民政府内政部公布的南海诸岛名称中，正式将南沙群岛的主岛长岛（俗称黄山马）命名为"太平岛"，帝都岛命名为"中业岛"，以示纪念。

南沙群岛收复后，中国海军官兵在太平岛上进行了艰难的坚守。1947年3月底，"中业"舰奉命开往太平岛运送补给，随舰记者看到了岛上的情景。记者在报道中写道："我们登岛（时），（太平）岛上守军及工作人员，早已在海边列队欢迎了，他们是去年十二月接收时就到了岛上的。半年来孤悬海外，生活枯寂，感情上对于祖国及乡情都怀着深沉的系念，于是他们彼此相见的时候，他们竟兴奋得堕下泪来。谈及岛上半年来的生活情形，他们说还算安静，不过困在这小岛上，半年不见船来，总感觉得这个世界太狭小了，生活也单调得很。又说：'如果你们再迟五天才到，我们便要绝粮了，已经二个月不知油味了。'到他们的仓库里一看，确只剩下一包大米了。"太平岛上"没

收复南沙群岛人员在太平岛测量地形

〔1〕韩振华主编：《我国南海诸岛史料汇编》，东方出版社1988年7月版，第267页。

有居民，也没有毒蛇猛兽，但蚁鼠却很多，随处可见。据驻军说，他们的米粮是与鼠蚁平均分食的，丛莽中有野狗一头、野猫数只，都是日本人遗留下的。月前驻军已把野狗捉获，经过一番豢养，现在又驯如家犬了。由我军带到岛上的动物，计有小黄牛一头，小猪十余只，鸡、鸭、猫共十余只，母狗一只"。"岛上没有黏土，全是灰白色的珊瑚礁经风化后变成的细沙，不适宜于种植稻粟和蔬菜之类的作物，日本人曾运了一些泥土到岛上，于岛上的中部辟一二亩地方，试种各种作物，曾经试种甘蔗成功了。现在我守军兄弟们又利用这块园地试种蔬菜和瓜豆类，最初播种下去，皆为鼠蚁食了。就是瓜菜长成了幼苗，也还要受鼠蚁之害的。"[1] 可见岛上生活的艰苦。海军官兵为维护国家主权和海洋权益所作出的贡献，不可磨灭。

---

〔1〕韩振华主编：《我国南海诸岛史料汇编》，东方出版社1988年7月版，第267—268页。

"镇远""靖远"铁锚的回归历程

　　1894年，中日甲午战争爆发，双方海军展开了规模空前的厮杀。经过丰岛海战、黄海海战和威海保卫战三场海战后，北洋海军全面溃败，最终遗恨刘公岛。曾经耗费了清政府大量心血的北洋舰队军舰一部分被击沉，一部分被日军俘获。其中，排水量为7300多吨的巡洋舰"镇远"号被日军俘获后编入日本联合舰队；排水量为2300多吨的巡洋舰"靖远"号则在威海保卫战中遭日本鱼雷艇袭击搁浅，后由北洋海军自行炸毁。战后，日本当局为炫耀战绩，羞辱中华民族，将上述两舰的铁锚拆下，单独运往日本，陈列于东京上野公园，还将"镇远"主炮弹头10枚置于铁锚四周，弹头上又焊上"镇远"锚链20寻，以环绕陈列场地，并立有海战碑志，向世人炫耀。中国华侨和留学生每当经过此地，都转头疾走。特别是中国海军人员，经过此地，莫不忍辱含垢，饮痛悲泣。这两尊铁锚整整折磨国人半个多世纪，每一个爱国军人都时刻不忘洗雪这一耻辱。

　　1945年8月，抗日战争取得了伟大胜利，

在旅顺船坞修理的"镇远"舰，其舰首铁锚清晰可见

经抢修后的"镇远"舰被拖往日本

被编入日本舰队的"镇远"舰

停泊于英国朴茨茅斯港的"靖远"舰

中国人民终于等来了收回铁锚，洗雪耻辱的这一天。1945年11月8日，国民政府国防最高委员会秘书长王宠惠拟定了一份名为《关于索取赔偿与归还劫物之基本原则及进行办法》的文件，得到蒋介石的认可。该办法明确规定："日本应将自中国境内（包括东北）夺去之一切公私财物（例如机械、货币、金银、珠宝、古物、文献、书籍及艺术品等），凡经证明者，悉数归还。"[1] 按照这一规定，"镇远""靖远"两舰铁锚等物品的索回便被提到了议事日程。

钟汉波发誓收回铁锚

钟汉波，广东省广州市人，生于1917年9月20日。少年时代就读于黄埔海军学校，毕业后在海军中任职，先后参加过军阀混战和抗日战争。第二次世界大战结束后，他以中国代表团首席武官的身份，受国民政府派遣前往日本，负责战后军事外交工作。1949年他随国民党海军逃台后，历任舰长、情报计划处处长、两栖部队参谋长、"国防部"助理次长、海军专科学校校长等职。1971年5月，他从海军总部作战督察委员会少将委员的职位上退休，潜心回顾自己的人生经历，先后写成《驻外武官的使命》《四海同心话黄埔》和《海峡动荡的年代》等三部回忆录，保留了许多弥足珍贵的海军史料。其中，在他的著述中，他作为中国代表团海军武官，亲历战后索回被日军掠走的"镇远""靖远"两舰铁锚和接受日本赔偿军舰的曲折经历，颇引人注目。这些回忆不仅叙述了钟汉波为维护中国海军荣誉作出的努力，更重要的是为澄清历史事实提供了重要线索。

钟汉波

日本投降后，美、中、英、苏四国组成盟国委员会，处理战后事宜。国民政府派出一个以朱世明中将为团长的庞大代表团，常

---

〔1〕秦孝仪主编：《中华民国重要史料初编——对日抗战时期》第二编，作战经过（四），台湾"中国国民党中央委员会"党史委员会编印，1981年9月版，第20页。

驻日本，负责与盟军及日本进行交涉，包括行使大使馆的各项职责。1947年4月，陆军中将商震接替朱世明出任代表团团长。中国代表团下辖第一组（军事组）、第二组（政治外交组）、第三组（经济组）、第四组（文化组）、内勤各处、宪兵队、横滨侨务处等机构，可谓人员众多，并不断补充新成员。其中，第一组的职责除办理一般驻外大使馆武官处的业务外，还通过盟军总部处理日军在华战俘和平民的遣返工作，同时还协助盟军总部办理有关军事个案，如观看国际法庭审理日本甲级战犯、运送中国战区已经判刑的战犯回日本巢鸭监狱服刑等。组内不设陆海空军军种武官，仅任命军种资深参谋担任军种首席武官。1947年3月，九名新成员奉命前往日本，对第一组进行补充，他们当中有海军少校钟汉波，他是这批成员中唯一的海军军官，他出任的就是第一组首席武官。3月3日下午，钟汉波接到海军总司令桂永清的电话，让他立即到司令部接受紧急召见。钟汉波登上吉普车，前往南京挹江门海军总司令部。桂永清一见面就对钟汉波说："甲午战后，我海军失利，镇远、靖远两舰为日所俘，其舰锚、锚链及炮弹等被陈列在日本东京上野公园，是乃我国国耻。"希望钟汉波抵日到职后，立即将其索回，以雪耻辱。钟汉波毫不迟疑地表示应允，并发誓完成任务。[1]

3月5日，九名新成员从南京出发，先乘火车到上海，然后登上客轮前往日本。然而，钟汉波的心情是忐忑不安的，因为他对能否顺利索回铁锚并没有把握。

美曾拒绝中方索锚要求

1947年3月9日下午，钟汉波一行抵达横滨。中国代表团本部设于东京养正馆，代表宿舍则在不远的慎庐。钟汉波到达日本的第二天上午，即前往代表团本部第一组报到，第一组组长是陆军少将王丕承。钟汉波见到王丕承谈的第一件事，就是索回铁锚之事。他说，奉海军总司令之命，来日本的头等大事是索回铁锚，希望王丕承能够给以指导和协助。可是，王丕承的一段话，令钟汉波如坠冰窖，希望几乎破灭。王丕承告诉他，索锚一事，代表团第三组早就办

---

〔1〕钟汉波著：《驻外武官的使命》，台湾麦田出版股份有限公司1998年6月版，第40页。

过，海军总司令部也曾派来一位资深海军中校前来处理，都没有办成，具体原因难以说清楚。

钟汉波感到了事情的难度，在离开王丕承办公室的路上，他一直在琢磨，如果弄不清事情的原委，匆忙地向盟军总部提出要求，有可能重蹈覆辙，将事情办砸。要让事情出现转机，必须做好充分准备。

在此后的几天中，钟汉波不断询问知情人，反复查阅档案资料，终于弄清了前期索锚失败的原因。原来，盟军总部规定，所谓日本在战时掠夺盟国军民资产，只限于第二次世界大战期间被日

钟汉波在中国代表团驻地留影

本抢夺的资产。所谓战时是指从对日宣战之日起，到日本投降之日止。对美国来说，是从1941年12月7日珍珠港事件起，到1945年9月2日日军投降止；对中国来说，是从1931年9月18日九一八事变起，到1945年9月9日南京受降止。中国外交部曾在1946年5月27日明确指示驻日代表团团长朱世明："日政府通令全国没收劫自我国之物资系以七七事变为起算日期，惟中日战事实起自九一八事变，审判日人战犯要求赔偿既以该时为起算日期，要求归还劫物，自亦应以九一八为起算日期，希向盟军总部接洽办理具报。"[1] 按照这一规定，"镇远""靖远"铁锚不在归还之列，因为这些铁锚是在1895年甲午战争结束后被日军掠夺的，远在二战之前。然而，1946年7月，远东委员会则作出决定：被日本劫掠之财物，不论被劫时日，一经查明，均需归还，并训令麦克阿瑟遵办。可是麦克阿瑟回应说："为占领军安全，彼有权保留一部分工业设备

---

〔1〕秦孝仪主编：《中华民国重要史料初编——对日抗战时期》第二编，作战经过（四），台湾"中国国民党中央委员会"党史委员会编印，1981年9月版，第176页。

及运输工具。"[1] 尽管"镇远""靖远"铁锚既不属"工业设备",也不属"运输工具",不应在"保留"之列,但麦克阿瑟的这一主张依然为中国收回"镇远""靖远"铁锚设置了障碍。盟军总部果然以超出时限为由,对中国的索锚主张不予支持。并且还规定,各盟国涉外问题,必须通过盟军总部办理。这样,索锚一事就陷入了进退两难的境地:受盟军总部阻挠不能立案,又不得自行向日方交涉。从这一点上看,此案只能是死案一桩。但钟汉波还了解到,尽管上述规定都是以盟军总部的名义作出,但规定毕竟不是国家法律,索取甲午舰锚一案盟军总部是否受理,与其他各国申请归还案并无关联和影响,是一个案,解决起来并不复杂,只需一纸行政命令通知日本即可。从这一点上看,索锚还是有希望的,只是具体负责此事的是盟军总部第二组组长、美陆军上校帕斯,此人态度十分强硬,很难对付。

据理力争索锚成功

针对前期索锚失败的原因,钟汉波作了充分的准备,他邀请中国代表团中的日本问题专家和法律专家一起研究、寻找索锚的依据,最终制定了一套法理情兼顾的索锚方案。

1947年3月28日,钟汉波第一次拜会帕斯,此时距他来日本已20天。在帕斯的办公室里,钟汉波经过短暂的寒暄之后,便开门见山地切入正题。他说,我奉本国政府之命,来重新提出索回舰锚一案。闻听此言,帕斯脸上立刻露出不快的表情,立即回复道,我曾数次宣称因第二次世界大战时间所限,不能受理此案。话音刚落,钟汉波便按照事先准备的材料,滔滔不绝地阐明了索锚的缘由和根据。第一,日本是无条件投降,盟军总部发出的命令与规定,各盟国驻日机构以及日本政府必须坚决执行。但命令与规定毕竟不是国家法律,可以通过后续的命令予以补充和删除。索取铁锚一案和其他盟国申请归还案并无关联和影响,盟军总部如果肯接受一个案处理,只需以一纸行政命令通知日本政府即可,不会多费周折。第二,中国是第二次世界大战战胜国,名列四强

---

〔1〕秦孝仪主编:《中华民国重要史料初编——对日抗战时期》第二编,作战经过(四),台湾"中国国民党中央委员会"党史委员会编印,1981年9月版,第176页。

之一，盟军总部如果继续以战争期限为由，允许日本利用所虏铁锚宣扬军国主义，是对中国的极大侮辱，势必迫使中国另寻非官方渠道收回铁锚。但中国仍然希望盟军总部能够受理此案，以免多生事端。第三，自从美国进驻日本后，盟军采取一切措施铲除日本军国主义的影响，这些措施包括彻底消除三军武器，严格管制从国外遣返回籍的日本军民，不允许他们以任何名义组织团队，结社游行，严防日本军国主义的复萌，以及惩处日本甲级战犯等等。中国"镇远""靖远"两舰的舰锚、炮弹及锚链等被陈列在东京上野公园达50年之久，对外籍游览人士而言，固然是日本扬耀其战功彪炳之举，而对其本国人民而言，不论男女老幼无疑是一种军国主义教育、启示及鼓励。中国索回这些物品，绝对符合盟军总部政策，并有助于彻底消除日本人的军国主义思想，而不应拘束受限于第二次世界大战期间的定义。[1]

在钟汉波慷慨陈词的半个小时时间里，帕斯的表情由不快，到平和，再到兴奋，有了很大的转变。当钟汉波陈述完毕后，他立即与钟约定，一星期以后再谈一次。此时钟汉波意识到，事情有了转机。

一星期之后，钟汉波按约再次来到盟军总部第二组，可意想不到的是，值日官说无需再见组长，舰锚归还案已经受理办妥，并将备忘录副本交给钟汉波，告知正本已送中华民国驻日代表团。钟汉波仔细看着备忘录，上面赫然写着：1947年5月1日上午9时，在东京芝浦码头举行交还签字仪式。钟汉波心中有说不出的快慰。当他4月底再次到上野公园时，发现原来陈列舰锚之处已经是空地一片，没有任何陈列铁锚的痕迹了。

东京码头举行归还仪式

1947年5月1日上午9时，铁锚等物品的交接仪式在东京芝浦码头如期举行，参加仪式的有中美日三方代表。中方代表除了钟汉波以外，还有代表团成员刘光平和刘豫生；美方代表是远东海军司令部海军上尉米勒特；日方代表是几名政府人员。仪式简单而隆重，三方对着排列有序的铁锚、炮弹、锚

---

[1] 钟汉波著：《驻外武官的使命》，台湾麦田出版股份有限公司1998年6月版，第51—52页。

在东京芝浦码头，钟汉波与铁锚合影

链等，相继在交接文件上签字。钟汉波欣喜异常，站立在铁锚一侧，让人拍了一张照片，成为这一重要时刻的历史见证。

收回的铁锚等物品先后分两批运回国内。第一批包括锚链20寻，分装12箱，炮弹弹头10枚，由日本归还中国的海关缉私舰"飞星"号载装，于1947年5月4日运抵上海；第二批包括铁锚两个，每个4吨，由日本归还中国的轮船"隆顺"号载装，于同年10月23日运抵上海。这些物品后又转运至青岛海军军官学校陈列。至此，甲午战争海军遗物重归故国，耻辱得以洗雪。如今，"镇远"舰的铁锚静静地躺在北京中国人民革命军事博物馆中，用无声的语言向人们诉说着它所经历的一切。

战后中国接收日偿军舰始末

1945年8月15日日本投降，曾经不可一世的日本海军终于走到了尽头。为彻底铲除日本的海上力量，盟军在战后对残存日舰进行了处置，下令凡有动力者均集中于横须贺、吴镇、舞鹤及佐世保军港待命。随后，盟军除挑选了135艘驱逐舰以下的无武装舰艇用以赔偿盟国之外，其他舰艇作了如下处理：将21艘驱逐舰以上的大型舰艇，部分拖至深海炸沉，部分作为美国原子弹核爆炸的试验品；幸存的潜艇，比较先进的被美军遣送至珍珠港，交给美国海军装备技术部进行研究，其余的50艘拖至外海炸沉；驱逐舰以下的作战舰艇近50艘，由18家日本原有的造船所负责拆解；所有辅助舰艇如登陆舰、输送舰、拖救舰，在拆除武装后变卖给民间航运企业。至此，盛极一时的日本海军烟消云散了。对于挑选出来的135艘舰艇，盟军总部决定通过抽签方式分配给中、英、美、苏四国，作为战争赔偿的一部分。本文将详细记述中国所得偿舰的来龙去脉。

中国分得首批偿舰

盟军占领日本后，在美国的主持下，制定了处置日本残余军舰的方案，将战斗舰及巡洋舰均予以毁坏，驱逐舰及较小舰艇则由中、美、英、苏四国共分[1]。这一方案一经公之于众，中国政府顿时感到忧虑，国防最高委员会就有人指出，此原则如经确立，恐对我赔偿比例有不良影响。因此，中国政府通过

---

[1] 秦孝仪主编：《中华民国重要史料初编——对日抗战时期》第二编，作战经过（四），台湾"中国国民党中央委员会"党史委员会编印，1981年9月版，第104页。

1947年6月28日，东京盟军总部举行抽签仪式，由美国海军中将葛立芬（立者）主持

驻日大使向美方提出交涉，"希望将此项主力舰、航空母舰交予我国，勿予沉毁"[1]。然而，美方对中国的意见并不理会，英、苏两国也赞同均分，所以这一方案在美国的坚持下成为最终方案。1947年4月，美国国务院通知中国外交部长王世杰："日本军舰六四艘已可分配，请中国政府指定接收地区，以便派日本海员送往，并请指派在日代表负责切实检验。"[2]接到通知后，海军决定派出海军上校技监马德建和海军上校参谋姚玙前往日本充任检验人员。

1947年6月28日上午，东京大以千大厦内盟军最高统帅部大礼堂座无虚席，这里正在举行中、英、美、苏四国均分第一批日偿舰艇抽签典礼。主席台上由右至左依次坐着中、英、美、苏四国代表，他们背后竖立着本国国旗。美国远东海军司令葛立芬中将主持会议。中国驻日代表团派出马德建为国家代表，姚玙以及海军少校钟汉波、海军上尉刘光平为随员，出席会议。获准旁听的各国来宾凭票进入会场，坐于观礼席上，其中华侨代表有六十余人，他们个个兴高采烈。

上午9时，葛立芬宣布会议开始，他首先作了简单的致辞。他说，日本投降后，盟军对日本海军进行了处置，其现存舰艇包括已卸除武装的驱逐舰、海防舰和辅助舰，盟军总部将按吨位分批平均分给中、美、英、苏四国，作为日本对盟国四强先行赔偿的一部分。每份舰艇已经编号并列表，放于各国代表桌上，如无异议，准备抽签分配。

---

〔1〕秦孝仪主编：《中华民国重要史料初编——对日抗战时期》第二编，作战经过（四），台湾"中国国民党中央委员会"党史委员会编印，1981年9月版，第10页。

〔2〕同上，第128页。

日舰的分配是由美国直接操纵的，没有给各国留下商量的余地，葛立芬在会上征求各国意见只是走走过场。因此，各国代表都未提出异议，只待抽签。

马德建代表中国抽签，抽得军舰八艘，包括现存日舰中排水量最

马德建代表中国抽签

大的两艘驱逐舰"宵月"号（标准排水量 2701 吨）和"雪风"号（标准排水量 2050 吨），总吨位 10460 吨，是这批军舰中最理想的一个签。旁听的华侨无不额手称庆，并纷纷向中国代表表示祝贺。

由于分得日本偿舰的四国国力不同，其处置这些舰艇的方法也不同。美国将偿舰就地拆解，英国将偿舰拖出外海炸沉，苏联将偿舰编入部署在海参崴的远东舰队，中国则将偿舰当成海军主战兵力使用。尽管这些舰艇大多已相当陈旧，但对国民党政府来说，在已经展开的内战中，仍是不可小视的重型武器。所以，国民党政府想尽快得到这些舰艇用于内战。

1947 年 6 月 20 日，钟汉波奉中国驻日代表团团长商震之命，赴日本九州的佐世保港查验八艘舰艇。在确认这些舰艇没有大的问题后，商震立即下达命令，任命钟汉波为遣送日舰回国联络官，率第一批八艘舰艇先期回国。1947 年 6 月 29 日，钟汉波搭乘盟军水上飞机再次前往佐世保，办理舰艇移交的一切手续。两天后，他在美国海军上尉高沙陪同下，乘护送舰"若鹰"号，带领悬挂日本俘虏旗（红蓝两色 E 字缺角旗）和日本国旗的八艘日偿舰艇，直驶上海[1]。

上海基地隆重接舰

1947 年 7 月 3 日下午 2 时 25 分，第一批日偿舰艇进入上海吴淞口，经过外

---

〔1〕钟汉波著：《驻外武官的使命》，台湾麦田出版股份有限公司 1998 年 6 月版，第 84 页。

1947年7月3日，"雪风"号驶入黄浦江

日偿军舰整修完毕后在黄浦江上列队接受检阅

滩驶向高昌庙，最后停泊于江南造船厂前黄浦江中。沿途成千上万的市民驻足观看。当日上海的《新闻报》报道说："……此批军舰中七艘呈深灰色，仅'初梅'号呈浅灰，姿态亦甚悦目。护送舰过后第一艘为'雪风'号驱逐舰，第二艘为'海字第14'号护航舰（日称之为海防舰），第三艘为'海字194'号护航舰，第四艘为'枫'号驱逐舰，第五号为'初梅'号驱逐舰，第六艘为'海字67'号护航舰，第七艘为'四阪'号护航舰，最后一艘为'海字215'号护航舰。"[1]

7月6日上午9时，在高昌庙海军江南造船所，国民党海军上海第一基地举行了隆重的接舰仪式。当时，海军江南造船所大门上方悬挂着白底红字"接收分配日本军舰典礼"的横额。接收日舰升旗典礼的会场设置在江南造船所的船坞D字码头，两侧悬着各式通语旗，鲜艳夺目，日偿军舰中吨位较大的"雪风"号驱逐舰即停泊于1号与2号船坞间的码头，其他七艘均成直线形静泊江面，这时，日本的军舰上还挂着斗大的太阳旗及俘虏旗各一面，二百多个日籍海员垂头丧气，"咿哦！""咿哦！"地唏嘘着。

司令台正对着"雪风"舰，为一长方形石台，四周也悬挂着各色的五彩通

---

〔1〕钟汉波著：《驻外武官的使命》，台湾麦田出版股份有限公司1998年6月版，第86—87页。

语旗，台之两边树立着中国国旗，台后为司令旗旗杆。

9时整，"接收分配日本军舰典礼"在军乐声中开始，基地司令方莹少将、国民党上海市党部主任委员方治、上海市市长代表张彼德、师管区司令傅正模、外交部驻沪办事处主任陈国廉、驻日代表钟汉波少校、海军接舰处处长杨道钊上校、美海军代表高沙上尉等在各界来宾及海军官佐眷属两千余人的瞩目下，陆续登上司令台。

典礼由方莹主持。全体肃立奏国歌后，方莹、方治、张彼德先后致辞。接着便是升旗仪式。方莹发出命令，由旗台悬起长方形（三道白条，两道黄条）号令旗一面，同时，"雪风"舰上也按号令旗升上角形预备旗，通知七艘日舰降下日本旗及俘虏旗。日本旗降下后，司令旗杆上再度悬号令旗，通知"雪风"舰，"雪风"舰再悬上预备旗通知其他七艘，升起中国国旗。在典礼进行中，美国海军代表高沙上尉取出收舰证明书，由方莹及日方领队绪方中佐等相互签字，表示这八艘军舰已由中国正式接收。至此隆重的接收典礼宣告结束。

1947年7月17日，中、美、英、苏四国在东京美国海军远东司令部举行了第二批舰艇分配典礼，

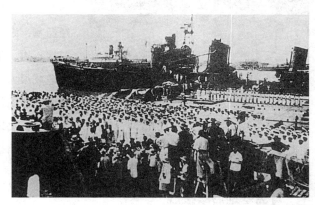

1947年7月6日，在上海江南造船所举行了第一批日偿军舰的接舰典礼

参加接舰典礼的各界代表

接收典礼后举行了升旗仪式

中国分得八艘，总吨位8450吨。这批军舰于7月27日驶离佐世保军港，28日下午6时抵达长江口，在中国海军"楚观"号江防舰和"联荣"号步兵登陆艇的引导下，驶入上海龙华江面。29日开始造册点收，31日正式举行接收典礼。

上述两批日偿军舰在海军上海第一基地完成接收后，方莹和杨道钊都认为，基地内泊港舰艇本来已经拥塞，添加了16艘军舰后，更是拥堵不堪，给江南造船所的保修工作造成很大压力，建议后续日偿军舰改驶他处接收。海军总部鉴于这种情况，决定将余下的日偿军舰驶往海军青岛第二基地接收，并命令基地司令董沐曾少将做好接收准备。

青岛基地后续接舰

1947年8月13日，盟军总部在东京分配了第三批军舰，中国同样分得八艘。该批军舰于8月25日驶离佐世保军港，27日与引导舰"永泰"号扫雷舰会合，经长时间航行后驶入青岛大港，停泊于3号码头。30日了举行接收典礼及升旗仪式。

典礼是上午8时在日偿军舰"宵月"号上举行的，由国民党海军青岛第二基地司令董沐曾主持，邀请了青岛市市长李先良、青岛警备司令丁治磐、麦克阿瑟代表皮尔斯等人以及青岛市党政机关代表和新闻记者参加。董沐曾在讲话中说，这次分配日舰，是解除日本武装，防止其侵略野心再抬头的重要举措，"我们应该努力建军，和盟邦共同维护永久和平"。李先良在致辞中指出："今天在青岛接收日舰是青岛的光荣，因为事变以前青岛前后海，都受着日舰的威胁，这耻辱是最深的。今天日舰一扫而光，可见青岛市民是怎样的高兴。"[1]随后，董沐曾代表海军司令部签署接收单。

9月，盟军总部分配了第四批军舰，中国分得十艘。原本海军总司令桂永清决定将这批军舰驶往台湾左营，由海军第三基地司令黄绪虞接收，以便于装修，后来由于某种原因，还是驶往青岛。由于这批舰艇吨位大小不一，航速各异，故分两批先后驶离佐世保军港，于1947年9月30日在青岛港外大公岛海面与引导舰"美朋"号中型登陆舰会合，随后驶入青岛港泊5号码头。10月3日，签字移交，次日举行接收典礼。至此，34艘日偿军舰全部接收完毕，共计30500吨。按照接收顺序，国民党海军将其临时编号为"接1"至"接34"。

日偿军舰表

接受序号	原舰型	原舰名	新舰名	建造商	排水量（吨）	
					标准	满载
接一号	一等驱逐舰	雪风	丹阳	佐世保海军工厂	2050	2490
接二号	二等驱逐舰	枫	衡阳	横须贺海军工厂	1262	1530
接三号	二等驱逐舰	初梅	信阳	舞鹤海军工厂	1289	1580
接四号	海防舰	四阪	惠安	大阪日立樱岛造船所	940	1020
接五号	海防舰	海防十四	未命名	横须贺海军工厂	740	900
接六号	海防舰	海防一九四	威海	三菱重工长崎造船所	740	900
接七号	海防舰	海防六十七	营口	吴港武藏海军工厂	745	810
接八号	海防舰	海防二一五	辽海	新潟铁工厂	745	810
接九号	二等驱逐舰	茑	华阳	横须贺海军工厂	1289	1580
接十号	二等驱逐舰	杉	惠阳	大阪藤永田造船所	1262	1530
接十一号	海防舰	对马	临安	横滨鹤见钢管厂	870	1020
接十二号	海防舰	海防一一八	未命名	川崎皇州铁工厂	740	900
接十三号	海防舰	海防一九二	同安	三菱重工长崎造船所	740	900
接十四号	海防舰	海防一九八	未命名	三菱重工长崎造船所	740	900
接十五号	海防舰	海防八十五	吉安	横滨鹤见钢管厂	745	810

---

[1]林汉达：《观日赔偿舰接收典礼记》，《海军采访》，海军总司令部新闻处编印，第55页。

（续表）

接受序号	原舰型	原舰名	新舰名	建造商	排水量（吨）	
					标准	满载
接十六号	海防舰	海防二〇五	新安	新潟铁工厂	745	810
接十七号	一等驱逐舰	宵月	汾阳	东京浦贺船渠	2701	3485
接十八号	海防舰	隐岐	固安	东京浦贺船渠	870	1020
接十九号	海防舰	屋代	威台	大阪日立樱岛造船所	940	1020
接二十号	海防舰	海防四十	成安	大阪藤永田造船所	740	900
接二十一号	海防舰	海防一〇四	泰安	三菱重工长崎造船所	740	900
接二十二号	海防舰	海防八十一	黄安	舞鹤海军工厂	745	810
接二十三号	海防舰	海防一〇七	潮安	浪速造船所	745	810
接二十四号	一等输送舰	输十六	武彝	三菱重工横滨造船所	1800	2300
接二十五号	二等驱逐舰	波风	沈阳	舞鹤海军工厂	1215	1650
接二十六号	二等输送舰	输一七二	庐山	大阪日立樱岛造船所	887	1129
接二十七号	给粮运送舰	白崎	武陵	大阪日立樱岛造船所	920	1500
接二十八号	水雷敷设舰	济州	永靖	佐世保海军工厂	750	820
接二十九号	水雷敷设舰	黑岛	未命名	舞鹤海军工厂	405	420
接三十号	猎潜舰	追四十九	海宏	函馆造船所	420	460
接三十一号	驱潜艇	追九	海大	三菱重工横滨造船所	290	309
接三十二号	木壳扫海特务艇	万十四	扫雷二〇一艇	大阪日立樱岛造船所	215	222
接三十三号	木壳扫海特务艇	万十九	扫雷二〇二艇	佐野安船渠	215	222
接三十四号	木壳扫海特务艇	万二十二	扫雷二〇三艇	名村造船所	215	222

四批偿舰分配完毕后，美国远东海军司令部决定：第四批日舰分配后，余者无多，或因占领军用，或因担任扫雷工作，多数系木壳，年内不再分配[1]。至此，偿舰分配告一段落。

日偿军舰归宿不同

日本造舰工艺精良，舰体建构新颖。对于日偿军舰，国民党海军寄予很大期望，他们满以为来华后即可投入反共作战。但没想到，在驶回国的途中就有三艘轮机损坏，在海上漂流，经抢修后勉强行使。它们是第一批的"海防215"号海防舰、第三批的"隐岐"号海防舰和第四批的"黑岛"号水雷敷设舰。据事后调查分析，可能是日籍船员在轮机舱内动了手脚。战后，部分日籍船员被盟军总部征用，驾驶着悬挂俘虏旗的日本舰艇，当然感到屈辱。因此，有些船员想尽一切办法暗中进行破坏。据台湾修造厂的工人讲，有多艘日偿舰艇的锅炉、管线及油柜内，都有恶意灌入的海水，日久之后，轮机故障频发，修修走走，大大削弱了战斗力。

日偿军舰来华后，其归宿大不相同。一部分在全国革命形势的推动下毅然起义，加入人民海军；一部分驶往台湾编入台湾海军；还有一部分到台湾后由于舰况太差始终无法服役。

17艘在台湾海军中服役

"接1"为驱逐舰，佐世保海军工厂建造，排水量2050吨，原名"雪风"，在日本海军中名气很大，曾参加中途岛、雷伊泰等海战，还曾为历史上最大的航母"信浓"护航，到二战结束时，是18艘"阳炎"级驱逐舰中唯一幸存下来的，是日本海军著名的幸运舰，人称"不死鸟"。该舰于1947年7月6日在上海移交，成军后命名"丹阳"号。该舰移交时损坏过于严重，一直未曾武装服役，直到来台湾后因海军急需一线战舰，于1952年10月勉强装修完毕，随即出访菲律宾。在这一阶段"丹阳"号上所装的前主炮为双联装5吋炮塔1座，后主炮装的是2座双联装3.9吋炮塔。另外还装有日制25毫米机炮8门。1956

---

[1] 秦孝仪主编：《中华民国重要史料初编——对日抗战时期》第二编，作战经过（四），台湾"中国国民党中央委员会"党史委员会编印，1981年9月版，第132页。

"接1"，原名"雪风"，台湾海军将其　　　"接1"舰首
改名为"丹阳"

年，"丹阳"号因弹药库存有限，决定改装美式5吋炮3门，3吋炮2门，40毫米炮10门。在换装前夕，"丹阳"号秘密奉派开赴浙江海域，向鲗门岛解放军营房猛烈炮击，消耗完库存弹药后逃回台湾。此后，"丹阳"号参与了劫夺波兰及苏联油轮等事件，1966年11月退出现役，1971年拆解。

该舰退役时日本方面曾想买回作纪念舰，但台湾方面坚决不允。不过1971年12月8日，台湾海军将"丹阳"号上的锚和舵轮归还日本，现放置在江田岛海上自卫队术科学校与教育参考馆。

"接3"为驱逐舰，舞鹤海军工厂建造，排水量1289吨，原名"初梅"，1947年7月6日在上海移交，后改名为"信阳"，编入海防第二舰队。该舰于1948年3月成军，装备日制4.7吋炮2门，2.5吋炮3门，40毫米机炮2门，20毫米机炮4门。1949年4月23日，国民党海防第二舰队在长江起义，"信阳"号舰长白树棉拒绝参加，率舰拖带"炮50"号炮艇逃出长江，驶往台湾。1955年，该舰由驱逐舰改列为护卫舰，火炮换装美式5吋炮2门，40毫米机炮7门，20毫米机炮6门。1961年12月退出现役。

"接7"为海防舰，吴港武藏海军工厂建造，排水量745吨，原名"海防67"，1947年7月6日在上海移交，1948年1月服役，命名为"营口"。第二舰队在长江起义时，"营口"舰逃到上海，后到台湾。1952年换装美制3吋炮1门，40毫米机炮2门，20毫米机炮8门，并改名为"瑞安"。1955年8月退役。

"接8"为海防舰，新潟铁工厂建造，排水量745吨，原名"海防215"，1947年7月6日在上海移交，1948年6月交教育部转交国立辽海商船专科学校作为练习船，由此命名为"辽海"。到台湾后于1953年装配美制3吋炮2门，20毫米机炮6门，加入海军服役。1955年退役，1960年被拆解。

"接11"为海防舰，横滨鹤见钢管厂建造，排水量870吨，原名"对马"，1947年7月31日在上海移交，命名"临安"，1949年5月自上海拖到台湾基隆，于1953年装备日式4.7吋炮1门，3吋炮1门，25毫米机炮8门。后又改为美式3吋炮2门，40毫米机炮4门，20毫米机炮4门。在服役过程中，曾一度改装为布雷舰。1957年11月退役。

"接18"为海防舰，东京浦贺船渠建造，排水量870吨，原名"隐岐"，1947年8月30日在青岛移交，命名为"长白"。该舰艇原计划是要以破冰舰成军，故以勤务舰山岳命名，后因计划改变而改名为"固安"，1949年7月遇台风搁浅损毁，于9月退役。

"接19"为海防舰，大阪日立樱岛造船所建造，排水量940吨，原名"屋代"，1947年8月30日在青岛移交。该舰原计划是要作为破冰舰之用，所以按勤务舰山岳命名为"雪峰"，但后来未实施，故改名"威台"，后再依日制护航舰统一"安"字号命名改名"正安"。该舰服役后状况不佳停航，于1949年2月由青岛拖往台湾左营，1951年大修换装美式5吋炮2门，40毫米机炮5门，20毫米机炮4门。1956年10月退役。

"接20"为海防舰，大阪藤永田造船所建造，排水量740吨，原名"海防40"，1947年8月30日在青岛移交，命名为"成安"。该舰随国民党军撤退到台湾，换装美式5吋炮2门，40毫米机炮3门，20毫米机炮3门。曾参加青岛撤退、突袭东山岛等多次战役及封锁大陆拦截行动，1958年10月退役，1963年被拆解。

"接21"为海防舰，三菱重工长崎造船所建造，排水量740吨，原名"海防104"，1947年8月30日在青岛移交，命名为"泰安"。该舰随国民党军败退到台湾后，换装与"接20"相同。它曾参加辽西会战、青岛撤退、突袭南日岛等多次战役，并在封锁大陆沿岸行动中捕获原民生公司轮船"太湖"号押回

"接3"原名"初梅",接收后改名为"信阳"

"接8"原名"海防215",后改名"辽海"。图为"辽海"舰停靠基隆港待修

"接11"原名"对马",接收时命名"临安"

"接21"原名"海防104",接收时命名为"泰安"

台湾高雄。1958年10月退役，1963年被拆解。

"接23"为海防舰，浪速造船所建造，排水量745吨，原名"海防107"，1947年8月30日在青岛移交，命名为"潮安"。该舰于1949年2月自青岛拖至台湾基隆，整修后加装美制3吋炮2门，40毫米机炮2门，20毫米机炮4门。1954年9月26日，该舰在澎湖执行任务时触礁，于同年12月16日退役。

"接26"为输送舰，大阪日立樱岛造船所建造，排水量887吨，原名"输172"，1947年10月3日在青岛移交，命名为"卢山"。该舰于1949年2月自青岛开至台湾左营，后因零件缺乏而停航，1951年3月退役报废。

"接27"为给粮运送舰，大阪日立樱岛造船所建造，排水量920吨，原名"白崎"，1947年10月3日在青岛移交，命名为"武陵"。该舰由于具有大型冷藏库设备，故任务以运送蔬果肉类补给外岛为主。接收时是34艘日偿舰艇中状况最佳的一艘，1948年12月即成军服役。1949年4月23日国民党海军第二舰队在长江起义时，该舰逃出长江，后到台湾。1970年5月该舰艇退役。

"接28"为水雷敷设舰，佐世保海军工厂建造，排水量750吨，原名"济州"，1947年10月3日在青岛移交，命名为"永靖"，于1948年10月服役。该舰虽为布雷舰，但于1953年改为护卫舰级。该舰接收后参加过辽西会战、上海战役、大陈岛防卫战等。到台湾后改装美式3吋炮1门，40毫米机炮3门，20毫米机炮5门。1960年5月退役。

"接30"为猎潜舰，函馆造船所建造，排水量420吨，原名"追49"，1947年10月3日在青岛移交。该舰在接收后并未命名，也未服役，原计划交给胶州海关为缉私船，但海关发现其状况不佳不愿接收，海军于是将其拨交第二巡防艇队。后在定海工厂装配武器再改隶温台巡防处。1949年9月该舰

"接30"原名"追49"，接收后先后改名为"驱潜十二""海宏""雅龙""渠江"

命名为"驱潜十一",1950年1月依新规定改名为"海宏",1951年1月再改名为"雅龙"。1954年美援舰大批成军后,台湾海军统一以"江"字号命名,该舰又改名为"渠江",1956年10月退役拆解。

"接31"为驱潜艇,三菱重工横滨造船所建造,排水量290吨,原名"追9",1947年10月4日在青岛移交。该艇接收后未服役,先拨交山东保安司令部,1948年后改隶第一炮艇队。1949年9月该艇改名为"驱潜十二",1950年1月依新规定改名为"海达",1951年1月再改名为"富陵"。1954年按"江"字号命名为"岷江"。1955年3月该艇退役。

"接33"和"接34"为木壳扫海特务艇,前者由佐野安船渠建造,后者由名村造船所建造,两艇排水量均为215吨,原名"万19"和"万22",1947年10月3日在青岛移交时命名为"扫202"和"扫203"。两艇接收后编入国民党海军服役,曾参加支援金门战役行动。1950年7月,两艇依新命名规定改名为"江毅"和"江勇",1952年7月作为港巡艇入基隆第三巡防艇队编制,1968年退役。

9艘未真正服役

"接2"为驱逐舰,横须贺海军工厂建造,排水量1262吨,原名"枫",1947年7月6日在上海移交,后改名为"衡阳"。该舰于1949年10月从上海拖至台湾淡水,列名于台湾海军训练舰队旗下,但由于舰况极差,始终没有武装正式服役,于1954年11月报废拆解。

"接9"为驱逐舰,横须贺海军工厂建造,排水量1289吨,原名"茑",1947年7月31日在上海移交后并未成军,1948年命名为"华阳",1949年5月由上海拖带至台湾马公,10月列名于训练舰队旗下,但由于未曾真正服役,故未武装,1950年在澎湖报废。

"接10"为驱逐舰,大阪藤永田造船所建造,排水量1262吨,原名"杉",1947年7月31日在上海移交,后改名为"惠阳"。1949年5月,该舰被自上海拖带至台湾淡水,不慎搁浅,于1954年11月报废拆解。

"接13"为海防舰,三菱重工长崎造船所建造,排水量740吨,原名"海防192",1947年7月31日在上海移交,命名为"同安"。1949年5月国民党撤出上海时将其拖至台湾基隆,但因状况极差从未恢复武装,于1952年报废。

"接16"为海防舰,新泻铁工厂建造,排水量745吨,原名"海防205",

1947年7月31日在上海移交，命名为"长安"，1948年5月改名为"新安"，因机件状况太差一直被列为保管舰编制，至1950年2月退役。

"接17"为驱逐舰，东京浦贺船渠建造，排水量2701吨，是日本战时所造的最大型驱逐舰，原名"宵月"，1947年8月30日在青岛移交，命名为"汾阳"。该舰接收后因缺乏专业技术人员而长期不能行动，始终列为保管舰编制。1949年2月自青岛拖往台湾基隆，暂作训练舰使用。1949年5月"重庆"号巡洋舰起义后，国民党为加强海军力量，计划将其拖至日本进行整修并武装，但不久朝鲜战争爆发，美国第七舰队协防台湾，降低了对该舰的需求迫切性，加之经费所限而放弃修复计划。1962至1963年间，该舰退出现役并遭拆解。

"接24"为输送舰，三菱重工横滨造船所建造，排水量1800吨，原名"输16"，1947年8月30日在青岛移交，命名为"武彝"。该舰接收后隶属国民党海军总部为直属供应舰，但因状况太差，始终例如保管舰编制，也未装配火炮。该舰于1950年11月遇台风搁浅，12月退役报废。

"接25"为驱逐舰，舞鹤海军工厂建造，排水量1215吨，原名"波风"，1947年10月3日在青岛移交，命名为"沈阳"。该舰状况不佳，接收后一直未

"接25"原名"波风"，接收时命名为"沈阳"。图中中间军舰即为"波风"，摄于刚到青岛时

曾武装，原计划交给青岛电信总局作为水线船布设维修水底电缆之用，1948年8月又改由国营招商局青岛分局接收。1949年2月国民党从青岛撤退时自青岛拖至台湾淡水，暂列训练舰队编制，但并未真正服役，于1960年退役报废。

"接29"为水雷敷设舰，舞鹤海军工厂建造，排水量405吨，原名"黑岛"，战前曾在中国长江服役过，1947年10月3日在青岛移交，未命名。该舰在青岛大修时曾策划与"黄安"号一起起义，但未成功。10天后，代舰长刘建胜与部份舰员单独率舰起义但失败。1949年2月该舰被拖到定海，后因锅炉损坏严重无法修理，于1950年5月退役。5月16日国民党军从舟山撤退时将其沉塞于长涂港。

4艘被人民解放军俘获

"接5"为海防舰，横须贺海军工厂建造，排水量740吨，原名"海防14"，1947年7月6日在上海移交，此后未命名，也未成军。1948年6月，该舰被作为巡逻船转交浙江外海水警局，但由于舰况较差而被退回，此后一直闲置，直至人民解放军占领上海被俘获。该舰后经修复改装后编入华东军区海军第六舰队，命名为"武昌"，曾于1955年1月参加著名的一江山战役。1956年8月2日，强台风袭击象山浦，该舰遭台风袭击毁损而报废。

"接6"为海防舰，三菱重工长崎造船所建造，排水量740吨，原名"海防194"，1947年7月6日在上海移交后改名"威海"。第二舰队在长江起义时，"威海"号企图逃出长江口，被人民解放军炮火击毁并俘获，后经过修复编入华东军区海军第六舰队，改名"济南"。1950年9月12日，因舰员操作不当锅炉发生爆炸，造成严重事故，后经修复继续服役。1955年1月，"济南"号参加了浙东、一江山等战役。20世纪60年代中期以后，又入闽粤执行作战任务。1978年退役报废。

"接12"为海防舰，川崎皇州铁工厂建造，排水量740吨，原名"海防118"，1947年7月31日在上海移交，但始终未成军。1948年6月交教育部转交国立海事学校作为练习船，1949年5月在上海被人民解放军俘获。1950年4月23日被命名为"长沙"，编入华东军区海军第六舰队。此后该舰参加了鏖战浙东、解放一江山岛等重大军事行动，1978年退役报废。

"接14"为海防舰，三菱重工长崎造船所建造，排水量740吨，原名"海防198"，1947年7月31日在上海移交，其后经历与"接5"相同。1949年5月在上海被人民解放军俘获，次年被命名为"西安"，编入华东军区海军第六舰队，此后参加了若干重大军事行动，1978年退役报废。

4艘起义

"接4"为海防舰，大阪日立樱岛造船所建造，排水量940吨，原名"四阪"，1947年7月6日在上海移交，后命名为"惠安"。该舰服役后也被编入海防第二舰队，该舰队在长江起义时，"惠安"舰长吴建安率舰积极响应，但该舰于28日被国民党飞机炸沉于燕子矶，舰上有六名官兵牺牲。

"接15"为海防舰，横滨鹤见钢管厂建造，排水量745吨，原名"海防85"，1947年7月31日在上海移交，命名为"吉安"，编入国民党第二舰队。1949年4月23日，该舰随第二舰队起义，30日被国民党飞机炸沉于采石矶。

"黄安"舰起义后停靠于青岛栈桥。此照为国民党空军空中侦察时所摄

"接22"为海防舰，舞鹤海军工厂建造，排水量745吨，原名"海防81"，1947年8月30日在青岛移交，命名为"黄安"。该舰于1949年2月12日在青岛起义，开往连云港解放区，它是解放战争后期起义的第一艘国民党舰艇。华东军区海军第六舰队成立时，"黄安"号被命名为"沈阳"，编入该舰

"扫201"起义后改名为"秋风"

队第2大队。后在浙东南鏖战、解放—江山岛、援救"民主"轮、编队演习等行动中发挥了重要作用。

"接32"为木壳扫海特务艇，大阪日立樱岛造船所建造，排水量215吨，原名"万14"，1947年10月3日在青岛移交，命名为"扫201"，隶属烟台巡防处。1949年2月17日，该艇在山东长岛起义，驶抵烟台解放区。后编入华东军区海军扫雷大队，命名为"秋风"。1976年退役。

台湾海军篇

日本战犯帮蒋介石"反攻大陆"

抗日战争胜利后，蒋介石借助已降日军大肆抢夺胜利果实，尝到了利用日军战俘的好处。内战开始后，为了吸引更多日本旧军人为其服务，蒋介石不惜牺牲中国人民的民族感情，为日本战犯开脱罪责，致使大批日本战犯逃脱了应有的惩罚。这些战犯对蒋介石的不杀之恩感激涕零，回到日本后时刻寻求"报恩"机会。他们有的迫不及待偷渡来华，为蒋介石充当内战"顾问"；有的在日本招募"义勇军"，想开赴中国战场直接参战；还有的成群结队来到台湾，试图长期为蒋介石培养高级"军事人才"……这些"报恩"行动虽然为蒋介石的"反攻大陆"企图注入了强心剂，但由于它引起了全中国人民的强烈谴责和国际舆论的广泛关注，最终成为蒋介石的累赘而为蒋所抛弃。近几年来台湾的解密档案逐渐披露了一个又一个事件的真相。

根本博首次来台助战

根本博是来台"报恩"的第一个日本战犯。根本博，日本福岛县人，在侵华期间曾任华北方面军副参谋长、华南方面军参谋长等职，1945年出任华北方面军司令官兼驻蒙军司令官，大将军衔，是十足的日本战犯。在战争接近尾声之时，为掩护日本军民的撤退，曾率军与苏联红军在张家口以北地区交战。战争结束后，蒋介石命令他协助国民党军队抢夺胜利果实，抗拒八路军的接收。由于他表现积极，蒋介石不仅开脱了他的战争罪行，而且还将其视为座上宾。战争刚刚结束，根本博担心国民政府将其治罪，先后拜访了第十一战区司令长官孙连仲、第十二战区司令长官傅作义、北平行辕主任李宗仁、陆军总司令

日本战犯根本博

何应钦等国民党要员，当然，更忘不了拜谒蒋介石。对蒋介石的拜见，令根本博十分难忘，后来他回忆说，蒋介石一点也没有战胜国的骄横，在他的书房中只有两张椅子，蒋介石让侍卫长商震、战区司令长官孙连仲等高级将领站着，却拉着根本博的手请他坐下。蒋介石对他说，处罚战争罪犯是联合国的协定，一定要做，但自己并不愿意举发太多战犯，只想缩小范围去处罚战争中最恶质的人。这让根本博大受感动，"报恩"之心油然而生。随后，根本博在35万日本军队和45万日本侨民遣返回国后，以无罪之身返回日本。

从1948年9月开始，中国人民解放军发起三大战役，国民党军队在各个战场节节败退，行将土崩瓦解。当1949年4月人民解放军以破竹之势横渡长江，挺进江南的时候，国民党内部已经惶惶不可终日。身在日本的根本博从媒体的报道中获悉了中国战场的形势，很为蒋介石着急，决定尽自己的力量帮助蒋介石，以报开罪之恩。

1949年5月初，根本博在事先未征得蒋介石同意的情况下，化名林保源，网罗了吉川源三（化名周志澈，陆军中佐）、浅田哲夫（化名宋义哲，陆军上尉）、冈本秀俊（化名陈万全，陆军少尉）、中尾一行（化名刘台源，陆军曹长）、吉村虎雄（化名林良材，非军人）、照屋林蔚（化名刘德全，非军人）等六名日本人，筹划偷渡前往中国。出发之前，他作了周密计划，把偷渡的第一站定在上海。可不久他就获悉，人民解放军已经逼近上海，他随即将计划作了修改，决定直驶台湾。

然而，根本博的偷渡行动并不顺利，他们的神秘活动引起了驻日美军宪兵的注意。1949年5月8日，根本博突然遭到宪兵的逮捕。他深怕失去这次赴台"报恩"的机会，直截了当地向美军表明，自己是想赴台帮助蒋介石，并表示不达目的决不罢休。出乎他的意料，美军不仅同意了他的要求，而且还专门派出一名日裔美军随行警戒。5月下旬，根本博一行搭乘排水量30吨的机帆船

"捷真丸"号悄悄从九州出港，踏上了偷渡的危险旅程。他们沿着西南诸岛向台湾进发。当船行驶到琉球群岛附近时，遇到了台风，船在狂风巨浪中漂泊，当它即将沉没时，美国海军警备艇突然出现，进行了搭救，根本博一行逃过一劫。但是，他们遭到了美国海军更加严厉的盘查。不过，这次根本博又一次说服美国军方，同意释放他们继续赴台，而且同意派军舰直接将他们送到台湾。1949年6月10日，根本博一行到达基隆。

根本博来台时，台湾的状况十分混乱，基隆地方当局并未接到任何指令，他们对根本博一行的到来不知所措，只能先将他们扣押起来，慢慢研究处理方法。一个月以后，根本博等人终于获得释放。台湾省主席兼保安司令陈诚、副司令彭孟辑等召见根本博，对他"雪中送炭"的举动十分感谢，专门安排保安司令部警务处处长王成章负责接待。随后，根本博一行被安排住在北投的警务处招待所，由专员李祝三负责照顾与联络。蒋介石获悉此事后，非常感动，立刻命令驻日代表团军事组组长曹士澂致送七人家属每月生活补助金，并指示台湾地方官员妥善安排。此时蒋介石的目的是想利用根本博等人前往金门战地，辅助汤恩伯指挥作战。

1949年8月中旬，汤恩伯面见蒋介石报告舟山群岛军情，蒋介石把根本博介绍给汤恩伯，并要求根本博协助汤作战。随后，根本博以汤恩伯私人顾问的身份飞到舟山群岛，视察各岛情况。

10月，人民解放军发起金门战役，根本博转赴金门，在战斗最激烈的时候，他向汤恩伯献计，在解放军全部登陆后，守军从海岸包抄，并让装备有燃油的突击部队隐蔽于石洞中，寻找时机烧毁解放军的运输船，同时调动海军协同陆上作战。这些建议被汤恩伯所采纳，在作战中发挥了很大作用。

1949年底，根本博奉蒋介石之命，协助防守舟山群岛，他立即搭船到定海巡视大小岛屿，并着手制订防御计划。根本博认为，舟山群岛大小岛屿太多，军舰来往不便，需要机动力很强的机帆船，来完成灵活探知解放军情况、联络总部、派遣援军等任务。但是，这种机帆船当时只有日本才有，于是，根本博以打渔为名，花15万日元的总额，从日本国内购买了33艘这样的机帆船。然而，当船队将要从日本出发时，一艘机帆船上的船员之间发生械斗，引起了日本海上保安队的追捕。在盘查这些不明身份的机帆船时，日本海上保安队发现，这些船的大多数船员没有船员证；进一步调查发现，船队与台湾军方有关，便通知了美国军方。随后，这一事件在社会上广泛传播开来，迅速上了港、日的媒体，这些媒体称"中国在日本招募10万义勇军前往台湾参加作战"，"根本博中将先行赴台接洽"等等，美国《芝加哥论坛报》也发表了类似的报道。

事情的发展完全出乎蒋介石的预料，蒋生怕美方直接干预，从而影响冈村宁次正在实施的招募"白团"的计划，于是决定中止根本博在中国的活动。曹士澂则向蒋介石建议，只保留根本博一人在台工作，其余六人发给安家费遣返回国，蒋表示同意。不久，"白团"成员纷纷来台，蒋介石有意让根本博参加"白团"，并以较深资历担任团长，但遭到"白团"成员的反对。后来根本博被遣送回国。据说他回日本后，无所事事，终日酗酒，于1966年5月了却残生。

冈村宁次策划招募"义勇军"

冈村宁次毕业于日本陆军士官学校和陆军大学，历任军事调查委员长、关东军副参谋长、参谋本部第二部长、第二师团长第十一军司令官、第六方面军司令官、华北派遣军总司令官等职，1944年11月升任中国派遣军总司令官，所有在华陆军作战部队均由他指挥监督。在任职期间，他发明并执行了杀光、烧光、抢光的"三光政策"，对中国人民犯下了滔天罪行，是"天字第一号法西斯战犯"[1]，与中国人民有"不共戴天之仇"[2]。但在战后，蒋介石为利用日本战犯对付共产党，竟认定冈村宁次"未参与战争的指导策划，对发动战争没有责任，而战场内的不人道杀戮事件，也与冈村宁次没有直接关系"[3]。随后，在蒋介石的庇护下，冈村宁次先在上海治病，后秘密居住于南京金银街四号一栋三层楼房中，成为为蒋介石出谋划策的高级军事顾问。1949年1月26日，国民政府军事法庭宣判冈村宁次无罪。判决书称："所有长沙、徐州各大会战日军的暴行，以及酒井隆在港粤，松井石根及谷寿夫等在南京大屠杀事件，均系发

〔1〕《人民解放军总部发言人揭发蒋介石起用敌酋冈村宁次》，《正报》1947年第43期，第8页。
〔2〕戴天仇：《恶贯满盈的冈村宁次》，《群》1948年第7期，第5页。
〔3〕林照真著：《覆面部队——日本白团在台秘史》，台湾时报文化出版企业股份有限公司1996年7月版，第21页。

生在被告任期之前，与被告无涉。""被告即无触犯战规、或其他违反国际公法的行为，应予谕知无罪，以为公允"〔1〕。这一判决引起全中国人民的强烈愤慨。中共发言人于28日发表谈话，强烈要求国民党反动政府重新逮捕冈村宁次。谈话中指出："日本战犯前中国派遣军总司令官冈村宁次大将，为日本侵华派遣军一切战争罪犯中的主要战争罪犯，今被南京国民党反动政府的战犯军事法庭宣判无罪；中国共产党和中国人民解放军总部声明：这是不能容许的。中国人民在八年抗日战争中牺牲无数生命财产，幸而战胜，获

日本战犯冈村宁次

此战犯，断不能容许南京国民党反动政府擅自宣判无罪。……我们现在向南京反动政府的先生们提出严重警告：你们必须立即将冈村宁次重新逮捕监禁，不得违误。……并依照我们将要通知你们的时间地点，由你们负责押送人民解放军。"〔2〕然而，蒋介石置若罔闻。

　　1949年1月30日上午，美籍轮船"维克斯"号驶离上海黄浦港，但谁也不曾想到，日本战犯冈村宁次就在这艘船上，而此时上海大街小巷贴满了"不许把日本战犯运走"的标语。"维克斯"号于2月3日驶进日本横滨港，冈村宁次回到了离别七年的家乡。

　　冈村宁次为了报答蒋介石的"不杀之恩"，回到日本后积极投入反共行动。他的第一步棋就是组织前日本军人成立"义勇军"，共同参加国民党"反攻大陆"的战争。尽管此时的冈村宁次身体状况已经相当糟糕，肺病很严重，但他依然不遗余力地在台前幕后进行种种策划工作。他在给蒋介石的信中说："最终是希望能够结合这些前日本军人，组织以反共为目的的义勇军，共同参

---

〔1〕林照真著：《覆面部队——日本白团在台秘史》，台湾时报文化出版企业股份有限公司1996年7月版，第22、23页。
　　〔2〕《毛泽东选集》第四卷，人民出版社1991年6月版，第1394页。

加反攻大陆的战争。"[1]

1949年底，冈村宁次与国民政府驻日代表团军事组组长曹士澂商量制定了《义勇军招募工作要领》，托人带给蒋介石过目。这个《要领》包括"方针""指导原则"和"实施纲领"三部分内容。其中，"方针"是"集中多数（以反共意志坚强之旧日本将校为核心）有志之士，参加民主团体反共前哨的中国作战，以确保台湾，进而反攻大陆，并谋东亚反共联合态势之确立"。"指导原则"包括"应募人员""名额""工作进度""工作经费及输送"等四项。其中规定：选择的对象为休战时在第一线任连排长的青年干部、士官学校的候补生、优秀的下级干部；以3000名为最初目标，希望能动员台湾壮丁，混合编成十个师；经费与输送由台湾方面负责，设法争取盟军总部及日本政府的默认与支持。"实施要领"包括"招募范围""选择标准""待遇""输送""招募机关之展用""障碍排除""调查工作""试行招募""进度预定""经费概算""本纲领为草案，实施时尚须祥确检讨修正"等11项。其中规定：注重作战经验，尽量先用休战前曾任连排长的青年干部，并提拔下士官中的优秀分子；每人出发补助费5万日元，家属生活费2万日元，由中国方面筹拨支付；战死者发给抚恤费100万日元，因伤残废者，发给30至60万日元安抚费，伤病治疗由台湾方面负责；以九州南端之特定岛屿为集合地，由台湾海军派军舰分批接运；以商业行为作掩护，在东京设本店，神户及福冈设分店，另在仙台、名古屋、广岛、鹿儿岛等地，设置联络站；争取盟军总部及日本政府的谅解，联络外务省、法务府、警察机关、经费安定本部、海上保安厅、复员局及内阁官房等，设置研究会，搜集情报；招募3000人共需费用5.86亿日元。[2]

蒋介石认真阅读了《义勇军招募工作要领》，尽管对冈村宁次的"忠心"十分感动，但也不能不冷静地分析该计划实现的可能性。第一，日本是战败国，在被占领的状态下，未经占领当局许可，国民没有行动自由。特别是旧军人、政客、财阀等，都在放逐之列，不准和外国人交往，不准参加社会活动，不准离国出境，整个日本国内的一切行政管理，以致交通通信等，无不受盟军

〔1〕林照真著：《覆面部队——日本白团在台秘史》，台湾时报文化出版企业股份有限公司1996年7月版，第25页。

〔2〕同上，第32—36页。

总部的控制。在这样的环境中，在众目睽睽之下招募3000人，目标太大，不可能瞒天过海，顺利渡台，稍有不慎就会引起舆论鼓噪，造成麻烦。第二，日本新宪法规定，放弃战争、废除军备、标榜绝对和平，国内充满和平论调，稍微涉及军事立刻遭到民众排斥。第三，当时的国内外报纸，特别是香港，不断报道台湾的内部危机，使日本民众视台湾为危险之地，"义勇军"家属会感到不安。第四，"义勇军"人数多，目标大，如何运输来台是最大的难题。如果派军舰到九州接运，也存在很多困难，而且大量的经费筹措也不容易。经过上述反复考虑，蒋介石决定先将招募"义勇军"的计划暂时搁置起来，等以后条件适合时再说。不过，此后蒋介石再也没有考虑过这个计划。而冈村宁次得知这一计划被搁置后，便开始筹划第二步棋，那就是招聘"顾问团"到台湾。于是，后来就有了臭名昭著的日本"白团"。

"白团"助台训练三军将领

国民党败退台湾，让蒋介石这位"叱咤风云""戎马一生"的军事"领袖"感到莫大的耻辱。来台以后，他对国民党在国共战争中的失败时常反省，有时彻夜不眠。他多次在党内、军内会议上痛斥军队自私自利、争权夺利、摩擦倾轧等恶习。为了尽快实现"反攻复国"的梦想，蒋介石决定采取一些措施，改变国民党军队的现状。他说，大陆失败，政府迁来台湾之初，人心板荡，士气消沉，一般人士都陷于朝不保夕束手待宰的迷茫和颓废中。"我认为这是民族虚伪衰弱的总病根，由来已久，决非当时一朝一夕所产生的。故为了要力起沉痾，复兴民族，那国民革命事业必须从头做起，绝非头痛医头的药剂所能奏效。乃针对病根，立下决心，大声疾呼，倡导革命实践运动，手订革命实践运动纲要，作为民族起死回生，同胞雪耻复国的共同准绳。"

那么，对蒋介石来说，如何才能使革命实践运动名副其实地开展起来？他认为，"需要一般忠贞同志共同一致，艰苦卓绝地来领导和推动。因此我首先决定本党创办一个教育机构，召集党政军三方面有志节、有操守、有作为的同志，前来接受这个严格的教育，使成为推动这一救亡图存运动的中坚干部，肩负起反共抗俄、复国建国的神圣任务。"这个教育机构就是"实践学社"的前身"革命实践研究院"，这是蒋介石提出并推动"实践案"的开始。

"革命实践研究院"设于阳明山，蒋介石亲自担任院长，招收的学员绝大多数是军队中级以上干部，于1949年10月16日正式开学。在开学典礼上蒋介石发表了题为《革命、实践、研究三个名词的意义和我们革命失败的原因》的演讲，其中对"实践"一词的解释是："实践"就是实事求是，就是要革除"部队、机关和学校，一切办事，命令和报告，都是互相欺骗，互相蒙蔽"[1]的"恶习颓风"，从而实现党政军同志素养的真正提高。"研究院"以政治课和军事课为主课，文艺修养为附课，政治课包括党史、政治、经济、文化、社会等，军事课包括战略战术、游击战理论、部队组织管理、领导技能、战史、民众组训、地方武力的运用等。

当时，蒋介石为"反攻复国"正在全力从事整军工作，为了普遍提高中级以下军事干部的素质，又决定在"研究院"下分设"圆山军官训练团"，以加强军官的军事训练。该"训练团"于1950年5月21日正式成立，蒋介石亲自担任团长，副参谋总长彭孟辑担任教育长，张柏亭少将任副教育长，团址设在台北圆山。"训练团"先设立普通班学员队，招训台军中级干部，1951年4月，增设高级班，招训三军将领。蒋介石在"训练团"开班时又发表了《革命实践研究院军官训练团成立的意义》的训话。此后，"革命实践研究院"的训练内容主要集中于军事，蒋介石要求要以"训练团"的战术思想和课程为准则，作为"反攻复国"的基本根据。

在军事方面，蒋介石分析从大陆败退的主要原因时认为，主要是国民党军队战略战术的失误。战略的失误是导致军事失败的主要原因，战术的失误加快了失败的进程。而战略战术的失误，从根本上归结于高级将领战略战术素养的低下。他在评价当时的国民党高级将领时说："我们革命军自成立以来，因为军事教育的制度没有确立，所以军队中始终没有树立学习和研究的精神，以致今天一般高级将领不学无术，愚昧无知，为中外所讥刺，为社会所鄙弃，对于战略、战术的修养，不仅毫无根底，而且不加切实的研究，甚至连军校时期所得的一点知识，都已经抛弃殆尽，像这样的将领来指挥作战剿匪，如何能不失

---

[1]秦孝仪编：《"总统"蒋公思想言论总集》卷二十三，台湾国民党党史委员会1984年10月版，第30页。

败呢？"有鉴于此，蒋介石想通过提高国民党军队中高级军官战略战术素养来达到整治军队，提高战斗力的目的。

朝鲜战争爆发后，美国恢复了对国民党的军事援助，同时建议台湾方面采行美式的军事教育体制，蒋介石既不想违背美军的要求，又想利用日本战犯继续推行他的实践运动，因此不得不将"实践案"作形式上的掩护，把"圆山军官训练团"改为陆军指挥参谋大学，全盘接受美式教育训练，同时，暗地里继续维持"革命实践研究院"，在石牌开办

副参谋总长彭孟缉担任"实践学社"主任

训练班，接受日本战犯的日式教育训练。为了不引起美军的反感，蒋介石将"革命实践研究院"更名为"军事研究会"，自己担任会长，对外则以"实践学社"为代称，依然体现原来的宗旨。当时的媒体称之为"地下国防大学"。以后，为了公务上的方便，都以"实践学社"为代称行文，社址也迁到了台北市石牌，内部改为研究系统编组，教官称为研究专员，受训人员则称为研究员。参加培训的为台湾军队中将以下中校以上优秀指挥军官和幕僚。1952年，蒋介石干脆正式成立了"实践学社"，由副参谋总长彭孟缉担任主任，曹士澂和刘仲荻担任副主任。曾经在"实践学社"联合作战训练班第5期受训的宪兵司令罗友伦说："我们上课、受训的内容，模仿日本陆军大学，把日本陆军大学全部的课程都搬过来而加以浓缩，不要的课程淘汰，专门注重战史、战术、战略课程，做专门的研究。课程同我们的陆军大学大同小异，不过日本人他们的研究精神比我们强。原来我们陆军大学是以师战术为主，使学生毕业以后，可以担任师的作战指挥。日本的课程则阶层较高，而以军为单位之战术为主。我们也加以采用。"[1]

以冈村宁次为首的日本战犯在筹划"义勇军"的图谋失败后，又成立了

---

〔1〕《罗友伦先生访问记录》，台湾"中央研究院"近代史研究所1994年8月版，第126页。

"顾问团",试图以"顾问"的身份帮助蒋介石挽回败局。"顾问团"的头目叫富田直亮,侵华时任日本华南派遣军及驻香港日军参谋长,中文名字"白鸿亮",故该"顾问团"也称"白团"。在白鸿亮之下,还有大大小小的日本战犯若干人,他们首次来台是在1949年11月,此后陆续来台者,最多时达83人。

蒋介石起用"白团"的目的,是想利用日本战犯在战略战术素养方面的优势以及军事技术方面的特长,帮助台湾军队作战与训练。蒋对"白团"寄予很高期望,第一批"白团"成员来台时,蒋便带领白鸿亮和林光(荒武国光)二人从台湾赶往四川前线,意图是让他们协助台军进行反攻事宜。可此时战争大局已定,任何人也无力回天。于是,蒋介石在白鸿亮等人逗留重庆半个多月后,命令他们回台,集中精力帮助国民党整军。

当时,"革命实践研究院军官训练团"已经开班,蒋介石命令白鸿亮等人立即投入教学。蒋在一次开学典礼上向受训人员训话时说:"此次聘请的日本教官,不但是在陆大毕业,学识最优秀的军事人才,而且是作战经验丰富的青年将校,你们一定要虚心受教,凡是他们的一言一行,就是他们的精神态度、行动、语句各种优点,都要留心学习,视为模范。尤其要在他们的指导下养成高度的指挥技能和战术修养,将来就可在战场上实际运用,真正能够做到战无不胜,攻无不克,达到我们反共抗俄雪耻复国的目的,那才不辜负我们这次训练的期望。"[1]

对于为什么利用日本战犯助训,蒋介石解释说,过去我们请过德国、英国、美国、俄国教官,但军事依然是失败了。原因在于东方和西方的物质条件不相同,东方人和西方人的精神也有很大差别,他们的教育方式不能与我们国情相配合,这是导致国民党军队成为乌合之众的根本原因。这次我们起用日本教官的目的,就是要免除过去的缺点,来挽救当前的危机。

在蒋介石的极力主张下,1949年年底,参与"训练团"教学的"白团"成员已达17名,包括白鸿亮、林光、帅本源(山本亲雄)、范健(本乡健)、江秀坪(岩坪博秀)、贺公吉(系贺公一)等人。实践学社成立后,越来越多的

---

〔1〕《蒋中正先生在台军事言论集》第一册,台湾"中国国民党中央委员会"党史委员会1994年11月版,第71页。

"白团"成员加入教学和其他工作中。对于他们的教学效果，接受训练的台军军官褒贬不一。曾经在实践学社受过训的海军陆战队上校曹正樑说："白鸿亮他亲自讲授一门叫'拘束与打击'的军事课程，这

白团等日本战犯大批来台

门课在战术运用上的观念是很受重视，在日后有一定的影响。但另外有一门叫'登陆作战'的课程，倒是没法子受到欢迎，因为在那个年代时，连日本对于'登陆作战'的概念似乎也很陌生。"[1]在海军公署署长任内受过训的李连墀则说："海军有三个主要教官教海战史，他们当然不会讲甲午战争，多讲一般性的海战问题，以主要的几个代表性海战来分析，说明其优胜劣败的成因，然后出题目，要我们就状况指挥海战，虽然所授并不很充实，但在观念上我们已经相当受益。"[2]

在日本国内的一批战犯尽管没有机会到台湾，但他们以提供资料的方式积极为实践学社服务。当时，实践学社极端缺乏图书资料，身在日本国内的冈村宁次获悉此事后，找到海军大将及川古志郎商量，并且网罗了一批战犯，在东京成立了军事研究所，其中有一个资料小组，专门有针对性地做战史、战略、战术方面的资料收集。他们把订购的各国军事杂志和书籍随时寄给"白团"参考。后来为了扩大规模，将资料小组扩充为军事图书馆，为掩人耳目对外称之为"富士俱乐部"，秘密为实践学社提供教材和参考资料，小笠原清协助冈村宁次负责总务，参加的人员有陆军方面的服部卓四郎、掘场一雄、西浦进、今

---

〔1〕《曹正樑先生访问记录》，《海军陆战队官兵口述历史访问记录》，台湾"国防部"史政编译室2005年12月版，第281—282页。

〔2〕《李连墀先生访问记录》，《海军人物访问记录》第一辑，台湾"中央研究院"近代史研究所1998年9月版，第59—60页。

冈丰等战犯，海军方面有高天利种、大前敏一、小野田捨次郎、长井纯隆等战犯。他们的主要任务除了搜集资料外，还根据台湾方面的需求，做一些课题研究。"富士俱乐部"从1953年成立起，存续达10年之久，在这10年中，共为实践学社提供军事图书7000余册，资料5000余份。据大桥策郎说，"白团"的讲义与资料达10万至15万份之多[1]。

实践学社对军官的训练是通过开办各种班次实现的。从1952年正式成立，到1965年结束，实践学社共开办了十余种班次。在这些班次中，最主要的是党政军联合作战研究班，简称"联战班"。该班共办12期，受训对象主要是军师以上高级指挥官，以及党政高级干部及高级幕僚。主要包括各军团正副司令、三军各校校长、军长以上的将领。"国防部"副部长及三军各总司令、总政治作战部主任均须列席旁听。各期的研究目的不尽相同，如第一期的研究目的是"为彻底实行反共抗俄之国策，选拔军官训练团各期结业之优秀研究员，研究平战两时党政军之配合运用，以建立总体战之体系及各应遵循之原则与方法。并使认识苏俄侵略计划、共军军情战法，以研究反攻大陆之战略战术及国防计划、军事动员、国军制度等，以养成适任党政军联合作战之高级干部"。第三

"实践学社"上课期间经常有来宾参观

〔1〕林照真著：《覆面部队——日本白团在台秘史》，台湾时报文化出版企业股份有限公司1996年7月版，第115页。

期的研究目的是"增进高级指挥官党政军联合作战之修养，并磨练其指挥能力"〔1〕等。该班受训人员达707人。

1958年3月，在"联战班"中又开设了"战史研究班"，该班开办的目的是"研究古代至现代重要战史之概要，并讲述战史例证，促进理解战争指导、战略、战术思想之变迁，以养成研究战史之基础"；"选拔国军优秀将领，钻研大军统帅与兵学理论，并以战史例证，陶冶军事思想，阐扬总统'反攻作战指导要领'提示之诸原则，继联合作战研究班之教育，作更深入之研究，以培养一军统帅及战争指导之高级干部"〔2〕等。主要讲授世界战史、兵学理论、世界地理、远东兵要等课程。1961年5月，改为"兵学研究班"，受训人员共53人。

实践学社在开办"联战班"的同时还开设了其他班次，包括以中级军官为招训对象的科学军官储训班、战术教育研究班；以"国防部"选定人员为招训对象的动员干部训练班、史政班等。另外，还承担了海军指挥参谋学校、机关学校等院校的部分培训业务。

1965年7月，蒋介石鉴于实践学社是一过渡性质的训练机构，并非属台军正规教学体系，决定停办。他宣布："实践学社不再另行招训新班，正在受训之班期结业后即行停办。"随后，其培训任务交由陆军参谋大学等正规院校承担。

在14年的时间里，实践学社共培训中高级将校5968名，是国民党军事教育史上的一件大事。各期毕业学员后来有一大批出任三军高级将领。在"联战班"受训的就有宋长志、郝柏村、孔令晟、罗张、马安澜、陈桂华、柯远芬、张国英、于豪章、罗友伦、蒋纬国、胡璇、石觉、郑为元、黎玉玺、马涤心、邹坚等；在"战史研究班"和"兵学研究班"受训的有王俊麟、冯龙、萧家骧、黄烈、萧宏毅、何思廷、江学海等；在"科学军官储训班"受训的有张通、刘树槐、宣家桦、李桢林、王若愚等。实践学社的毕业学员晋升的比例非常高，以"联战班"为例，据统计，在12期受训的690名学员中，在原有军衔上晋升

〔1〕林照真著：《覆面部队——日本白团在台秘史》，台湾时报文化出版企业股份有限公司1996年7月版，第184—185页。
〔2〕同上，第189—190页。

上将的有26人，晋升中将的有186人，晋升少将的有382人。从职务上看，先后晋任"国防部"长、副部长、参谋总长及各军总司令者近20人。这也是实践学社被称为"地下国防大学"的根本原因。

另据台湾人事行政局资料记载，曾在实践学社受训转任"行政院"各机构及公营事业任职者有"内政部"警政署署长何思廷中将、台湾省政府委员秦祖熙中将、人事行政局局长陈桂华中将、台湾省训团教育长袁子浚中将、台机公司董事长俞柏生上将、唐荣公司董事长郭永中将等四十余人。而从事外交的有驻萨尔瓦多大使罗友伦上将、驻韩国大使罗英德上将等。

有鉴于此，为感谢白鸿亮等人为台湾军队作出的"贡献"，蒋介石特褒擢白鸿亮为同陆军上将，这是获得此项褒奖的第一位外国人。

然而，从实践学社走出来的军官有多少能晋升，有多少能成为地方的企业家，并不能成为实践学社训练质量的检验标准，因为这些军官并未经过真正的战争检验，他们究竟在战略和战术上能提高多少，没有人能够说得清楚。蒋介石在成立"革命实践研究院"六年后的一段训话中，对训练的效果非常不满意。

1955年8月29日，蒋介石在对受训人员的训话中说：我发动实践运动很快就是六个整年了，"我虽不能说大家对于这个运动的远大目标和崇高意义，根本未加重视，没有产生任何成效，但是距离我所期望和要求于大家的目的，实在是太远了。怎奈我舌敝唇焦地讲一番，事实上不但未能加深同志间反省和警惕，反而因为说得多了，许多人几乎把'革命革心，实践力行'的道理，视为口头禅，当作耳旁风，有的听过就算，有些人甚至充耳不闻……大家所犯的这种敷衍塞责，因循苟安的恶习，和虚伪应酬，自欺欺人的痼疾，如果不能及早改正，彻底革除，那么民族灵魂，真不知何从唤醒！革命精神，更不知如何提振！"[1]这段话道破了实践学社的玄机，蒋介石为没有完全实现初衷而愤愤不平。

曾在1957年实践学社第6期受训的"贺兰"运输舰舰长刘定邦说："该地

〔1〕秦孝仪编：《"总统"蒋公思想言论总集》卷二十六，台湾国民党党史委员会1984年10月版，第344页。

主要为日籍教官，但多为陆军出身，海军人士很少，且所授之海军战术，与我们习自美国者相比，显然知识有些落后了。"[1]

在这种情况下，蒋介石逐渐把注意力转向了正规军事院校，实践学社也就被冷落了，最终退出了历史舞台。至于"白团"，多数陆续撤回日本，留有少数人员继续帮助蒋介石从事其他军事工作。

山下耕助台建立战争动员制度

蒋介石逃台后，为防守台湾，将军队部署台湾各地，使之长期处于野战状态，随时准备应付解放军的进攻。这样就造成了台军机构残缺、制度不全的局面。就战争动员而言，虽有兵役法规，但形同虚设。军中既无负责动员的机构，又无预备部队，根本无法实施战争动员。

1951年6月，蒋介石聘请了一位日本"动员专家"山下耕（中文名字易作仁）参加"白团"，专门帮助台军建立动员制度。山下耕曾任日军第4师团动员参谋，对建立动员制度颇有研究。来台后，他立即展开策划动员体制的工作。他集合了"白团"成员大桥策郎（中文名乔本）、富田正一郎（中文名徐正昌）等人共同筹划。他们先从整治台军内部兵员入手，通过征召新兵，淘汰老兵，改善部队结构，为建立动员制度打下基础。经过半年多的努力，初有成效。蒋介石急不可耐地要检验整治成果，命令台湾保安司令部、"国防部"、陆军司令部等单位共同筹划一次动员演习，并将演习定名为"复兴"。保安司令部副司令彭孟辑等人与山下耕密切配合，担任演习的具

白团成员大桥策郎（右）等接受台湾"国防部"勋章

〔1〕《刘定邦先生访问记录》，《海军人物访问记录》第一辑，台湾"中央研究院"近代史研究所1998年9月版，第173页。

体筹划者。他们首先成立了"复兴省动员筹备委员会",而后进行演习部队的确定、地域的选定、临时演习法规的制订等工作。

1952年2月,"复兴省动员演习"在台北市举行,参加演习的部队是台军第32师。演习分两个阶段,第一阶段进行室内演习,主要是沙盘作业和兵棋推演,第二阶段进行实地演习。蒋介石对演习的结果感到满意,肯定了山下耕的成绩,但也指出一些问题,比如动员时间过长。按照日本军队的要求,动员一般在一周内完成,但蒋介石认为,一周对于台湾来说十分漫长,需要大大缩短。演习结束后,动员部队在湖口练兵场举行了校阅仪式,蒋介石因感冒未能参加,专派保安司令陈诚代为检阅。

动员演习结束后,动员教育在台广泛展开。1952年8月,"国防部"在石牌成立了动员干部训练班,于10月开学,展开长期培训工作。该班到1959年3月结束为止,历时7年,先后开班45期,训练人数超过9000人。这些班分别是动员干部训练班,共召训31期,训练人员7697人;留守业务干部训练班,共召训4期,训练人员952人;动员业务高级讲习班,共召训3期,训练人员158人;动员研究班,共召训4期,训练人员232人;军需工业动员班,共召训3期,训练人员169人。召训人员中包括台军各机关部队的动员干部、中央及地方行政机构的动员干部,以及公民营工厂正副厂长及工程人员。

"国防部动员干部训练班"结束后,1961年七八月间,"国防部"委派常务次长黄坚忍举办"军需工业动员研究班",借用陆军运输学校、经理学校教室开办两期,对经济、财政、内政、交通等各部,以及台湾省政府和公民营公司干部进行培训。1962年1月至1968年3月,"国防部"又委派后勤参谋次长黄占魁主持设立了"国防部物力动员干部训练班",先后举办9期,讲授内容扩大到军事征用、征购等。

在举办各类训练班的过程中,"白团"成员始终担任教官和顾问。山下耕于1964年12月解聘回国,而大桥策郎则自始至终参与其中。

台湾动员制度建立初期动员规模不大,主要分为军队动员和军需动员。

关于军队动员,"国防部"先是展开一连串的整军计划。包括确定"国防部"领导下的动员兵役机构,修改兵役法规,成立"退除役官兵就业辅导委员会"(主任为蒋经国,先隶属于总政治部,后隶属于"行政院")。随着动员制度的不断完善，军队动员的组织管理机构更加明确，由台湾军管区司令部及所属各师、团管区司令部具体掌管动员业务。在征兵方面，处理程序上由"行政院"指挥，"国防部"提出年度应征兵员额，并协调"内政部"指挥各级地方政府，于每年办理适龄青年的"身份调查""征兵体检""抽签决定军种"等工作。在后备人员的召集方面作出规定，凡属后备军人及国民兵，应接受动员、临时、教育、勤务、点阅等五种召集。

在逐步建立动员制度的同时，蒋介石十分重视动员演习。1954年2月，在蒋介石授意下，"国防部"实施了春季动员演习，其内容是把分布于台北市周边地区的第32师动员成两倍兵力。蒋介石亲自坐镇观看，对演习结果十分满意。随后，在海军的"海光演习"、陆军的"陆光演习"、空军的"楷模演习"，以及"国防部"的"致退演习"等重大演习中，都有大量的动员内容。

关于军需动员，大桥策郎从一开始就积极协助台湾政府调查岛内军工厂、公营公司和民营公司的情况，对军需工业提出各种建议，并帮助制订动员法令，为建立完备的动员制度作准备。在动员制度逐步完善的同时，台湾的车辆动员委员会已具雏形，联勤总司令部及陆军供应司令部也已经成立。从1953年5月开始，台湾举行了一系列军需动员演习，包括联勤的"军需动员演习""军需工业动员演习"，点召大型船舶的"开源演习"，训练台湾岛与金门岛之间运输的"自强演习"，陆供部和陆总部的"丰源演习"等。

经过近三十年的努力，到上世纪70年代末80年代初，台湾的动员制度已基本建立起来，可以确保200万以上的后备兵力。

功过是非"太平"舰

在美援"八舰"中，有一艘名为"太平"的护航驱逐舰，它来华成军后经历坎坷，在将近十年的时间里，曾参与收复南海岛屿，加入反人民战争，实施东南沿海封锁等行动。透过这艘军舰的不平凡经历，可以感受到那个特殊的年代海峡两岸的风云变幻。让我们从档案史料中寻找"太平"舰的踪迹，评说它的是非功过。

美国海军的护航驱逐舰

第二次世界大战爆发后的最初几年中，德国 U 型潜艇横行大西洋，使英国军舰和商船蒙受了巨大损失，英国首相温斯顿·丘吉尔无奈地表示，德国 U 型潜艇是他最大的担心。当时，美国对英国的援助是有限的，仅能提供少量的驱逐舰来换取租赁英国的海军基地。太平洋战争爆发后，美国向德国宣战，德国 U 型潜艇开始出现在美国的海岸线附近，对美国的海上供应线构成巨大威胁。1941 年 12 月 16 日至 26 日间，五艘德国 U 型潜艇从法国港口出发前往美国海岸。其中，U-66 号潜艇于 1942 年 1 月 18 日在哈特拉斯角击沉了美国油轮"艾伦杰克逊"号，不久，又击沉了加拿大客轮"霍金斯夫人"号。接下来的几个月中，情况更加糟糕，更多的商船被德国潜艇击沉。美国采取紧急措施，派遣大量炮艇和巡逻艇出海，但无济于事。英国皇家海军建议美国建造价格低廉的驱逐舰用于护航，美方接受了这一建议。

从 1942 年开始，美国海军委托波士顿海军船厂、马雷岛海军船厂、普吉特湾海军船厂、费城海军船厂加紧建造，在短期内建造了 97 艘埃瓦茨级护航驱逐舰，其中65艘留在美国海军，32艘交给英国皇家海军使用。之后，又建造了巴克利级、加农级、埃德萨尔级、鲁德罗级、约翰·C.巴特勒级等五个级别的护航驱逐舰。到1945年二战结束时，美国共建造各级护航驱逐舰563艘。其中，埃瓦茨级中的"戴克尔"（Decker）号便是后来的"太平"号。"戴克尔"号由费城海军船厂建造，于1942年7月24日下水，1943年5月3日成军后编入美国海军，编号DE-47，舰长亚当斯少校。该舰长289.5英尺，宽35.5英尺，吃水9.8英尺，标准排水量1140吨，满载排水量1430吨，最高航速19节，乘员198人。装备有3英寸主炮3门（来华后换装为5英寸主炮，并加装MK32型反潜鱼雷发射管4具），40毫米机炮4门，20毫米机炮9门，深水炸弹轨2组。

1943年7月9日至24日，"戴克尔"号从罗德岛的新港，到得克萨斯州的加尔维斯顿，两次为油轮护航。在1943年8月26日到1945年4月26日期间，"戴克尔"号被派往北非、意大利和法国南部的九条补给线上执行护航任务，先后到过卡萨布兰卡、摩洛哥、突尼斯的比塞大、西西里岛的巴勒莫和阿尔及利亚的奥兰等地。1944年5月11日，"戴克尔"号在前往突尼斯的途中遭到德军飞机的攻击，返回南卡罗来纳州的查尔斯顿大修。此后，它在佛罗里达充当训练舰，一直到二战结束。

早在1941年3月，美国国会通过了"租借法案"，保证对英国和所有被轴心国侵略的国家予以战时援助。1943年下半年到1944年初，中国政府援用"租借法案"向美国要求援舰参战，美国同意首批借给（在华成军后改为无偿转

在美国海军中服役的"戴克尔"舰，舰身被涂上图案

让）中国护航驱逐舰、驱潜舰2艘，扫雷舰4艘，其中就有"戴克尔"号。国民政府即指定军事委员会主持派员接收，军事委员会指示海军迅速在海军内部挑选军官，在海军部队以及地方大、中学校学生中挑选士兵，为接收美援军舰做准备。

1946年7月，"戴克尔"号抵达中国。

收复南沙群岛

南海诸岛历来是中国领土，日本投降后，法国军舰在南海海域活动频繁，企图乘日本投降之机重新占据西沙和南沙群岛。因此，收回这些岛屿刻不容缓。1946年8月，国民政府行政院决定将南海诸岛划归广东省管辖，命海军总司令部协助广东省政府接收，并由海军派兵进驻各岛。海军决定调护航驱逐舰"太平"号、驱潜舰"永兴"号、坦克登陆舰"中建"号和"中业"号等四舰组成海军进驻西、南沙群岛舰队。指派海军上校林遵为指挥官，海军上校姚汝钰为副指挥官。为争取时间，兵分两路，由林遵率"太平""中业"（舰长李敦谦，副舰长杨鸿庥）两舰进驻南沙群岛，姚汝钰率"永兴"、中建"两舰进驻西沙群岛。

1946年10月29日，"太平"号等四舰从上海吴淞口列队出发，前往广东，11月2日到达虎门，广东省政府接收西沙群岛专员萧次尹、接收南沙群岛专员麦蕴瑜登舰后，于11月6日启程，11月8日抵榆林港进行补给。

从吴淞口出发之前，"太平"舰副舰长何炳材奉林遵和麦士尧之命，制定航行计划，何炳材认真细心研究南沙群岛的形势和周围水深，以及南海的气候、风向、海流、海浪等，分析过去沉船多在南沙群岛东北部的原因。又根据当时东北风季，南海的海流是以西南流为主这一特点，认定由西南向东驶近南沙最大岛屿长岛，大致逆流航行，对控制航速以搜索太平岛和寻找珊瑚礁间的航道是有利的。于是决定由榆林港开出后，先向南行驶，至越南海岸的华利拉角外，然后向东驶向长岛。这条航路虽然里程多，但既有把握找到长岛，又相对比较安全。从气候条件讲，冬季的南海多强风，此时航海是不适宜的。但收复南海诸岛关系国家领土主权，必须完成。

11月中旬，"太平"号等四艘舰艇整装待发，赴西沙、南沙舰艇分别载装设置一座海军电台的装备、250W功率发报机组及相应设备、25毫米机关炮9门、机枪4挺、长短枪22支，还载有驻岛陆战队一个排，以及能够维持驻岛人员半年生活的补给品。准备完毕后，编队先后两次驶出榆林港，向南海开进，但均遭狂风巨浪，林遵不得不下令返航，在榆林港待晴。

1946年12月9日，天气晴朗，东北风3级。早上6时，林遵下令启航，第三次驶向南海。由于事先对气候、水文数据测量比较准确，"太平"等两舰始终保持正确航向，但是，前进中却充满了艰险。"中业"舰舰长李敦谦少校（后南沙群岛的北小岛以他的名字命名为"敦谦沙洲"）后来回忆了航行中的情景。他说："……我则长时间留在驾驶台上注意航行，海上除了狂风吹着舰上的绳索发出尖锐的声响和浪涛汹涌打击船边震耳欲聋的声音外，只有满天浪花的飞扬。我回头遥望舰尾后方，只见太平舰跟在本舰后方六浬水面上摇摇摆摆，我全心地注视着驾驶台上罗经的方位指针，希望稳住船位，不要发生太大偏差，能安全地到达目的地。只是海面浪大，舰身不得稳定，日夜皆无法做测天工作，不能校正船位，令我最不放心，因此只有不断地提醒操舵士兵注意。……到了第三天，按计划本舰已航进到危险区的海域，离成功之时不远了。我既兴奋又紧张，一夜之中我是在一分一秒的计时中度过。照我的计算，次日（十二月十二日）早上六时天将吐白之际，可以到达长岛之西北面十至二十浬处，绝对看得到长岛的，因此我十二日凌晨四时，便吩咐舱面人员各持望远镜向四周瞭望，特别注意正前方，尽力搜索，以求尽早能有所发现。我内心里确实焦急得不得了，因为早上六点钟是一个关键时刻，若到时无所发现，我将不能相信此刻的船位，而将陷我于危险之境。""六点钟过后，天边日出，照耀得前方景色灿烂，而且已清楚地看见一个海岛出在我们的前面，正和我计算的时间和地点几无什偏差，真是奇迹。我心里充满了喜悦，大家也都高兴得跳起来，大声地叫着南沙到了！"[1]

12月12日11时，"太平"等两舰抵达长岛西南方抛锚，何炳材率水兵和海军陆战队一个班分乘汽艇和救生艇登陆。上岛后，经搜索未发现有人，便抢运物资，进行修建与考察工作。与此同时，在岛上制高点升起中华民国国旗。当

---

〔1〕李敦谦：《进驻南沙群岛纪实》，《中外杂志》（台湾）第382期，第25—30页。

天，在麦蕴瑜主持下，举行了隆重的收复仪式，树立起一块高约1米的钢筋水泥主权碑，碑的正面刻有"太平岛"三个大字（此时将长岛以"太平"舰舰名命名），背面刻有"中华民国三十五年十二月十二日立"。12月15日，两舰告别太平岛，沿途巡视了南沙群岛北半部分的其他岛礁，在西月岛、南威岛、帝都岛等岛屿上树立了主权碑，其中，将帝都岛以"中业"舰舰名命名，改名为"中业岛"（中华民国内政部于1947年12月1日将所改岛名对外公布）。12月20日，两舰返回榆林港。

广东省政府为胜利完成收复西沙和南沙群岛任务举行了一系列欢庆活动。12月26日，"太平""永兴"两舰驶入白鹅潭，广州各方人士热烈欢迎，并纷纷登舰参观。除夕之日，在欢乐的节日气氛中，林遵在"太平"舰上举行了记者招待会，向全世界宣告中国已胜利收复西沙和南沙群岛，各大报纸纷纷在头版报道了这一重大事件。1947年元旦，海军总司令部电令嘉奖参加收复南海诸岛的官兵。"太平"舰收复南沙群岛，功不可没。

支援金门作战

1947年7月，海防舰队取消，改为海防第一舰队和海防第二舰队，"太平"舰隶属于海防第一舰队第2分队，驻泊于青岛，执行关闭华北港岸任务，舰长由冯启聪上校出任。1948年3月，"太平"舰奉命支援胶东国民党军撤退；10月，又赴辽东半岛支援锦西会战。1949年，海防第一舰队由青岛退往上海，又从上海退往舟山定海，"太平"舰随之南移，5月，"太平"舰改隶海防第二舰队。当时，海防第二舰队驻马公，主要任务是负责台湾的防卫，并支援从东引、马祖、乌丘到金门、厦门的陆上部队的防卫作战。

1949年10月24日，人民解放军发起金门战役，海防第二舰队奉命前往阻击登陆的解放军。当时，担任海防第二舰队司令的黎玉玺这样描述"太平"舰支援金门战役的情景。他说，我获悉解放军进攻金门后，"立即率太平舰自马公前往金门，当时北风甚疾，舰驶出渔翁岛之后，风大浪急，舰左右翻滚甚厉，有时倾斜至左方久久不能回复。及至天明，我已进入舰长室休息，舰仍侧风航行，全舰摇动倾斜益剧，舰速极慢，发现右舷已被巨浪扭现裂痕。当时本舰队参谋长兼太平舰舰长冯启聪请示可否返回，我认为金门战事正急，不能回航，乃饬右转向北顶风航驶，风力仍甚强劲，舰身震动甚剧，且海浪时时掩舰面而过，舰面设备损伤极大，如此航行，势难持久，乃将速力减为六节，舰身虽然稍稳，但前进速度为零，有时甚至后退，如此持续迄当夜风浪稍减，于廿六日零时顷到达乌丘附近海域确定船位后，乃转航金门，顺风航行，于0300许到达金门，立即加入战斗……"[1]

25日中午，冯启聪指挥"太平"舰驶进古宁头西北海域，用主炮对大、小嶝解放军阵地进行射击，并轰击解放军渡船。战斗一直持续到27日凌晨，"太平"舰撤出战斗。随后，该舰马不停蹄地开赴长江口，再次改隶海防第一舰队，随队遂行封港任务。

封锁长江口

1949年6月，国民党政权败退台湾，蒋介石不甘心失败，试图卷土重来。刚到台湾还立足未稳，他就作出了"封锁"大陆海区、摧毁大陆经济的决定，称之为"闭港政策"。蒋介石下令封锁的区域，北起辽河口东经122度20分、北纬40度30分之点，南止闽江口东经119度40分、北纬26度15分之点，包括秦皇岛、天津、永嘉、宁波、上海等重要口岸。并公开宣布，在上述海区"严禁一切外籍船舶驶入"，"一切海外商运均予停止"。台湾海军总司令桂永清明确表示，对驶入关闭港口的外国轮船，坚决采取有效行动。

对于蒋介石单方面实施的"闭港政策"，许多国家出于对华贸易利益的考虑，纷纷表示反对。就连国民党最亲密的盟友美国也对"闭港政策"的合法性表示质疑。但蒋介石对各国的反对根本不予理睬。上海是全国经济的中心，地位十分重要，是封锁的重中之重，国民党海军派出海防第一舰队所有军舰以及第一机动艇队八艘舰艇，在舰队司令刘广凯率领下集中实施封锁。1949年10月下旬，蒋介石一面下达在长江口布雷的命令，一面派空军对上海实施轰炸，试图将上海港彻底与外界隔绝。

进出长江口的船只主要是英美等国的商船，他们大多是往上海运送大陆紧

---

[1]《黎玉玺先生访问记录》，台湾"中央研究院"近代史研究所1991年6月版，第94—95页。

刘广凯

缺的物资。在各国商船中，以英国居多，这使蒋介石无法忍受。就在他宣布封锁大陆的第三天，英国货轮"安琪色施"号就遭到台湾空军的扫射，英国政府提出抗议，台湾当局却宣布："英轮于1949年6月26日前必须离开各封锁港口领海外，以免发生意外。"随后，英国货轮"摩勒"号、"隆美"号、"济南"号、"和生"号等相继在长江口外被台湾海军截留。出于无奈，英国当局只能出动海军舰艇进行护航。

1949年11月下旬，英国"宁海"号、"怡生"号等七艘商船在英国远东舰队驱逐舰队队长杰伊率领的"黑天鹅"号、"布里迪斯贝"号、"蒙茨贝"号等四艘驱逐舰的护航下到达长江口，试图进入上海港。11月24日，当船队航行到长江口外九段沙灯标水域时遭台湾海军"太康"号、"永泰"号两艘军舰的拦截，英船被迫停航。随后，台湾海军"太和"号和"太平"号两舰也在刘广凯率领下赶到。四艘军舰在英舰上游2000码处一字排开，拉开作战架式。英舰也不示弱，将所有炮口对准台湾军舰。双方剑拔弩张，一触即发。在关键时刻，杰伊致信刘广凯提出质问。刘广凯声称，台湾海军舰队奉令执行关闭港口任务，任何出入长江口的船只绝对无权擅自放行。英舰队应立即呈报英国政府向台湾当局交涉，由正式外交途径解决。杰伊无奈，只好向远东舰队司令部报告情况。

在等待上峰命令期间，英方一方面做好战斗准备，一方面让三位商船船长出面直接与刘广凯交涉。27日，三船长登上"太和"号，直接与刘广凯面谈。英船长首先质问："我等奉各公司之命，满载客货驶往上海，为何中国海军不许我们进口？"刘广凯答："中国海军奉令执行闭港政策，任何船只无命令均不得出入，并非专对英国商船如此。"英船长说："英国并未承认中国政府的关闭政策。"刘广凯答："可是中国海军是绝对遵行中国政府的关闭政策。"英船长说："中国海军一定要阻止我们英国商船去上海经商，恐怕要引起英国政府从速考虑承认中共政权的问题。如果英政府真正地承认了中共政权，那么中国海军在国际地位上就失去了立场，那岂不变为海盗了吗？"刘广凯答："本人只知就军事上的观点就事论事，未奉命令就不能准你们去上海，至于英政府承认中共政权与否，这是属于英国外交政策问题，本人无可置评，但愿奉告诸君者，中国海军国际上的立场，并不是仅因假若英国政府承认中共政权后，就会否定了的。"[1]最终双方不欢而散。

就这样，双方互不相让，僵局持续了三天之久。正当双方僵持不下的时候，美国商船"富兰克林"号自长江口外驶来，不听台湾海军的警告，强行疾驶进入长江口，台湾军舰鸣炮示警，该船毫不理会，台湾军舰瞄准射击，几乎将其击沉，但该船还是勉强驶入上海港。见此情景，英舰队为避免发生海战，于27日中午主动退出长江口。

"太平"舰在与英国军舰对峙后不久，便返回台湾左营进行大修。回台后，舰长冯启聪因"功绩"突出，被调升澎湖要港（后改为军区）少将司令，舰长职位由谢祝年上校接替。

参加海南岛作战

1950年1月，台湾海军根据沿海局势的变化，对编制又一次进行了调整，海防第一舰队改为海军第一舰队，驻泊马公测天岛；海防第二舰队改为海军第二舰队，驻泊台湾基隆；海防第三舰队改为海军第三舰队，驻泊台湾高雄。此时，"太平"舰大修完毕，编入第三舰队，奉命驶往珠江口，防卫南山卫的几个小岛。4月，人民解放军发起海南岛战役，"太平"舰又被火速调派至海南岛。

1950年1月，毛泽东主席发出指示："争取于春夏两季内解决海南岛问题。"[2]并明确地将解放海南岛的任务交给第四野战军的第十五兵团，由兵团司令员邓华、政治委员赖传珠、第一副司令员兼参谋长洪学智指挥。1950年3月5日，第48军118师的一个加强营八百多人率先渡海，与琼崖纵队胜利会师。随后，在洪学智等人的指挥下，又组织了三次偷渡，均获成功，为大规模登陆

---

〔1〕《刘广凯将军报国忆往》，台湾"中央研究院"近代史研究所1994年1月版，第62—67页。.

〔2〕《毛泽东军事文集》第六卷，军事科学出版社、中央文献出版社1993年12月版，第73页。

创造了条件。4月16日傍晚，渡海兵团主力第一梯队八个团，在第40军军长韩先楚的率领下，乘350艘木帆船分左右两路从正面强渡海峡。台湾海军第三舰队出动所有主力军舰进行拦截，"太平"舰就是主力之一。但它们在大雾中摸不清解放军的情况，盲目开炮射击，等发现解放军船只，已形成近战之势，一艘艘木船展开了对钢铁军舰的攻击。解放军发挥近战夜战的优良传统，用步兵武器连续向军舰开火，"太平"舰等借助照明弹发出的亮光，用快炮反击，但始终处于下风。时任"太平"舰舰面少尉候补官的徐学海后来回忆了作战的情景："太平舰奉第三舰队司令王恩华之令，每晚巡逻琼州海峡。大约在四月十六日晚，太平舰在琼州海峡北区巡逻。2200左右，平面雷达荧屏上发现了大批目标航向南方，航速五、六节。谢舰长当即指挥太平舰以高速接近目标，迨相距约八千码时，首先发射照明弹多发。在照明弹的照射下，隐约可见一大片的帆船。舰长下达发射命令，太平舰几乎是两舷主、副炮齐放，天空中顿时出现一条条曳光。三吋炮发射时，炮口的闪光眩人眼睛，隆隆炮声震耳欲聋。当时太平舰上并未装配炮火射控系统，除了三吋炮长给予目标方位与距离及发射命令外，四十与二十公厘炮则仅指示方位，由炮长负责指挥直接射击。共军也以缚在帆船前端的各式陆军炮火还击，来势汹汹，炮弹不时掠过指挥台。太平舰在帆船队中往返冲杀，指挥台上经常发出谢舰长打火机的声音和火光，周围的官兵每次都很敏感地惊吓一下。迨帆船队靠上了临高角海滩，太平舰才驶离临高角海域航返秀英。"

回到秀英港后，台湾海军总司令桂永清偕同美军退役海军上将柯克登舰慰问，并发放了银元作为奖金。在接下来的几天中，"太平"舰连续出现在琼州海峡，寻机袭击解放军帆船队。4月18日，双方发生了更加激烈的战斗。徐学海回忆说："十八日晚王恩华司令率舰出航作战，战斗终宵，舰始脱离战场，往北搜索。战斗部署解除，官兵均在住舱和衣入睡。突然炮声大作，我本能地从军士长室直奔指挥台，在上官员厕所时见到原枪炮官调整为舰务官的罗俊钧躺在甲板上，医官和看护兵匆匆赶到。迨我跑到指挥台，目睹王司令以手捂着下巴，血不断地在流。……原来太平舰往北搜索时，发现灯楼角附近聚集很多帆船，谢舰长乃指挥太平舰往帆船群接近，讵料距岸约一万二千码左右，突遭共军岸上重炮击中，除了王司令负轻伤外，罗舰务官闻战斗部署警报后先赶至厕所小便，不料弹片穿过弦壁直入其胸致死。士兵亦死亡四人，负伤多人。"[1]几天后，王恩华接到从海南岛撤退命令，"太平"舰遂奉命赶到榆林港掩护陆军撤退，然后转赴金门海域，掩护厦门港的布雷任务。4月24日，解放军第二梯队也展开了登陆作战。5月1日，海南岛获得解放，共歼灭国民党军队3.3万人。

执行截捕任务

从金门海域返抵左营后，"太平"舰再次改隶海军第一舰队，舰长谢祝年升任海军第一舰队参谋长，遗缺由桂宗炎中校接任。桂宗炎上任后不久，就接到舰队部的命令：有一艘挪威籍货轮"海后"号可能在台湾东部海域往上海行驶，该轮载有西药、纺织品、轮胎等物品，要求"太平"舰立即前往该海域实施截捕。桂宗炎决定率舰在花莲外海巡弋。可是，舰队部并没通报"海后"号的航行时间、航向、航速等信息，无法准确地确定其船位，结果，"太平"舰在23海里的范围内连续游荡了两三天，也未能发现目标。不久，"太平"舰接到舰队部的船位通报，称空军C-46侦搜机在与那国岛附近发现"海后"号，立即拦截。在台湾东部海域的往来船只很少，"太平"舰很快在平面雷达上发现了目标，立即实施追击。经过七个多小时的追逐，终于追上了"海后"号，并将其俘获，然后劫往台湾。途中，桂宗炎得意地说："四个轮子滚起了。"意思是因俘获"海后"号将得到的奖金足可购买一部汽车，其他官兵也都做着发财的梦想。可回到台湾后，他们并未获得奖赏，桂宗炎的"四个轮子"也就始终无法"滚起"了。

赴日大修

1951年，台湾海军第一舰队调防澎湖，负责金门与马祖的防务，"太平"舰经常出没于台湾海峡中线附近。可此时，其舰况十分糟糕，轮机、枪炮等装备保养很差，急需进港修理。当年5月1日，美国总统杜鲁门宣布派遣第七舰

---

[1]《徐学海先生访问记录》，《海军人物访问记录》第二辑，台湾"中央研究院"近代史研究所2002年10月版，第51、53页。

队协防台湾，并同时派出美军顾问团赴台协助台湾军队建军与整备。作为海军整备的内容之一，"太平"舰被安排赴日本大修。1952年夏天，"太平"舰驶进了日本横滨三菱造船厂。

"太平"舰维修的项目主要包括装备系统中的主机、发电机和辅机，枪炮只做例行的维护保养。台湾海军舰艇在日维修期间，其官兵的薪水十分可观。当时与"太平"舰一起在日大修的"太湖"舰副舰长钟汉波说："在日期间，除军饷伙食照国内标准发给外，政府另发给官兵伙食及另用美金津贴，校级军官每日发给一点八美元，尉级军官是一点二美元，士官兵是零点六美元，数目虽然不多，但每日津贴却抵五天薪资，令他人羡慕不置。"[1]由于大修任务主要由船厂负责，舰上维修任务较轻的官兵拿着丰厚的薪水，便走上横滨街头寻欢作乐。本来，台湾海军官兵纪律就比较松弛，此时更是无所顾忌。"太平"舰官兵出入各种娱乐场所，购物、跳舞、嫖妓无所不做，暴露了台湾军队败坏的风气。徐学海描述说："在横滨南区有几条大街统称为'花街'，系当地著名的红灯区，规模约有数百家。花街的街道十分清洁，也还宽敞，且当时日本的车辆很少，逛花街乃成为舰上官兵消遣的节目之一。舰上的医官王有辉是一位十分活跃的官员，他在横滨展开全面的国民外交，和该地卫生主管官员相处融洽。他对红灯区的情形有相当的了解，曾对官兵们宣称：由于地方卫生当局检查性病十分严格，大家尽可放心与她们交往。而花街上的东洋女子看见戴着'中华民国海军'水兵帽的士兵，都学会以简单的'先生'来招呼拉客。"徐学海称，无法估计有多少"太平"舰官兵是花街的座上客，海军总部曾发现过这一情况，也下了"防止官兵嫖娼"的公文，但舰长桂宗炎也只是例行公事说说而已[2]。最终发展到"太平"舰大修完毕即将离开时，竟上演了一些妓女上舰寻找"情人"的闹剧。

1952年年底，"太平"舰完成了在横滨三菱造船厂约七个月的大修，开往横须贺军港整修雷达与电子装备，以及入坞修理受损的声呐音鼓。在这期间，"太平"舰官兵接受了美军的训练。1953年初，"太平"舰完成了大修，返回台

---

〔1〕钟汉波著：《海峡动荡的年代》，台湾麦田出版股份有限公司2000年1月版，第45页。

〔2〕《徐学海先生访问记录》，《海军人物访问记录》第二辑，台湾"中央研究院"近代史研究所2002年10月版，第62页。

湾，再度加入作战行列。不久，被编入特种任务舰队，舰长也由桂宗炎换成了唐廷襄上校，担任保卫大陈岛的任务，在渔山岛、一江山岛等附近多次与人民海军舰艇接战。

被人民海军击沉

台湾军队在东南沿海岛屿的争夺战中屡遭败绩，处境十分被动，蒋介石在加强各岛屿防御的同时，加速与美国政府商谈签订所谓的"共同防御条约"，企图借美国之手阻遏人民解放军进一步解放沿海岛屿和台湾。为彻底打破美蒋的阴谋，1954年中共中央军委决定解放一江山岛。

解放一江山岛是一次陆海空军的协同作战，战前，华东军区全面研究了作战部署和具体打法，决定将战役分为两个阶段：第一阶段夺取制空、制海权，第二阶段登陆作战。1954年11月，海军航空兵第1师协同空军对大陈岛和一江山岛敌指挥所和防御工事设施进行了轰炸，与此同时，控制制海权的战役也拉开了序幕。

1954年11月，华东军区海军接到了命令：派出鱼雷快艇数艘，选择适当的锚地待机，力求击沉国民党中型以上舰艇一至两艘，打击敌人的气焰，切断敌人的海上封锁线。随后，华东军区海军将任务交给了鱼雷快艇第31大队，并强调，鱼雷快艇是首次出击，要打出威风，打出战果，为以后的海防斗争打开一个新局面。大队接到命令后，将任务具体交给了第1中队。第1中队的六艘鱼雷快艇在接到命令的当天便从青岛锚地南下舟山，准备作战。

为完成这次任务，大队专门组成了战斗指挥所，领导部队进行训练和作战。指挥所又分为岸上和海上两部分，岸上指挥所平时负责组织训练，战时负责各参战舰艇在观通站雷达引导下对敌舰实施攻击，负责人是副大队长纪智良；海上指挥所平时负责领导训练，战时负责在岸上指挥所指挥下具体遂行战斗任务，负责人是第1中队副中队长铁江海和指导员朱洪禧。责任明确后，接下来的就是要制定一个符合实战要求的作战方案。为此，指挥所的指挥员亲自到作战海域，用各种手段侦察台湾海军的活动情况。通过观察，他们发现了台湾海军的活动规律，这就是每天晚上18点到23点之间，他们都要从上、下大陈岛派出舰艇进行巡逻，虽然每次派出的舰艇数量不等，但每天必定有一次。

掌握了这一情况以后，指挥所随即制定了作战样式：在夜间利用快艇编队依靠岸上观通站的雷达引导对敌舰实施突然攻击。

1954年11月1日晚，鱼雷快艇大队的六艘鱼雷快艇在四艘护卫舰的拖带和掩护下乘着夜幕从定海起航，秘密进入高岛锚地。这些鱼雷快艇排水量为22吨，装备有450毫米鱼雷2枚，12.7毫米机枪2挺，没有雷达设备。

为寻找有利战机，鱼雷快艇一连在海上隐蔽待机13个昼夜。11月14日0时5分，高岛雷达站发现了目标，指挥所判明是台湾海军"太"字号舰型。方位137度，距离15海里，航向50度，速度12节。快艇指挥员判明敌舰是向渔山方向巡逻，立即命令155、156、157、158号四艘鱼雷快艇进入出击地点。0时52分，快艇编队以89度航向开始接敌，0时57分，雷达发现快艇的接敌速度不够，指挥员马上命令快艇增速至23节，同时命令担任掩护、救生的炮艇就位。1时28分，快艇编队在距离37海里、左舷45度处发现目标。朱洪禧在望远镜中仔细辨认，确认为"太平"号军舰，下达了"向左展开，准备战斗"的命令。

"太平"舰之所以此时出现在海面上，实有偶然因素。台湾海军中的知情人后来透露了一些不为人知的情况。台湾海军当时有六艘"太"字号军舰，分为两组，每组三艘，轮流在大陈岛执行任务，每三个月轮换一次。每组内的三艘军舰也轮流担任旗舰、轮流执勤。巡逻的方法是定点定线，区域北到渔山，南到大屿，全程约19海里，并规定，每天晚上一定要出海巡逻，白天则视状况而定。巡逻时，不管用何种速率，从日落到日出，一定要两度到达南北端点。照规定的航线，不能离开航线5海里以上。每艘"太"字号军舰巡逻五天，然后回基隆整备。"太平"舰与"太康"舰、"太和"舰分为一组，担任1954年9、10、11月三个月的巡航任务。时任"太和"舰舰务官的何炳锐说出了"太平"舰出航的原因："这事很巧，原来不是太平舰去，应该是太和舰去巡逻。……我们这一组在大陈只差半个月就满三个月，要回去了，那时特种舰队司令宋长志以'太和'为旗舰，我们最讨厌当旗舰，因为一当旗舰，为了与大陈陆军部队联系，必须带二十几名陆军特种部队的人上来。他们背的席子、铺盖带到船上，一摊开，臭虫就到处爬，都爬到我们床上来。吃饭又挤，洗澡也不方便，简直讨厌透了。十三日当晚理应将旗舰转移至'太平'，大伙高兴得不得了，他们一走，我们就不要挤了。但东等西等，怎么晚上八点钟了，还没消息。因为旗舰转移要两舰靠在一起，战时又不一定什么时候会有共机来炸，一定要等天黑，转移完毕，我们就去巡逻。司令宋长志跟太和舰长说：'哎呀，还差半个月就满三个月，要回去了，何必搬呢？就别搬了吧。'孙舰长是个好人，就答应了。时'太平'已抛锚，准备旗舰的转移。旗舰不搬，'太和'就打灯号给'太平'：'贵舰本晚巡逻，旗舰不转移。''太平'起锚就走了。结果去了两个多小时，就挨鱼雷。当初如果是我当舰长，该搬就搬，那挨鱼雷的就是我们了。"[1]时任"太平"舰通信官的马顺义中尉也证实："十一月十三日晚上上级本来下令不要出海巡逻，在大陈港区内抛锚警戒即可。因为连巡好几天，不出任务，官兵心情都轻松下来，副长、轮机长都在官厅打桥牌打到很晚。我因为要值零点到四点的更，所以很早就睡了。通信官的房间在官厅隔壁，中间仅隔一条帘子，当天二十二时半左右，我听到他们说：'电报来了，今天晚上又要出去，要暖机了。'我也就醒来。"[2]

"太平"舰起锚后，与"太康"舰进行了巡逻交接。"太康"舰于14日下午返抵基隆整备，到达基隆后才听说"太平"舰已被击沉。"太康"舰舰长池孟彬上校描述说："由于太平舰之受袭沉没，仅在两舰交接后五个多小时，若交接稍晚，或许被袭的会是太康舰。大家都说太康是福舰，但是我们仍要小心谨慎，不能有些许大意。"[3]

1时35分，155号快艇在距"太平"舰10链处首先发射两枚鱼雷，接着其他三艘快艇也先后发射了鱼雷，发射完毕后随即撤出战斗。整个战斗历时45分钟。

"太平"舰遭袭时舰上的情形，人民海军鱼雷快艇大队并不知情，台湾海军中的当事人作了较详细的描述。马顺义说："是日天候尚佳，海象两级到三级，非常好。但能见度较差，有低云层。我们出海以航向正北000、速率十节向北往渔山方向航行，约在一点三十分左右，雷达发现方位330有四个快速目

〔1〕《何炳锐先生访问记录》，《海军人物访问记录》第一辑，台湾"中央研究院"近代史研究所1998年9月版，第413—414页。

〔2〕《马顺义先生访问记录》，《海军人物访问记录》第二辑，台湾"中央研究院"近代史研究所2002年10月版，第170页。

〔3〕《池孟彬先生访问记录》，台湾"中央研究院"近代史研究所1998年4月版，第105页。

标。我一听报告，立刻拿望远镜往这个方向搜索，看见少许白浪花，表示他们正在加速。我又往设在驾驶台的雷达复视器一看，看得回迹很清楚。马上透过话管向战情中心下令：'你们特别注意，我在上面已经看到浪花了，赶快测算出他们的航向、航速。'并下令警戒中的舰尾的三十二炮（太平舰三门三吋炮之一）和驾驶台前的四十公厘炮，对准方位330，距离6000码追瞄。这时我立刻以电话向舰长报告发现目标，是否要拉备战？舰长同意备战。我又报告警戒炮已经瞄准，是否可以先发射？舰长说可以。我一面讲电话，一面拉备战警报，同时令警戒炮开火。大家就炮位。那时大陈海面相当冷，都要穿棉夹克，当弟兄们听到战备警报器一响，马上炮声就响，大家就晓得今天晚上不对劲，所以官兵警觉心特别高，大家就炮位的速度也很快。""在此紧急时刻，我向舰长报告、拉备战、令警戒炮发射，这几个动作几乎同时进行，同时令机舱备便四部主机待令增加速度。此时舰长刚刚上驾驶台，虽然能见度不佳，但到距五六千码的距离时，用目视即可看见中共鱼雷快艇因高速飚起的尾浪，并看见他们发射一排四发鱼雷，我们马上用右满舵躲掉一排鱼雷。但后面又来一排鱼雷，我们的船向右转时，第二排鱼雷的最右边一发击中船身左舷中段，也就是IC（舰内通信）的控制舱，电罗经也在这里。在未接近鱼雷发射距离时，我方炮声即响，在战场心理的影响下，我舰一被击中，中共鱼雷快艇掉头就跑。我舰也失去动力。"[1]

宋炯上尉曾在"太平"舰上服役长达四年半，尽管"太平"舰遭袭时他不在舰上，但事后他走访了若干当事人，在《薪传》一书中写道："船舷被炸了三四呎的大洞，不但大量进水，连士兵前住舱及官厅都受到爆炸破坏，备战时动作较慢的官兵都几乎全部牺牲，警戒炮正发射的炮员全部震得落海。据舰务官李长孝中尉曾向我详述个人经历，他备战时部位在舰首，当其走出官厅前右舷门时，船身突然因爆炸而激烈震动，他当时被震昏倒地，未久冰冷海水溅到他脸上而清醒过来，听到官兵嘈杂声，才知道中了鱼雷。他走回官厅内以手电筒照明，发现官厅餐桌已不见了，甲板被爆开了花，有十多呎的直径，不少官

---

〔1〕《马顺义先生访问记录》，《海军人物访问记录》第二辑，台湾"中央研究院"近代史研究所2002年10月版，第170—171页。

员可能便掉入大洞之外，包括副长宋季晃中校，及接替我担任轮机官的张才储等官员，轮机长室外隔堵有人贴壁站立，以手触摸，他的一层皮都滑掉下来，手电筒一照乃是轮机长周相辉上尉，业已阵亡殉国。"[1]

"太平"舰被击中后，前甲板马上浸水，但后机舱和后马达舱以及后段的发电机都还能用。尽管舰尾翘得很高，几乎离开水面，但车叶还能打到水，雷达也还有相当功能。舰上人员将主机开动，开退车，操人工舵，从渔山慢慢往南走。一直到14日凌晨5时多，航抵大陈岛东口，宋长志坐镇"太和"舰，带领巡逻舰"永春"号和修理舰"衡山"号出港口迎接。此地离大陈东口还有12海里左右，宋长志决定用"太和"舰拖带。因为"太平"舰舰首已下沉，只能将一条300英尺的钢缆连接到舰尾，但这种方法使得"太平"舰受损的裂口加大，再加上回大陈岛是横向受东北风，故拖带大约一小时后，"太平"舰后机舱进水，舰体快速下沉。宋长志于是下令弃船。7时15分，"太平"舰沉入海底，经最后查验发现，副舰长宋季晃中校以下28人毙命。

"太平"舰的沉没对台湾海军防卫大陈岛影响很大。池孟彬说："大陈三艘太字舰——太康、太平、太和——所编成的战队，已失去一艘，因此太康和太和两舰任务更为繁重。太康在基隆紧急整补后，又开赴大陈岛执行任务。此时大陈局势愈形紧张，敌空军占地利、数量与性能之优势，获得当地的制空权，我空优既失，海权乃顿失凭依，因此我舰艇之活动也受到限制。"[2]

几个有争议的问题

人民海军击沉"太平"舰事件发生在夜间，当时既无先进的通信设备，又无先进的可视器材，故而后来大陆和台湾各方对海战的一些细节问题的描述有一定出入，特别是在以下两个问题上出入较大：一是当人民海军发起攻击时，"太平"舰是否清楚地判明了袭击来自的方向；二是"太平"舰遭袭后是否长时间失去动力。

关于第一个问题。参与指挥袭击"太平"舰的纪智良说："一点三十五分

〔1〕钟坚著：《惊涛骇浪中战备航行——海军舰艇志》，台湾麦田出版股份有限公司2003年7月版，第77—78页。
〔2〕《池孟彬先生访问记录》，台湾"中央研究院"近代史研究所1998年4月版，第105页。

我三号艇发射完毕转向撤退时，发现敌舰附近闪一火光，此时敌舰即有一二部位的小口径炮对空射击，直到我最后一艇发射完毕撤出后，敌舰才开始向水面射击，可是我快艇已安全撤出战斗（战斗历时四十五分钟）。"[1] 参与直接指挥袭击"太平"舰的朱洪禧说："直到这时，敌人才像从梦中惊醒过来一样，以为是被飞机打中了，一个劲向空中乱放枪炮。"[2] 1987年10月由中国社会科学出版社出版的《当代中国海军》一书也有这样的描述："敌舰中雷后，慌乱地对空盲目射击，以为是飞机临空投弹。"[3] 大陆出版的其他著述大多也持类似的说法。

对于这种说法，原台湾海军中的当事人多不赞同。马顺义说："太平军舰于该次巡弋任务中，在遭受偷袭稍前，舰上平面搜索雷达，已发现该组小型快速目标，并由值更官先令警戒炮两门对其追瞄（时战备规定为：巡航中三分之一舰炮备便警戒，是日舰上备便三时炮、四十公厘炮各一门），且于迅即报告舰长后，立令警戒炮开放，射击该组目标，同时拉备战警号，全舰备战。但因目标小而高速，到近距离时方能为雷达发现，致反应时间短促。在全舰火炮完成备战有效发前，仅赖警戒炮二门之火力，不足以阻击其高速逼近发射鱼雷之有效距离，而终为其偷袭所乘。但在中雷前及受创后，舰上警戒火炮，皆持续向之射击，直至远逸而止。其时之舰炮皆为人力操控，在舰身中鱼雷瞬间所产生之强震及少许倾侧，炮员难以及时反应调整射角，而有暂时显似对空射击现象，旋即调整为继续射向水面，追击该组窜逸雷艇。并非如所云：'……以为是被飞机炸中……向空中放炮。'"[4]

关于第二个问题。纪智良这样描述；"敌舰被命中未立即下沉，三点五十分时，大陈敌以'太字号'一艘'永字号'两艘赶来拖救，但已无效，七点

〔1〕纪智良、顾勇：《海军快艇某部击沉蒋贼"太平号"军舰的经验》，《八一杂志》第78期，第28页。
〔2〕朱洪禧：《击沉国民党海军"太平"舰》，《海军·回忆史料》，解放军出版社1999年2月版，第212页。
〔3〕当代中国丛书：《当代中国海军》，中国社会科学出版社1987年10月版，第217页。
〔4〕《马顺义先生访问记录》，《海军人物访问记录》第二辑，台湾"中央研究院"近代史研究所2002年10月版，第178页。

二十四分时敌舰太平号沉没海底。"[1]朱洪禧也说:"敌舰被我击中后,丧失了机动能力,在海面漂泊近两个小时,舰尾翘起,舰首低着头沉在水里,随着潮水慢慢向西漂去。3时30分左右,敌人才派出扫雷舰、护卫舰和护卫艇各一艘前来救援。"[2]《当代海军》中记述:"这艘失去动力的护卫舰随浪漂泊至三时许,三艘台湾军舰才从大陈方向驶来援救。"[3]大陆出版的其他著述也大同小异。对此,马顺义也有不同看法。他说:"太平军舰受创时,曾短暂失去动力;但旋经各部门官兵迅予检查所主管之各项装备,立予修理、调整、调配;各修理班之损害管制作业,亦同时有效展开,很快即恢复后机舱主机之运转,左车乃能恢复使用,而紧急发电机也能自动启动供电。略经检查调整,使部分重要装备,诸如通信系统、雷达、舵机等,相继恢复部分功能。又由修理班之损害管制作业有效,使后机舱之前隔堵以后到舰尾约五分之三长度舰身,能保持水密完整,从而得以保全且维持全舰之正浮力,而未再继续恶化,仅首甲板下沉至水面,尾微向上翘,维持此种态势,藉左车航行,向南缓速接近大陈。经近五小时之单车南航,至清晨六时许,抵大陈岛东口以东约十二浬海面,与驰援之旗舰太和舰,及永春、衡山……诸友舰会合。并非如所云:'太平号失去动力,随浪漂泊了一个多小时……'"[4]

对于上述两个问题的分歧,台湾方面的说法似乎更有道理,毕竟他们是"太平"舰上的直接目击者,但要真正搞清事实真相,依然有待于其他相关资料的发掘。

"献舰复仇运动"

"太平"舰被击沉,不仅给台湾海军造成重大损失,而且在国际上引起很大反响,美国各大报纸争相在头版醒目位置刊登此消息,这给了台湾当局以巨

---

〔1〕纪智良、顾勇:《海军快艇某部击沉蒋贼"太平号"军舰的经验》,《八一杂志》第78期,第28页。

〔2〕朱洪禧:《击沉国民党海军"太平"舰》,《海军·回忆史料》,解放军出版社1999年2月版,第212页。

〔3〕当代中国丛书:《当代中国海军》,中国社会科学出版社1987年10月版,第217页。

〔4〕《马顺义先生访问记录》,《海军人物访问记录》第二辑,台湾"中央研究院"近代史研究所2002年10月版,第178—179页。

大压力。台湾当局在24小时内连续两次召开紧急会议商量对策，决定进行复仇。然而，就台湾海军现有力量对人民海军实施报复，不仅难以达到目的，而且极有可能再次遭到毁灭性打击。于是，台湾海军决定建造两艘以上的新舰艇，增强战力，寻机复仇。然而，台湾当局正处于经济困难时期，难以拿出大笔资金建造军舰，不得不从民间筹集资金。于是，一场"献舰复仇运动"拉开帷幕。

1954年11月20日，"太平"舰幸存官兵在台北召开记者会，说明"太平"舰被击沉的经过。不久，"中国青年反共救国团"安排"太平"舰官兵环岛宣传建舰复仇，历时一个月。一方面向台湾各界募集资金；另一方面号召青年学生"投笔从戎"，积极报考陆海空三军官校。

在不到一年的时间里，台湾各界共募集资金20万美元，但远远不够造舰之用，"国防部"不得不另拨40万美元，凑足造舰费用。1956年，台湾海军向日本三菱造船公司订购了两艘鱼雷快艇，命名为"复仇"和"雪耻"。该级艇采用轻型合金材料制造，长68.9英尺，宽20英尺，吃水2.6英尺，满载排水量42吨，最大航速40节。艇上装备有18英寸鱼雷2枚，40毫米机炮1门，20毫米机炮2门。编制乘员军官3名，士兵9名。"复仇"号于1956年11月11日下水，1957年6月1日成军；"雪耻"号于1957年5月31日下水，当年12月16日成军。

1957年12月16日，台湾海军正式成立了鱼雷快艇队。该快艇队除了装备新建的"复仇"号和"雪耻"号以外，还装备有美国"赠送"的旧艇"反攻"号、"扫荡"号、"复国"号和"建国"号。

"献舰复仇运动"中一些人通过购物实施捐款

在建造舰艇的同时，台湾各地大中小学掀起了长达两年的从军"热潮"。一位当时目睹了这一事件，后来也加入海军的中学生回忆说："那些年龄稍长

台湾海军从日本三菱公司订造的"复仇"号鱼雷艇

台湾海军从日本三菱公司订造的"雪耻"号鱼雷艇

的初、高中生，都热血沸腾地投笔从戎，而仍在校就读的男女中学生们，则拿着校方所发的铁制小牌子，沿街以一枚一元义卖。部分顽皮的男孩子，放了学后，就跑到高雄市内的茶室或酒吧去促销，不但有正当理由去一探好奇的'幽境'，而且卖得也非常顺畅，因为在暗红色灯光里服务的大姐、阿姨们都非常爱国，半抢半嗔地自客人口袋里掏出钞票来争相购买'义牌'，还相互比较多寡，视为荣誉；还有许多外国人和水兵，也为她们捧场，当然恩客更喜欢花点小钱，赶快买断讨厌小鬼们的纠缠，以便大方地将之驱离。"[1]可见，所谓学生中的"热潮"不过是孩子们的好奇与从众而已。不过，三军官校利用这一机会，采取一致行动，大批吸收学生入学和入伍，仅海军官校在两年内就录取了300多人，参军的学生也不在少数，仅海军就有1.3万多人。当年入伍的项蓉芳说："民国四十四年正读冈山中学，适逢我'太平舰'被共军击沉，为响应'建舰复仇'运动，我毅然以十五六岁的中学生身份，投笔从戎，奔赴最前线。"[2]进入官校的分别被编入海军官校48年班、陆军官校第28期、空军官校第38期。

1955年3月29日，三军官校同时开学，台湾各地都举行了盛大的欢送活动，各地火车站纷纷举行仪式，入学者披红挂彩，在乐队和鞭炮声中离乡入营。

然而，要用几艘鱼雷快艇对人民海军实施报复，无疑是以卵击石。此后，台湾海军不仅无法实现"复仇"计划，而且在袭扰大陆的战斗中屡尝败绩。"献舰复仇运动"彻底破产。

---

[1] 张明初著：《碧海左营心》，台湾星光出版社2002年8月版，第176—177页。
[2]《参战人员口述历史采访录》，《八二三战役文献专辑》，台湾"国防部"史政编译局、台湾省文献委员会1994年8月版，第723页。

美军顾问团在台活动秘闻

　　1950年朝鲜战争爆发，美国政府为遏制国际共产主义力量的发展，极力培植反共力量。它不仅在很短的时间内派出第七舰队协防台湾，而且精心筹划，派出军事援助顾问团赴台，协助台湾军队整军备战。在此后长达28年的时间里，美军顾问团给予台军极大的援助，对全面提升台军战斗力发挥了重要作用。近几年，台湾"国防部"史政编译机构对美军顾问团在台历史开始全面梳理，访问了多位台军将领，还赴美国访问了曾经在台工作过的顾问，披露了若干不为人知的事实，尽管这些事实仅是片段，但从不同侧面反映了美军顾问团在台湾的活动情况。

美军顾问团成立

　　早在抗日战争时期，为帮助中国抵抗日本侵略，美国即依据"租借法案"，于1941年11月派遣军事顾问团来华，负责装备及训练台湾军队。太平洋战争爆发后，美国加紧了与国民党政权的军事合作，更加重视军事顾问团的在华工作。然而，随着抗日战争的结束，美军对国民党政权的援助也逐渐趋弱。在蒋介石发动内战之初，美国曾积极支持国民党政权，但随着国民党军队的败退，美国政府渐渐失去了对蒋介石的信心，军事援助更加趋缓。1949年1月5日，美国总统杜鲁门宣布，不对台湾的国民党军队提供军事援助或建议。8月5日，美国发表了《对华关系白皮书》，对国民党政权的援助几近中断。

　　1950年6月朝鲜战争爆发之后，美国政府一面谋求在朝鲜战场上打败共产党军队，一面在全世界范围内遏阻共产主义力量的发展，由此重新加强了对台湾蒋介石政权的援助。战争爆发不久，杜鲁门就下令美国第七舰队协防台湾。
8月，麦克阿瑟派遣福克斯率领军事调查团来台，对台湾三军装备实力实施评
估。两个月后，调查团向美国政府提出援台建议案，11月23日，首批紧急援助
的4700吨弹药运抵台湾。

在调查团来台的同时，杜鲁门援引1948年"援华法案"，建议派遣美国军
援顾问团来台，协助台湾当局增强军队战力。1951年1月30日，美国驻台代办
蓝钦向台湾"外交部"提出军援照会，台"外交部"于2月9日接受该项军援照
会，完成正式换文，即为《中美共同互助协定》。随后，美台双方就成立"驻
台军事援助顾问团"进行磋商，商定顾问团团长由陆军少将蔡斯担任。4月21
日，台湾"外交部"长叶公超代表当局发表声明："中美两国政府经洽商结果，
中华民国政府已同意美国派遣蔡斯将军为美国军事援华顾问团团长。该团应视
为美国驻华大使馆之一部，负责执行有关美国军事援助之通常军事职务。该团
可望于5月初开始工作。""中华民国政府在该团执行其职务时，当予必需之便
利与充分合作。"[1]

5月1日，驻台军事援助顾问团在台正式成立，成员有蔡斯以下300人，组
成团本部、陆军顾问组、海军顾问组、空军顾问组和联勤顾问组。对于美军顾
问团的成立，台湾当局异常兴奋。"国防部"长郭寄峤发表谈话说："美国派来
之顾问团，今日抵台，叶外长前已发表声明表示我政府当充分合作，本人站在
军事立场，更表欢迎。""蔡斯团长，不但在过去大战中抵抗极权与侵略，卓
著战绩，同时在学识方面，亦有高深之造诣，且甚熟悉远东一般状况，至其所
率领之顾问团人员，均为优秀卓越之士，相信来台后，定能有良好优异之表
现。""参谋总长"周至柔也表示："美国政府此一措施，本人认为不仅甚为明
智，抑且适合时机。果因此而能达成阻遏侵略主义者无限制之野心与行动之愿
望，则于世界人类和平之企求，实有莫大之裨益。""蔡斯将军以其过去治军
与作战之经验，来台协助我国，运用美国予我之军援，余敢预料其成功，余及
陆海空将士，对蔡斯将军及其团员在工作上必予以充分之合作与便利，以达成

〔1〕《美军顾问团在台工作口述历史》，台湾"国防部"史政编译室2008年5月版，第326页。

中美两国共同之任务与目的。"[1] 1951年5月14日，蔡斯宣布以5000万美元援助台湾陆军，570万美元援助台湾海军，由此拉开了新一轮军事援助台湾的序幕。6月8日，蔡斯又宣布以1600万美元援助台湾空军。6月25日，再宣布经济合作总署以2000万美元经援台湾。

1951年5月1日，美军顾问团首任团长蔡斯抵达台湾

在台主要任务

根据美台双方的协议，美军顾问团在台主要任务总体上是协助台湾整军备战，强化战力，保卫台海战略地区的安全，执行共同安全方案中军事援助等事宜。正如美军顾问团成立时蔡斯在记者招待会上发表讲话时所说："吾人工作，在协助国民政府，训练三军。"[2] 当然，当时他对各项具体工作如何展开并不清楚。但随着美台合作的不断深入，美军顾问团的任务越来越繁杂，包括了军队建设的各个方面。

纵观美军顾问团在台28年的活动，所涉及的具体任务主要有：负责对台陆海空军军事援助计划的拟定和实施；向台湾提供一切军事作业及军用装备的使用与保养；审核台湾军事需要与要求，监督对援助的运用；驻台美军外地度假计划的拟定；负责人事行政局、总长办公厅、"国防部"人事行政学校及其他人事与行政事项的顾问业务；审查"国防部"人事管理、动员、军事教育制度及留美训练，协助并建议宪兵司令部及宪兵学校的训练工作；协助"国防部"的情报作业、战地政务作业计划、部队编配、训练演习、特种部队及政工干校等作业；协助处理补给、运输业务及有关军援方案实施与发展事宜；依据核定

---

〔1〕《美军顾问团在台工作口述历史》，台湾"国防部"史政编译室2008年5月版，第326—327页。

〔2〕同上，第327页。

1952年6月26日，美援军用物资抵达台湾

的军援方案、发展准则，审查台湾的申请案，确立及修正对台湾军队补给时间及优先次序；协助台湾军事设施的建筑与维护；协助台湾拟定军援方案下的全部申请事宜；协助台湾军队后勤人员训练事宜；督导台湾军事年度预算与审核；出席台湾有关财政、经济、会计、审计及有关主计事项的会议；负责美国在台机构之外岛通信支援及"国防部"通信局的通信电子计划、政策、作业与组织等事宜；督导联勤总部实施训练计划，运用军援装备与物资；负责联勤总部及其所属单位对军援方案支援之编装、建筑、设施修护及重建等事宜；负责联勤总部编造年度经费计划及其审核事宜；审查及建议国防研究院及参谋大学的课程改进，提供教学方法及训练器材运用，协助安排访问驻台美军设施的示范事宜；督导军事审判作业，协助美国军民解决法律问题，审查对美国诉讼案应采取的行为，提供有关军事法律意见；协助台湾军队军法单位处理军法问题及拟定军法政策及作业程序等等。

组织演变

美军顾问团的组织是随着任务的全面展开逐渐完善的，主要由团本部、陆军顾问组、海军顾问组、空军顾问组和联勤顾问组构成。

美军顾问团团本部采用联合参谋制度编组，成立时，在团长、副团长、参谋长领导下，分设第一组至第四组四个业务组。1960年12月，"驻台军事援助顾问团"改称为"美驻中华民国军事援助顾问团"，组织系统也随之改变，在团长、参谋长之下，分设人事、情报、作战、后勤、计划、教育与训练、主计员、战地政务等助理参谋长，及新闻、副官、军法、宪兵、通信等组组长，执行顾问业务及顾问团本身的参谋业务。

海军顾问组成立于1951年5月1日，驻地在左营，1960年由左营移至台北，在台军海军总司令部内办公。海军顾问组设立初期只有一个编组，组员有9人，1951年下半年增设陆战顾问组。1958年，海军顾问组成员增至126人。1960年迁往台北时，海军顾问组设正副组长各一人，下隶"左营海军顾问小组"和"陆战顾问小组"。

美军顾问团海军顾问组衔牌

在左营顾问小组之下，设置演习策划办公室、机动训练小组、海军训练学校顾问小组、人事行政及通信小组等五个部门；陆战顾问小组则为单一设置，直接对陆战队负责。海军顾问组于1977年9月1日撤销，其原有业务并入美军顾问团后勤组。1979年3月1日，美军顾问团后勤组名称正式取消，更名为"美军协防司令部海军暨陆战队安全协助事务特别助理"，并于5月1日改隶民间组织，即后来的美国在台协会。

空军顾问组成立于1951年6月1日，直接设于台军空军总司令部内，负责空军军援事宜的协调与建议。建立初期编制人员为12人，之后因配合台军换装计划及训练方案的推动，到1960年增至289人。空军组成立之初设有人事行政、作业训练、补给修护、通信等四种类型小组。为加强与台湾空军各作战部队的联系，空军顾问组从1951年7月1日开始直接派遣顾问小组分驻空军防空司令部、供应司令部以及空军各作战大队。同年10月16日，将派驻各作战大队的顾问小组改称"基地顾问小组"，分驻桃园、新竹、嘉义、台南等各空军基地。1972年7月1日，空军顾问组撤销，组长改任顾问团副团长，副组长改任首席空军顾问，仍然留在空军总部，负责台湾空军与美方的联络。

联勤顾问组成立于1951年5月1日，分设财务、军医、运输、通信、兵工、测量、工兵、一般等八个小组，人员为11人。成立后随即进驻联勤总部及各单位展开相关业务。后随着军援的需要，到1955年，顾问人数高达2400人。1954年2月16日，联勤顾问组奉命撤销，并入陆军顾问组。但随后在与美军联勤部门联络的过程中极为不便，于是在1956年5月19日又重新恢复联勤顾问组。同时，美军新增了生产与服务顾问，加大了生产工作的比重。1960年5月，"联勤顾问组"改名为"生产顾问组"，同年8月，又改回"联勤顾问组"，不过在1972年，再次改为"生产顾问组"，次年改称为"联勤首席顾问"。

组训特战部队

美军顾问团在台的"功劳"之一是帮助台湾军队组训特战部队。台军成立特战部队是蒋介石"反攻复国"战略的一部分，其主要任务是在反攻大陆时担任先锋军，通过空中、海上、陆上等方式，渗入大陆敌后，策应正规军的登陆作战。为了尽快完成组建特战部队的任务，美军遂成立了代号为"31班"的敌后作战干部训练班，前后共召训三期学员，负责人是美国情报局副局长鲍烈将军。第一期训练员额很少，只有二十多名，由美军负责训练，结训后主要充当种子教官，来训练第二、三期学员。第二、三期学员同时受训，1959年正式在龙潭成立了特战第二和第三总队，在司令部内设美军特战顾问组，协助训练与

美军顾问在训练台军

1952年4月24日，美军顾问团在协助联勤改造军品库储方式

1951年8月，美军顾问在指导台军野战部队使用美援装备

提供必要援助。

特战部队的人员是从各部队选拔的有专长的官兵，按地区编组成立了湖南大队、广东大队、湖北队、江苏队、安徽队、江西队等。他们的训练分为一般训练和兵器、爆破、通信、卫勤、战术等专长训练，培养的队员具有正规作战和非正规作战能力，同时也有陆上、空中、海上渗透的能力。美军顾问组特别注重特战队员行军耐力的培养，他们要求每人全副武装，携带五日主副食，经过长途山地行军到达罗东太平山顶宿营，翌日以分队为单位带至山顶，教官下达状况，告知一个距离及方位角，受测部队要在黄昏前向教官报到。期间须通过一片茂密的森林和山区，既无人烟，更无道路，因此分遣队编有开路组及方位维持组，在山里作为期10天的求生训练。训练完毕后，特战部队曾经多次奉派空降大陆实施渗透，但绝大多数以失败而告终。

李法能回忆说，有一次，正当他们进行训练之际，一支由400人组成的特战部队到滇缅边区从事敌后游击战，引起缅甸政府的抗议，被迫撤回台湾，后来这批人编为特战第四总队[1]。

总而言之，耗费了美军顾问团很多心血的特战部队并未发挥作用，相反，他们中的很多人命运都非常悲惨，在执行渗透任务时，或者被击毙，或者被俘，很少有人能从大陆全身而退。

组织掩护大陈撤退

组织掩护台军从大陈岛撤退，也是美军顾问团在台的主要"功劳"。陆军中将黄世忠对美军顾问团协助国民党大陈岛守军加强防务以及美国海军第七舰队支援掩护大陈撤退的情况记忆犹新。他回忆说，1955年1月19日，人民解放军攻占一江山岛，守岛的国民党"反共救国军"官兵七百余人，包括指挥官王生明上校全部被歼。之后，解放军随时准备调整作战部署，发起对大陈岛的进攻。当时，台湾空军新式战机及海军舰艇尚未完成换装成军训练，守军缺乏海空支援，难以长期固守大陈岛。然而，就在解放军拿下一江山岛的第二天，国

---

〔1〕《李法能将军访谈》，《美军顾问团在台工作口述历史》，台湾"国防部"史政编译室2008年5月版，第31—32页。

防会议副秘书长蒋经国带来蒋介石的亲笔信函，要求"死守大陈"，守军第46师师长胡炘上校首先响应蒋介石的指示，召集各团、营长，宣誓"死守大陈"，决心与阵地共存亡。然后全师官兵由上自下层层宣誓，决心与大陈岛共存亡。

不久，"国防部长"俞大维视察大陈岛，并冒险乘坐空军战机前往大陆浙闽沿海侦察，发现大陈当面解放军路桥机场已经完工，米格15战机已经进驻，浙闽沿海雷达已经部署完毕，大陈上空制空权已在解放军掌控之中，根本无法长期固守。便约见美军顾问团团长蔡斯，商量对策。最后双方达成一致意见，认为情势对台湾军队不利，守军不宜做不必要牺牲，应保存战力，集中兵力，确保金马，巩固台澎。决定报请蒋介石同意，弃守大陈。蒋介石感到美军顾问团的意见是合理的，表示同意，并建议美国政府出动海军协助撤守。美国总统艾森豪威尔下令太平洋总部，派遣美国海军第七舰队编组攻击、护航、运输特遣编队，出动航空母舰、巡洋舰、驱逐舰、巡防炮舰、潜艇、登陆运输舰、补给舰、医院船等各型舰艇130余艘，及海航、空军各型战机200余架，联合台湾空军，支援掩护大陈守军13000人及居民18416人自海上撤运台湾，从基隆登陆。撤退行动为期一周。[1]

成立反潜航空部队

美军顾问团在台主要"功劳"还有帮助台军成立反潜航空部队。上世纪60年代，随着蒋介石"反攻大陆"计划紧锣密鼓地进行，人民解放军的潜艇部队时常出现在台湾海峡，与台湾海军舰艇时有声呐接触，使台湾海军感到巨大威胁。台湾海军曾采取普通舰艇投放深水炸弹的方法对解放军潜艇实施攻击，但始终没有奏效。美军顾问团建议台湾海军建立反潜航空部队，海军中将徐学海回忆了这一过程。

1965年5月，美军顾问团海军组组长欧斯上校与海军"总司令"刘广凯举行座谈，主题是商讨美国海军支援台湾海军建立反潜航空部队的问题。这次会

---

〔1〕《黄世忠将军访谈》，《美军顾问团在台工作口述历史》，台湾"国防部"史政编译室2008年5月版，第56—57页。

谈尽管没有达成具体方案，但美方赞成台湾海军组建反潜航空部队的建议，于是在会谈后，刘广凯开始着手酝酿组建反潜航空部队。他指示主管作战的"副总司令"冯启聪中将成立一个任务组，负责海军反潜航空部队的组建事宜。冯启聪随后作出决定，任务组由自己担任组长，海军"副参谋长"葛敦华担任副组长，海军总部作战组副组长徐学海担任执行秘书。

不久，美军派遣一架S-2A反潜飞机进驻松山机场，冯启聪带领人员登机参观，并接受机长对飞机性能和机上反潜侦搜装备以及武器系统的报告。接着，又乘该机出海体验它的种种性能。该飞机可以离水面7至10公尺作高速飞行，在潜艇以呼吸管突出水面潜航时，不易发现该飞机的行踪。飞行体验完毕后，美军顾问组交给冯启聪一大批有关反潜机、侦搜装备、攻潜武器、美海军反潜部队编组以及基地编组等有关资料，这些资料对海军反潜航空部队的建立具有重要的参考价值。

仅仅一次体验飞行以及一大堆资料是远远不够的，徐学海建议，任务组成员在适当时候至美海军驻菲律宾苏比克湾的反潜航空母舰见学，以提高对反潜航空部队的认识。此建议得到刘广凯的同意，经由美海军顾问组向美海军申请，一个三人赴菲见学小组很快成立了，组员是徐学海、副参谋长杨广英和政治部监察官赵钧。见学小组到达菲律宾后，从克拉克机场搭乘一架小型飞机直接飞往美反潜航空母舰"潘纳顿"号，开始了为期三周的见学活动。登舰后，"潘纳顿"号上的反潜支队支队长麦法逊少将接待了见学小组，并对见学小组的日程作了详细的安排。

在接下来的三周中，反潜支队的人员向见学小组详细介绍了支队的兵力结构、编组、S-2A和S-2E反潜机的具体情况，以及侦搜装备、反潜武器等，并介绍了美军太平洋舰队勤务支援体系情况。

见学小组返回台湾后，海军与空军就成立反潜航空部队进行了磋商。可是没想到，对于反潜航空部队的归属，在驻台美军将领中发生了争执。

原来，建立反潜航空部队的每一个细节必须与美军顾问团进行沟通。当时的美军顾问团团长是美国空军少将桑鹏，在他之前，美军顾问团团长一职历来由陆军将领担任，他自然要为台空军争取利益。他就建立反潜航空部队之事直接向蒋介石建议：基于台湾空防整体性，反潜航空部队应隶属于空军。对于这一建议，美驻台协防司令耿特纳海军中将表示了不同的看法，他也向蒋介石表示：反潜系海军主要任务之一，反潜航空部队是为了遂行反潜任务而成立的，故必须隶属于海军。

随后，反潜机大队成立，奉"国防部"核定，该大队隶属于空军。这样，台湾的反潜航空部队就令人费解地分成了两部分：原来隶属于海军的反潜直升机部分仍然隶属于海军，新成立的S-2T反潜机部分则隶属于空军。直到1998年7月，鉴于反潜航空部队隶属于空军有很多弊端，"国防部"命令将隶属于空军的S-2T反潜机大队移交给海军，海军至此拥有了完整的反潜航空部队。[1]

美军顾问团的终结

上世纪70年代初，中美关系迅速改善。1978年12月16日，美国政府宣布与台湾断交，同时终止美台协防台湾的条约。台湾当局慌忙派出"参谋总长"宋长志约见美军顾问团团长汤普逊及美军协防司令林德，询问美台断交后美援问题如何推进。1979年2月22日，美国政府给予台湾当局正式答复。答复内容大致为：第一，美军顾问团自1979年3月1日起，其名称即不复存在，顾问团长职务改为"美军协防台湾司令部安全助理事项之特别助理"，但单位工作及功能仍保持不变，此项安排将维持到1979年4月30日。从5月1日起，美方将指派"美国在台协会"这一非政府组织办理与美军顾问团相同的任务，其未来的具体方案还未确定，但"美国在台协会"的文职人员将与其相对单位"北美事务协调委员会"的同僚合作，而"北美事务协调委员会"的人员，也将与适当权责单位联系。第二，请采取便要措施，删除"顾问团团长"的名称，改用"安全援助事项特别助理"的名称，且在1979年2月28日以后的官方函件中，不再使用顾问团的简称"MAAG"[2]。至此，成立长达28年的美军顾问团正式成为历史。

美军顾问团的活动对台军的影响是巨大的，不仅大幅度改善了台军的武器装备，奠定了一定的后勤保障基础，建立了一系列军事管理制度，而且通过教

---

〔1〕《徐学海先生访问记录》，《海军人物访问记录》第二辑，台湾"中央研究院"近代史研究所2002年10月版，第80—85页。

〔2〕《美军顾问团在台工作口述历史》，台湾"国防部"史政编译室2008年5月版，第21页。

育训练体制的调整，提高了军队人员的素质。可以说，在美军顾问团的帮助下，台军战斗力的提高是全面的。

首先健全了"国防部"中参谋本部的组织体系，参照美国国防部"联参编组"制度，设置了各个机构，并制定了作业程序。其次是大大充实了台湾三军的战力。

在陆军建设方面，参照美国野战部队整建台军，改编步兵师，扩大编制，成立搜索连，增编炮兵师，改进部队通信装备；增编装甲部队为两个师兵力，扩大编制，淘汰老旧坦克，充实新型坦克，提升了装甲部队兵力、火力、机动打击力与防空、指挥管制通情能力；成立了炮兵、工兵群、通信营，增加地面作战、战斗支援能力；成立导弹部队，增加了地面防空火力，确保海空基地、港口及重要军事设施安全；成立了空降部队、陆军航空部队、各种作战部队，充实了侦察、运兵、战斗直升机，增加了地面作战及空降突击作战能力；成立了预备部队，扩编成九个预备师，加强了动员整备保持了台军的持续战力。

在海军建设方面，为保持海上优势，稳定前线，控制海峡，加强海上侦巡，维护外岛交通运补与台澎基地安全，配合美军进出台湾海峡水域巡逻活动，及防卫台湾联盟作战需要，成立了海军舰队司令部，扩编了作战部队，淘汰了日造老旧舰艇，充实了美造作战舰艇及新的武器系统，增加了海上兵力火力，并增加了两栖作战登陆运输舰艇，同时加强了军港、港湾、码头建设，充实了油、弹、水、电储存设备等。还成立了海军陆战队司令部，扩编海军陆战队为两个师，依照美国海军陆战队编装，建立两栖作战兵力，使海军具备了两栖登陆作战能力。

在空军建设方面，为控制台湾海峡，确保台海空中优势，维护领空、基地安全，成立了空军作战司令部，扩编作战联队、空运联队、侦察、照相及直升机部队，更新了武器装备，逐渐淘汰了旧式螺旋桨机种，换装了新式喷气式战斗机，并装备了"响尾蛇"空对空导弹。更新了运输机，扩编了战管通信部队，充实了战管雷达、通信、气象设施，全面提升了空战及空运能力。还扩编了机场跑道，增建了机堡及维修、油、弹库设施。成立了空军防空炮兵，警卫部队，担任机场防空及空军基地、油弹库警卫安全。另外，在台军军事教育、训练等方面也进行了重大的调整。

另外，在改进军校教育方面，美军顾问团也发挥了重要作用[1]。

对于上述"成绩"，曾经与美军顾问团打过交道的台军将领都有深刻的感触，他们从不同的角度发表了个人的看法。曾任台湾海军陆战队美援接收组组长的杨友三中将回忆说："美国对我陆战队刚从大陆转进来台湾初期的建军发展帮助甚大。……陆战队的武器及人员装备大幅改善，使我得以拥有一支为其他国家称羡的两栖作战部队。除此之外，其他有关陆战队的编装、教育训练等各方面攸关建军备战的要务，美国政府及驻台美军顾问也都提供了重要的协助。"[2]曾任台空军防空司令部副司令的万子清少将说："美军顾问团经由对我空军进行换装训练，使空军整个教育训练从此建立起标准化、程序化及制度化，其功不可没。"[3]曾任台军联勤副总司令的雷颖中将认为：台军"透过美军顾问团在台的运作，获致了极大的成效。……我认为对国军影响最为深远的，莫过于整个制度的建立、后勤管理规范的制订，以及后勤专业人才的培育。"[4]

对于美军顾问的工作，台军高级将领们也大加赞赏。曾任台湾海军总司令部联络官的雷学明中将回忆说："海军顾问组美方顾问的工作效率，十分令人佩服，他们对于美援舰艇使用状况的掌握非常确实。"[5]曾任台陆军第9军联络官的黄耀羽中将也说："回顾我与美军顾问互动的经过，我们的确在美军顾问身上学到许多宝贵的经验。"[6]

〔1〕《黄世忠将军访谈》，《美军顾问团在台工作口述历史》，台湾"国防部"史政编译室2008年5月版，第45—51页。

〔2〕《杨友三将军访谈》，《美军顾问团在台工作口述历史》，台湾"国防部"史政编译室2008年5月版，第121—122页。

〔3〕《万子清将军访谈》，《美军顾问团在台工作口述历史》，台湾"国防部"史政编译室2008年5月版，第177页。

〔4〕《雷颖将军访谈》，《美军顾问团在台工作口述历史》，台湾"国防部"史政编译室2008年5月版，第207页。

〔5〕《雷学明将军访谈》，《美军顾问团在台工作口述历史》，台湾"国防部"史政编译室2008年5月版，第126页。

〔6〕《黄耀羽将军访谈》，《美军顾问团在台工作口述历史》，台湾"国防部"史政编译室2008年5月版，第71页。

国民党军队盘踞大陈岛始末

在浙江省沿海散布着大量岛屿，它们是拱卫我国东部沿海和长江口的重要屏障。其中大陈岛（包括上、下大陈）及其附近各岛绵延120海里，封锁着浙东的舟山、象山、石浦、三门、台州、温州各港湾，战略位置十分重要。大陆解放以后，国民党不甘心失败，占据这些岛屿，企图在此长期盘踞，破坏大陆经济，建立未来反攻大陆的坚固跳板。可是，在20世纪50年代中期人民解放军发起的解放沿海岛屿战役中，国民党守岛部队在短时间内纷纷溃败，最终撤往台湾。那么，在几年的时间里，防守这些岛屿的是些什么样的国民党部队？他们是如何惨淡经营的？美国在此中又扮演了什么样的角色？关于这些问题，我们会从曾经参与大陈岛防守的台湾退役将领的陈述中找到答案。

陈诚的信函

早在蒋介石发动内战之初，美国政府对支持国民党政权还比较感兴趣，幻想蒋介石取胜后美国能从中获利。但随着国民党军队的步步败退，美国政府渐渐失去了对蒋介石的信心，军事援助开始趋缓。1949年1月5日，美国总统杜鲁门宣布不再对台湾的国民党军队提供军事援助或建议。8月5日，美国发表了《对华关系白皮书》，对国民党政权的援助几近中断，这令蒋介石非常失望。然而，1950年6月爆发的朝鲜战争使蒋介石重新燃起了获得美援的希望，而美国政府此时也正在谋求通过协防台湾达到进一步遏阻共产主义力量的目的，于是，双方一拍即合。

然而，蒋介石十分清楚，要获得美援，必须寻找具体而充分的理由，因为美国人希望在短时间内看到美援的成效。原台湾"国防部"技术研究室少将王微，曾是"江浙反共救国军总指挥"胡宗南的机要室主任，他讲述了蒋介石和"行政院"院长陈诚寻找理由的经过。1950年冬天，陈诚发出了一封给美国国务卿马歇尔的信，此信是经过蒋介石过目的。信中说，国民党在从中国大陆撤退的时候，留有180万游击部队，这些游击部队依然顽强地战斗在大陆的各个地区，但因缺乏武器弹药供应而异常艰难。马歇尔看到这封信后既感动又兴奋，他认为这是对台湾进行军事援助的最好借口。他立即给陈诚回信，询问这180万游击部队的分布情况，并要求蒋介石立即派人到美国协商接济办法。

180万这个数字，完全是陈诚臆造出来的，因为陈诚和蒋介石对于遗留在大陆的国民党残余军队的情况并不了解，所以当马歇尔提出要求说明180万游击部队的分布情况时，陈诚非常为难，立即跑去和蒋介石商量对策。蒋介石认为，既然话已经说出，就不能收回，否则就在美国人面前丢了面子，更重要的是，会影响美方的军援决策。于是，他决定派"国防部"参谋次长兼大陆工作处处长郑介民赴美，让郑见机行事，想办法既要为180万的数字圆场，又要获得援助，等于把这个炙手的山药扔给了郑介民。为此，郑介民在赴美前大为不满，但又没有办法。

到美后，郑介民婉转地向美方表示，国民党军队撤退时，确实有一些游击部队留在大陆，不过180万的数字是从大陆撤退时的统计，现在经过一年多与解放军的作战，恐怕人数没有那么多了。美方对数字的减少似乎并不在意，当即表示，有多少人就供应多少武器，但提出两个条件，一是美方要先派人进行观察证实，以确认游击部队的确切数量，要求台方保证观察人员的安全；二是美方只提供武器装备，不负责粮食供应，粮食供应由台方负责。郑介民不敢轻易承诺，立即赶回台湾向蒋介石汇报。蒋介石也想不出办法来满足美国人的要求，特别是无法将美方观察人员送上大陆并保证其安全。于是，事情就拖了下来。四个月以后，没有得到答复的美国人有些着急了，再三催促台方立即拿出措施，并直接派皮尔士来台，在阳明山召集台方人员会议，了解情况。此时，台方见美方如此执着，只能继续编排故事，说在大陆的游击部队时隔一年，一部分已经散失，一部分被解放军消灭，如今只剩下40万人了。尽管台方提供的数字从180万骤降到了40万，但美方的兴趣依然不减，表示有40万人就提供40万人的武器装备，继续催促台方迅速安排实地查看。事情到了这个地步，台方只能交底，向美方明确表示，台方无法帮助美方的观察员穿越大陆这道"铁幕"，大陆究竟何处有多少数量的游击部队，完全无法证实，建议美方把注意力转向大陆沿海岛屿上的6万游击部队身上，先集中整训这些部队，然后再打进大陆[1]。

从40万又降到了6万，一方面，这是蒋介石应对美国人迫切心情的无奈之举。其实，这6万人的数字也完全是虚构的，从后来对沿海岛屿游击部队的整训情况来看，这些国民党的残兵败将只不过1万多人；另一方面，蒋介石从败退台湾那天起，就梦想着将来反攻大陆，如果能借助于美国的军事援助增强沿海岛屿的力量，必定会对反攻大陆奠定重要基础。然而，美方此时并不想过于揣测蒋介石的心思，完全接受了台方的建议。

大量的档案资料显示，美国政府之所以急于军援在大陆的国民党残余，主要有两方面的原因：第一，通过国民党残余在大陆的破坏活动牵制志愿军的力量，以利于美国在朝鲜战场上取得主动。曾在大陈岛担任海军陆战队少尉排长的李广明说，美国军方"派一位准将来台，商定利用我江浙游击部队牵制共军，策应韩国盟军作战，由美军供应必要武器装备，提升该等部队战力。于是同年（1950年）底，江浙反共救国军总指挥部成立，并由台湾调拨军官战斗团进驻上、下大陈"[2]。第二，发挥战后美国剩余战略物资的作用。二战后，美国还有大量的战略物资存放于琉球群岛，这批物资大多已经过期，如果运回国内，会浪费太多运费，如果弃之大海，又觉得可惜，因而，美国政府考虑用它来援助台湾，从而发挥其作用。

落魄的游击部队

国民党败退台湾后，盘踞在浙东沿海岛屿的国民党残余力量有三种成分：第一种是沿海一带的土匪，如王相义率领的两千余人就是最大的一支，因为反共而投靠国民党；第二种是帮会，主要是上海一带的青帮，大陆解放以后纷纷

---

[1] 参见《王微先生访问记录》，台湾"中央研究院"近代史研究所1996年6月版，第121—124页。

[2]《李广明先生访问记录》，《海军陆战队官兵口述历史访问记录》，台湾"国防部"史政编译室2005年12月版，第52页。

逃亡岛上，组织"游击队"，如张为邦、袁国祥、吴澍霖等均是；第三种是各县的国民党自卫队、警察自卫队等，他们多是年轻光棍，对家室没有顾虑，结队亡命海岛，其中包括著名的女匪首黄百器（黄八妹）和张希敏。这三种人均是劣迹斑斑、甘愿死心塌地地与人民为敌的顽固土匪，从其首领的经历就可见一斑。

王相义原在大陈岛一带经营走私，抗战时期纠集一批人当了土匪，在沿海一带以抢劫为生，待积聚了一些财富后，组织了一支一千多人的队伍，占领海岛。抗日战争时期还与日军相勾结。日本沿海船只还经常停泊在他的海岛上避风及补充淡水。抗战结束后，王相义投靠国民党，被任命为独立第36纵队司令。大陆解放后，王相义是唯一一支受到台湾"国防部"补给的游击部队，原因是，参谋总长周至柔当时暗中托人把母亲周太夫人从家乡送到台州，由王相义从解放区接出来，王认周太夫人为干妈，并护送来台，由于这层关系，周至柔给王相义照正规军待遇发给600人粮饷，其他游击部队则无此待遇。

吕渭祥是浙江云和人，原为国民党情报局译电员，跟随戴笠多年，外表潇洒，但邪恶多端，杀人不眨眼，他拉起一支1500人的队伍，称为"101路"，编为六个纵队，其手下多为土匪，以抢劫大陆和外国船只为生，干着海匪的勾当。

黄百器是浙江金山人，父母早亡，是姑母抚养她长大成人。长大后私自离家逃往盐枭会聚的太湖当了土匪，练就一手好枪法。后来拉起300人的队伍，出没于浙江沿海。抗日战争时期其队伍增加到四千多人，国民党第62军曾经收编过她的部队。大陆解放后，她率部盘踞岛上，被国民党整编后称为独立北海纵队。原海军陆战队中将屠由信曾奉命在大陈岛上训练过游击部队头目，他回忆了第一次见到黄百器的情景："返回住所不久，听到附近有女子在哼唱流行歌曲，感到非常诧异，我俩出去探望，看到一位中年胖妇人与一位年轻女子，坐在不远处另一房间的前廊下。我想唱歌的就是那位年轻女子，没想到她竟慢慢地走了过来，并向我俩询问，好似要打听我俩的来历，同时我俩也知道那胖胖的中年妇人就是名扬江浙沿海的双枪黄八妹（黄百器），年轻女子是她的秘书。"[1]

---

〔1〕《屠由信将军访问记录》，《海军陆战队官兵口述历史访问记录》，台湾"国防部"史政编译室2005年12月版，第160页。

张希敏是河北人，早年父母双亡，赴上海当女工时邂逅一位姓吴的军统女特务，从此被拉入军统。抗战期间一直在上海从事地下工作。上海解放后，她率领数百名国民党残兵进入嵊泗列岛，后来企图进占大陈岛，为王相义所拒，于是进入一江山岛。1950年9月，她率队与解放军交战，险些被俘。

另外还有行动纵队的王华、突击纵队的王枢、第7纵队的陈和贵、第8纵队的黄明久、第90纵队的陈永昌、第27纵队的张熙明、独立第5纵队的陈舜钦、独立第29纵队的林笃弇、独立第35纵队的陈幕颐、独立第7纵队的王祥林、独立第42纵队的傅佑多、海上独立第1纵队的张为邦、独立第28纵队的袁国祥、独立第27纵队的吴澍霖等。这些人物，就是蒋介石、陈诚所说的浙东沿海岛屿的游击部队的头目，他们实际上已经由国民党的残兵败将沦落为海匪了。这些海匪在台湾国民党当局派人进行整编之前各自为政，小股的以一二十人为一伙，大股的以一两千人为一帮，他们彼此间不闻不问，相互没有往来。他们的装备强弱不一，势众的拥有几艘机帆船，装备有六〇炮，敢于抢劫大陆和外国较大规模的船只；势寡的没有船只，只能在岸上抢劫一些渔船，有时还要打渔维持生计[1]。

总之，这一股股海匪在人民解放军的强大压力下，盘踞于各个岛屿，过着朝不保夕，苟且偷生的生活。

胡宗南上任

既然美国如此急切地要军援在大陆的国民党残余，蒋介石也就更加重视对沿海岛屿游击部队的整训和武装，因此，他首先要物色一名得力的人物去担当领导重任。当时，参谋总长周至柔向蒋介石推荐了两个人，但蒋介石都不满意，没有批准。过了一段时间，周至柔询问蒋介石究竟决定何人前往，蒋介石反问道："胡宗南去怎么样？"周至柔不敢回答，因为不知道胡宗南是否肯去。蒋介石指示周至柔尽快通知胡宗南做好准备。果然，胡宗南听说后极力反对，蒋介石只好亲自找他谈话，告诉他赴浙东沿海岛屿整编游击部队的重要性，并

---

[1] 参见《王微先生访问记录》，台湾"中央研究院"近代史研究所1996年6月版，第125—127页。

"江浙反共救国军总指挥"胡宗南

说明完成此任务非他莫属，胡宗南这才答应下来。

1951年9月9日，胡宗南赴大陈任职，他化名秦东昌出任"江浙反共救国军总指挥"，实际上就是游击部队的总司令。上任时，按照蒋介石的指示，胡宗南从台湾带去了两个军官战斗团，这两个战斗团的人员多数是从部队中淘汰下来的军官，其中大多数是军纪败坏的恶劣分子，还有一些是因与部队长相处不睦而遭排斥者，总体素质较差。蒋介石之所以将他们派往前线，主要是因为军队中再无他们的容身之地，不如派到前线发挥作用。胡宗南到了大陈岛以后，首先对各岛上盘踞的1万余人的游击部队进行改编，编为六个大队，将带来的军官战斗团人员充斥到各个大队中去，担任教官，这样做本身带来了两个严重后果，一是这些"教官"自身恶习很多，还盛气凌人，不能令游击部队的人信服，双方渐渐产生了很深的隔阂；二是胡宗南试图通过这些"教官"，将游击部队培训成正规军，"教官"们都曾就读于正规的军事院校，他们按照所谓正规军的教育方式，处处用纪律约束这些游击部队，殊不知游击部队已经散漫成性，根本没有上下级观念，只有大哥、二哥、老大、老二之间的感情。王微回忆说："游击队对部属关系要求得很马虎，当游击队采取行动时下达命令的方式是：'去，哪个不去是王八蛋！''好！去！'大家一伙儿一轰就去，训练的态度如此，注意自发自动，利用他们内在的情感作打仗的动力。"可是，胡宗南"把他们编成正规军后，士兵有命令来就打，没命令就不打，失去了原有的情感联系，失去了出自内心自发自动的积极性，这对士气的损失极大"。[1]这说明，从一开始胡宗南就犯了错误。后来，胡宗南改变了策略，将

---

〔1〕《王微先生访问记录》，台湾"中央研究院"近代史研究所1996年6月版，第131—132页。

"教官"从各游击部队中完全撤出,在大陈岛上创办了"东南干部学校",由海军陆战队人员担任教官,专门训练游击部队的头目,算是收到了一些效果。

防卫大陈岛

胡宗南到大陈上任后不久,美国就通过其情报机构"西方公司"将6万人的武器装备运抵台湾,台湾方面将大陈的1万余人全部装备起来,换掉了杂乱的武器装备。然而,美方早就有言在先,只供应武器装备,不负责粮食的供给,更不负责军费,而台湾的"国防部"也拒绝提供补给,这样,游击部队的生活就陷入了困境。

在台湾当局对浙东沿海岛屿游击部队进行整训之前,这些海匪经常抢劫英国、葡萄牙、比利时、荷兰等国驶往中国上海、广州、厦门的船只,所抢物资完全供自己享用。可是胡宗南上任整训以后,"国防部"明确规定,抢劫后的物资一律交"国防部","国防部"将这些物资视情变卖后,给游击部队发放奖金。可是,当他们把所抢物资交给"国防部"后,常常是没有了下文,所谓奖金寥寥无几。有一次,游击部队抢劫了一批檀香木交给"国防部",后来这些檀香木石沉大海,不知去向。对此,游击部队怨声载道,迫使胡宗南不得不向台湾当局要钱。

据王微回忆,胡宗南刚到大陈岛上任之初,蒋介石特意拨付给他2万银元,后来又拨付了3万银元。可这3万元却发生了不少曲折。当时,钟松担任"江浙反共救国军"副总指挥,他遵照胡宗南的吩咐,回台湾向蒋介石报告大陈岛经济困苦的情况,蒋介石立即批复3万元经费,让他到联勤总部提取,联勤总部考虑到前方急需,在批复公文下达之前先预付了2万,说明在公文下达后再补1万。但过了一个星期,公文依然没有下达,联勤总部颇为着急,钟松也火烧火燎。后经了解得知,是周至柔将公文搁置,使经费无法领取。第二天,钟松再见蒋介石,告诉蒋经费无法领取,蒋思考了一会,提笔又批了一张便条,支付了3万元。后来钟松得知,这笔钱是蒋介石的私人款项,可见当时台湾当局的经济困难程度。

为了增强大陈岛的防卫力量,1951年,台湾当局将海军陆战队第4团调驻大陈岛执行防务任务,1952年初,海军陆战队第1团接替第4团防守,当时,国民党军队在大陈岛的部署情况是：外围岛屿由游击部队驻守，上大陈由军官战斗团驻守，下大陈由海军陆战队驻守。1953年7月，台湾"国防部"将"江浙反共救国军"总指挥部改编为"大陈防卫司令部"，胡宗南继续担任司令。1954年7月，胡宗南撤回台湾，改派刘廉一接任，可此时大陈岛已经在人民解放军的攻势下岌岌可危了。

最后的弃守

1955年1月19日，人民解放军攻占一江山岛，矛头直指大陈岛。开始，蒋介石决心死守大陈岛，可美国人认为，大陈岛的情势对国民党军队不利，守岛军队根本无力抵挡解放军的进攻，不必做无谓的牺牲，应该保存战力，集中兵力，确保金马，巩固台澎。后来这一意见被蒋介石所接受，蒋决定弃守大陈岛，他在《为大陈撤退告海内外军民同胞书》中称："此次大陈驻军之转移地区，乃适应新战略之需要，并与友邦美国共同致力防卫西太平洋之配合行动；反攻复国的政策，必须切合三个基本原则：第一，为保持反攻军事之实力，绝对不能被动地在敌人所选择之时机、与敌人最乐意之战场上为其所消耗；第二，不能以一岛一屿之得失，而置根本大计于不顾，故此为积极的反攻准备，而非消极的后退行动；第三，欲贯彻反共抗俄之基本国策，须与世界民主阵线之行动相配合；深信此次新部署有助于亚洲与太平洋区域自由与安全之维护。"[1]

1955年2月，海军两栖舰队奉命执行大陈岛及其外岛军民撤运任务。"国防部"提供大陈岛对岸解放军的情报资料，海军总部命令"八五特遣部队"各型舰艇编组报到，完成与"国防部"、海军总部、大陈防卫司令部与空军支援部队的联系，分别与友军召开协调会。美国总统艾森豪威尔下令太平洋总部，派遣美国海军各型舰艇130余艘，及海航、空军各型战机200余架，协助撤退。

两栖舰队代理参谋长吴文义回忆说："任务执行时，参谋长一职由宋长志将军担任，执行舰艇编队作战任务，旗舰太昭军舰到达大陈泊地后，大陈防卫司令官刘廉一中将登舰，与指挥官就撤运计划作必要之协调。余则以助理

---

〔1〕秦孝仪编：《"总统"蒋公思想言论总集》卷三十三，台湾国民党党史委员会1984年10月版，第110页。

大陈岛台军撤退情景

台军从大陈岛撤退时准备运走的弹药

1955年2月,特种任务舰队司令刘广凯
在大陈岛"太昭"舰上主持中美撤运会议

身份,上岸与守卫部队陆军第四十六师师长胡炘将军、国防部作战次长李敦
谦将军、后勤次长王多年将军,当面协调解决岸勤作业及装载问题。后随国
防部长蒋经国先生展开陆上视察,并登上旗舰与指挥官就全般撤运状况交谈。
2月12日午后,全部撤运任务宣告完成,于美国海、空军护航下,舰队安全
返航。""2月13日上午,旗舰返抵基隆港接受各界欢迎,场面堪称空前,各
级检讨会议,均如期举行。国防部以执行大陈撤运任务圆满达成,分别议奖
有功人员,指挥官刘广凯中将调升海军副总司令,余因从计划到执行,襄助
指挥官圆满达成安全撤运任务,蒙记大功一次奖励,并调海军总部作战助理
参谋长。"[1]

　　对几年中防守大陈岛的意义,王微作了总结,他说:"守大陈在军事上其
实没有什么意义,当初只不过是为了获得美援而守的,它的意义是政治的。钟

----

〔1〕《吴文义将军访问记录》,《海军陆战队官兵口述历史访问记录》,台湾"国防部"史
政编译室2005年12月版,第35页。

松曾拟了一个计划，把沿海分四个部门：福建北部；温州；浙江天目山；浙江四明山等四个地区，计划将人员训练好之后，以突击方式，送到大陆从事敌后工作，让他们在无人的山区去慢慢地生根发展。但这四个地区只成功了一个。曾送到温州山区去，但过了一个多月就被完全消灭。当初计划把大陈当作踏脚石的构想失败了。"[1]

---

〔1〕《王微先生访问记录》，台湾"中央研究院"近代史研究所1996年6月版，第136—137页。

台湾海军劫夺"图阿普斯"号事件

上世纪 50 年代初，台湾当局为破坏大陆经济，在美国的支持下实施"闭港政策"，拦截、劫夺了几十艘与大陆有来往的外国船只，引发了多起国际纠纷。其中，劫夺苏联"图阿普斯"（Tuapse）号油船事件在国际上产生的影响最大。

美国间谍香港侦获情报

1954 年 5 月 25 日，苏联黑海航运公司的远洋油船"图阿普斯"号装载着 11000 多吨照明用煤油从乌克兰的敖德萨港启航，驶往上海。该船由丹麦哥本哈根的一家船厂建造，1953 年 10 月 21 日下水，是一艘新船。它长 489.2 英尺，宽 62.9 英尺，吃水 27.4 英尺，满载排水量 18000 吨，载油量 13000 吨，最高航速 14.5 节。6 月 21 日，该船进入香港的维多利亚港进行补给。政治协理员特·库兹涅佐夫带领一名炊事员上岸采购物品。当他们进入一家药品商店时，结识了商店的老板、俄罗斯人萨姆索诺夫。这位老板十分热情，一面介绍自己的身世，说他早年离开祖国，浪迹天涯，十分想念祖国，想了解苏联的情况；一面帮助他们挑选药品，并给予他们最优惠的价格。告别时，萨姆索诺夫问了一句油船还要去哪里，炊事员随口说道："还要去上海，然后回符拉迪沃斯托克（海参崴）。"库兹涅佐夫立刻制止炊事员往下说，然后匆匆离开药店，返回油船。

库兹涅佐夫等人并没有想到，萨姆索诺夫是美国情报组织"西方公司"安插在香港的眼线，专门搜集与中国大陆有来往的外国轮船的情况。他获悉了"图阿普斯"号的行踪之后，立即通报台北。"西方公司"驻台北总部头目狄伦马不停蹄地通报蒋介石，并与蒋密谋劫持"图阿普斯"号。

台湾海军拦截"图阿普斯"号

6月22日,"图阿普斯"号离开香港,准备绕过台湾岛,通过巴士海峡,驶往上海。此时,美国的间谍飞机早已出动,在空中密切监视"图阿普斯"号的行踪,并将该油船的情况及时通报台湾海军。

台湾海军"总司令"马纪壮接到蒋介石的命令后,立即指派多艘舰艇组成若干个舰艇分队,分别向"图阿普斯"号航行的区域进发,包抄、拦截该油船,并防备大陆海军的攻击。"丹阳"号和"太康"号编成第一分队,担任主要的拦截任务。"丹阳"号原为日本海军驱逐舰"雪枫"号,1947年移交国民党海军。它标准排水量2050吨,满载排水量2490吨,航速18节,装备有5英寸主炮和25毫米防空机炮。"太康"号是一艘护航驱逐舰,标准排水量1150吨,满载排水量1430吨,航速19节,装备有3英寸主炮,20毫米、40毫米机炮,以及深水炸弹等武器。舰长池孟彬是福建人,毕业于马尾海军学校,曾留学英国。

6月22日下午,"丹阳""太康"两舰分别接到紧急命令,命令要求两舰于17点35分自左营出港,务必在23日上午8点到达巴士海峡附近的A点(北纬19度31分,东经120度32分),行动任务将于两舰出港后赋予。时任"太康"舰舰长的池孟彬后来回忆说:"接令后,我迅速告别妻儿回舰,紧急召回休假士兵,起动主机,待丹阳舰备便后,同时出航。丹阳舰长邱仲明(四川人,已故)是我马尾海校的同班同学,在班上一直名列前首,并留学德国;他干劲十足,负责尽职,然性情很急,我来到舰上,他也已经到了。我们交换意见后,即相率出港编队航行。本来丹阳舰是领队,应该在前面,但丹阳舰是日本投降后留下的老舰,原名雪枫,没有雷达与声呐的设备,因此由太康在前领航,向目标区航进。"[1]两舰出发后,接到了行动任务:在A点和B点(北纬18度53分,东经120度30分)截捕苏联油船"图阿普斯"号,油船上可能有武装,或许还有飞机、潜艇护航。出港后,两舰处于一级战备状态,高速向目标区域前进。

6月23日凌晨,"丹阳""太康"两舰航行到北纬19度50分,东经120度30分,此点约在巴士海峡中间。"太康"号雷达发现目标向北航行,速度约10节。邱仲明立即命令编队向目标靠近。3时许,"图阿普斯"号的轮廓出现在两舰的

---

〔1〕《池孟彬先生访问记录》,台湾"中央研究院"近代史研究所1998年4月版,第100页。

蒋介石与马纪壮在一起

"丹阳"舰

"太康"舰舰长池孟彬与蒋经国在"太康"舰上合影

视野中，两舰加速向前拦截。当"图阿普斯"号行至台湾岛南端125海里处时，"太康"号打灯号命令其停止前进，接受检查。"图阿普斯"号船长弗·加里宁和特·库兹涅佐夫在黑暗中无法判明军舰的国籍，决定不予理睬，继续航行。"丹阳"号和"太康"号气急败坏，用40毫米机关炮向"图阿普斯"号前方射击，大约发射了几十发炮弹后，"图阿普斯"号停船。"太康"号继续打灯号，命令"图阿普斯"号的大副携带货物清单到"丹阳"号上接受检查和询问，如果不服从，油船将被击沉。弗·加里宁仍然置之不理。"丹阳"号无奈，只好放下小火轮，载全副武装官兵十余人，强行登上"图阿普斯"号，将大副伯·阿·梅尔库洛夫挟持到"丹阳"号上。当邱仲明得知船上是煤油时，决定予以劫持。他叫人打灯号，命令"图阿普斯"号跟随两舰走。这时，天已放亮，加里宁已看清军舰上的国民党旗帜，决定按兵不动。邱仲明和池孟彬二人商量决定，由"丹阳"号拖带"图阿普斯"号，"太康"号随后掩护，慢速将该船拖到左营。随后，"太康"号派出舰务官楼子琼带领持枪官兵数十名登上"图阿普斯"号。弗·加里宁后来回忆说："强盗们大约派了一百名人员的部队登上了我们的油船，匪徒们一面用刺刀和手枪威胁着我们，把船员赶聚到俱乐部去，同时占领了所有的通道、机器间、无线电台，一面开始抢劫我们的船舱和仓库。"[1]

他们将"丹阳"号抛来的缆绳紧紧拴在"图阿普斯"号上，同时搜查船籍证书，降下桅杆上和舰尾的旗帜。降旗时遭到了苏联船员的阻止，台湾海军官兵用武力将他们冲开，并随后将全部49名苏联船员禁闭于俱乐部中。加里宁后来描述了当时的情景："当油船的船员们眼看着匪徒们肮脏的手就要触到我们神圣不可侵犯的旗帜的时候，就一齐冲破了国民党匪徒的包围，围住桅杆，结成了严密的圈子，苏维埃的旗帜在油船的桅杆上继续飘扬着，直到匪徒们用强力把船员们拖开为止。"[2]

中午12时30分，"丹阳"号生火起航，慢车拖带。由于"图阿普斯"号体积庞大，当时满载煤油，排水量已达18000吨，十分沉重，托链无法承受负荷，于13时10分崩断，"图阿普斯"号无法前行。

---

〔1〕弗·加里宁：《苏联油船"图阿普斯"号被劫记》，《解放军文艺》1956年第1期，第88页。

〔2〕同上，第88页。

经邱仲明和池孟彬二人商量，决定挑选两舰熟练的轮机人员和舵手登上"图阿普斯"号，将船开回左营。不久，几十名轮机人员和舵手在楼子琼的率领下登上"图阿普斯"号，经过近两个小时的摸索、试验，终将大船开动。15点左右，各舰船一起出发了。"丹阳"号在前领航，"图阿普斯"号居中，"太康"号殿后，以12节的速度向高雄港开去。

苏联政府作出强烈反应

事件发生后的第二天，苏联外交部副部长瓦·亚·佐林就访问美国驻苏联大使查尔斯·波伦，递交了一份照会，对美国支持台湾海军扣留苏联油船提出严正抗议。照会指出：

> 油船在武力的威胁下，被迫改变航道，跟随军舰航行。在接到油船船长关于油船受到驱逐舰型军舰的袭击的消息后，和油船的无线电联络就中断了。这艘苏联船只和它的全体船员此后的命运即不得而知。
>
> 显然，苏联油船在美国海军所控制的海面上被军舰扣留一事只能是美国海军所干的。
>
> 苏联政府希望美国政府就苏联商船在公海上受到袭击一事采取步骤，以便立刻放还商船、船上的货物和全体船员。同时，苏联政府坚决要求严惩负责组织这次非法行动的美国官员，并且采取措施，以防可能再度发生悍然侵犯在公海上的航行自由的类似行动。
>
> 苏联政府认为有必要说明，它不能够对这种不能容许的行为采取不过问的态度，并且将不得不采取适当措施以保证苏联商船在那一地区的航行安全。[1]

第四天，美国驻莫斯科大使馆提出了覆照，矢口否认美国海军参与了非法劫走苏联油船事件。为此，苏联外交部于7月2日再度照会美国大使馆，严

---

〔1〕《苏联就美国海军扣留苏联油船事照会美国政府》，《新华社新闻稿》1954年第1491期，第32页。

正指出："苏联政府认为有必要声明，它不能认为美国政府对苏联政府六月二十四日的照会的回答是令人满意的。美国政府在六月二十六日的照会中既没有否认'图阿普斯号'油船被一艘军舰劫走的事实，也没有否认出事的公海海面是在美国的海军舰队控制之下。苏联油船在美国舰队控制下和美国军用飞机巡逻下的海面上被劫走，只能是美国海军所干的，不管它挂的是什么旗帜。"并强调："苏联政府对苏联油船'图阿普斯号'继续被扣留一事向美国政府提出抗议，并坚决要求立即采取措施放还上述油船及全体船员与货物，苏联政府并希望美国政府采取应有的措施，以防止今后发生类似的、粗暴地破坏公海航行自由的非法行动。"同时，苏联政府保留要求美国政府赔偿由于"图阿普斯"号油船被劫而使苏联遭到的损失的权利。

7月4日，美国政府提出的覆照仍矢口否认美国海军会参与劫走苏联油船的非法行动。7月19日，苏联外交部再次照会美国大使馆，指出："苏联政府认为，美国政府在七月四日的照会中仍旧仅限于空口否认美国海军曾参与这一劫夺行动，却没有否认一个众所周知的事实，即：发生这一粗暴地破坏航海自由的事件的公海区是在美国海军的控制之下的。苏联政府认为，美国政府应对劫走苏联油船'图阿普斯号'以及对保障它的全体船员的安全和船只与货物的完好负完全责任。""苏联政府再次抗议继续非法扣留'图阿普斯号'油船，并坚决要求立即释放'图阿普斯号'油船及其货物和人员。苏联政府保留要求美国政府赔偿由于'图阿普斯号'油船被非法劫夺而给苏联带来的损失的权利。"[1]随后，在一年多的时间里，苏联政府又与美国政府进行了多次交涉。苏联的《消息报》《真理报》等报纸也连续发表文章，对美国政府进行谴责。发表于《真理报》的一篇署名维·马耶夫斯基的文章指出："这次对苏联油船的攻击是悍然侵犯在公海上航行自由和违反国际法的基本准则的行为。这引起了公众的公愤，尤其是因为这种非法的行动并不是偶然的，而是美国当局蓄意奉行的政策的一部分。""为了支持美国在远东的削弱了的地位，美国海军和它的蒋介石走狗不惜利用他们的台湾基地来进行公开的海盗行动，在过去几年中许

---

〔1〕《苏联政府要求立即放还被美国海军劫走的苏联油船再度给美国政府的照会》，《新华月报》1956年第8期，第93页。

多国家的商船已被他们劫走。""在公海上的航行自由必须得到保证，侵犯这种自由的人必须予以应得的严惩。"[1]苏联红十字会和红新月会联合会也向瑞典的红十字会提出了释放苏联船员的要求。与此同时，苏联海军派出强大舰队在台湾海峡附近游弋，试图夺回油船。

中国政府对苏联政府的正义要求给予大力声援与支持，"观察家"发表于《人民日报》的一篇文章指出："目前，苏联、中国和全世界爱好和平的人民都正在为增加各国间的信任、缓和国际局势而进行努力。美国表面上也说是希望缓和国际局势，愿意和平，然而'图阿普斯号'油船仍被扣留、苏联船员仍遭迫害，美国并利用这次劫夺事件制造冷战。在美国的支持下，蒋介石卖国集团还在继续阻挠公海航行自由，破坏国际航运安全。据美联社报道，六月二十一日（1955年），蒋贼集团又在中国大陆沿海阻截两只英国商船。全世界一切正直的人民，对美国的口是心非和指使蒋贼集团在台湾海面继续进行的海盗行为表示愤慨。人们不能容忍美国这种阻挠国际紧张局势的缓和的行为。美国政府应该拿行动来证明它自己的语言。空谈和平拒绝行动是骗不了人的。"[2]

对于苏联政府的抗议行动，美国政府矢口否认扣留苏联油船的事件与美国有关系。然而，美国《每日镜报》专栏作家德鲁·皮尔逊的一篇文章为苏联政府的抗议提供了有力的证据。文章承认在苏联油船"图阿普斯"号被扣留以前，美国曾派一架海军水上飞机在它的上空盘旋了很久，"这架飞机和中国国民党分子保持直接的联系，并通知他们到哪里去找这艘苏联油船"。[3]这使美国政府十分尴尬。

美台试图策反苏联船员

面对苏联政府越来越激烈的抗议，美国政府并不理会，反而变本加厉地帮助和支持台湾当局做好善后工作，特别是做好策反苏联船员的工作，以造成国际影响。台湾当局在美国情报部门的授意下，一方面决定把"图阿普斯"号据

---

[1]《真理报载文评美蒋非法扣留苏联船只》，《新华社新闻稿》1954年第1493期，第23页。
[2]《美国逃不了对苏联油船事件的责任》，《新华月报》1955年第7期，第126页。
[3]《美专栏作家皮尔逊承认美蒋串通扣留苏联船只》，《新华社新闻稿》1954年第1503期，第30页。

为己有，将船重新命名为"会稽"号，编入台湾海军；另一方面对苏联船员进行分别关押，采取威逼、利诱、拉拢等手段，企图使他们投奔"自由世界"。美国当局甚至以"政治避难"为借口，将部分苏联船员带到美国。

后来从台湾回到祖国的船长加里宁向外界描述了他们的遭遇："海员们被安插在单独的房间里彼此隔离了起来，匪徒们企图使每个人相信剩下的只有他自己一人，而其余的都到美国去了。食物也停止了供给我们，一天只有一杯水和少得可怜的一块面包。"[1]当然，这仅仅是开始。在以后的一年多时间里，台湾当局使用了种种手段策反苏联船员。他们把船长关进四周包着铝皮的房子里，企图用亚热带的高温烘烤使他屈服；他们把一些年轻船员长期关进妓院，企图用美色摧垮苏联人的意志；他们把年轻的女招待放在台湾海军官兵中，企图用淫威迫使她屈服。

从美国回国的苏联船员也向国内外媒体揭露了美国政府阻止他们回国的卑鄙行为。他们在莫斯科举行了新闻发布会，机械师希欣说，自从"图阿普斯"号被台湾海军劫夺以后，为了摆脱台湾当局的魔爪，他们由台湾到了美国，以便同苏联驻在美国的外交代表联系，设法回到祖国。可是，他们到美国后不久就发现，想要从那里回国同样不容易。几乎每天都有人对他们说："别想回

台湾海军劫取"图阿普斯"号后，将其改名为"会稽"

〔1〕弗·加里宁：《苏联油船"图阿普斯"号被劫记》，《解放军文艺》1956年第1期，第88页。

俄国去了。"美国的特务则编造他们的亲人已经被送到西伯利亚的谎言，企图阻止他们回国。他们后来终于见到了苏联驻联合国的代表，并得到了代表的帮助，促成了回国之行。直到回国前夕，在纽约飞机场，美国的特务和移民局人员还对他们逐个进行恐吓和威胁，做促使他们留在美国的最后努力。[1]然而，美国人的目的最终没有完全达到。

大部分船员返回祖国

在被关押期间，苏联船员中大部分人表现出了崇高的爱国主义精神，他们以各种方式与美国政府和台湾当局进行着顽强的斗争。加里宁在他的回忆录中写道："第一个被叫去询问的是彼得·金尼索维奇·巴宾柯。国民党匪徒提出了几十个问题，他始终沉默不语。然后他们又叫去了60岁的老厨师尼克拉依维奇·彼得罗夫、女招待奥尔加·潘诺娃，虽然匪徒们用枪毙威胁他们，但他们却什么也没有说。""国民党匪徒们算计着不难把年轻的水手尼古拉依·费道洛夫给吓住，但他们也错了，尼古拉依表现的勇敢和无畏精神就连老年的水手们现在也是用着十分尊敬的口吻来谈论的。"[2]

经过苏联政府的努力和船员们坚持不懈的斗争，第一批29名苏联船员在被关押了13个月后于1955年7月获释。他们从台湾出发，经香港、广州、武汉、北京，回到了自己的祖国，受到热烈欢迎。塔斯社当时这样报道他们到达莫斯科的情景："获释的29名船员已经在8月5日乘飞机回到莫斯科。到伏努科夫机场欢迎的有：苏联海运部长巴卡耶夫、莫斯科各界代表、莫斯科的少年先锋队员以及油船'图阿普斯'号回国船员的亲属和朋友等。当船员们走出飞机时，受到热烈的鼓掌欢迎。船员们接受了献给他们的许多鲜花。"[3]

对于美台当局释放29名船员，塔斯社发表了声明，指出："'图阿普斯号'的一部分船员——二十个人，仍然被强迫扣留在台湾岛。为此，苏联驻华

〔1〕《苏"图阿普斯号"五名船员揭露美方阻挠他们回国的经过》，《新华社新闻稿》1956年第2153期，第40页。
〔2〕弗·加里宁：《苏联油船"图阿普斯"号被劫记》，《解放军文艺》1956年第1期，第88—89页。
〔3〕《苏联油船"图阿普斯号"获释部分船员回到莫斯科》，《新华社新闻稿》1955年第1892期，第21页。

盛顿大使馆曾在一九五五年八月八日向美国国务院提出一份备忘录，指出苏联政府对于'图阿普斯号'油船二十名船员和油船的被拘感到不安，苏联政府希望美国政府采取必要措施以释放苏联海员和油船。同时苏联政府请求法国政府继续努力，争取释放被扣留在台湾的'图阿普斯号'油船的船员和油船。""苏联人民期待着，所有被扣留在台湾的苏联海员都能够获得自由，而'图阿普斯号'油船能够重新回到苏联的黑海船队中。"同时，《真理报》刊载了回到苏联国内的"图阿普斯"号船长加里宁及七名船员给《真理报》的一封信，信中指出："蒋介石间谍机关的特务在一群挑拨离间分子的帮助下极力给我们灌输他们的思想，想叫我们相信苏联已经抛弃了我们。但是，我们一想起苏维埃祖国，我们的精神和意志就得到了支持。我们相信，苏联政府不会听任我们陷于危难，而是会极力设法使我们获得自由。当法国驻台湾临时代办来察看我们被囚禁的地方时，我们的这种信念就更加巩固了。从他那里我们知道，苏联政府已经请求法国政府负责照顾我们的命运，并且协助我们获释。苏联政府供给了我们金钱，寄来了粮食和苏联的书报。""但是，我们在回到祖国之后，依然不能忘记，我们二十个同志仍被强迫拘留在台湾。蒋介石分子继续用挑衅性的藉口拘留着他们，硬说什么他们'打算请求在那边避难'。但是，我们这批人在出发前，谁也没有机会同其余的船员会晤。蒋介石分子害怕真相，到目前为止还被拘留在台湾的全体苏联海员都希望回祖国。"[1]

在各方面的努力下，又有一部分苏联船员几经周折从美国回到苏联。最终，只有少数苏联船员留在台湾，集中居住于宜兰和桃园等地，经历了一段痛苦的时光。其中一人不堪忍受心灵的折磨上吊自杀，其他人20世纪80年代陆续离开台湾。

作为台湾海军"战利品"的"图阿普斯"号被改名为"会稽"号，于1955年10月20日编入台湾海军舰艇序列，作为运油船使用，但在服役期间因惧怕苏联海军抢回，很少出海，无所发挥作用，于1965年10月1日退出现役。

---

[1]《"真理报"就苏联油船"图阿普斯号"被劫夺问题刊载塔斯社声明和回国船员的联名信》，《新华社新闻稿》1955年第1932期，第25页。

台湾军队突袭东山岛始末

在蒋介石叫嚣"反攻大陆"的上世纪50年代初期，台湾军队曾策划并实施了一次有史以来最大规模的协同登岛作战，意在检验部队实施登陆作战的能力，试探解放军沿海防卫能力，为策划"反攻大陆"作战提供参考，目标是福建省的东山岛。由于台湾军队各方协同不利，这次作战不仅未能实现作战意图，而且使其"反攻大陆"的信心受到了一次沉重打击。

决定突袭东山岛

美国自陷入朝鲜战争的泥潭之后，处境十分尴尬，新任总统艾森豪威尔急于从朝鲜战场上脱身，决定发挥台湾对中国大陆的牵制作用，"放蒋介石出笼"，即放松对蒋介石"反攻大陆"的限制。美国的这一方针正中蒋介石的下怀，蒋迫不及待地在1952年底召开"战略会议"，宣布1953年为台湾的"反攻年"，紧锣密鼓地开始筹划对大陆岛屿的突袭行动，以获得美国的支援。

据金门防卫司令胡琏回忆，当时国民党统帅部选定的突袭目标有两个，一个是广东汕头附近的南澳岛，一个是广东与福建交界处的东山岛。最后综合研究各方面的条件，蒋介石圈定了东山岛。

东山岛属于福建第二大岛，距大陆仅有500米，面积约165平方公里。该岛南北狭长，北部的八尺门渡口是通往大陆的主要渡口，东山县政府设在岛中心的西埔镇。胡琏认为，国民党统帅部之所以将突袭的目标定为东山岛，主要原因是该岛的防御力量比较薄弱，仅有解放军改编的公安部队第80团的第1、2营（欠一个连），配属水兵一个连，总兵力1200人左右。战斗打响后，可能增援的部队是厦门的解放军第31军和汕头的第41军。厦门到东山岛有200公里的路程，解放军缺乏机动车辆，步行增援约需三天；汕头的第41军虽然离东山岛较近，但属于中南军区，增援的可能性不大。在这种情况下，如果台湾军队的行动能够保密，达成突然性，胜利是有把握的。胡琏说："当时突击东山的计划概要，是以岛上守军及增援部队的最大可能性为对象，而决定我们使用兵力及作战行动的。"[1]

为了达成突然性，台湾军队采取了严格的保密措施，除了直接参与作战指挥的上层军官以外，其他人员直到即将踏上东山岛之时，才知道所要攻击的目标是什么。参加作战的海军陆战队第1旅第3大队副大队长屠由信说："在突袭登陆该岛之前，海军陆战队保密工作做得很彻底，尤其是下级单位，事前均不知情。按两栖作战计划作业程序，营级单位应该参与，但登陆地点是不可能知道的。我虽然身为陆战队第3大队副大队长，但对于突袭东山岛一事，不仅未参与计划作为，事先亦未曾听闻。"[2]

然而后来的实战证明，尽管登岛时基本达成了突然性，但由于解放军的增援速度远远超出胡琏的预料，从而大大降低了突然袭击的效果。

制定协同登陆计划

突袭的目标确定后，蒋介石立即布置制订作战计划。由于台湾金门防卫部队必将在这次突袭行动中担负主要任务，所以突袭作战的想定由胡琏负责制定。他计划动用台湾军队两个师的兵力，"用迂回包围方式先占领全岛，然后集中三倍兵力围攻堡垒。这战法是孤立守军，阻止援军。尤其是援军即或乘坐汽车，循公路而来，一条公路容纳不了大队车辆；逐次到达，即向岛上作敌前登陆，那是古宁头、南日岛作战的重演，其结果不问可知。若以汽车往返运输，等到兵力集中，火力部署妥当，作一次正式的两栖登陆，旷日费时。岛上守军早被歼灭，我军任务完成，回航出海归还。"[3]至于各种兵力的运用，驻

〔1〕胡琏著：《金门忆旧》，台湾黎明事业公司1976年版，第122页。
〔2〕《屠由信将军访问记录》，《海军陆战队官兵口述历史访问记录》，台湾"国防部"史政编译室2005年12月版，第141页。
〔3〕胡琏著：《金门忆旧》，台湾黎明事业公司1976年版，第122页。

金门的美国顾问汉米尔顿建议：以两个团的地面部队登陆，配合伞兵空降，实施陆海空三军联合登陆作战，达到出奇制胜的效果。

曾担任突袭东山岛总指挥的胡琏

对于胡琏的设想和汉米尔顿的建议，蒋介石基本同意。1953年7月初，蒋介石命令胡琏担任这场登陆作战的总指挥，并要求他拿出更加详实的作战计划。胡琏受命后，进一步明确了作战方针是"此次突击并不在乎占领全岛，也不在乎消灭敌人，更无论攻取敌军的坚固阵地"，"志在验证部队实施登陆作战的能力"。有鉴于此，他制定的行动概要是："两栖部队开始抢滩，伞兵部队同时向西埔降落。西埔在410高地之南，距滩头不过12公里。伞兵落地收伞，陆军前锋即到，然后伞兵即刻乘水陆两用运输车上船，陆军及两栖部队在我舰炮火力掩护下，能攻下东山城及附近高地苏峰尖，则顺手牵羊，得多少算多少，然后收队回船，不会有失。"[1] 最后形成的作战区分是：

空军方面：空军第20大队于7月15日0时30分，载运空降伞兵大队，前往东山岛目标区，空降在八尺门地区，占领桥头堡，狙击大陆之增援及截击东山岛撤退之敌。

海军方面：海军舰队于14日15时发航，于15日3时进入泊地，于陆战队建立滩头阵地后，舰艇即行抢滩，使右翼队迅速登陆，左翼队登陆艇装载之游击部队，应与右翼队同时抢滩登陆；支援舰艇于攻击D日H时，以舰炮火力支援陆战队及左、右两翼队登陆攻击作战；海军陆战队在舰艇支援下，第一突击波于15日5时在东山岛苏峰尖以北的海滩登陆，建立滩头阵地。

陆军方面：右翼队第19军第45师（欠第133团）依海军之输送及支援，于15日5时顷，紧随陆战队后，在苏峰尖以北的海滩登陆，以一部直扑东山城（东山县县城），另以一部侧击亲营200高地及苏峰尖之敌，主力经湖尾、山

---

〔1〕胡琏著：《金门忆旧》，台湾黎明事业公司1976年版，第125页。

前、西坑、霞洞向北挺进，直趋八尺门与伞兵会师；左翼队海上突击之第42支队（欠第3大队），依海军登陆艇输送及支援，于15日5时顷，在亲营、赤涂间海滩登陆，除以一部在赤涂、白埕附近占领阵地，切断解放军之南北运动外，主力经东埔，攻占西埔圩，并不失良机，协同友军歼灭附近之敌人；预备队为第18师第53团；"福建反共救国军"海上突击第41支队的闽南游击第1大队（南海第1大队），乘该支队之船艇，于15日5时顷，到达东山岛西岸，在西坑附近海滩登陆，钻隙挺进，策进西埔方面之友军及伞兵之作战。该支队船艇在西坑附近海面，活动警戒，以牵制该方面及对岸绍安方面之敌军。[1]

上述计划看似有板有眼，但要真正实施需要相当密切的协同，而台湾军队是首次联合登陆作战，没有经验，能否成功，胡琏心里并没有底。

战前部署显露破绽

1953年7月12日，胡琏和副总指挥柯远芬召集第19军军长陆静澄、第45师师长陈简中、闽南地区司令王盛传等高级军官召开作战会议，正式宣布：奉"国防部"令，15日突击东山岛，除陆海空军外，尚有空降部队及海军陆战队担任抢滩登陆和支援作战任务。此次作战，计有陆军第45师欠一个团，加上第53团及游击部队两个大队通归陆静澄指挥。在这次会议上，胡琏并没有就作战的具体细节作进一步的部署。当天晚上，陆静澄在军部召集作战会议，除了通报东山岛上防守部队为一个营及少数民兵外，至于防守阵地的工事强度、有无炮兵及海军炮艇等情形，均未提及，更没有研究作战构想，就连登陆部队的任务区分也没有明确，致使参战的陆军各部队均摸不着头脑。当时参加会议的"福建反共救国军"海上突击第42支队支队长张晴光说："我虽参加过两次作战会议，但仍不明白全般状况及我的任务。"[2]

7月15日，胡琏又召集了一次由陆海空军各单位参加的联合作战会议，"国防部"作战次长室也派人参加，宣布了作战命令、任务区分等事项。会上，胡琏对美国顾问提出的伞兵降落八尺门的建议提出异议，说："伞兵是否

〔1〕张晴光著：《血战余生》，台湾商务印书馆股份有限公司1988年10月版，第330—332页。
〔2〕同上，第328页。

可以空降陆岛中心的西埔地区？""国防部"策定此次作战计划的人答道："伞兵降八尺门有两个任务：一是阻止敌人由八尺门增援，二是截击东山岛撤退之敌。"胡琏见计划无可更改，便不再作声。[1]这次会议依然没有完全解答各部队心中的疑惑，张晴光会后遇到的一件奇怪的事颇能说明问题。他后来回忆说："我因为未曾和左右友军作互相协调，所以于散会之后即去找海军陆战队支队长，我告诉他：'如果你们攻击亲营高地不下，请发射红色信号弹，我见到这红色信号，便会在左侧协助你攻击。'他答复说：'我们不攻击高地，我们的任务，只是抢滩登陆。'我一听这话，心中难免着急，跑出会场向陆军长报告此情，陆军长转向陆战队支队长，支队长坚持不攻，陆军长拍拍我的肩膀说：'游击部队能打仗，还是由你们攻击亲营高地好了！'我拿着地图指给陆军长看，这亲营高地原本是划在右支队攻击地区之内的。此情此景，不由我暗自长叹一声，天呀！若不是我找陆战队协调，那么，这一个亲营高地可撼制左右两个滩头，竟会无一人去攻，那才是荒唐透顶的事，解放军居高临下自然会以猛烈炮火射击，我方左右滩头登陆的密集队伍，伤亡必惨重，其后果还能想象吗？"[2]台湾军队战前的状况由此可见一斑。

作战行动出现混乱

1953年7月15日15时，左右翼部队先后出发，左翼部队乘大型登陆艇直接抢滩，距岸30米搭建浮桥登陆；右翼部队乘中字号坦克登陆舰，由水陆两用战车接驳抢滩。16日4时50分，"福建反共救国军"海上突击第42支队的第1、2大队及南海第1大队首先登陆，5时30分左右，其他各部队开始登陆。登陆过程并不顺利，有些部队甚至出现了混乱，参战的台湾海军陆战队第1旅第3大队大队长江虎臣感触颇深，他说："天色渐渐明亮起来，各车皆落后于百余公尺外……这时四周已是黄沙滚滚，烟雾弥漫，不知是那一辆LVT（两栖登陆战车）的射手，误认我们是共军，向我等开枪射击，我等赶紧隐身于车后，并挥手示令停车，部队下车后，分据滩岸阵地。"

〔1〕张晴光著：《血战余生》，台湾商务印书馆股份有限公司1988年10月版，第328—329页。
〔2〕同上，第329页。

支援台军突袭东山岛的护航巡逻舰"维源"号，该舰原名"永兴"，标准排水量640吨，航速14节

6时许，台湾伞兵两个中队在东山岛北部后林地区实施空降，企图破坏和控制东山岛通往大陆的主要渡口，堵击大陆增援部队登岛，阻截守岛部队的后撤。该伞兵部队是当日凌晨2时从新竹机场登机，分乘16架运输机，前往东山岛，这是台湾军队首次实施空降作战。

7月15日下午，福建军区司令员叶飞接到了台湾军队在金门集结1万多人，并有登陆艇和机帆船的报告。他立即作出指示，通知沿海岛屿各部队，高度重视敌人动向，如敌人向平潭岛、南日岛、大嶝岛进犯，驻岛部队应坚守待援；如敌人侵犯东山岛，则按原定方案进行，即守岛部队予敌杀伤后，留一个精干的营机动防御，其余人员在拂晓前撤出岛外，然后组织反击。防守东山岛的公安第80团团长游梅耀，鉴于敌人一旦占领解放军修筑好的工事，反攻将困难重重，决定在前沿阵地先对敌实施阻击，然后视情撤往核心阵地，固守待援。他在给福建军区的电报中坚定地表示："决心坚守东山岛！"叶飞同意了他的决定。随后，游梅耀把三个营的兵力配置在全岛5个核心阵地、6个外围阵地和11个警戒阵地上。

16日6时15分，当叶飞了解了台湾军队突袭东山岛的行动之后，命令守岛部队坚守至黄昏转移，并派第31军驻漳浦的第272团迅速行动，增援东山岛。同时命令驻晋江地区的第28军第82师、驻涵江的军榴弹炮团和驻福州的军区高炮营做好战斗准备，于当日12时车运出发，增援东山岛。

"福建反共救国军"海上突击第42支队担任左翼进攻，在守军亲营滩头阵地西南1500米外海滩登陆后，沿着赤埔、白埕、西埔一线向前攻击，首先与守岛的公安第80团第1营第1连发生激战，1连寡不敌众，损失惨重，主力向后转移。1连的一个排坚守梧龙山阻击敌人，在一小庙与敌激战，全部壮烈牺牲。

　　运载海军陆战队突袭东山岛的中型登陆舰"美益"号，该舰标准排水量513吨，航速13.3节

　　运载海军陆战队突袭东山岛的坦克登陆舰"中基"号，该舰标准排水量1653吨，满载排水量3776吨，航速11节

　　运载海军陆战队突袭东山岛的坦克登陆舰"中程"号，该舰标准排水量1653吨，满载排水量3776吨，航速11节

台湾军队依仗人多势众，继续推进，于16日8时10分占领了西埔，并顺势向石坛村进攻。在石坛村，台湾军队遭到公安第80团第1营第3连的顽强抵抗，双方展开肉搏。3连寡不敌众向后转移。第42支队以第1大队进攻坑北高地，由于工事坚固，伤亡惨重，进攻失败；以第2大队进攻425高地，守军放弃高地，第2大队遂又向西山岩发起进攻。公安第80团指战员利用有利地形，在各高地阵地上与敌周旋，坚守待援。第2大队尽管占领了几个高地，但付出沉重代价。战至16时，张晴光获悉，大批解放军已渡海向西山岩增援，实际上这是福建军区第31军第272团在基本歼灭了台军伞兵之后向纵深的推进，台湾军队遂出现慌乱。17时，第272团开始接防公安第80团阵地，黄昏时，与台湾军队展开激战。双方在各高地反复争夺，解放军指战员越战越勇，战至17日凌晨，台湾军队开始败退。张晴光描述，第2大队第4中队"干部多人伤亡，队员失去了掌握，被打得七零八散，溃不成军"。上午10时30分，张晴光接到陆静澄的电话命令："11时30分开始转进，到原来登陆之滩头，上原来之登陆艇，在下午1时30分之前务必上船完毕，你们支队自行派部队掩护，必须注意确实可靠，可使用蛇退壳之法，先行部署好第二道掩护线，待确实占领阵地之后，再撤收第一道掩护线部队转进。"[1] 随后，张晴光指挥残兵向后奔逃，"动如脱兔"。退过西埔，张晴光看到，这支由台湾正规部队、服刑犯、流氓、小偷等各种成分的人组成的"福建反共救国军"，"所有的人都是跑得上气不接下气……最初是密集队伍通过，以后断断续续地三十、二十地通过，最后三三两两地通过"[2]，十分狼狈。

　　担任右翼进攻的是由台湾海军陆战队第1旅组成的河北支队和台湾陆军第19军第45师（欠第133团），是为此次突袭东山岛的主力。其中河北支队分为左、右两个突击队，另有侦察、炮兵、岸勤、通信、卫生、两栖登陆战车等诸分遣队。两栖登陆战车分遣队下辖第1大队第2中队和第2大队第1中队，共有LVT34辆。河北支队总人数为1507人。16日5时30分，海军陆战队登陆，因公安80团收缩阵地，海军陆战队仅与公安80团警戒班发生小规模战

---

〔1〕张晴光著：《血战余生》，台湾商务印书馆股份有限公司1988年10月版，第339页。
〔2〕同上，第342页。

斗。7时30分,海军陆战队分别攻占了湖尾、南埔、三前、东沈等高地作为滩头阵地线,掩护后续陆军部队登陆。此后至17日上午,陆战队均在警戒搜索,加固工事。17日上午8时30分,支队长何恩廷接到胡琏指示,陆战旅除留下四辆水陆两用战车备运掩护部队撤退外,当阵地移交给陆军第45师第135团后,即行撤离登舰。

16日上午6时30分左右,陆军第19军第45师第135团在苏峰尖附近抢滩登陆,其目标是东山县城,中午时分占领东山县城。第45师第134团所乘中字号坦克登陆舰因潮汐因素未能抢滩成功,故延迟登陆时间1小时40分钟,8时左右才登陆,随后向牛犊山的410主阵地发起进攻,公安第80团第2营第6连一个排依托前后马鞍高地进行了顽强抵抗,扼守两小时,打退敌人三次冲锋,杀伤敌人200余人,自己也有较大伤亡。第134团占领前后马鞍高地后,开始向410主阵地运动,14时到达前沿阵地,公安第80团利用坑道顽强抵抗,尽管部分阵地相继失守,但台湾军队始终没有完全占领410高地,这为解放军增援部队的到来赢得了时间。17时,随着解放军增援部队源源不断地到来,双方处于胶着状态。到了17日拂晓,台湾军队已经没有夺占阵地的可能了。据当时参战的台湾海军陆战队第1旅参二科科长陈器回忆:"攻击到达410高地与西山岩据点前,遭遇共军主力部队在坑道及碉堡内顽强抵抗,双方战斗激烈,该团(第134团)营长阵亡1人、负伤1人;连长阵亡5人。即使第45师预备队(第133团搬运营)及海军中字号战车登陆舰上待命之第19军预备队(第53团步兵营)分别前往增援,亦未能达到预期战果。"[1]

台军伞兵基本上降落在预定地区,他们分两批落地,一批落在后林以西稻田及山地里,一批落在后林西南至张家地区一带,也有少数落到了张家东北高地上,还有个别的掉入大海。有两架运输机看到降落的地点不合适,又掉头飞回了台湾。在降落的过程中,有一部分伞兵在岛上民兵和水兵连的对空射击中当场毙命,落地的伞兵队形混乱,遍地皆是。由于重武器是随着伞兵一起降落下来的,等他们找到武器,投入战斗,耽搁了很长时间。随后,伞兵开始抢占

〔1〕《陈器将军访问记录》,《海军陆战队官兵口述历史访问记录》,台湾"国防部"史政编译室2005年12月版,第306页。

制高点，用机枪向防守八尺门的水兵射击。水兵在民兵的配合下连续打退了伞兵的多次进攻，不仅守住了渡口，而且开始进行反击。陈器回忆说："6时30分左右，伞兵营空降在八尺门桥头堡高地，唯因降落时间过早，独立作战时间过久，所携步、机枪弹药有限，最后无力阻止大批共军渡海增援。"[1]本来美军顾问团是准备让伞兵唱主角的，但由于伞兵与地面部队的进攻衔接不上，陷入孤军作战之势，不得不等待着陆军的救援。16日12时，增援的解放军第31军第272团向台军伞兵发起猛烈攻击，战至14时，大部分伞兵被歼灭，少数向岛南溃逃。胡琏了解到"伞兵落地后四零五散，空中侦察不能看到还有战斗行为存在"，便命令陆军第45师第134团实施救援，但为时已晚。胡琏感叹道："伞兵的乖谬，已经为我们闯下大祸，现在我们还等什么？"

总指挥官胡琏、陆军长陆静澄和海军陆战队司令周雨寰等是16日中午12时左右登上东山岛的，14时许，他们登上了湖尾高地，磋商作战事宜。胡琏本想圆满地完成台湾军队历史上首次联合登陆作战的指挥任务，但从上岛那一刻开始，他就意识到这次作战行动不会达到预期的目的，因为他看到各部队并无协调一致的行动，解放军增援的速度出乎意料的快。当台湾军队艰难地战至17日凌晨时，胡琏决定结束行动，全线撤退，于是，他向各部队下达了撤退命令。

损失惨重狼狈撤离

17日上午7时，胡琏特派副总指挥柯远芬亲持撤退命令面交陆军长陆静澄，陆在传达命令时，由于通讯原因，使各部队接到撤退命令的时间不同，甚至有些部队根本没有接到撤退命令，造成了部队收缩的混乱。本来陆静澄部署的撤退方法是由预备队第53团占领掩护线，掩护部队节节撤退，在下午13时30分全部登舰完毕。可是，由于组织混乱，加之解放军已开始炮击滩头，台湾各部队登舰时张皇失措，就连军师部人员登舰也十分狼狈，他们纷纷跳入海中，军官多人将手枪丢入大海。

更加混乱的情况发生在上午17日上午10时，时任第45师第135团第1营

---

[1]《陈器将军访问记录》，《海军陆战队官兵口述历史访问记录》，台湾"国防部"史政编译室2005年12月版，第306页。

少校营长的张先耘说："17日上午8时，接获团长手谕，我营暂留一个连于五里亭高地，其余各连迅速抵达东沈高地上之阵地，以掩护其他部队之撤离行动。""当我营抵达东沈高地时，向滩头附近远远望去，已有四艘海军中字号战车登陆舰抢滩，并有部分友军部队开始登舰，不久共军炮火开始射向海滩，为使撤离行动顺利，我空军战机奉命向共军炮兵阵地进行炸射。上午10时以后，各种意外状况接连发生，首先是我空军战机误认东沈高地上的我营官兵为共军，居然俯冲以机枪射击；随后海军舰炮亦不明就里跟着射击。刹那间，阵地内硝烟弥漫，而且战机上的五〇机枪弹如同雨滴般，纷纷落在我的左右前后，当时未被击中，可真是奇迹啊！""眼见这种情况严重危害我官兵性命，立即派员到码头质问海军人员，没想到所得到的答案，竟然是他们看见空军战机向东沈高地射击，也顾不得查证程序，就不由分说地开炮射击，听后令我啼笑皆非，这也充分暴露出三军联合作战，情资未能适切相互传递之缺失。"然而，第135团的噩运并未就此停止，张先耘说："约至下午3时……我空军战机突又对东沈高地进行炸射，第2连连长赵礼谦躲避不及被炸身亡，另有多名士兵伤亡。"[1]

屠由信当时负责指挥河北支队一部，他见到的撤退情景是："我陆战队官兵被迫涉水登舰，这时滩头上有很多从战场上零散撤下来的陆军官兵，指挥紊乱，但因不会游泳，不敢涉水登舰，便抢乘滩头上的LVT。LVT为免因超载而沉入海中，实施攀登装载（不放着陆板），只要人员满载即开始返航，但部分陆军官兵不听从命令，于履带转动时仍强行登车，因此而受伤者不计其数。"[2]

担任掩护的第53团直到15时才登舰，超过最后时限一个半小时。

正当胡琏即将下达返航命令之时，周雨寰请求再到滩头巡视，看是否还有人员没有登舰，因为此时通信联络已经全部中断。得到批准后，周雨寰与参谋长萧锐乘坐一辆LVT驶向滩头，登上一艘距岸2000码的坦克登陆舰观察情况。此时，何恩廷正站立甲板以望远镜瞭望滩头，发现仍有穿台湾军队制服的人往返穿梭于滩头，周雨寰随即报告陆静澄，请求查明陆军部队是否全部上舰。经

---

〔1〕《张先耘将军访问记录》，《海军陆战队官兵口述历史访问记录》，台湾"国防部"史政编译室2005年12月版，第191—192页。

〔2〕《屠由信将军访问记录》，《海军陆战队官兵口述历史访问记录》，台湾"国防部"史政编译室2005年12月版，第142页。

撤退中的台湾海军陆战队一部,中立者为海军陆战队司令周雨寰

清查发现,陆军第135团还没有登舰。胡琏得知此情,非常着急,立即命令海军陆战队将已经装入登陆舰的LVT派出,接回第135团。据张晴光说,胡琏当时悬赏24000银元给LVT官兵,以鼓励完成接运任务。可是,LVT的驾驶员们心情依然很坏,驾驶员王琛说:"17日傍晚,夜幕低垂,漆黑一片,四面惊涛骇浪凶恶地拍打着车身……LVT官兵经过两天的作战,早已精疲力竭,如今接到紧急出动命令,虽说是义无反顾,但一想到驶往敌情不明的滩头,很可能从此一去不返,那时的心情只能用'抱必死决心'来形容。"[1]

在强力的命令和金钱的诱惑下,LVT大部分参加了救援行动,它们行驶约2000米抵达滩头,因怕进水不敢打开后门,第135团官兵只好纷纷由车身两侧攀爬上车。装载完毕后,LVT鱼贯返航,每辆车均往返10趟以上,直到18日凌晨2时多才抢运完毕。第135团滞留岛上的原因,据张先耘说,"第一是营与连之间无任何通信工具,全赖传令兵传送各项指示,致延误了时效;另一项则是团部与上级已失联许久,欲撤离,却未获进一步指示,如擅自行动须负极大责任;不撤离,当面又有大批共军逼近,后面是浩瀚大海,又被歼灭之虞,真是进退失据"![2]

台湾军队的检讨

此次突袭东山岛作战,台湾军队有3028人被歼,其中765人被俘;被摧

---

〔1〕《杨友三将军访问记录》,《尘封的作战计划》,台湾"国防部"史政编译室2005年12月版,第375页。

〔2〕《张先耘将军访问记录》,《海军陆战队官兵口述历史访问记录》,台湾"国防部"史政编译室2005年12月版,第192页。

毁坦克2辆、登陆舰3艘、飞机2架，损失武器弹药无数。解放军伤亡、失踪1250人。台湾军队失败的征兆，实际上在战斗打响不久就已经显露出来，屠由信说："在进行超越攻击时，我发现陆军部队未携带重型攻坚武器，以致其攻击410高地之行动受挫，并且自身蒙受重大伤亡；另一方面，我看到伞兵部队零散地空降而下，且未降落在目标区，我一看到这种景象，就知道胜算难期！"时任两栖登陆战车第1大队大队长的杨友三也证实，"登陆当日下午，陆军主力部队以所携带之轻、重武器发动多次攻击，然因伤亡惨重均未奏功，后赖海军舰炮支援，惜因目标指示、通信联络等因素，致未能确切配合，甚至造成误伤友军的不幸事件。"

海军总司令马纪壮主持所谓"颁奖庆功"大会

张晴光在总结这次战斗时，更是概括了台湾军队的九条错误：第一，观念上轻敌，认为守军只有一两个营，在作战联席协调会上，没人提出异议，认为一切都没问题；第二，登陆时间出现严重误差，左右两翼发起攻击的时间相差几个小时，无法协调行动；第三，战前缺乏预演和预教，对于解放军大批增援时如何打，夜战如何打，如何掩护撤退等均无实现演练，打了一场"不知己不知彼的糊涂仗"；第四，指挥失当，伞兵降落于八尺门，陆军打攻坚战，强行命令陆军接应伞兵，大大增加了伤亡，都是指挥上的错误；第五，撤退指挥

海军总司令马纪壮亲将奖章挂在LVT部队车长丁振炳胸前，以"表彰"他在抢救滞留东山岛第135团官兵的行动

461

及掩护部署不当，没有重视滩头登舰指挥，造成撤退中的混乱，掩护部队过于庞大，造成撤退行动的迟缓；第六，所有无线电机封闭，造成一团人遗留岛上的低级错误；第七，海军陆战队运用不当，只抢滩登陆，不攻占高地，没有发挥陆战队的作用；第八，伞兵空降地区及空降时间不当，造成伞兵作用不能发挥，陆军与伞兵无法接应；第九，左右两翼部队力量不均衡，左翼只有游击队性质的两个加强营的兵力，右翼则是两个团的兵力，难以形成呼应。张晴光认为，"因这一点点的错失，注定了突击东山岛作战的失败"。[1] 屠由信也说，"检讨东山岛两栖突袭登陆作战，陆海空三军皆有缺失"[2]。蒋介石在战后召开了"突袭东山岛检讨会议"，当他了解了作战经过之后，心情十分沉重，说明此战使他对台湾军队登陆作战的能力产生了极大的怀疑。

---

〔1〕张晴光著：《血战余生》，台湾商务印书馆股份有限公司1988年10月版，第348—352页。

〔2〕《屠由信将军访问记录》，《海军陆战队官兵口述历史访问记录》，台湾"国防部"史政编译室2005年12月版，第143页。

1956年，台湾海军巡弋南沙群岛

太平岛原名长岛（黄山马），是我国南沙群岛中最大的岛屿，现由台湾军队驻扎，它也是南沙群岛中唯一由中国人实际控制的岛屿。那么，台湾军队是如何占据太平岛的呢？抗日战争胜利后的1946年12月，国民政府派出海军舰队将长岛收复，以"太平"舰舰名命名之，并设立海军南沙群岛管理处，建有气象台及无线电台，经常有海军舰艇巡弋周围各岛。1950年5月，当国民党军队败退海南岛时，蒋介石下令驻守西沙及南沙群岛的海军部队撤往台湾，太平岛遂成为无人驻守的空岛。此后，菲律宾政府怂恿"狂人"托马斯·克洛马等人，多次非法登上该岛及南沙其他岛屿，试图将其据为己有。台湾当局见情况不妙，便于1956年三次派出舰艇编队，不仅重新进驻太平岛，而且展开了维护中国在南沙群岛主权的行动。

菲律宾图谋侵占南沙岛屿

托马斯·克洛马是菲律宾海事学校的校长，是一个处心积虑地想侵占、分割中国南沙群岛的"狂人"。早在1946年至1947年间，曾与其兄弟一起到南沙海域垂钓，期间登上南沙岛屿。从那时起，他就想通过开发南沙群岛的丰富资源来发财，同时为他在菲律宾政治舞台上立足捞取资本。为此，他多次前往南沙群岛区域进行"勘察"。

1956年3月1日，克洛马亲自率领海事学校学生及其他人员共40人组成"探险队"，驾驶学校第4号练习船，携带轻便器材及种子，从马尼拉出发，前往南沙群岛海域实施"勘察"，并登上太平岛、南钥岛、中业岛、西月岛等九个主要岛屿，在这些岛上竖起"占领"牌，把这些岛屿重新命名，将太平岛改名为"麦克阿瑟岛"（麦克阿瑟为美前远东军总司令兼盟军统帅），南威岛改名为"拉蒙岛"（拉蒙·麦格塞塞为菲律宾总统），西月岛改名为"卡罗斯岛"（卡罗斯·加西亚为菲律宾副总统兼外交部长），其他还有50个岛礁也都改了新名字。5月17日，他向菲律宾外交部送达一封信件，声称这些岛屿处于菲律宾辖境之外，不过却也不是其他任何国家的领土，要求政府宣布对这些岛屿拥有所有权。更为可笑的是，克洛马宣布南沙群岛是自己"发现"的，要在南沙群岛上建立一个"新国家"——"自由邦"（freedom land），自己担任总统。为了达到这一目的，克洛马竟向联合国发出"通知"，给菲律宾外交部递交函件，同时，到处寻找"领事"。1956年8月14日，克洛马乘坐美国航空公司班机由日本东京前往香港，在那里他要寻找"领事"，并召开记者招待会。次日，《香港时报》报道了克洛马抵港的当天下午面对记者发表的言论。克洛马说："为了要实现我之发现计划，我必定要奋斗到底，使南沙群岛成为一个自由岛，由我克洛马行政。我计划将该岛慢慢地发展，尽我个人力量，倘若我失败，我将告诉新闻界及菲律宾人士，我已尽了最大力量。我现在认为中国国民政府对此事喧嚷，实属自大及无理。以我观测，菲人民及日本人民，对中国政府这样做，已起了很大的反感，彼等是不满国民政府发言人称述谓：'派兵守卫等语'此举无疑系造成不良好的国际关系。实际上国民政府要忧虑的地方还多，为何对'自由岛屿'建立发出这样可笑的呐喊？且目前所有要求这些岛屿的国家都允许在会议上来解决，除了国民政府和中共政府不同意外。……我将向联合国提出将该等岛屿由联合托管，这项提案，或者有等国家与南沙群岛有关者都会同意，我现在已将五十名菲籍人留在帝都岛（Tllitu Island），我兄弟已任行政长官，我则被任为总督（或总统）。我计划将该等地方使成为自由通商口岸，内政则由我管理，外事则菲律宾政府作主。将来该等地方发展前途必定有很大的成就。现在我计划在年尾将移六百人到该等地方开垦。我目前已进行购买船只，用作搬运工具。至于此次来港，我是要香港寻求代表我领事人员。最后我得要向各位提出在我未到南沙群岛以前，是没有人提及该岛，至到我发现该岛，国府发出种种可笑喧嚷。"[1]

---

〔1〕《海军巡弋南沙海疆经过》，台湾学生书局1984年6月版，第81页。

发表了这些荒谬的言论之后，克洛马又召开记者招待会，接受记者的提问。以下是《香港时报》报道的记者与克洛马的问答片段：

问：你预算用多少钱来发展该等岛屿？

答：这我不一定，至现在我用了购买船只及其他装备钱共有一万八千菲币。

问：这些钱是你个人的吗？

答：是。

问：你对此种投资认为是一种建立王国的投资吗？

答：哈哈，这是很好的问题，我也认为这是王国投资。

问：这样看来，你可认为你就是当地的总督了？

答：我承认我是当地的总督，但不是自大姿态的总督。

问：人们说你是一个狂人，那么你有医生证明书证明你不是狂人吗？

答：我已是被誉为狂人了。

问：你以前有无读过中国地理？

答：没有。

问：那无怪你口口声声说什么"自由岛"了。

答：不错，这是自由地方啊，我们欢迎人去发展。

问：假如在菲律宾有一些地方没有人居住，外来者将它占有，菲律宾人将采取哪一种行动。

答：将之驱逐。

记者说：是了，你现伪称发现新岛屿，拟将之占有，则将来不啻亦会被驱逐。

答：这不能列入同性质事项来讨论。

记者说：怎不，你现在之所谓发现，不是同一种强占方式吗？这等于是一间屋，屋主外出，你发现里面无人居住，便说这是你发现的，便是属于你之所有，这怎能说是合理呢？

他解答谓：我们对遗弃了物件是任何人都可以取为己有的。

记者说：根据香港法律拾遗是有罪的。

记者招待会结束后，有一位记者拿出一本杂志交给克洛马说，你说你在南沙群岛寻不到一点儿中国人标志，你且看这里所刊载图片及一切事吧！这些图片是"中华民国"守军照片。中国人在民国卅五年所设立石柱，上有青天白日国徽，其他还有中国人所建立庙宇、远年旧屋等。一切一切，都是属于中国标志的，假如你不是瞎子，你可以睁大眼睛看过清楚。面对这些，克洛马无话可说。[1]

自此以后，克洛马不仅没有停止他的非法勾当，反而变本加厉。特别是在台湾海军舰艇编队第一次巡弋南沙之后，他依然登上南沙岛屿，破坏台湾海军留下的标志，掠走旗帜。他回到马尼拉后对美联社记者说，这面"中华民国"的"国旗"，是在南沙群岛中最大的岛屿太平岛上一根竹竿上发现的，这面"国旗"并没有坏，还相当新，长4尺，宽2尺，该旗已交民间组织处理，可能交给菲政府，转交台湾驻菲"大使馆"。

对克洛马的疯狂言论和举动，海峡两岸都向菲律宾政府提出严正交涉。但是，菲律宾政府不但不加以制止，反而认为是侵占中国南沙群岛的有利时机，公开进行怂恿。当时外电报道：菲前副总统兼外长加西亚曾宣称："这些岛屿接近菲律宾，既无所属，又无居民，因而菲律宾继发现之后，有权予以占领，而日后其他国家亦会承认菲律宾因占领而获有主权。"[2]这种态度显然给了克洛马以极大的信心，克洛马到处吹嘘，"菲政府对其缄默的容忍是赞助他的行为的意思"，并相信"菲外交部会支持他的要求，并会更进一步接受这些岛屿为菲律宾领土"，使"建国"闹剧愈演愈烈。

菲律宾政府的态度，激起了海峡两岸人民的强烈不满。台湾当局声明："我取得南沙群岛土地并非近期占领，亦不是添附、移转而来，此乃是如台湾、金门、马祖各岛一样，是我们祖先所遗留，所传给，所以我们不必经常提出主权声明，况且民国二十二年，我国曾向法国提出此一群岛的领土主权为我所有，我内政部并曾于民国三十六年十二月一日正式公布四个群岛及其附属每一岛屿和暗礁的名称。内政部除保留东沙群岛和南沙群岛原有名称外，并将南沙群岛，

---

〔1〕《海军巡弋南沙海疆经过》，台湾学生书局1984年6月版，第81—84页。
〔2〕同上，第89页。

改称中沙群岛，又将团沙群岛，改称南沙群岛，中国政府并于同年由行政院命将此四个群岛划入广东省政府管辖。四十四年夏天菲律宾传出'人道王国'即是南沙群岛，当时中国政府立即发表声明，并命我驻菲大使馆周书楷公使，向菲政府说明，那是中国的领土，菲政府随即终止官方对此一区域的计划和活动，故权利主张一节，可以说在克洛马发现以前，我国早经一再声明。所以南沙群岛是中国的领土是再也明白不过的事，地早是属于中国的版图，早已有中国渔民居住，早已有中国海军去过，早已有中国岛名，并早已建立了行政机构，中国政府行使主权早达于南沙群岛，此一片由珊瑚礁与贝壳组成之土地，处处有我祖先血汗……"[1]对于菲律宾政府及其怂恿的克洛马等人的置若罔闻，台湾当局明确表示："吾人对此种非法行为，除在外交方面继续与菲政府交涉外，唯有以实力来约束此一狂人之幻梦，方足以维护我南沙群岛之领土与主权。"于是，决定派出海军舰艇编队巡弋南沙群岛，并考虑重新进驻太平岛。

"立威特遣支队"巡弋南沙群岛

20世纪50年代初，台湾海军为遂行需要混合编队的某些任务，模仿美国海军编制，在行政编组之外，另成立以功能性动态模式编组的特遣部队。第一支特遣部队成立于1953年10月1日，主要在东南沿海执行特种任务。之后，又先后成立了85特遣部队、63特遣部队。1956年4月1日，62特遣部队在基隆正式成立，司令由海军副总司令、海军中将黎玉玺兼任。指挥部下辖机动攻击支队、北区巡逻支队、南区巡逻支队、水雷支队、运输支队及后勤支队。特遣部队的主要任务之一，是对东引、乌丘、东沙、南沙四个守备区行作战管制。1956年6月1日，为了打击克洛马的非法行为，台湾海军在62特遣部队之下，指派"太和""太仓"两艘护航驱逐舰（舰长分别是胡嘉恒上校和徐集霖上校）及陆战队侦察排（排长为周德全中尉）成立了"立威特遣支队"，遂行巡弋南沙任务。支队长为海军代将姚汝钰，参谋长为海军中校彭运生。

6月2日，立威特遣支队从左营出发，前往南沙群岛，将分别对太平岛、南威岛等岛屿上菲律宾人活动情况、岛上设施、道路、水文情况等进行调查。

---

〔1〕《海军巡弋南沙海疆经过》，台湾学生书局1984年6月版，第91—92页。

被编入立威特遣支队的"太仓"舰

由于这次行动是自1950年5月国民党军队撤离太平岛之后第一次巡弋南沙，所以上上下下均非常重视。"外交部"专员林新民、军闻社记者罗戡、海军出版社记者刘期成随行。上午9时36分，立威特遣支队驶离左营军港，开始了这次非常之旅。

对于这次行动，台湾海军方面记载得非常详细。关于沿途航行情况，有这样的描述："沿途风和日暖，全体官兵精神饱满，士气异常旺盛，均抱有圆满达成使命之坚强信念与决心。三日晨八时四十五分遇美国驱逐舰DD-520，十三时三十分又遇美国水上飞机一架，经辨证后，该机向西南飞去。四日晨六时五十分又遇美国PO级油船一艘，余无其他情况发生。惟连日来，天气变幻莫测，时而阳光普照，时而阴云密布，而风力则日渐增大，至四日十五时十分，阵雨后又继以大雾，风力之劲，数日来所仅见。五日晨一时二十五分，两舰声呐皆有接触，但不明显，除加强戒备外，经判明为鱼群，复破浪前进。八时许，南海海面仍阴云密布，视界不良。九时许，阳光微露，视界渐清，始于雷达上发现双子礁，此为南沙群岛中岛屿最北之一群，亦本部队南巡之第一站，此后即进目标地区矣。十四时四十五分到达太平岛锚泊，于是我海军阔别达七载之南沙海军基地，又重在我立威部队捍卫之下矣！"[1]

---

〔1〕《海军巡弋南沙海疆经过》，台湾学生书局1984年6月版，第96页。

特遣支队太平岛上发现的被菲律宾人毁坏的"固我南疆"石碑

1946年国民党海军在南威岛上竖立的石碑

　　此后，海军官兵登上太平岛等各个岛屿，发现了若干情况并作出了处理。在太平岛，陆战部队分乘两艘橡皮舟登岛，对全岛进行了勘察，发现1946年中国海军登岛树立的刻有"太平岛"三个字的大石碑，以及刻有"固我南疆""保我国土"的石碑，均被人砸毁。原南沙群岛管理处办公警卫排及电台钢筋房屋虽然还在，但门窗早已被破坏，其他的木制房屋、移动房屋、铁皮房屋均已荡然无存。同时还发现大量的日本人和菲律宾人用烧焦的木炭、石头、粉笔书写的标语。登岛部队在确定岛上无人后，于中午举行了隆重的升旗立碑典礼，将新的"固我南疆"石碑树立起来，并将菲律宾人写下的标语进行清除。在南威岛，登岛部队发现了克洛马率领的"探险队"留下的长方形大木板一块，上面的标语声称该岛为"自由邦"的一部分，是克洛马非法进入南沙岛屿的有力证据。登岛部队照例升旗立碑，清除字迹，还勘察了该岛的地形与水文情况。在西月岛，部队只进行了简单的登岛巡视，因未发现异常情况，升旗立碑后即离开。11日15时30分，立威特遣支队完成了本次巡弋的全部工作，踏上了返回的航程。14日上午10时，抵达左营。

此次巡弋共航行2266海里，历时13天。

"威远特遣支队"巡弋南沙群岛

1956年6月21日，也就是距台湾海军第一次巡弋南沙群岛不到10天，台湾空军在南沙上空巡视中发现，太平岛上唯一水泥建筑的屋顶上出现"自由邦"的英文字样，并在该岛东北部出现红蓝两色旗帜一面，说明菲律宾人又一次登上了中国的南沙岛屿。台湾当局立即命令海军对南沙群岛进行紧急巡弋，并下决心派遣部队进驻太平岛。海军此次行动要完成以下使命：护送南沙守备部队及物资登陆进驻南沙群岛，并依据状况搜索其他主要岛屿；固守太平岛，并控制其他岛屿，维护中国领土主权。海军奉命后，于6月29日成立"威远特遣支队"，该支队下辖护航及运输区队、南沙守备区和配属部队，支队长是海军中校谢祝年。其中护航及运输区队由护航驱逐舰"太康"（舰长何树铎）号、"太昭"（舰长陈国钧）号，以及坦克登陆舰"中肇"号组成；南沙守备区由指挥部、步兵加强排、通信分队组成；配属分队由两栖侦察班、水中爆破队、两栖战车组、陆战通信组组成。

1956年7月6日上午，威远特遣支队从左营出发，前往南沙群岛。关于这次航行，台湾海军也作了详细描述：本支队原定于7月6日自左营启航，后因总司令梁中将莅舰视察，较原定航行计划中时间迟延一小时以上。启航前据气象报告菲律宾方面有热带风暴，可能形成台风，惟本支队以此行任务重要，乃不顾恶劣气候，仍照原定计划启航，并随时注意气象情况之发展，以策航行安全。此后该风暴形成台风"维拉"，风速亦加强，其半径约180海里，在支队预定航线前头横过，其中心位置距本支队210海里，因距台风边缘仅30海里，各舰遂遭遇强风巨浪袭击，颠簸甚为剧烈。除所带副食一部遭受损失外，至于载运物资则均丝毫无损。惟因此台风之影响，至7月10日始到双子礁，致不能照原定计划到达，乃临时变更计划，改于11日抵达太平岛。舰队航行途中，始终使用防潜队形进行，并注意对空中、水面及水中之警戒。沿途非常顺利，未发生任何情况。7月11日上午9时，支队到达太平岛。

此次巡弋南沙群岛最重要的任务是在太平岛上重新驻守部队，于是，支队

被编入威远特遣支队的"太昭"舰

被编入威远特遣支队的"中肇"舰

锚泊完毕后，立即派出侦察班登陆，搜索全岛。在未发现敌情后，南沙守备部队于11时30分全部登岛完毕。他们除了协助物资下卸搬运外，还清理岛上环境与布防，护航分队除了警卫泊地安全外，分别派舰搜索其他岛屿。运输分队在守备部队登陆完毕后，派两栖侦察班和水中爆破队清理安全航道。全部工作于18日16时完成。之后，在谢祝年的主持下举行了隆重的升旗仪式，各单位派出200人参加。仪式完毕后，在岛上重新树立刻有"南沙群岛太平岛"字样的大石碑，彻底清除菲律宾人留下的大量标语痕迹以外，并开始建立南沙守备区驻地。先把原有建筑整修粉刷，便于利用，然后建起若干座被称为"成功堡"的圆形活动营房，还设立了航道标杆。

为了加强太平岛的防卫，特遣支队随后对南沙其他岛礁进行了大规模搜索、考察和观测。分别在中业岛、西月岛、鸿庥岛、南威岛、南钥岛、南子礁、北子礁等岛礁上进行建立灯塔的工程勘察，消除克洛马留下的标语口号等工作。7月22日，特遣支队驶离双子礁开始返航，26日抵达左营军港。此次巡弋历时20天。

"宁远特遣支队"巡弋南沙群岛

1956年9月，台湾海军奉命成立"宁远特遣支队"（支队长为海军上校胡嘉恒），第三次巡弋南沙。此次行动主要任务是：运送物资支援太平岛守军，实施舰队远航训练，搜集有关情报资料，协助"国防部"视察人员和"劳军团"达成任务。宁远特遣支队由掩护区队（区队长由胡嘉恒兼任）、扫雷区队（区队长为海军中校易鹗）和探测区队（区队长为海军准尉薛永香）组成，原计划于9月15日启航，赴南沙巡弋。出发前由于台风影响，一再延期，直到24日才告成行，28日到达太平岛。

此时的太平岛已与两个多月前大不一样，岛上的工事及道路已经初具规模，旧有建筑大部分已经整修，并新建圆形活动营房多幢，整理后的水井之水也可以直接饮用，小艇航道也略加修浚。支队在卸下补充物资之后，"劳军团"开始劳军演出，舰艇则继续对其他岛屿进行巡视。特遣支队在调查了二十多个岛礁之后，意想不到的事情发生了。

1956年10月2日，特遣支队的"太和"号和扫雷舰"永顺"号在胡嘉恒率

被编入宁远特遣支队的"永顺"舰

领下，完成了对南钥岛和中业岛的巡视后，行驶在前往双子礁的途中。17时40分，"太和"号瞭望哨突然发现一艘不明国籍的船只在双子礁附近抛锚，又发现一艘小艇向该船靠近，准备与该船一起逃逸，十分可疑。"太和"号立即以灯号询问，但不见答复。在距船只3300码时，胡嘉恒判明是一艘菲律宾船，立即令其就地锚泊，等待检查。同时，"太和"号放下小艇，派出副长刘和谦、舰务官龚立航等15人组成的临检小组，登上菲船进行检查。

检查人员详细查阅了该船的航泊日志、航行报告等重要文件，了解到这是一艘菲律宾海事学校的训练船，船名为"P.M.I Ⅳ"，船长是狂人托马斯·克洛马的弟弟费拉蒙·克洛马，船员共有17人。该船于10月1日14时从马尼拉启航，直驶双子礁，预定再度驶往南沙其他岛屿实施非法活动。经进一步检查发现，该船船体为木质，朽腐不堪，仅有一个船舱。船上带有几桶油料、半袋大米和部分罐头。然而，在舱室内却搜出3支美制卡宾枪、1支手枪和88发子弹。随后，费拉蒙·克洛马和轮机长丹斯柯被带上"太和"号接受审问。据二人交代，该船曾两次非法登上南沙岛屿，从事损害中国领土主权的勾当。其中一次有托马斯·克洛马担任新闻记者的儿子随行，他亲手将台湾海军竖立的旗杆捣毁，将旗子掠走。

特遣支队将菲律宾船只非法侵入南沙海域的事实向台海军总部作了汇报，

得到答复是：没收船上的武器，抄录船员名单及其在菲律宾的住址及家属情况，让他们出具除武器之外未没收其他任何物件的证明，最后对他们进行警告，不得再有侵犯中国南沙主权的行为，否则将予以扣留。

费拉蒙·克洛马开始不予配合，反复辩称登上南沙岛屿是为了寻找海鸟蛋，用于海上补给；拥有武器是为了自卫，反对将武器予以没收。但是，在大量事实以及台湾海军强硬的态度面前，他最终不得不承认菲方的非法行为，并作出如下保证："1.承认在我领海内接受友善合法之临检，未受烦扰并无任何损失。2.承认侵我领海湾，亦即承认南沙为我领土。3.保证嗣后不再驶往南沙。4.如违诺言愿接受我国国法及国际公法之处置。"[1] 多年以后，菲律宾总统加西亚访问台湾时，曾开口向蒋介石索要被特遣支队没收的武器，蒋介石一头雾水，当弄清楚事情的原委后，啼笑皆非，此事成为国际笑话。

10月2日，特遣支队完成了此次巡弋的所有任务，乃即返航。于10月5日回到左营。此次航行历时12天，航程1720海里。

1956年，台湾海军对南沙群岛进行了三次巡弋，历时四个月。此后每年都要定期派出舰艇编队前往太平岛补充物资，进行守卫部队的轮换。这些行动尽管打击了克洛马等菲律宾人损害中国对南沙主权的嚣张气焰，但并没有根除这些疯狂行为所造成的影响。克洛马导演的闹剧，后来依然成为菲律宾侵占中国南沙岛屿的"依据"之一。

---

〔1〕《海军巡弋南沙海疆经过》，台湾学生书局1984年6月版，第172页。

台军将领记忆中的"国光计划"

"国光计划"是蒋介石为反攻大陆而制订的一项绝密计划。从上世纪60年代初开始，一直到70年代初，蒋介石整整用了十余年的时间对该计划进行研究、制订、演练和检验，但最终，该计划还是归于流产。此后，蒋介石将其严密尘封于保险柜中，使之成为国共军事对抗中一段不为人知的秘辛。近几年，随着台湾一些官方档案的解密，曾经参与过"国光计划"研究制订的台军高级将领们纷纷讲述"国光计划"的来龙去脉。我们透过这些亲历者的讲述，能够清晰地看到这个耗尽蒋介石晚年心血的计划所隐藏的那些秘密。

蒋介石为何要反攻大陆

对于蒋介石反攻大陆的缘起，台军的很多高级将领都做了明确的推断和分析，他们认为，国民党政府逃往台湾后，经过一段时间的整军经武，自感可以与大陆军事力量相抗衡了。特别是此时，大陆正在经历一段政治动荡的时期，是重回大陆的最佳时机。"国光作业室"主任朱元琮说："实际上以当时大陆情势的演变，在民国55年前后数年，应该是我们反攻登陆的适当时机。"[1]而蒋介石在来台以后，曾一度沉浸在往日完成北伐、参加抗战的战绩中，不甘心居于台湾一隅，用"国光作业室"副主任邢祖援的话说，蒋介石"无时不以反攻复国为心念，无刻不以解救大陆人民为职志。其旺盛之企图心与坚定之决心，

---

〔1〕《朱元琮将军访问记录》，《尘封的作战计划》，台湾"国防部"史政编译室2005年12月版，第15页。

在地球仪上凝视大陆的蒋介石

实无人能出其右"。[1]1961年7月11日，蒋介石在日月潭召见"参谋总长"彭孟缉和"副参谋总长"马纪壮时明确指示："建设台湾，为的是反攻大陆，否则，我可以不干。当前革命情势，对我有利，过去在台12年，虽有机会，但形势不利，现在则不同。""我反攻初期，美可能不协助，但共打台湾，美不致袖手，目前我必须独立奋斗。""假设第三次大战发生，大陆要不要我们回去，是大问题，如现在不奋斗打回去，则决不能回去，我只有拼死打回去，不能苟安。""国军目前战力最高，从明年起则将下降，目前不用，等到下降，则更不可能反攻。"1964年10月，蒋介石在台北石牌对国民党高级将领训话时说："据最新情报，美国有与中共妥协，允诺阻我反攻，我们只有战，才有生路；不战，只有死路一条。与其在共产党原子弹轰炸下而死，不如战死；与其死在台湾，不如死在大陆；与其被美国人出卖而死，不如战死在战场。"[2]这些言论，足以清楚地表明蒋介石极力主张反攻大陆的真正原因。

美军阻挠"国光计划"实施

蒋介石反攻大陆的企图，是与美国经略台湾的战略意图相违背的。尽管当时的美台关系十分密切，但随着新中国国力的日益强大，美国不愿在台海引起战争，因此在台湾的协防也仅限于防卫性的。同时美军还认为，就当时台湾的

---

〔1〕《邢祖援将军访问记录》，《尘封的作战计划》，台湾"国防部"史政编译室2005年12月版，第47页。

〔2〕《段玉衡将军访问记录》，《尘封的作战计划》，台湾"国防部"史政编译室2005年12月版，第200页。

综合战力而论,要想自力反攻,势难达成目标。因而蒋介石的计划不仅得不到美国政府的理解和支持,而且还会遭到美军的阻挠。因此,反攻大陆的计划在开始制订之前,蒋介石就要求该计划要对美国人绝对保密。于是,"国光计划"一出台便被列入最高机密。

"国光作业室"主任朱元琮中将

为了掩人耳目,台湾采取了一系列隐蔽措施来掩盖"国光计划"的准备和推行,如选定隐秘的作业地点;经常举行战备集运后的运输船团在海上的航行,随时可能转向目标地区;作战计划中尽量避免实施制空,甚至炮兵的先制作战;公开策定联盟作战计划,以转移美军的注意力等。然而,美军顾问团以其敏感的嗅觉,从一开始就对"国光计划"有所察觉。朱元琮回忆说:"国光作业室进驻大埔小湾办公之初,美军顾问团方面亦有风闻,判断此为我为策划自力反攻大陆计划机构,当初曾以直升机侦察我营地,继又加派车辆直闯我营地,亦未得直接进入,但其关注之情形,我参谋本部一直本着不承认、无此事以对应。"[1]

在此后的很长一段时间里,美军对蒋介石的动作始终保持高度的警惕。据在"国光作业室"工作长达九年零七个半月的段玉衡少将回忆,1961年8月9日,有几位美军顾问团人员不理台湾宪兵阻止,硬闯进三峡阳明营区"成功作业室"查看;1961年8月间,美协防部直升机数次在三峡"国光作业室"办公室上空盘旋侦察;1961年八九月间,美在台湾海峡巡逻舰只跟踪监视台军外岛运补船只,陆战队顾问人员每周都亲点台军两栖登陆作战舟车数量;1965年1月4日,金门防卫司令官曾报告,美国务院派有一个"七〇七"小组驻在金门,他们直接与国务院保持随时联络,如台军有反攻行动,美政府即采取

---

〔1〕《朱元琮将军访问记录》,《尘封的作战计划》,台湾"国防部"史政编译室2005年12月版,第12页。

阻挠行动。[1]

蒋介石对于美军的做法置之不理，他认为，假如台军攻下厦门能立足三至五天，国际局势就会起变化，美军便不容易进行干涉。甚至设想，国军"如能占领一适当地区，维持三个月以上，或可获得美国同情，给予更大之支援，以利向内陆挺进"。目前，则各行其是。他在批准"大业计划"时在手谕中写道："着饬海军总部建造LCM小艇110艘，限于六个月内完成备用，不得有误。"同时指示，本计划要向美军顾问团保密，既不能向美国采购原料，也不必向美驻台海军组要求技术协助，一切都要自力更生，秘密进行。[2]

建立庞大组织机构

要将大规模的"国光计划"付诸实施，必须成立严密的组织机构。早在上世纪50年代末期，蒋介石就开始研究反攻大陆的问题，先后成立了"凯旋计划作业室""中兴计划作业室"和"联战演习计划作业室"，隶属于"国防部"，下级并无作业单位，主要任务是负责在台湾建立"复兴基地"，以及着手策定反攻大陆的计划和各种方案。从60年代初开始，正式机构开始建立。朱元琮回忆说："民国50年4月1日，我奉彭总长转奉总统指示，指派我兼任国光作业室主任，并调陆海空三军优秀参谋及事务人员三十余人进驻大埔原属行政院战时疏散房舍办公，当时是以兼任该职务，因事务繁重，三个月后即改专任。"[3]

"国光作业室"成立后，组织系统逐渐完备，形成了集陆海空三军于一体的严密的机构体系。该体系的结构是：最高领导机构是隶属于"国防部"的"国光作业室"，该作业室下辖三个作业室：空军总部"擎天作业室"（辖空军作战司令部"九霄作业室"和空降特遣部队"大勇作业室"）、海军总部"光明作业室"（辖六三特遣部队"启明作业室"和六四特遣部队"曙明作业室"）、陆军总部"陆光作业室"（辖负责第一阶段建立滩头阵地、第二阶段建立立足地区的"光华作业室"和第三阶段建立攻势阵地的"成功作业室"）。

〔1〕《段玉衡将军访问记录》，《尘封的作战计划》，台湾"国防部"史政编译室2005年12月版，第193—194页。

〔2〕《刘广凯将军报国忆往》，台湾"中央研究院"近代史研究所1994年1月版，第204页。

〔3〕《朱元琮将军访问记录》，《尘封的作战计划》，台湾"国防部"史政编译室2005年12月版，第11—12页。

另金防部设有"龙腾作业室"。各作业室人员都是从陆海空三军中抽调的精兵强将，共二百多人。"国光作业室"主任朱元琮中将，曾参加过剿共战争、抗日战争，接任前为陆军第一集团军副司令；

在"国光作业室"工作过的段玉衡少将

"启明作业室"主任吴文义海军少将

"光明作业室"主任王河肃海军中将，参加过抗战及国共战争，接任前为三军大学教官兼国防研究院讲师；"启明作业室"主任吴文义海军少将，参加过抗战及国共战争，接任前为海军陆战队副司令。另外，"光华作业室"主任毛瀛初、"海光作业室"主任赵汉良等，都有不俗的经历。

各作业室最繁忙的时期是1963年至1964年前后，此时正是"国光计划"各分计划紧锣密鼓地制订、推演、训练、实施的时期，曾任"国光作业室"副主任的杨友三中将说："这段时间是我军旅生涯最为忙碌的阶段，当时这个作业室罗致了许多三军优秀的干部，参与各项计划作为。"[1]

然而，到了1965年8月6日，国共之间海军发生了著名的八六海战，"剑门""章江"两舰的沉没以及二百多名官兵的覆没，给了蒋介石以沉重打击。此后，"国光计划"明显放慢了脚步。1966年12月1日，各作业室大量裁减人员，由原来的207人缩减为105人。蒋介石召集特别会议的次数也越来越少。1972年7月20日，"国光作业室"裁撤，所属机构也随之解散，表明蒋介石彻底放弃了"国光计划"。

---

[1]《杨友三将军访问记录》，《尘封的作战计划》，台湾"国防部"史政编译室2005年12月版，第376—377页。

计划内容及其实施

"国光计划"历时十余年，内容演变比较复杂。但是，脉络还是十分清楚的。蒋介石对反攻大陆的设想是首先打下厦门，建立一个稳固的进军基地；登陆初期，先截断鹰厦铁路，使解放军无法适时增援。立足厦门后，迅速建立攻势基地，台军的增援部队可立即从金门登陆，再依据情势发展，或左旋进军广州，或右旋进军湖南、福建。因此，"国光计划"分为两个阶段：

第一阶段是突击登陆阶段，构想在不依靠外力的情况下自力反攻，战力、物资，悉数要台湾自行筹措整备。所以，三军对第一阶段的想定非常详细、具体，易于把握。"参谋本部"拟定了两个作战方案：一个是采取正规的三军联合两栖作战方式，军队渡海，对大陆东南沿海某一地区实施正面攻击，强行登陆，然后扩大战果，逐渐向大陆纵深推进；另一个是采取奇袭作战方式，实施由岸到岸运动的战法，出其不意，断然登陆，在巩固滩头阵地之后，逐渐扩大战果。这两个作战方案，前者是主要方案，后者是辅助方案。

第二阶段是建立攻势基地阶段。由于实施登陆后，情况的变化就很难预料，所以这一阶段无法对细部进行计划，单就对大陆的军事、民心、士气都无法充分有效掌握，只能止于战略构想。特别是蒋介石把这一阶段的指导方针定为"三分军事，七分政治"，即主要依靠大陆人民以及留在大陆的前国民党部队起义来归的力量，因而更难以预测和把握。

"国光计划"实际上是以第一阶段为主体的庞大的计划，朱元琮说：从反攻计划报告来看"其规模之大，一如第二次世界大战诺曼底登陆作战计划，提出战备需求实在惊人。……那只是纸上谈兵罢了。"[1]

尽管如此，蒋介石依然极力推动它的实施。于是，在"国光计划"之下，一系列子计划诞生了。这些子计划共有26种之多，分为敌前登陆计划、敌前袭击计划、敌后特战计划、应援作战计划、乘势反攻计划等五类。段玉衡在九年多时间里分别参与了"国光一号""国光二号""国光十一号""国光十二号""龙腾计划""虎啸计划""光武计划"等十一个计划。这些计划各有详细内

---

[1]《朱元琮将军访问记录》，《尘封旳作战计划》，台湾"国防部"史政编译室 2005 年 12 月版，第 14 页。

容，以"虎啸计划"为例，"虎啸一号"规定，以一个陆战师、一个陆战团，由台湾发航，行由舰至岸机动，于港尾半岛之镇海附近突击登陆，另以三个步兵师，由台湾发航后续，占领港尾半岛。"虎啸二号"规定，以一个陆战师、一个陆战团，依由舰至岸运动，主力在将军澳，一部在镇海突击登陆，再由台湾以四个步兵师后续，攻占浮宫迄佛昙圩之线，建立滩头阵地。"虎啸三号"规定，以一个步兵师，由澎湖发航，依由舰至岸运动，另以一个步兵师由金门发航，依由岸至岸运动，于将军澳突击登陆，另以一个陆战师、一个陆战团、一个步兵师，由台湾发航，D日中午到达目标区，占领浮宫迄佛昙圩之线，建立滩头阵地。在反攻作战中，根据情况确定选择实施哪一号计划。

其他高级将领谈到的计划还有"新中计划""蓬莱计划""金雁计划""中兴计划"等。

这些子计划制订完成后，有些必须进行测验、推演、实兵演习、实战检验；有些则直接进入实施阶段。例如"龙腾计划"，一边设计想定，一边进行兵棋推演，一边还要进行战备整备。在战备整备方面，从1963年到1965年，共完成了开整LCM小艇坑道、开凿地下油池、开凿弹药坑道、屯储橡皮舟、实施战备任务训练、航行渡海等项目。

海军负责制订的"大业计划"也是一个子计划，制订完成后，直接进入实施阶段。从1962年底该计划开始实施，海军把建造110艘LCM-6登陆艇的任务进行了分配：海军第一造船厂建造30艘，第二造船厂建造10艘，第四造船厂建造20艘，台湾机械公司建造35艘，高雄船舶厂建造15艘。发动机购自日本。从1963年1月到7月，海军用了七个月的时间，将110艘小型登陆艇全部建造完成，工程总造价1.32亿新台币。登陆艇建成后，1963

1963年，"国光作业室"赴金门地区视察"龙腾"演习

海军按照"大业计划"建造的登陆艇

年8月1日，海军成立了第一、二登陆艇大队，隶属两栖舰队司令部。

吴文义回忆说："每一计划均经兵棋推演，并举行模拟实兵演习，从营级到师级。"他自己亲自主办和参加各种演习计划达十余案。[1]

蒋介石为计划倾尽心血

蒋介石把反攻大陆的战争看成一场"神圣"的战争，他说："即将展开的反攻复国的战争，乃是最艰危、最险恶等待着我们去流血、去牺牲的悲壮惨烈的战争。这是我们中华民族史上空前绝后的一次战争，不止是个人的生死荣辱，将取决于这一战，国家民族的存亡乃至世界人类的祸福，皆将取决于这神圣的一战。"[2]因此，从"国光计划"的制订到准备、实施，他都倾注了大量心血。特别是在1961年到1965年这五年中，蒋介石"反攻复国"之心几乎到了痴狂的程度。

1962年2月12日，蒋介石在他主持召开的一次台军干部会议上说了这样

---

〔1〕《吴文义将军访问记录》，《尘封的作战计划》，台湾"国防部"史政编译室2005年12月版，第87页。

〔2〕《蒋中正先生在台军事言论集》第二册，台湾"中国国民党中央委员会"党史委员会1994年11月版，第874页。

一番话，可算作他实施反攻大陆计划的最后动员："我可以说今天以前，是大家从失败中脱胎换骨的阶段，从今天开始，则是大家走向胜利，踏上冒险犯难光荣成功之路的阶段。而今天开会就是我们国军立志重生开始的纪念日子！"[1]

据台湾档案资料记载，从1961年到1970年，蒋介

1961年12月1日蒋介石在台北观看空军演习

石共主持举行由高级将领参加的"特别会谈"97次，其中前五年举行81次，占总数为83.49%，后五年仅举行16次，占16.51%。其中1963年举行23次，1964年举行23次，1965年举行21次，1966年骤减为2次，可见从1963年到1965年这三年中，蒋介石反攻大陆的准备一年紧似一年。1964年12月20日，蒋介石在金门的一次对干部的训话中说："我明年就是80岁的人，我一定要在有生之年，带着你们打回大陆去。"[2]

在紧锣密鼓的准备过程中，蒋介石无数次亲临现场，听取准备报告，观看兵棋推演，视察演习现场，进行演习讲评。朱元琮回忆说：蒋介石"对反攻大陆，念兹在兹，当'国光计划'作业在大埔成立计划室，进行仅三周，即率参谋总长、三军总司令，莅临大埔，听取简报，并巡视作业人员办公的营舍。初期三次作战简报，均在大埔举行，以后大部分均在台北国防部兵棋室做相关简报"。朱元琮清楚地记得，由于国光作业室幕僚食宿均在办公地址，且24小时工作，责任重大，向蒋介石报告后，蒋立即指示"参谋总长"彭孟缉每人月发津贴2000元。唯彭以与"国防部"其他参谋本部人员待遇差距过大，指示朱元

〔1〕《蒋中正先生在台军事言论集》第二册，台湾"中国国民党中央委员会"党史委员会1994年11月版，第873页。
〔2〕《段玉衡将军访问记录》，《尘封的作战计划》，台湾"国防部"史政编译室2005年12月版，第200页。

琼斟酌报核，朱遂以每人以1000元定案，因为大埔的人员是24小时工作，又无假期之补偿，阴历年节，又另发奖金[1]。可见蒋介石对参与"国光计划"人员的重视和关心。

在邢祖援的印象中，蒋介石"当时虽已年近八十，然精神饱满，全神贯注。对简报内容稍有疑点，即随时发问，必须回答清楚，不能稍有含糊。故简报人员事前之准备，应对之谨慎，反应之机敏，与口才流利等，均为必要条件"。[2]在"曙明作业室"工作过的曹正樑上校说：蒋介石"通常一个礼拜大概会来两次，每次几乎都是深夜10点过后"。[3]曾参与"龙腾作业"的胡附球中将回忆说：1963年2月，当"龙腾计划"大体完成了陆上兵力运用计划时，蒋介石亲临金门，"住了两个星期，每天亲自听取作业报告，并一一垂询，一一指导"。四个月后，当"龙腾一号计划"完成时，蒋介石再次来金门，视察兵棋推演。[4]

在实兵演习中，蒋介石也亲临现场，从头观看至尾，并认真进行点评。例如在1963年5月26日对金门演习的讲评中，蒋介石就提出"敌情侦察搜索不够严密""掩护火力部署尚欠充分""应注意佯动和欺敌的作为""火焰喷射攻击的研究""对敌坑道与阵地口的封锁""负伤人员的照顾""通讯能力应积极加强"等7条提示[5]，从中可以体察到蒋介石对"国光计划"所寄予的厚望。

"国光计划"最终流产

对于"国光计划"最终流产的原因，台军高级将领们自然会认真检讨，他们的分析基本上反映了当时的实际情况。他们认为，美国不支持蒋介石反攻大陆的政策，同时也严防台湾发展核武器，对台湾的援助、赠与、出售武器，均

---

〔1〕《朱元琼将军访问记录》，《尘封的作战计划》，台湾"国防部"史政编译室2005年12月版，第12页。

〔2〕《邢祖援将军访问记录》，《尘封的作战计划》，台湾"国防部"史政编译室2005年12月版，第65页。

〔3〕《曹正樑先生访问记录》，《尘封的作战计划》，台湾"国防部"史政编译室2005年12月版，第309页。

〔4〕《胡附球将军访问记录》，《尘封的作战计划》，台湾"国防部"史政编译室2005年12月版，第132页。

〔5〕《蒋中正先生在台军事言论集》第二册，台湾"中国国民党中央委员会"党史委员会1994年11月版，第903页。

以防御性质为限，成为"国光计划"实施过程中的一大障碍。从大陆方面来看，尽管发生了"文化大革命"，但金马对面的兵力，特别是海岸炮兵的布置，更为加强，反攻登陆作战越来越困难。从台湾岛内情形来看，发动大规模反攻作战，人员、物力必定大量伤亡及消耗，岛内防卫兵力显著减少，一旦反攻失败，台湾将陷入难以摆脱的危机。正如王河肃所说："'国光计划'虽未付诸实施，其结果为何，虽无法预测，但其对台湾之影响势必极大。所谓竭泽而渔，以小击大，难以获得大陆民心之支援，且战争延长，必将是台湾陷于极大之危境。"[1] 当然，这些都是导致"国光计划"流产的深层原因。实际上，促使蒋介石放弃"国光计划"的直接原因是八六海战的发生。

"海啸一号"计划也是"国光计划"的组成部分，八六海战就是台湾海军在执行"海啸一号"过程中发生的，海战的失败对蒋介石反攻大陆的信心是一个致命的打击。朱元琮说，八六海战的失败，直接影响统帅反攻作战之信心与决心，而后"总统"因病所累，又年事渐高，无人能代替其决策，故反攻大陆之计划只有藏诸高阁了。

八六海战三个月后，国共双方的海军又发生了崇武以东海战（台湾称"乌坵海战"），台湾海军在海战中又告失败，这使蒋介石的愤怒情绪达到了极点。他利用年终最后一次作战会议之机，在兵棋推演室对海军进行言辞训导。他命令海军总司令部上交一份八六海战及乌坵海战检讨，总司令部指定作战署署长刘定邦少将进行报告。蒋介石听完报告后，面色泛红，满脸怒气，训斥过后拂袖而去。

蒋介石是带着未能"反攻复国"的遗憾离开人世的，可三十多年以后，时过境迁，台湾的高级将领们却对"国光计划"未能实施表示庆幸，他们中有人说，虽然我们当时"未能把握时机完成反攻大陆，收复中原大业，自有遗憾"，但是，"得能避免战争，以中国文化的推演求得中国未来的大一统，这远景应是乐观的"。也有人说，放弃"反攻大陆"，改以大力发展经济，推广民主、自由，亦可能与"反攻复国"有异曲同工之妙。

---

[1]《王河肃将军访问记录》，《尘封的作战计划》，台湾"国防部"史政编译室2005年12月版，第35页。

台军官兵经历的炮击金门

1958年8月23日人民解放军发起的炮击金门战役，贯彻了"打而不登，断而不死，使敌昼夜惊慌，不得安宁"[1]的作战方针，既打击了蒋介石"反攻大陆"的气焰，又支援了第三世界国家的正义斗争。那么，炮击金门打响的那一刻，金门地区是一种什么样的境况呢？我们透过台军官兵的讲述，可以了解其中的真实情况。

要塞化和地下化之争

大小金门岛与厦门隔海相望，最近距离只有2300多米，解放军大炮的威胁是显而易见的。蒋介石为固守金门，主张将金门炮兵要塞化和地下化，当然，台湾本身没有承担这一庞大工程的费用，蒋介石希望利用美援来完成这一设想。但美军顾问团却不以为然，他们并不在乎要塞化和地下化所耗费的资金，而是认为要塞化和地下化有悖于现代战争理论，这样做尽管能够保存军事实力，但根本就不利于炮兵作战。所以他们通过掌控资金的使用来防止台湾方面大兴土木。时任台湾陆军总部作战署作战组少将组长的朱秉一说："做掩体用的材料相当多，所幸当时美国对我有军援款。对军援款的使用，美军顾问团有干涉权，任何预算的设计都要他们同意，所以他们对金门的构筑工事投资，非常不同意。在他们的观念中，认为野战炮兵不应该做掩盖式掩体。对炮兵的要塞化和地下化，他们没见过也没听过，军事课本里也没有，所以他们反对。"

---

〔1〕《周恩来军事文选》第四卷，人民出版社1997年11月版，第403页。

在刘玉章出任金门防卫司令的时候，他秉承蒋介石旨意，极力推动金门要塞化建设，在美军顾问不同意预算的情况下挪用其他经费来打造掩体。然而，当美军顾问得知后，一场争论在所难免。朱秉一说："我的工作是参谋业务，不能指挥军队，只能拟计划和

从金门岛上的马山阵地可眺望厦门

督导调遣军队。在作战组长任内，我和金门炮兵指挥官都有默契，我们知道战地的需要。我回来以后，经常和美军顾问团陆军组进行协调，要全面促成金门的'要塞化'。我想办法说服他们，不要他们反对这件事情，在这说服期间，费了很大周折。"

当时，在金门的美军顾问是森迪上尉和鲍林少校。森迪是炮兵军官，朱秉一常和他发生争论，一提要塞化，森迪就笑了，他说："现在哪有要塞，到了什么时代了你还提要塞化！"朱秉一说，他很谅解森迪的说法，因为他是个上尉，无论经验、阅历都不很深，他这个上尉军官很可能是个预备军官，非西点军校出身，素养较差。后来和鲍林谈，鲍林是西点军校毕业的，水准较高。可是，双方在"要塞化"问题上还没有获得共识，解放军炮击金门战役就打响了。战役开始一周后，朱秉一再见到森迪，问他"要塞化"有没有用，他不再说没用了。[1]从此，美军顾问不但同意台方要塞化和地下化的主张，而且还建议加强。

胡琏是在1957年接替刘玉章担任金门防卫司令部（简称金防部）司令的，他和刘玉章的观点并不相同，尽管他没有公开反对金门炮兵的要塞化和地下化，但是在此问题上，他采取了消极的态度。本来美军顾问团就不主张要塞化和地下化，胡琏的消极态度直接导致了金门防卫工事的薄弱。直到八二三炮击

---

[1]《朱秉一将军访问录》，《八二三战役文献专辑》，台湾"国防部"史政编译局、台湾省文献委员会1994年8月版，第132—133页。

金门岛上的台军炮兵阵地

金门岛上的永备工事

金门战役打响后，胡琏才如梦方醒，感到要塞化和地下化的重要性，但为时已晚，只能亡羊补牢。

但是，炮兵要实现要塞化和地下化谈何容易，朱秉一说，八二三炮击金门战役开始后，"第一线步兵已经完全地下化了。炮兵地下化较困难，因为武器太庞大"。"一个战斗行动要完全地下化很困难，我的要求是一个炮兵营一天的战斗、生活、活动，要做到在阵地之内看不到人，厕所、厨房、寝室等各种设施都要在地下"。[1] 即使这样的要求在炮战中也是难以达到的。因此，台湾军队只能利用解放军炮击的间歇时间仓促建设部分临时掩体，根本不能抵御解放军大炮的轰击。

八二三炮击金门战役结束后，不少台军官兵发表了对炮兵要塞化和地下化的看法，时任金防部政战部第一组组长兼金门地区心战指挥所主任的廖光华说："胡司令官对炮战初起即造成重大伤亡，颇有内疚之

---

[1]《朱秉一将军访问录》，《八二三战役文献专辑》，台湾"国防部"史政编译局、台湾省文献委员会1994年8月版，第134页。

感，因为老总统巡视金门时，曾一再耳提面命，叮嘱应将工事地下化；而炮战前数小时，即见中共炮兵将炮车拖到海边打，并以发射烟幕弹故作演习状，事后有不少同胞均觉得，我方似乎太掉以轻心了。"[1]

来自一线作战部队的官兵感触更深，时任台湾陆军第2军团工指部给水排上尉排长的王春泉说，太武山地下化的时间应该说是八二三以后。他刚到金门时司令是刘玉章，此人比胡琏重军事，重视经营战场，希望能将碉堡强化，由早期的20cm加强到40cm，地下化也想做，但美国顾问觉得建碉堡、地下化是过时的战术思想，不同意支援，所以太武山地下化只有一小部分。蒋介石视察金门后，觉得司令部不安全、工事少，指示要加强。才动工不久，战事就发生了，各单位从经验教训中发现地下化太重要，就全面去搞，先是用行军铲等简单的工具，后来才普遍使用空压机。坑道的交通壕也是在这样的情形下挖的。[2]

对胡琏错误的指责

胡琏接任金防部司令以后，一改刘玉章重视防御设施建设的做法，开始把主要精力用在民用设施建设上，致使八二三炮击金门战役打响后金门守军猝不及防，损失惨重，连司令部都差点被端掉。后来，刘安祺接任司令，情况又有了一定改观。对此，台军官兵议论纷纷。郁化清曾任陆军第58师军医组上士，他回忆说："初到金门，觉得前线与后方没有太大差别，士兵们的心情相当松懈，上级虽不断下达加强备战之命令，但整体而言，整个金门仍笼罩在一片安逸悠闲的气氛中，毫无警觉。金防部胡司令官对工事的加强也不太重视，而将大批的材料用于铺马路等公共设施上，当时防御工事大多是薄弱且简陋的。官兵们常下棋、聊天，或随意地散步，都认为中共是不可能在当时发动战争的，而八二三炮战的发生实在是令人意外的。"[3]

台军官兵在谈到金门的防御设施建设时，很多人都把胡琏与刘玉章进行对比，批评胡琏轻视防御设施建设的做法。时任金门842医院少尉军医的雷振

---

〔1〕《背负俞大维与刘明奎送医急救的廖光华》，《八二三战役文献专辑》，台湾"国防部"史政编译局、台湾省文献委员会1994年8月版，第180页。

〔2〕《参战人员口述历史采访录》，《八二三战役文献专辑》，台湾"国防部"史政编译局、台湾省文献委员会1994年8月版，第551页。

〔3〕同上，第448页。

"国防部长"俞大维(右三)在胡琏(右二)陪同下视察金门

胡琏(中)视察金门防务

华说:"谈到金门防御工事,这都归功于刘玉章将军。刘将军接金防部司令后就大量建设防御工事,八二三炮战发生前已大致完成防御工事;虽然炮战前换胡琏将军接任,胡将军则注重建道路,造风景植树木、挖湖水兴水利等工程,对民间较好,但是炮战发生时,许许多多的碉堡掩体,才是生命安全的最佳保护,所以一般而言,大家都觉得刘将军对金门防务贡献最大。"[1]时任陆军第9师战斗工兵营上尉军医队长的陈飞军也说:"金门司令刘玉章将军的建设金门防务,于炮战时显现出很大的防御功效,因为刘将军要求严格,是个实在的人,在他的指挥之下,金门防御工事做得很好,接他的胡琏将军则较注重于地方建设,尤其是辟建道路,较不注重防御工事。"[2]

也许正是由于上述原因,"国防部"在八二三战役打响后,决定换掉胡琏,以刘安祺接任。刘接受了教训,毫无疑问地要加强防御设施的建设。时任金防部政治部少校新闻官的晏亦程说:刘安祺司令注重"地上金门"和"地下金门"的建设,"当时民间盛行一种说法:'胡琏是老百姓的司令官','刘安祺

---

[1]《参战人员口述历史采访录》,《八二三战役文献专辑》,台湾"国防部"史政编译局、台湾省文献委员会1994年8月版,第447页。

[2]同上,第444页。

是士兵的司令官'，刘安祺是到了金门升上将的，是临危受命"。〔1〕更多官兵结合自己的感受，直接陈述胡琏在防御工事建设上的种种错误。时任陆军第10师第29团第2营上等兵的陈朝聪说："胡司令官上任之后，对于防御工事非常忽视，前任司令官时所从事的掩体与坑道修建的任务，大多数都停顿了，官兵们一时之间显得轻松许多；大部分的水泥与建筑材料都转而从事马路学校的兴建，其着眼点是在于美化金门，不认为会有战事发生。我部队配备有三门加农炮，掩体是用沙包堆成，上面之水泥护盖相当薄弱，在炮战发生当日即被敌炮摧毁了；人员之居住碉堡也不太有安全的保障，在炮战发生后，每个人为保全自己性命，都自行再挖掘深坑掩蔽，以防碉堡在炮火攻击下发生不了保护作用。"〔2〕时任陆军第10师通信连上尉副连长的赵席珍说："司令官本是刘玉章，不到一年则换胡琏，二位的作风大不相同。前者希望大家没事时多做战备工作（即自动备战），较不重视金门开放参观，其理由乃因金门系为军事重地。后者则说'金门十年内没有战争'，要把它绿化，挖池塘，开公路，建设成三民主义的模范县，同时开放给许多外国人观光；因此，因集中力量建设，军事方面相形松懈。是以，八二三开打时，金防部的战备几陷于瘫痪，指挥官无法了解整个战况，我师与司令部通讯中断长达九小时之久，在作战时是非常危险的。当时我是通信兵排长，消息不通，许多通信兵因要接线路而被炮弹炸死，后以传令兵代替之通信兵，他们都很怕到金防部去传令，因为该地炮弹密度最高，中共主要的攻击目标便是金防部、指挥所与炮阵地。"〔3〕

　　在解放军的密集炮击中，台军官兵的损失引发了他们对胡琏的愤懑情绪。篮志坚曾是金防部第一处准尉文书官，他说："胡琏司令官前段时期工事没做好，天天挨炮，尤其延迟信管炮弹威力大，碉堡撑不住，他们两位（俞大维和蒋经国）来的时候，士兵就向他们申诉。"〔4〕时任金防部通信处上尉小组长的沈叔仙更是愤愤不平："胡琏任司令官时，将大部的水泥都用到修马路、盖房子上去，并不重视修筑碉堡，结果金门老百姓对司令官很信任……但士兵有点反

---

〔1〕《参战人员口述历史采访录》，《八二三战役文献专辑》，台湾"国防部"史政编译局、台湾省文献委员会1994年8月版，第463页。
〔2〕同上，第497页。
〔3〕同上，第637—638页。
〔4〕同上，第476页。

感。像八二三当天炮弹落下来，我就亲耳听到老兵骂粗话，骂司令官将洋灰拿下修马路盖洋房，不修碉堡，现在洋房没人住，又没碉堡躲，老兵是对胡琏有点反感。"[1]

水上餐厅遭遇噩运

在人民解放军炮击金门战役中，最引人瞩目的是金防部三位副司令官在第一波次的炮击中相继毙命，而他们所处的位置则是平时令人向往的翠谷水上餐厅。当时，金防部有两个营区，一是翠谷营区，一是武阳营区。武阳营区设置有政战部、第四处、各特业组、后勤部队；翠谷营区为前进指挥所，内设参一、二、三处，位处太武山心脏的死角位置，营区中最著名的是"水上餐厅"，它是一处由小桥相连的湖心小亭，名"观海楼"，设施极其考究，内中悬挂当代名人于右任、贾景德、张大千、黄君璧等人的字画，摆设着琳琅满目的文化艺术品，衬托着一流的家具和精致的餐器。餐厅外面，风和日丽之时，池中荷花盛开，鸟鸣枝头，令人心旷神怡。

8月23日当天，"国防部长"俞大维飞抵金门，由胡琏陪同巡视，行抵古宁头阵地时，曾以望远镜发现解放军在对岸释放烟幕，分析为例行攻防演习而不以为意。下午5点多，俞大维一行返回金防部指挥所，在坑道口休息，准备随后赴水上餐厅就餐。与此同时，金防部副司令赵家骧、吉星文、张国英和兼

水上餐厅一角

[1]《参战人员口述历史采访录》，《八二三战役文献专辑》，台湾"国防部"史政编译局、台湾省文献委员会1994年8月版，第701页。

政治部主任柯远芬，都先在餐厅内等候俞大维的到来，另一位副司令章杰则在桥头迎接。6时20分左右，惊天动地的爆炸声突然响起，一片歌舞升平的水上餐厅顿时淹没在腥风血雨之中。赵家骧当场丧生，炮弹削掉了他的下半身；站在小桥上的章杰更惨，整个人被炸得粉身碎骨，事后仅在池塘中捞起一条腿和一只鞋子；吉星文胸部被几枚弹片击中，由张国英副司令护送至医院全力急救。时任金防部医疗连清理组上尉组长的罗忠模说：炮击金门后，我们就"接到电话，叫我们赶快派救护车到指挥所，当我们救护车到达时，水上餐厅，已被打得乱七八糟，由于当时正是高级长官会餐的时候，结果金防部四个副司令中，死了两个，一个受重伤，只剩张国英副司令。部长俞大维也负了伤，而我们的救护车并没有救到人，只是载回了一些尸块。"[1]曾参与救治吉星文的陆军准尉护理官项蓉芳回忆："吉将军受伤的部位是在胸前和头部，同时送来的还有赵家骧将军，赵的伤势更重，所以他比吉副司令官先走一步。吉副司令官的胸前和头部好几处受伤，医院立即给他胸腔开刀，并进行麻醉，当时他神志清楚，但因受伤过重，不能讲话，未久，吉副司令官亦溘然长逝。"[2]

就在炮击开始的时候，俞大维已经在侍从参谋的陪同下离开坑道，向水上餐厅走去，一块弹片从他的眼前飞过，擦伤了他的额头，他吓得魂不附体，在侍从参谋的搀扶下，跑到附近的一块岩石下面躲避。胡琏则比较幸运，他刚刚离开坑道口炮弹就落下了，弹片扫向他们刚才小憩的地方，一个茶杯被击得粉碎，胡琏安然无恙，他倒抽一口凉气，连忙返回坑道。

廖光华身为金防部政战部第一组组长兼金门地区心战指挥所主任，每天必与其他组长以上干部参加晚餐会报，当天，他得知俞大维将在水上餐厅用餐，便在距水上餐厅不远的会报餐厅提前开饭。正当他刚刚吃下半碗饭的光景，炮弹铺天盖地轰然而至。廖光华在密集的炮火中一个人由餐厅匍匐行经赵家骧的办公室，试图救援。此时，他忽然听到一声喊叫："别走！别走！部长在这里！"廖光华定睛一看，俞大维上半身刚好躲在岩石下面，下半身则暴露在外头，右前额被弹片击伤，已经流血。廖光华连忙将惊魂未定的俞大维连背带扶

---

〔1〕《参战人员口述历史采访录》，《八二三战役文献专辑》，台湾"国防部"史政编译局、台湾省文献委员会1994年8月版，第380页。

〔2〕同上，第724页。

俞大维视察金门

地从不安全的岩石下转移到了100米开外的作战指挥所内。胡琏见到俞大维带伤进来，亲自用纱布和药膏为其裹伤。在指挥所内，还有一位腿骨被打断的参谋长刘明奎，因血流不止必须紧急转送医院，政治部副主任王志文见到廖光华送俞大维进来，便又命令他将刘明奎送往尚义医院急救。于是，廖光华又将刘抬上车，将其送到医院。时任金防部第二处上校参谋的刘黎初还清楚地记得俞大维等人在指挥所的情景："我处理完毕这些事，抬头见司令官胡先生与国防部长俞大维先生，坐在我的面前。我立起鞠躬，向二位行礼致敬。俞部长额角负有轻伤，已被绷带裹好，据说是被炮弹皮擦伤的。……约有一个半小时的炮击行动。敌火力减弱，司令官与俞先生走了，已是下午7时，天已入夜。"[1]

为了不影响军心，赵家骧、吉星文和章杰三人被炸死的消息并未立即发布，尸体于次日由空军专机转送澎湖，葬于林投公园。赵、吉二人被追赠上将，章则被追赠中将。1959年3月28日，台湾当局在台北国际学舍为三人举行了追悼仪式，同日，将三人的灵位放于圆山忠烈祠。

炮击金门战役已经过去五十多年了，时至今日，当年防守金门的一些高级将领始终不明白一个问题：何以中共发动的第一波炮火，竟能如此准确地命中大家都认为不可能中弹的水上餐厅？他们说，"翠谷水上餐厅的位置，刚好在太武山的死角，就弹道而言，除非炮弹刚好能以垂直角度落下，否则一定会打到山脊，或飞越翠谷。万万想不到，共军炮不但'找到'了水上餐厅的位置，更像有鬼带路似的正中金防部巨头即将聚会的餐桌"。对于这个问题，有人猜

---

〔1〕《回忆录》，《八二三战役文献专辑》，台湾"国防部"史政编译局、台湾省文献委员会1994年8月版，第952页。

测可能是由中共间谍潜伏所致，也有人认为是纯系巧合，时任陆军上尉连长的魏保文说："第一天三位副司令阵亡之因：（一）据说中共以火箭轰炸水上餐厅，因为一般的炮弹很不容易击中；（二）传说金防部有一位少校军官是'匪谍'，他以信号通知中共炮击水上餐厅。"[1]但这两点均被证明是子虚乌有，所以台湾媒体叹曰："共军炮能锁住金防部司令官的行踪，并一举重创参谋本部的高级幕僚，恐怕在中外战史中亦罕见甚匹。"

首波炮击撼动心魄

炮击金门战役在台湾老兵的心中留下了无数的记忆和感慨，但他们印象最深刻的还是首次炮击的情景，因为在那一刻，他们都有生死两重天的感觉。

在炮击金门战役发生的前夕，尽管台湾当局多次要求金门守军严加防范，做好战争准备，但是，从胡琏到一般士兵似乎都有麻痹思想。刘黎初是专门监视金门对面解放军动向的上校参谋，他的责任之大不言自明，可他恰恰麻痹思想很重。他毫不掩饰地说：炮击金门战役之前，他来到作战指挥所的情报室，"我拿起电话，问太武山观测所，前面围头、莲河，解放军有什么情况？据太武山观测所的回答，它说：'参谋，敌人战车摆来摆去，人员紧急东西上下奔走，不知搬运什么东西。'当时我的看法，或是演习，或作射击准备，但我不知所谓的战车就是'自走炮'。我还将那观测员说了一声：'战车能由海里过来，看你神经紧张的！'"此后，他并没有将搜集到的情况给予特别的重视，直到"八月二十三日下午五时三十分钟，敌人所有的火炮，刷的一声，落在我情报桌子的门前，烟尘飞起冲进门来"的时候，他才"要电话询问各观测所，由太武山、金东、金西、大担、烈屿，经过有十五分钟的时间，将各方情况问明，即摇电话去台北，报告国防部情报室"。[2]

曾在守备烈屿的陆军第9师第27团第1营任职的虞子辉看到的情况，在整个金门地区具有代表性。虞子辉说："那是一个夜幕低垂的黄昏，各观测所

〔1〕《参战人员口述历史采访录》，《八二三战役文献专辑》，台湾"国防部"史政编译局、台湾省文献委员会1994年8月版，第561页。
〔2〕《回忆录》，《八二三战役文献专辑》，台湾"国防部"史政编译局、台湾省文献委员会1994年8月版，第952页。

二担岛上被解放军炮火击毁的阵地

均未发现任何炮击征候，各部队照常在驻地附近进行着课外活动"[1]，课外活动的内容包括用餐、洗澡、散步、打球、下棋等。突然，炮声雷鸣，弹如雨下，硝烟弥漫，尘沙四溅，碎片横飞，解放军炮击金门开始了。时任陆军炮兵第41师第121团第2营炮手的郭春生说："金门遭受炮击地方是从码头打起一直到太武山，可以说打得昏天暗地，密密地有五六层炮火，震得碉堡阵阵摇动，彼此讲话都听不见，大伙躲在碉堡里戴着钢盔，裹着棉被，保护身体，有炮弹碎片从碉堡枪孔射进来打到卡宾枪柄，令大伙感到害怕，无意中打得这么猛烈，令人意外。"[2]身在太武山的沈叔仙遭遇的情景是："霎时间，一群炮弹击中太武山顶，发生轰隆轰隆地摇山动的震撼声音，接着密集的炮弹向太武山顶飞来，像疾风，像暴雨，烟硝一片。"[3]大担岛的情况更糟糕，陆军第9师第25团第1营二等兵庄艮坤说："炮战之初，炮弹打在碉堡土墙钻入约一公尺爆炸，此起彼落，整个大担岛震动得像地震一样，有时碉堡里的人被震塌散开的沙包、米包埋住，样子十分狼狈，心里实在很害怕，连续三昼夜无法睡眠，每天只吃两餐，实在艰苦。"[4]

---

〔1〕《"国防部"史政编译局档案资料》，《八二三战役文献专辑》，台湾"国防部"史政编译局、台湾省文献委员会1994年8月版，第1093页。
〔2〕《参战人员口述历史采访录》，《八二三战役文献专辑》，台湾"国防部"史政编译局、台湾省文献委员会1994年8月版，第301页。
〔3〕同上，第697页。
〔4〕同上，第485页。

海军的"三大计划"

在八二三炮击金门战役中，金门岛的补给是一个至关重要的问题，它关系到金门岛的防卫是否持久。金门岛的补给有95%是通过海运完成，炮击金门开始之前，金门岛各类补给品每月平均消耗量约为1.2万吨，炮击开始后，弹药及军需品消耗量急剧增加，约需1.5万吨左右，毋庸讳言，这样庞大的物资供应任务，必然落在海军的身上。为此，台湾海军连续拟定了三个运补计划，来完成对金门岛的武器弹药及各种军需品的补给，它们是"闪电计划""轰雷计划"和"鸿运计划"。在对档案资料的不断梳理中，"三大计划"的轮廓逐渐清晰起来。

"闪电计划"

炮战开始后，解放军密集的炮火覆盖了金门及附近各岛，台湾运输船"台生"号被击沉，其他运输舰无法在料罗湾安全抢滩下卸物资，致使金门的物资存量越来越少。海军"副总司令"黎玉玺描述当时的情景说："金门及附近各岛经常笼罩在弹幕之下，少有间隙，迫使运输舰船无法再在料罗湾安全抢滩下卸，因此当地军品存量渐少，如果短期内情况无法改善，金门安危令人忧虑。"[1]台湾当局十分清楚，要固守金门，必须突破解放军岸炮对金门的"水际"和"滩岸"的两重封锁，将军用物资运到岛上，同时将伤患人员撤走，才能维持并增强守军的战力及士气。

然而，在运补金门的问题上，陆海军却发生了争执。陆军"总司令"彭孟缉在一次军事会议上对海军"总司令"梁序昭说："现在已经有好几天没有军品运补到金门了，如果时间久了，陆上守军得不到补给品，会饿死的，请赶快设法运去。"梁立刻回答："你们饿死活该。在敌人密集炮火之下，舰艇进入其火网下卸物资，舰艇实在太危险。"彭反击道："你有种就请在军事会议中报告总统裁决。"于是，二人争吵起来，后在马纪壮的调停下才得以终止[2]。但双方依然没有达成运补协议。

面对金门的困境，台湾"国防部"十分着急，直接命令海军"副总司令"

---

〔1〕《黎玉玺先生访问记录》，台湾"中央研究院"近代史研究所1991年6月版，第136页。

〔2〕同上，第139页。

黎玉玺与美军驻台军事机构进行磋商，拿出一个万全之策。黎玉玺立即拜访驻台美军协防司令史慕德中将，直截了当地向他提出美海军为台运输舰提供护航的建议。黎玉玺说，为固守外岛，保持守军的士气，继续撤退伤患人员及输送补给品，台湾海军不惜任何代价执行运输任务，建议美军协防司令部派遣军舰在公海护航，一旦台湾海军遭到空中攻击，美方应采取必要的攻击行动，毁损的台湾海军舰艇，由美方补偿。这一建议得到美军协防司令部的赞同。在这些建议的基础上，黎玉玺又与美军顾问团海军组组长布雷顿上校和协防司令部计划官彼德逊上校进行了具体磋商，拟定了四点基本办法：第一，以四艘中型登陆舰和数艘登陆艇轮番驶往金门补给；第二，这些登陆舰艇采取抢滩下卸的方式完成运送任务；第三，抢滩时间白天黑夜均可；第四，运补计划完成后，在行动前12小时，将计划送达彼德逊上校处，以便安排美军的掩护，但直接护航仍由台湾海军自力担任。根据上述办法，黎玉玺拟定了一个具体的运补计划，他将这一计划命名为"闪电计划"。

计划形成后，黎玉玺立即向梁序昭作了汇报，梁序昭久久不语，最后愤愤地说："照所协议的去做的话，敌炮对于'滩岸'及'水际'威胁，丝毫未减轻，由我们中国海军去承受，美国真是慷他人之慨。"停了一下又说："我不愿我们中国海军的舰队毁在我梁总司令的任内。"[1]说完，匆匆而去。黎玉玺无奈，只好组织计划实施。

"闪电计划"的实施共分八个梯次，1958年9月6日，第一梯次开始实施。"美平""美坚"两艘登陆舰在澎湖装载，美方联络官也分别到达运输及护航区队就位，黎玉玺亲临"美平"舰指挥此次行动。7日中午，各舰进入料罗湾，美海军派出2艘巡洋舰、4艘驱逐舰在距海岸10海里的地方掩护，美海军数个分舰队也在台湾海峡附近待机。当天，解放军并未发炮轰击，抢滩卸载十分顺利，在半天多的时间里，两舰共运送军用品274吨，邮件16包，官兵124人。这是自炮战以来金门守军得到的第一批补给品。此后，又实施了七个批次，但这些批次的实施就没有第一梯次那么幸运了。

第二梯次于9月8日开始。登陆舰"美乐""美珍"在海军南区支队及"太

〔1〕《黎玉玺先生访问记录》，台湾"中央研究院"近代史研究所1991年6月版，第138页。

"美平"舰

"美坚"舰

昭"舰的护航下，在金门滩头抢滩。两个小时以后，解放军的炮火突然猛烈袭来，"美乐"舰多处中弹，燃起大火，无法熄灭，引发弹药爆炸，舰体断为两截，迅即沉没，舰上死伤11人。这次运输没有成功。

遭受沉重打击后，台湾海军认为，这种运输方式亟待改进。黎玉玺与美军顾问团商量之后，对"闪电计划"进行了修改，史慕德提出用两栖方式进行运输，即以"中"字号登陆舰抢滩的同时，使用两栖登陆战车下卸补给品。因此，从第三梯次运输开始，台舰艇在运输补给品时，动用了大量两栖登陆战车。

第三梯次开始于9月11日，台湾海军派出四艘登陆舰，在五艘军舰的护航之下，抵达料罗湾。其中"美颂""美朋""美华"三舰，各携带一辆两栖登陆战车，军用物资150吨，"美珍"携带七辆两栖登陆战车。它们抢滩后，立即遭到解放军密集炮火的攻击，各舰无法卸载物资，只好全部返回。此次行动再告失败。

第四梯次开始于9月13日，台湾海军派出"美朋""美颂""美珍"三艘登陆舰，在"太昭"和"太康"两驱逐舰的护卫下进入料罗湾。然而，只有一艘舰抢滩成功，卸下了部分物资，其他两舰在解放军打击下抢滩不成，只能返回。

第五梯次开始于9月14日，四艘驱逐舰掩护"中鼎"和"联珠"两艘登陆舰抢滩，"中鼎"舰携带的17辆两栖登陆战车全部上陆，将物资运达岛上。"联珠"则在炮火中不敢抢滩，只好原路返回。

第六梯次开始于9月16日，海军南区支队自澎湖护送"中肇"登陆舰抵达料罗湾，军舰携带的17辆两栖登陆战车全部上岸，由于期间遭遇解放军的炮火打击，只有五辆战车返回舰上，其余只能留在岛上。

第七梯次开始于第六梯次实施的当天，"中胜"登陆舰载17辆两栖登陆战车，"中启"登陆舰载15辆两栖登陆战车，它们由左营出发驶往金门，南区支

"美朋"舰

"美华"舰

"闪电计划"实施过程中，"中"字号坦克登陆舰抢滩登陆。图中"218"号舰为"中启"舰

队各舰在料罗湾30海里处接护。两舰于17日上午9点45分到达指定地点。10分钟后，解放军炮火开始轰击，"中胜"舰损失惨重，舰体受损，有登陆战车掉入海中，人员也有很大伤亡，作业无法继续进行，只能匆匆返回。"中启"舰勉强将登陆战车卸下，物资直到18日才陆续上岸。

第八梯次开始于9月18日，"中光""中基"两艘登陆舰各载17辆两栖登陆战车由左营驶往金门，机动巡逻支队中途接护。另外，其他登陆舰也陆续到达。当时，聚集在料罗湾海面的舰艇有"维源""沣江""北江""太和""太湖""中胜""中光""中基"等八艘，是执行"闪电计划"以来运输规模最大的一次。解放军的炮火也比以往来得更加猛烈，弹如雨下。在解放军炮火的打击下，海面上出现一片混乱。战车掉入海中失踪的不少，人员伤亡惨重，甚至出现台军海空自己互相射击的现象。最终，这次运输只能在混乱中收场。

采用两栖方式进行运输，尽管较以前效果明显，但招来了解放军更加猛烈的炮火。登陆舰受损严重，登陆战车损失不少，美国的护航军舰也难以发挥大的作用。然而，台湾海军认为，这种方法毕竟是部分地解决了金门守军的物资供应问题，除此之外没有更好的方法，这种方法应该继续采用。不过，为便于组织指挥，增加实战历练，两栖运输计划、装载与下卸均应该由两栖部队负责

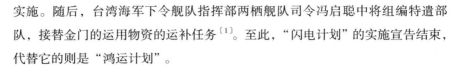

实施。随后，台湾海军下令舰队指挥部两栖舰队司令冯启聪中将组编特遣部队，接替金门的运用物资的运补任务[1]。至此，"闪电计划"的实施宣告结束，代替它的则是"鸿运计划"。

"轰雷计划"

在解放军炮火的打击下，金门守军反击微弱，蒋介石忧心忡忡，他决定在金门岛上增加8英寸大炮，以弥补6英寸大炮的不足。

要将大口径火炮运上金门岛，面临的依然是突破解放军火力封锁的问题，蒋介石指示海军拿出运送计划。在黎玉玺的主持之下，一个命名为"轰雷"的运送大炮计划出台了。计划设定，将每门炮及其弹药与附属装备装入"合"字号登陆艇上，然后将这些登陆艇以三艘一组装入借用的美军船坞登陆舰中，开到料罗湾后，登陆艇泛水自力航往滩头抢滩下卸。这种大炮跟战车一样，两侧是履带，中间是炮架，炮架上面装炮，下卸后即可拉走。

为使计划顺利实施，黎玉玺向蒋介石详细报告了计划内容，蒋指示黎与美方协商，保证船坞登陆舰的使用。黎玉玺马不停蹄率旗舰由澎湖赶往左营与美军接洽运送事宜，获得美军第七舰队司令毕克莱中将的同意，计划就这样正式确定下来。

运送重炮与运送补给品完全不同，必须进行装载及浅滩演习，对此，蒋介石非常重视，每次演习他都亲临现场查看。9月12日，在澎湖的土里海滩开始了演习。海军着重演练了大炮的装卸操作和抢滩行动，蒋介石认真观看了全过程。演习完毕后，他命黎玉玺随他到马公行辕休息，并对黎说："今天决定以船坞舰运炮的方法很好，希望你转告美军七二机动部队司令勃莱克本少将，我必须看到各炮妥装完竣，并且搭载于船坞舰，才离开澎湖。"16日下午，在左营桃子园滩头，海军对装运及抢滩再次进行了训练，蒋介石也前往视察。当天，黎玉玺把计划实施任务交给了登陆舰队司令林溥少将具体执行，自己则于晚上赶往澎湖与美舰会合。17日上午，蒋介石亲自主持在澎湖军区司令部召开"轰雷计划"航前会议，黎玉玺原定简报10分钟，但蒋介石异常重视，反复垂

---

〔1〕《黎玉玺先生访问记录》，台湾"中央研究院"近代史研究所1991年6月版，第139—144页。

"轰雷计划"中，8英寸自行榴弹炮在金门料罗湾抢滩登陆

询，听取意见，致使会议一再延长。在会议进行期间，勃莱克本因接获海军两栖作战顾问迪克森少校由金门发来的备忘录，谈到7、8号滩头的出口尚未备便，又滩头底质的抗力能否支持抢滩登陆也有疑问，即席请求蒋介石延迟"轰雷计划"18个小时，待彻底查明底质情况再做定夺。蒋介石沉思许久，最后同意了这项建议。

除了装卸训练以外，蒋介石还特别关注金门、澎湖之间的联络以及"轰雷计划"的保密问题，他指示把各项重要问题分为甲、乙、丙、丁等目，派联络员送到金门，对于个问题的情况，只需用电文答复"甲项可""乙项可"，即简单明了，又高度保密。黎玉玺按指示准备了两份"轰雷计划"文件送往金门。一份通过金门联络官缪士闲少校送达，一份通过空投送达。

9月17日午后，蒋介石飞返高雄，黄昏又派副侍卫长许承功来澎湖，转达了四项指示：1.在这次运输未完成之前，尽可能避免使用电话，非不得已时也应尽量少用，如用电报也不可过多；2.若7、8号滩头不便使用时，可用4、5、6号滩头；3.如变动滩头，要与金门防部联系，如叙述过详，不便使用电报时，可用空投，但内容要先规定代名，备通信时作密码用；4.无论如何，明天要发航。

实际上，早在9月17日凌晨，美军害怕在澎湖潜伏有解放军的谍报人员，便命令装载8英寸大炮的"17"号船坞登陆舰开航，同时将"22"号船坞登陆舰在海上改漆为"17"号，于当天下午开往马公锚泊，并以原"17"号船坞登陆舰的无线电呼号拍发电报，以表示"17"号舰仍在马公，用以欺骗。蒋介石获悉这一情况后，对黎玉玺说："美国人这种战术欺敌的方法，你们应留意体会学习。"

9月18日中午，"17"号船坞登陆舰在澎、金间海面与护航部队会合。午夜，"轰雷计划"开始实施。台湾海军出动舰艇编队，在美国海军四艘驱逐舰护航下向金门料罗湾进发。他们没有料到，他们的行动早已被解放军察觉，当登陆艇载着大炮刚刚抢滩之时，解放军的大炮发出了怒吼，一批批炮弹在编队附近爆炸，美军护航舰只吓得赶紧远离封锁水域，"17"号船坞登陆舰也慌忙载着抢滩卸下大炮的登陆艇匆匆返回澎湖。在此后的16天中，台湾海军共进行了三个梯次的抢滩登陆，将12门大炮运上了金门岛。在这期间，蒋介石亲自赴澎湖督导，坐卧不安，他甚至对计划实施的每一个细节都要过问[1]。

"轰雷计划"让蒋介石及美国人绞尽脑汁、费尽心机，总算基本达到了目的，但仅仅这12门大炮在解放军密集的炮火中依然显得微不足道。

"鸿运计划"

"闪电计划"尽管结束了，但金门岛上守军对弹药和军品的消耗依然维持在每天15000吨左右，登岛运补问题非常紧迫，这令蒋介石十分着急，他明确指示海军，要继续推行"闪电计划"。海军认为，在"闪电计划"和"轰雷计划"中采取的两栖舰岸突击方式运送物资是十分奏效的方法，此后对金门岛的海上补给也必须采用此方式。于是海军决定，将金门运补物资的任务交给两栖舰队来完成，由两栖舰队司令冯启聪中将担任指挥，计划也更名为"鸿运计划"。具体内容为：以"中"字号登陆舰装载两栖登陆战车，于距岸3海里处，用两栖登陆战车泛水登陆卸载，每车可装载3吨物资，另"中"字号舰则装若干吨散装军品，由登陆艇担任驳运，每艇可载20吨。

为实施"鸿运计划"，冯启聪奉命于1958年9月17日编组成立"65"特

[1]《黎玉玺先生访问记录》，台湾"中央研究院"近代史研究所1991年6月版，第145—151页。

遣部队，下辖"65.1"和"65.2"两个支队，前者为两栖支队，主要负责运补计划的策订与执行，装载、卸载的协调，以及运输船团和护航部队的统一指挥，由两栖训练司令马焱衡少将和登陆舰队司令林溥少将轮流担任指挥官；后者为装载支队，主要负责装载计划的协调策订、装载管制与指导，以及有关装载包装及作业的

"鸿运计划"中，"中光"舰抢滩登陆。该舰在炮战中受伤

指导与训练，由陆战队副参谋长马立维上校担任指挥官。整个特遣部队共拥有大小各型舰艇56艘。

特遣部队编组成立的第二天，"鸿运计划"即开始实施。当日，大批两栖登陆战车从登陆舰中开出，驶向金门海滩，解放军的炮弹也随之而来，当即就有几辆被击毁。参加此次行动的"中建"号坦克登陆舰舰长沈慎修描述了一次完整的运补过程："九月十九日十五时二十七分，本舰于高雄装载完毕后，即至左营港外与中训舰会合。九月十九日十八时十四分，两舰同时启航，本舰在先，中训在后，至某点和护航舰会合后，直驶金门。九月二十日五时四十分抵达金门料罗湾海面后，全体即站备战部位。九月二十日十三时十七分，上甲板开始下卸物资，坦克舱开始装LVT（两栖登陆战车），所有驳运之LCM（登陆艇）及再装载之LVT，事先已至炮火射程以外海面某点等候，待本舰抵达后，即向本舰会合。九月二十日十五时五十分卸装完毕后，九月二十日十九时返航左营。"[1]

〔1〕《"国防部"史政编译局档案资料》，《八二三战役文献专辑》，台湾"国防部"史政编译局、台湾省文献委员会1994年8月版，第1209页。

"鸿运计划"中，台军补给品运上金门岛

在此后的三个多月中，"鸿运计划"共分五个阶段，实施了53个梯次，使用各种舰艇155艘次，两栖登陆战车586车次。在这期间，中共中央军委为给金门军民得到充分补给的时间，曾经多次命令停火。台湾海军充分利用停火机会，把11万吨的物资和13000多人运上金门岛。但在解放军炮击的时候，台湾海军的损失十分惨重，共有"中肃""中光""北江"3艘登陆舰受损，17辆两栖登陆战车被击沉，3艘登陆艇被击毁，16人阵亡，52人受伤，他们看到了人民解放军沿海防御的威力。

人民解放军发起炮击金门战役，并非要将金门国民党守军置于死地，更不是想占领金门，而是"属于惩罚性质"，"直接对蒋，间接对美"[1]，因此，在台军实施三大计划过程中，人民解放军并未完全阻止其行动，甚至有时还专门停止炮击，给金门守军以运补物资的时间，从而使其三大计划部分地得以实现。因此，台军将领所自鸣得意的"共军的大炮封锁，也没有什么了不起的，我们也轻易地突破了"，纯属自欺欺人之谈。

---

〔1〕《建国以来毛泽东文稿》第七册，中央文献出版社1992年8月版，第348页。

台军将领记忆中的八六海战

1965年8月6日国共海军间的八六海战已经过去了四十多个春秋，它的过程和结局早已人人皆知。但是，在八六海战背后隐藏的许多历史事实却长期不为人所知。随着台湾方面相关档案资料的解密，当年与这场海战有关的台军高级将领们纷纷打开记忆的闸门，开始讲述一个个鲜为人知的故事。

"剑门"代替"太康"出航

1965年7月，台湾当局为配合反攻大陆的"国光计划"的制定，指示海军派出军舰，运送陆军特别情报队，对大陆东山岛周围目标进行突击，试图摧毁解放军雷达，捕捉俘虏，获取情报。此计划被命名为"海啸一号"。为执行这一计划，海军专门成立了由海军司令部和陆军司令部共10人组成的督导组，负责召集三军协调会议，拟定作战实施方案，其组长为海军"副总司令"冯启聪中将，总部设于台北。7月30日，冯启聪作出决定，派出"太康"号和"章江"号两艘军舰，组成海啸特遣支队，由巡防第二舰队司令胡嘉恒少将担任指挥官，执行运送特别情报队的任务。然而，由于"太康"舰意外出现故障，而临时以"剑门"舰代替。当时刚刚接任"太康"舰舰长的叶昌桐讲述了这一情节。

叶昌桐说，"太康"舰是一艘标准排水量为1150吨的护航驱逐舰，它最高航速19节，装备有5英寸炮3门，40毫米炮4门，20毫米机炮11门，K炮4座，攻潜炮1组，深水炸弹轨2组，总体火力较强。"章江"舰则是一艘标准排水量为280吨的驱潜舰，最高航速18节，装备有3英寸主炮1门，40毫米机炮1门，20毫米机炮6门，12.7毫米机枪2挺，还有部分反潜武器，总体战斗力较弱。

代替"剑门"舰出航的"太康"舰

两舰组成特遣支队意在相互配合，取长补短。可是不巧，"太康"舰在7月底赴马祖海域执行任务时，舰底声呐音鼓护罩不慎被航道周围老百姓捕虾的木桩撞破。护罩破裂导致舰艇航行时海水渗入，撞击音鼓，降低了声呐的侦测功能，大大增加了出航的危险性。美军顾问团对此十分重视，当"太康"舰靠上码头时，他们立即上船检查。经过勘验，他们认定此舰不能继续服勤，需要进行维修。如果要出海，必须拆下音鼓，将舰底焊接封死。但这样做工程量很大，需要一定的时间。接到报告后，冯启聪对出航的舰只进行了调整，他让"太康"舰停泊港内，等待更换从美国运来的音鼓护罩，让"剑门"舰接替"太康"舰执行"海啸一号"计划。

"剑门"舰是一艘标准排水量为890的巡逻舰，装备有3英寸炮2门，双管40毫米机炮2座，双管20毫米机炮2座，K炮2座，深水炸弹轨2座，三管鱼雷发射器1座，总体作战能力弱于"太康"舰，与"章江"舰的配合也就难以发挥最佳效果。就这样，临危受命的"剑门"舰踏上了一条

曾任"太康"舰舰长的叶昌桐，后升任台湾"国防部"副参谋总长

不归路，而刚刚上任的舰长叶昌桐却逃过一劫。他回忆说："我不敢说派'太康'舰就能扭转整个局势，但是'太康'舰是装配5英寸炮，与剑门舰的3英寸炮相比有很大的差别。再则整体的作战能力也比较强。我正巧是八六海战之前，向'太康'舰报到接任舰长职务，'太康'与'剑门'泊靠码头离得很近，我还站在码头向'剑门'挥手送行！"[1]

时任"剑门"舰同型舰"武胜"舰舰长的马顺义在八六海战发生前曾向"剑门"舰舰长王韫山指出过"剑门"舰的弱点。他说，舰上的通信装备只有2座，这绝对不敷所需，最少需要增加2座。舰上3英寸舰炮的炮位甲板是按照美国人的身高设计的，必须加高一层，才能使中国士兵舒适装填炮弹[2]。然而，这些关系到海战胜负的重要因素并未引起海军的注意。

"海啸一号"计划漏洞百出

"海啸一号"作战任务是由"国防部"下达给海军的，它实际上是"国光计划"的一个组成部分。然而，海军尽管专门成立督导组，由海军"副总司令"冯启聪全权负责拟定作战计划，但总体上对这一计划并没有给予足够的重视。海军"总司令"刘广凯因在左营的海军参谋大学主持三军干部参加的兵棋推演，没有具体过问这一计划的制定。当他意识到必须过问时，却遭到了"副参谋总长"黎玉玺的干扰。他对刘广凯说："海啸作战的限期，是上级指定的，决不可缓延改期；而反攻作战兵棋推演，也是要急于举办的，兹事体大，必须要你亲自主持不可。我看海啸作战规模甚小，你就派主管军令副总司令冯启聪兄去执行好啦！"刘广凯出于无奈，只好遵命。他后来回忆说："我在不得已的情况之下，只有遵命办理，不意此一小规模的作战行动，后来竟变起不测，祸延海军袍泽二百余人，而我夙志海军的雄心壮怀，乃从此烟消云散，我个人海军事业的前途，也就从此断送乌有了。"[3]表示了对黎玉玺的不满。

而黎玉玺对此并不认账。笔者翻阅了《黎玉玺先生访问记录》，在洋洋

---

〔1〕《叶昌桐将军访问记录》，《尘封的作战计划》，台湾"国防部"史政编译室2005年12月版，第333页。

〔2〕《马顺义先生访问记录》，《海军人物访问记录》第二辑，台湾"中央研究院"近代史研究所2002年10月版，第194页。

〔3〕《刘广凯将军报国忆往》，台湾"中央研究院"近代史研究所1994年1月版，第262页。

二十余万字的回忆录中，黎玉玺自己对八六海战只字不提，但有这样一段话："（1965年1月）离开了海军总部，但总统仍指示继任之刘广凯总司令，海军之人事及其他重大问题，希先与我商讨后呈报；我每星期也与刘总司令见三四次面，讨论海军重要问题。"[1] 这说明，如"海啸一号"这样的重大事项，一定要经过黎玉玺首肯的。在回忆录中只字不提，似有推卸责任之嫌。果然，当记者问起这场海战时，黎玉玺是这样回答的："通常这种任务（指派陆军情报人员登上大陆），我都会安排三道防线，第一道是出任务的军舰；第二道是20浬外有军舰接应，出事时可以驰援；第三道是申请空军支援，事先约定只要打一个号码，空军就会赶来。而他们却没有作这样的准备。""八六海战时，总司令是刘广凯，副总司令是冯启聪，作战署长许承功。刘广凯很有才华，勇敢而有机智，自视很高，这件事情他大概不很清楚，但海军遭到损失，他要负责。"[2] 似乎此事与自己毫无关系。八六海战后一个月，黎玉玺升任"参谋总长"，并晋升海军一级上将。

当8月4日中午兵棋推演结束时，刘广凯感到"海啸一号"关系重大，需要亲自过问，便立即乘飞机前往台北的督导组总部。可此时，督导组在冯启聪的率领下已乘火车南下，进驻左营。正副"总司令"错过了会面的机会。刘广凯认真审阅了"海啸一号"的实施方案，发现存在不少问题，比如特遣支队从左营出航之后一直航向目标区，很容易被大陆沿岸观通系统发现；再比如，特遣支队抵达东山岛目标区将陆军特别情报队工作艇放下水后，往返巡弋于东山岛海面并开航行灯，伪装商船，很容易被解放军发现行动企图。刘广凯看完计划，倒抽一口凉气，他意识到，对此计划，不能同意，应予重拟。当他得知特遣支队已于8月5日凌晨6时自左营出发时，立即命令作战助理参谋长许承功少将，通知特遣支队返回左营，等候命令。

许承功受命后，无奈地告诉刘广凯："报告总司令，此事现已来不及了！因为昨接国防部作战参谋次长朱元琮中将的电话，要饬该区队应依照上级的限期，务必于八月六日的凌晨到达目标区，执行任务的，业已向上级报告核备，

---

〔1〕《黎玉玺先生访问记录》，台湾"中央研究院"近代史研究所1991年6月版，第205页。

〔2〕同上，第218页。

所以现在不能回航。又此次作战的协调会议与作战概念等都是由冯副总司令主持决定的，昨天下午冯副总司令率领督导组已到达左营安排一切坐镇指挥，对于胡司令及剑门舰王韫山中校、章江舰长李准少校等妥为指示，并已向空军协调妥切适时支援，一切当无问题。冯副总司令离台北时因时间来不及看此计划，乃饬令我来代批的，敬请总司令原谅。"也就是说，冯启聪也未看过计划。刘广凯听后，知道无法挽回，乃长叹一声，无可奈何地在计划上批了一个"阅"字[1]。

刘广凯获悉海战经过

对于八六海战的经过，无论是冯启聪还是刘广凯，在当时都不是十分清楚。冯启聪身在左营，仅靠胡嘉恒从"剑门"舰上发回的断断续续的电报来判断情况；而刘广凯身在台北的家中，对战况更是无法获悉。他们后来所得到的海战的完整过程，大多是从回到左营的海战幸存者那里获悉的。

8月5日凌晨，特遣支队在督导组全体成员的目送下驶离左营码头。下午14时，督导组进入舰队指挥部战情室，密切注意特遣支队的行踪。15时12分，通信站截获解放军青山雷达站发出的三次报告，报告称发现不明目标，可能是美国军舰。督导组判断，特遣支队尽管还没有被确认是台湾军舰，但已引起解放军的高度关注，立即电告胡嘉恒，可胡嘉恒并未做出反应，继续按原计划于23时将一艘M-2橡皮艇及七名特别情报人员放下，然后指示两舰在指定的航路上巡弋，监视附近海域的情况。

8月6日0时30分，台湾通信站再次监听到解放军雷达站的报告，称目标为台湾海军的"剑门"舰和"章江"舰。1时50分，"剑门"舰报告，在兄弟屿正南12海里附近，雷达发现解放军快速目标四个，小型目标六个，当即攻击。3时20分，"剑门"舰发出紧急空援申请，要求击毁该批目标。此后，"剑门""章江"两舰再无信息。

3时50分，海军协调空军作战司令部请派飞机尽速起飞支援，空军F-100型战斗机四架于6时35分自屏东机场起飞前往支援，于7时12分到达战场，但

---

[1]《刘广凯将军报国忆往》，台湾"中央研究院"近代史研究所1994年1月版，第263页。

为时已晚，"剑门""章江"已踪影全无。

7时左右，刘广凯在家中接到黎玉玺的电话，说"章江"舰情况不明，似已发生意外，希速紧急处理。8时30分，刘广凯赶往海军总司令部，此时他才获悉胡嘉恒于5时10分发来的电报，内容是："'剑门'舰已重行整备完妥，准备再战。该舰舰体完整，迄无伤亡。"10时，蒋介石在阳明山召开作战会议，讨论"海啸一号"计划的执行情况。当他听完计划简报后，询问刘广凯执行情况。刘广凯怀着沉重的心情向蒋介石报告：海军为了遵令执行这一个计划，由军令"副总司令"冯启聪中将负责主持其事，经饬派巡防第二舰队司令胡嘉恒少将率领"剑门""章江"两舰组成特遣支队，依照"国防部"颁发的计划，严格执行，并由冯启聪"副总司令"率领督导组赴左营督导一切。该支队所采取的航线及特情小组登陆的D日H时，均依计划规定办理的，不意与中共海军多艘舰艇遭遇，于今天凌晨乃发生了激烈的海战，据胡司令3时50分得电报称，已击沉中共舰艇三艘，惟"章江"舰联络中断，恐已沉没，凶多吉少，后续情况迄尚不明。蒋介石立刻问道："剑门舰如何？"刘广凯立即不假思索地说："剑门舰在，据胡司令5时10分的电报称，剑门舰重新整备，准备再战，舰体无损失。"蒋介石听了刘广凯的报告后，沉默许久后说道："希速彻底查明据报。"

会议结束后，刘广凯立即采取紧急措施：第一，饬驱逐舰队司令郭勋景少将率"南阳""汉阳"两舰于14时30分自左营港出航前往目标区搜索；第二，经商调美军协防台湾司令部派美舰"菲利普"号自台湾海峡转驶目标区协助搜索；第三，经协调空军后于13时25分再派HU-16型飞机一架飞往目标区作S型搜索。

下午，刘广凯乘飞机前往左营了解情况。18时左右，刘广凯突然听到大陆广播，说解放军驻汕头的海军部队在东山海面附近，于该日凌晨及拂晓的时候，分别将"章江"和"剑门"两舰予以击沉，俘虏官兵若干人。

当晚，刘广凯住在左营明德宾馆，彻夜不眠，"心绪万端"。午夜，他忽然接到马公第二军区司令部的电话，称有一艘渔船在东山南澳间海面，于本日下午捞获"剑门"舰生还士官长郁仁麟、电信上士江式文及另外士兵两人共四人，现已抵达马公。7日早上，刘广凯乘空军飞机赴马公，亲迎郁仁麟等四人到台北总部，询问海战详情。"国防部长"蒋经国、"参谋总长"黎玉玺、"总政战部"执行官王昇等也前来慰问。知道此事，刘广凯才了解了海战的全部经过。郁仁麟等四名幸存者描述道：

海战打响后，人民海军鱼雷快艇采用先攻弱者之战法，先以"章江"舰为攻击主要目标，炮火大部集中"章江"舰，"剑门"舰则使用3英寸VT变时引信炮弹，以猛烈火力攻击鱼雷快艇，并击沉三艘，自身无伤亡。时值无月光之黑夜，但见"章江"舰所在之方向，忽发大火光，旋即失去通信联络，情况不明。

3时左右，胡嘉恒在指挥台上向全体官兵广播，告知官兵，已经击沉三艘鱼雷快艇，要求将全部弹药搬运至各炮位，准备再战。胡嘉恒为搜索"章江"舰起见始终未脱离战场，于5时天将要亮时，"剑门"舰发现人民海军舰艇八艘，其中四艘以三十余节的高速接近，便集中炮火射击。另四艘位于近旁支援。人民海军舰艇接近之速度甚快，在雷达上显示，不到5分钟由8000码接近至3000码。快艇旋以37毫米炮向"剑门"舰猛烈射击。一瞬之间，"剑门"舰首3英寸炮之炮员死伤殆尽，仅剩一人。右舷40毫米炮被击中起火，枪炮士官郁仁麟此时赶往舰首，从事3英寸炮射击时，舰首首先中鱼雷一枚，随后又有一枚鱼雷击中舰中机舱部位，郁仁麟被气浪抛落入海。此时，"剑门"舰又中第三枚鱼雷，不到3分钟即告沉没。沉没时间是5时30分。

在战斗期间，"剑门"舰电信室窃听到人民海军某鱼雷快艇报称："已打了25毫米炮弹共25箱。"可见战况之激烈。

此次海战，"剑门""章江"两舰沉没，军官22人，士兵179人，除4人获救外，其余或死或被俘，可谓惨重。其中，胡嘉恒战死，"剑门"号舰长王韫山中校被俘。解放军有3艘鱼雷快艇中弹爆炸沉没，2艘被击伤（事实上，此次海战人民海军仅有2艘护卫艇和2艘鱼雷艇受轻伤，无沉没舰艇）。此次海战是国共双方发生海战以来最惨烈的一次。

第二舰队司令胡嘉恒少将（右）在八六海战前与友人谈笑风生

被俘的"剑门"舰官兵

七名特别情报人员乘坐M-2橡皮艇还未来得及登陆便发生了海战。他们不敢按原计划行动，只能在远离海战的区域徘徊。海战结束后，他们被台湾渔船"宝丰"号救起，送往台湾。

8月8日上午，蒋介石亲自打电话给黎玉玺，询问海战结果。当黎玉玺据实报告后，蒋介石非常震怒，严厉指示："饬刘广凯闭门思过！"刘广凯接到此项命令后难过万分。他后来这样描述当时的心情："经深思熟虑之后，如果将此役作战执行实情，据实呈报时，则部内外涉及责任有关之高级军官受惩处者，一定为数很多，不但于事实无补，且将大伤海军元气。我个人虽云未能亲自主持其事，但身为海军统帅，负海军一切成败之责，绝对不能辞其咎，兹奉命闭门思过，亦属罪有应得。"[1]

空军协同不利遭谴责

八六海战失败后，很多人指责空军协同不利，但始终没有得到空军将领们的回应。其实，事情十分明显，对战败，空军有难以推卸的责任。单从海军将领的口中就能基本摸清事件的大致脉络。

就在冯启聪率督导组南下左营之前，他指示一名督导官将"海啸一号"计划直接通知空军总司令部的"擎天作业室"，希望空军能适时予以配合。然而，当8月6日凌晨海战打响后，胡嘉恒于3时20分向督导组发出紧急空援申请，冯启聪接电后，一方面指示迅速整理特遣支队的行动过程，确定"剑门"

---

[1]《刘广凯将军报国忆往》，台湾"中央研究院"近代史研究所1994年1月版，第264—268页。

舰和"章江"舰的具体位置；一方面于3时50分向空军总司令部提出紧急空援申请。令督导组意想不到的是，空军总司令部竟然声称不知道"海啸一号"计划，说"擎天作业室"并未报告过此事。负责联系的督导官异常气愤，与空军方面在电话里发生了争吵。两个多小时以后，空军才弄清事情的真相，匆忙派飞机增援。6时35分，四架F-100型战斗机从屏东机场起飞，于7时12分到达海战区域，可为时已晚，"剑门"和"章江"两舰踪影全无，海面上只留下一片漂浮物。时任"国光作业室"主任的朱元琮中将总结道，八六海战失败的原因之一是"空军迟疑未能主动及时进行空中支援，致使海军舰艇部队陷入孤军苦战"。[1]一个了解内情的海军士兵也说："关于八六海战，对于海军的批评并不多，因为这一仗打得并不差劲，倒是对于空军的不能及时空援批评的人很多，我们天天在讲联合作战，像八六之役海军挨打，空军不能及时支援作战，似乎不太好，联而不能合，绝不是好现象。当然其中或许另有内情，但无论如何，空军是该适时出动的。"[2]

海战后，刘广凯向蒋介石指出了空军配合不力的问题，蒋介石也对空军的表现十分不满，进行了严厉的训斥，并指示改进海空协同。随后，在"总参谋部"的协调之下，海空军就协同问题达成一致，海军在总部作战署中专门成立联络组，常驻空军作战司令部，担任空援申请事宜，作战署的一名副署长亲自担任联络组组长。很显然，这是海空军在接受了八六海战的教训后所进行的改进。

刘广凯引咎辞职

八六海战发生后，台湾岛内的报纸连续三天以头号新闻刊登海战经过，使刘广凯感到了巨大的压力，他决定引咎辞职。他在回忆录中写道："为表示我个人对领袖、对国家、对海军负全责起见，乃决心呈请辞职，以谢国人，而策来兹。"8月10日，他自拟辞呈，第二天，他携带辞呈面见蒋介石。

面对蒋介石，刘广凯在分析完了海战失败的原因之后说："本次战役失败，我身为海军总司令，对于海军的一切问题，均须负其权责。此役我虽未能亲身

---

〔1〕《朱元琮将军访问记录》，《尘封的作战计划》，台湾"国防部"史政编译室2005年12月版，第16页。

〔2〕《刘广凯将军报国忆往》，台湾"中央研究院"近代史研究所1994年1月版，第280页。

时任台湾海军总司令的刘广凯

主持其事，但对于失败的结果，绝对不能辞其咎，为了保存海军的元气起见，请总统惩处我一个人好了，其他有关连带负责的人，一律请予宽宥。"

蒋介石沉思了一会说："此次八六海战损失了'剑门''章江'两舰，倒无所谓，而损失了两百多个忠贞官兵，我很痛心。今天你毅然能够引咎辞职，不委过于部属，此种忠诚为国之精神，实为国民革命军将领中之创举，我深为感动。经我郑重考虑之后，唯恐舆论方面对你不利起见，乃姑准你辞职，达到你的心愿，也好对舆论方面有个交代。"

此后，刘广凯在家中谢绝宾客，闭门思过。8月18日上午，"国防部长"蒋经国亲自上门拜访，安慰刘广凯。他说："你这次调职，实属事出意外，我深为惋惜，希望你能随遇而安，不必介意。国家大事还需要吾人共同努力奋斗，方可卒底于成的，一时的成败，算不了什么，且失败为成功之母，希你能再接再厉为盼。"刘广凯无可奈何地说："命也如此，其又奈之何也！"[1] 其实，刘广凯的感叹不无道理。他辞职的同时，许承功被记大过两次，而直接负责指挥特遣支队的冯启聪不仅没有受到任何处分，反而升任海军"总司令"；本应承担一定责任的黎玉玺也没有受到处分，反而得到升迁，令人费解。时任舰队指挥部参谋长的刘定邦对此非常疑惑，他曾这样描述："'副总司令'冯启聪意想不到地迅速接长海军。"[2]

刘广凯对于自己所受的待遇，可谓哑巴吃黄连，只能埋怨命运不济，但他的心里却不服气。9月1日，刘广凯调任"国防部""参谋总长"特别行政助理

〔1〕《刘广凯将军报国忆往》，台湾"中央研究院"近代史研究所1994年1月版，第269—272页。

〔2〕《刘定邦将军访问记录》，《尘封的作战计划》，台湾"国防部"史政编译室2005年12月版，第423页。

官，在工作中他发现，警备总部邮电检查处在检查信函中，发现海军官兵及其相关人员致函"国防部部长"蒋经国的信件约千余封之多，这些信件对于刘广凯的去职都一致表示惋惜和同情，甚至有的还请求收回成命。刘广凯看到这些信件后，更加坚信上峰处理战后事宜有失公允。后来，他在回忆录中摘录了若干封信的片段，甚至把他邻居家的太太对他的评价也都全数抄录，以展示自己在海军中的业绩。一个士兵在信中这样说："像刘老总这样待人，咱们卖命干也不冤。听说'国防部'把他调走了，好多人气得连晚饭都没有吃，直骂街，说什么呢？只怪他官运不好！"[1]就这样，刚刚接任海军"总司令"才五个多月的刘广凯黯然下台了。

蒋介石对海战失败极为震怒

蒋介石对"国光计划"的每一项工作都花费了不少心血，也都寄予很大希望，八六海战的失败对蒋介石的打击可想而知。曾参与"国光计划"制定的邢祖援少将回忆说："总统接获此项海战失利之报告时，至为震怒。翌日举行特别会谈时，始终未展笑容，且于简报后一言未发即行离席。以后亲自主持检讨会议时，对各高级指挥官之检讨报告，严加指责。"[2]八六海战发生三个月后，国共双方的海军又发生了崇武以东海战（台军称"乌坵海战"），台湾海军在海战中仍然以失败告终，这使蒋介石的愤怒情绪达到了极点。他利用年终最后一次作战会议之机，在兵棋推演室对海军进行言辞训导。他命令海军总司令部上交一份"八六海战及乌坵海战检讨"，总司令部一改由参谋长报告的惯例，专门指定对海战情况比较熟悉的作战署署长刘定邦少将进行报告，报告的主要内容是两次海战经过概要、经验教训、改进方法、结论与建议。报告完毕后，刘定邦战战兢兢地说了一句"恭读核示"。蒋介石听完后，面色泛红，满脸怒气，深吸一口气说："我知道了！"随即离开座位，走向兵棋推演室的出口。与会军官全体起立，站立两侧准备恭送。蒋介石突然止步不前，此时全场气氛沉重，无人敢出声。蒋介石转过身来，重新回到座位上，示意众人坐下，喝了

---

[1]《刘广凯将军报国忆往》，台湾"中央研究院"近代史研究所1994年1月版，第279页。

[2]《邢祖援将军访问记录》，《尘封的作战计划》，台湾"国防部"史政编译室2005年12月版，第61页。

一口水，语调沉重地说："八六海战，是国民革命军撤退到台湾以来，台海战役中第一次失败，乌坵海战是第二次失败，各位要痛定思痛，彻底检讨。如果再有第三次失败，我要拿你们是问！"

他停顿了一会接着说："两次海战，海军轻敌，遭受夜暗快艇奇袭，海军官兵牺牲几百人，作战艇损失三艘，空军未能及时支援，因之失败。严重影响民心士气，国际视听，对实施'国光计划'不无影响，国防部及海空军总部应再检讨原因，记取失败的教训，具体改进办法向我报告。""海军应研究夜战、近战、反鱼雷快艇，反快速炮艇连续攻击的战法，加强训练。空军应研究如何密切支援海军作战。对于两次海战殉职的海军官兵，非常惋惜，我很难过。对他们家属，国防部代表我慰问并优予抚恤。"说完，蒋介石从上衣口袋取出一张写着待处分的高级将领名单的纸条，递给黎玉玺，然后拂袖而去。

海军对八六海战的检讨

八六海战的失败，对蒋介石反攻大陆的计划产生了重大影响。朱元琮分析说，1965年夏，蒋介石决心进行反攻大陆作战，三军也在积极秘密进行各项作战准备与检查，并于行动前进行各项配合行动，其八六海战便是登陆作战之前对登陆目标以及潮汕地区一带巡弋侦察的任务，此次行动的完全失败，直接影响了蒋介石反攻作战的信心与决心，而后蒋介石因病所累，又年事渐高，无人能代替其决策，故反攻大陆的计划只能藏诸高阁了。曾参与"国光计划"作业的段玉衡中将认为，"八六海战，我海军损失惨重，自此，反攻战备，热度渐呈消退。"参与实施"海啸一号"计划的徐学海海军中将也说："八六海战这个案子导致整个'国光计划'走进尾声。"就连蒋介石也承认，海战失败"对实施'国光计划'不无影响"。

正是由于海战失败对惨淡经营了几年的反攻大陆计划产生了直接影响，才引起台军上下的极大关注。战后，海军内部对海战失败的原因纷纷进行检讨。

曾参与"国光计划"作业的雷学明海军中将检讨说："八六海战是海军的痛，也是国军的痛。……失利的原因，我们痛定思痛检讨，不外乎敌情不明、通信联络不佳、海空欠缺协调联系。"刘定邦认为："'八六'及'十一·十三'（指崇武以东海战）两次海战，我舰受损较重。所有缺失可以一句简单的话来说，就是'不知己、不知彼'所致。我军方自高阶层的建军政策至战斗遂行的任务部队，都漠视中共近年来'飞、潜、快'战力与海防设施的整建，又自傲于大陆初陷期我海军可以单舰转战大陆南北沿海，如入无人之境的优势与成就。"邢祖援的观点是，"作战准备仍嫌不足，发动此一作战事前未周详推演；海空军协调不够，空军未即时支援海军作战；国军久训未战，缺乏实战之经验。"段玉衡则认为，"此次海战，支队疏于戒备，指挥联络，亦多失误。空军未能依协定适时主动协力作战，致失战机，海空协同，有欠圆满。"

刘广凯对海战失败的检讨更深刻，他面对蒋介石不仅作了检讨，而且还提出了改进的建议。他说："根据此次八六海战的经验和教训，海军本身应行检讨与改进的地方很多，例如：作战计划的思考不够周密，兵力的编组与部署缺乏弹性，各舰艇在近距离战斗的火力，应予速加改进，对于夜战和近战的训练，必须立予加强……"他特别提到，"海空联合作战如何改进的问题，惟兹事体大，涉及空军及联战准则问题，容我报告总长后再研究改进"。[1]

一些下级军官和士兵也通过各种途径检讨海战的失败。他们有的在公开场合发表看法，有的则打报告给海军总部，提出自己的见解。在给海军总部的报告中，有个叫陆审明的上尉作战官说："八六海战值得检讨的是指挥系统与兵力派遣的不当，事后搜救工作做得先弛后紧，慌张而零乱，多少是影响军心的。"一个叫程普林的陆战队上尉说："八六海战陆战队一般军官的反应，认为保密措施不够，过分轻敌，上级要能把握住政策，我军虽锐，但切忌轻试其锋，以留待大用，虽云小挫，无妨于大局，但若屡挫之后，其锋钝矣，将何以堪？"[2]

然而，历史进步的潮流已经不再允许"反攻大陆"这样的愚蠢事件发生，台湾海军官兵们再深刻的检讨也无济于事。几个月后，在崇武以东海战中，台湾海军同样遭到惨重失败。

---

〔1〕《刘广凯将军报国忆往》，台湾"中央研究院"近代史研究所1994年1月版，第270页。
〔2〕同上，第277页。

参考文献

报　刊

［1］安徽文史资料选辑

［2］八一杂志

［3］北洋画报

［4］边事研究

［5］晨光

［6］传记文学(台湾)

［7］船史研究

［8］大学

［9］丹徒文史资料

［10］抵抗

［11］地学杂志

［12］东北日报

［13］东方杂志

［14］读书通讯

［15］读者

［16］福建论坛

［17］福建师范大学学报

［18］福建文史资料

［19］福州文史资料选辑

［20］广东农业推广

［21］广东省政府公报

［22］广东省政府施政总报告

［23］广东省政府周报

［24］广东省志

［25］广东实业厅公报

［26］广东文史资料

［27］广益丛报

［28］国闻周报

［29］海军公报

［30］海军建设月刊

［31］海军期刊

［32］海军杂志

［33］海军整建月刊

［34］海南文史资料

［35］海事

［36］海校校刊

［37］航海

［38］和县文史资料

［39］监察院公报

［40］江苏文史资料

［41］解放军报

［42］解放军文艺

［43］近代史研究

［44］近代中国史研究通讯（台湾）

［45］军事历史

［46］军事杂志

［47］抗战

［48］历史教学

［49］历史研究

［50］辽宁师范学院学报

［51］每周情报

［52］民国档案

［53］农声

［54］黔江文史资料选辑

［55］全面战周刊

［56］全民抗战

［57］全民日报

［58］群言

［59］日本研究

［60］上海工运史研究资料

［61］申报

［62］生活

［63］天津文史资料选辑

［64］通问报

［65］外交报

［66］外交部周报

［67］外交评论

［68］文安文史资料

［69］文汇读书周报

［70］文史春秋

［71］文史资料选辑

［72］文史资料选辑(上海)

［73］现代生产杂志

［74］新海军月刊

［75］新华社新闻稿

［76］新华月报

［77］新闻报

〔78〕新亚西亚

〔79〕新战线周刊

〔80〕新政周刊

〔81〕兴业杂志

〔82〕学术月刊

〔83〕烟台市文史资料

〔84〕椰城

〔85〕禹贡

〔86〕战地通信

〔87〕正报

〔88〕政治成绩统计

〔89〕中国海军月刊

〔90〕中美周报

〔91〕中外杂志(台湾)

〔92〕中学历史教学参考

〔93〕纵横

档　案

〔1〕万州志:道光朝

〔2〕陈天锡.西沙岛东沙岛成案汇编.广东省实业厅,1928.

〔3〕中国史学会.中国近代史资料丛刊:辛亥革命.上海人民出版社,1957.

〔4〕中国史学会.中国近代史资料丛刊:中日战争.上海人民出版社,1957.

〔5〕王铁崖.中外旧约章汇编.北京:生活·读书·新知三联书店,1957—1962.

〔6〕中美关系资料汇编.北京:世界知识出版社,1957—1960.

〔7〕(清)朱寿朋.光绪朝东华录.北京:中华书局,1958.

〔8〕中国史学会.中国近代史资料丛刊:洋务运动.上海人民出版社,1961.

〔9〕中国科学院近代史研究所史料编译组.近代史资料:辛亥革命资料.北京:
中华书局,1961.

〔10〕日本外务省.日本外交文书.1963.

［11］(清)章洪钧,吴汝纶.李肃毅伯(鸿章)奏议:影印本.台湾:文海出版社,
1968.

［12］秘书类纂10·兵政关系资料:长崎港清舰水兵喧斗事件.日本:原书房,
1970.

［13］杨家骆.中国近代史文件汇编之一:中日战争文献汇编.台湾:鼎文书局,
1973.

［14］(日)誉田甚八.近代中国史料丛刊续编:日清战史讲授录.军事编译处,
译.台湾:文海出版社,1976.

［15］(清)李书春.清李文忠公鸿章年谱.台湾:商务印书馆,1978.

［16］吴汝纶.李文忠公(鸿章)全集.台湾:文海出版社,1980.

［17］秦孝仪.中华民国重要史料初编:对日抗战时期.台湾:中国国民党中央
委员会党史委员会编印,1981.

［18］张侠.清末海军史料.北京:海洋出版社,1982.

［19］陈旭麓.盛宣怀档案资料选辑之三:甲午中日战争.上海人民出版社,
1982.

［20］夏东元.郑观应集.上海人民出版社,1982.

［21］国民党海军巡弋南沙海疆经过.台湾:学生书局,1984.

［22］秦孝仪.总统蒋公思想言论总集.台湾:国民党党史委员会,1984.

［23］顾廷龙,叶亚廉.李鸿章全集:电稿,上海人民出版社,1985—1987.

［24］曾国藩全集.长沙:岳麓书社,1987—1994.

［25］杨志本.中华民国海军史料.北京:海洋出版社,1987.

［26］清季外交史料.北京:书目文献出版社,1987.

［27］左宗棠全集.长沙:岳麓书社,1987—1996.

［28］韩振华.我国南海诸岛史料汇编.北京:东方出版社,1988.

［29］戚其章.中国近代史资料丛刊续编:中日战争.北京:中华书局,1989—
1996.

［30］中国第二历史档案馆,中国社会科学院近代史研究所.中国海关密档.
北京:中华书局,1990—1996.

［31］清会典:影印本.北京:中华书局,1991.

［32］毛泽东选集.北京：人民出版社,1991.

［33］中国第二历史档案馆.中华民国史档案资料汇编.南京：江苏古籍出版社,
1991—1999.

［34］建国以来毛泽东文稿.北京：中央文献出版社,1992.

［35］中国兵书集成：影印本.北京：解放军出版社,辽沈书社,1993.

［36］毛泽东军事文集.北京：军事科学出版社,中央文献出版社,1993.

［37］国史馆现藏民国人物传记史料汇编.台湾："国史馆",1994.

［38］高晓星.陈绍宽文集.北京：海潮出版社,1994.

［39］唐淑芬.八二三战役文献专辑.台湾："国防部"史政编译局,1994.

［40］中国近代舰艇工业史资料.上海人民出版社,1994.

［41］李云汉.蒋中正先生在台军事言论集.台湾：中国国民党中央委员会党
史委员会,1994.

［42］周美华.国民政府军政组织史料.台湾："国史馆",1996.

［43］张振鹍.中国近代史资料丛刊续编：中法战争.北京：中华书局,1996—
2006.

［44］季啸风,沈友益.中华民国史史料外编：前日本末次研究所情报资料.桂林：
广西师范大学出版社,1996.

［45］章伯锋,庄建平.抗日战争.成都：四川大学出版社,1997.

［46］戚俊杰,王记华.丁汝昌集.济南：山东大学出版社,1997.

［47］周恩来军事文选.北京：人民出版社,1997.

［48］美国国务院.美国外交文件(日本1931—1941).北京：中国社会科学出
版社,1998.

［49］苑书义,孙华峰,李秉新.张之洞全集.石家庄：河北人民出版社,1998.

［50］中国人民解放军历史资料丛书：海军·回忆史料.北京：解放军出版社,
1999.

［51］洪喜美.国民政府委员会会议记录汇编.台湾："国史馆",2001.

［52］汤锐祥.护法运动史料汇编.广州：花城出版社,2003.

［53］中国第二历史档案馆.抗日战争正面战场.南京：凤凰出版社,2005.

［54］殷梦霞,李强.国家图书馆藏民国军事档案文献初编.北京：国家图书馆

出版社,2009.

[55] 张明林.李鸿章全集.北京:西苑出版社,2011.

回忆录、访谈录

[1] 海军总司令部编译处.海军抗战事迹汇编.1941.

[2] 海军采访.海军总司令部新闻处编印.

[3] 郭寿生自传.1951年手稿.

[4] 许秉贤.海军史略.1957年7月手稿.

[5] 全国政协文史资料研究委员会.辛亥革命回忆录:第六集.北京:中华书局,
1963.

[6] (日)林董.林董回忆录.日本:平凡社,1970.

[7] 胡琏.金门忆旧.台湾:黎明事业公司,1976.

[8] (越)阮雅.黄沙和长沙特考.北京:商务印书馆,1978.

[9] 吴玉章回忆录.北京:中国青年出版社,1978.

[10] 翁照垣.淞沪血战回忆录.台湾:文海出版社,1981.

[11] 蔡廷锴自传,哈尔滨:黑龙江人民出版社,1982.

[12] 张晴光.血战余生.台湾:商务印书馆,1988.

[13] 白崇禧先生访问记录.台湾:"中央研究院"近代史研究所,1989.

[14] 陈布雷回忆录.台湾:王家出版社,1989.

[15] 郑天杰先生访问记录.台湾:"中央研究院"近代史研究所,1990.

[16] 黎玉玺先生访问记录.台湾:"中央研究院"近代史研究所,1991.

[17] 刘广凯将军报国忆往.台湾:"中央研究院"近代史研究所,1994.

[18] 罗友伦先生访问记录.台湾:"中央研究院"近代史研究所,1994.

[19] 中国人民解放军历史资料丛书:解放战争时期国民党军起义投诚·海军.
北京:解放军出版社,1995.

[20] 王微先生访问记录.台湾:"中央研究院"近代史研究所,1996.

[21] 温哈熊先生访问记录.台湾:"中央研究院"近代史研究所,1997.

[22] 池孟彬先生访问记录.台湾:"中央研究院"近代史研究所,1998.

[23] 钟汉波.驻外武官的使命.台湾:麦田出版股份有限公司,1998.

［24］海军人物访问记录:第一辑.台湾:"中央研究院"近代史研究所,1998.

［25］钟汉波.四海同心话黄埔.台湾:麦田出版股份有限公司,1999.

［26］徐亨先生访谈录.台湾:"国史馆",1999.

［27］钟汉波.海峡动荡的年代.台湾:麦田出版股份有限公司,2000.

［28］张明初.碧海左营心,台湾:星光出版社,2002.

［29］海军人物访问记录:第二辑.台湾:"中央研究院"近代史研究所,2002.

［30］(日)佐藤铁治郎.一个日本记者笔下的袁世凯.天津古籍出版社,2005.

［31］文史资料存稿选编,北京:中国文史出版社,2005.

［32］海军陆战队官兵口述历史访问记录.台湾:"国防部"史政编译室,2005.

［33］尘封的作战计划——国光计划口述历史.台湾:"国防部"史政编译室,2005.

［34］美军顾问团在台工作口述历史.台湾:"国防部"史政编译室,2008.

［35］(美)约翰·本杰明·鲍惠尔.在中国二十五年,合肥:黄山书社,2008.

著　作

［1］(日)川崎三郎.日清战史.东京博文馆,1897.

［2］何汉文.中俄外交史.北京:中华书局,1935.

［3］葛扶南.长期抗战中的国防计划.上海:南华出版社,1938.

［4］翁仁元.抗战中的海军问题.上海:黎明书局,1938.

［5］刘熊祥.清季四十年之外交与海防.重庆:三友书店,1943.

［6］汉奸现形记.战时出版社.

［7］郑资约.南海诸岛地理志稿.北京:商务印书馆,1947.

［8］杨秀靖.海军进驻后之南海诸岛.海军总司令部政工处,1948.

［9］桂永清.中国海军与国民革命.台湾:海军出版社,1950.

［10］包遵彭.清季海军教育史.台湾:"国防研究院"出版部,1969.

［11］包遵彭.中国海军史.台湾:中华书局,1970.

［12］戚其章.北洋舰队.济南:山东人民出版社,1981.

［13］何应钦.日军侵华八年抗战史.台湾:黎明文化事业公司,1982.

［14］许玉芳,卞杏英.上海工人三次武装起义研究.北京:知识出版社,1987.

［15］当代中国海军.北京:中国社会科学出版社,1987.

［16］（日）外山三郎.日本海军史.北京:解放军出版社,1988.

［17］甲午海战与中国近代海军.北京:中国社会科学出版社,1990.

［18］中日甲午海战中方伯谦问题研讨集.北京:知识出版社,1993.

［19］港城星火与两所海军学校.北京:海洋出版社,1993.

［20］钟坚.台湾航空决战.台湾:麦田出版股份有限公司,1996.

［21］刘南威.中国南海诸岛地名论稿.北京:科学出版社,1996.

［22］林照真.覆面部队——日本白团在台秘史.台湾:时报文化出版企业股份有限公司,1996.

［23］王宜林.甲午海将方伯谦.北京:海潮出版社,1997.

［24］刘锡林.国民党三军大起义·驶向光明.济南:黄河出版社,2000.

［25］钟坚.惊涛骇浪中战备航行——海军舰艇志.台湾:麦田出版股份有限公司,2003.

［26］王宜林.中国现代史上的海军世家.北京:知识出版社,2007.

［27］冯青.中国近代海军与日本.长春:吉林大学出版社,2008.

［28］刘统.跨海之战.北京:生活·读书·新知三联书店,2010.

后 记

　　继《中国海军长江抗战纪实》之后，我又出版了《档案里的中国海军历史》。在此，我衷心感谢山东画报出版社的同仁为本书的出版所做的工作，特别感谢怀志霄编辑所付出的艰辛努力，还要感谢我的战友、同事、家人对我写作此书给予的帮助与支持。

　　《档案里的中国海军历史》是我数十年来研究中国近代海军历史过程中产生的诸多想法中的一部分，涉及晚清海军、民国海军和台湾海军三个方面，从形式上看，有历史事件和人物的研究综述、军事思想的论证、历史过程的叙述等；从内容上看，有海防、海军建设、海战、海军人物以及与海军相关的人物、事件等，个别文章还涉及外国海军在中国水域发生的事件。总之，它们从不同侧面反映了我的研究情况，是我全面梳理近代海军发展史的基础。

　　在研究这些问题的过程中，我查阅了大量的档案史料，阅读了相关的论文和专著，特别是充分利用了电子档案史料系统所提供的更加快捷、更加方便、更加准确的查阅渠道，为完成这些问题的研究奠定了坚实的基础。可以预期，随着档案史料的不断挖掘与整理，我的中国近代海军史研究也必将随之向前发展一步。

马骏杰
2023年10月于山东威海